De L'humanité...

Bodichon

DE

L'HUMANITÉ

PAR

LE DOCTEUR BODICHON

TOME PREMIER

BRUXELLES

A. LACROIX, VERBOECKHOVEN ET Cⁱᵉ, ÉDITEURS

RUE ROYALE, 3, IMPASSE DU PARC

MÊME MAISON A LIVOURNE ET A LEIPZIG

1866

DE

L'HUMANITÉ

Bruxelles. —Typ. A. LACROIX, VERBOECKHOVEN et Cⁱᵉ, rue Royale, 3, impasse du Parc.

DE

L'HUMANITÉ

PAR

LE DOCTEUR BODICHON

TOME PREMIER

BRUXELLES

A. LACROIX, VERBOECKHOVEN ET Cⁱᵉ, ÉDITEURS

RUE ROYALE, 3, IMPASSE DU PARC

MÊME MAISON A LIVOURNE ET A LEIPZIG

1866

POURQUOI CE LIVRE

Il n'y a rien de complétement perdu dans la nature : une graine lancée sur le sol devient quelquefois une forét. Un livre peut étre la source d'une série de vérités.

Celui qui s'est fait une opinion consciencieuse en doit compte au public. Se taire est une lâcheté. Peu importe que l'auteur fasse des sacrifices de temps, de labeur et d'argent. Qu'il soit approuvé ou blâmé, lu ou dédaigné, avant tout il doit dire ce qu'il pense.

a

Si chacun disait ce qu'il sait, ce qu'il pense, la vérité apparaîtrait plus vite.

Les conspirations contre la pensée ne la détruisent pas. Elles retardent son évolution.

Croyant à la raison humaine, j'adresse et dédie cet ouvrage aux libres penseurs.

Le genre humain ne se perfectionnera que par la science, la liberté et les croisements.

La première partie fut imprimée à Alger, le 28 avril 1852; l'autre à Genève, le 12 octobre 1853.

Une centaine d'exemplaires à peu près ont été remis à quelques personnes et aux bibliothèques publiques de l'Europe et de l'Amérique.

Dans cette édition, je retranche quelques mots et deux pages résumant les caractères des races. J'y ajoute plusieurs chapitres, plus un examen de Bonaparte au point de vue du positivisme et quelques pages sur l'anthropologie et la politique algériennes.

J'ai publié en anglais, à Londres, 11 octobre 1858, un index de l'ouvrage.

Les répétitions sont à l'effet de fixer l'attention du lecteur sur des faits ou doctrines que je crois importants d'être signalés.

Dr BODICHON.

DE L'HUMANITÉ

GENÈSE

LIVRE PREMIER

—

CHAPITRE PREMIER

1. Dieu de toute éternité a créé, détruit et renouvelé des mondes, sous des modes aussi variés que l'infini. Dieu est essentiellement actif, il ne se repose jamais.

Il n'y a jamais eu chaos, ténèbres universelles, confusion des éléments; car autrement la matière aurait été plus forte que Dieu. Le chaos, la confusion momentanée, sont une évolution, une transformation que le Créateur, de toute éternité, a imposée à la matière.

2. Il y a cent et quelques millions d'années, Dieu renouvela notre monde. Au milieu d'un cercle de huit milliards de lieues de diamètre, il plaça le soleil comme premier né et chef : puis, autour de lui, à diverses distances, il déposa et fit tourner la terre, les autres planètes et autres puînés; tous devant vivre de la vie de leur frère aîné.

3. Or la terre, les planètes, leurs satellites, étaient un soleil nouvellement éteint. Les matières qui le

constituaient soleil, s'étaient épuisées en éclairant
des mondes depuis des millions de siècles. Maintenant, astre secondaire et passif, il n'avait plus sa
photosphère brillante. Il fut donc soumis à l'influence
du soleil nouvellement né. Voici comment :

4. La photosphère épuisée, il resta une immense
globe de substances hétérogènes en liquéfaction.
C'était là le noyau de l'astre quand il était soleil. Ce
globe, d'un point quelconque de l'espace, fut lancé
dans le champ d'attraction du nouveau soleil, et en
même temps reçut un rapide mouvement de rotation
sur son axe.

Alors par rotation sur lui-même, par attraction du
soleil, par refroidissement, il y eut dislocation de ce
globe. Les parties les plus denses se groupèrent et
formèrent les planètes intérieures, Mercure, Vénus,
la Terre, Mars.

Les moins denses formèrent les planètes intermédiaires, Vesta, Junon, Cérès, Pallas.

Puis les moins denses encore, formèrent les planètes extérieures, Jupiter, Saturne, Uranus, Neptune.

Les satellites sont des fragments moins considérables que leur planète. Ils perdirent leur atmosphère gazeuse, lorsqu'ils se détachèrent du noyau
solaire ; ou n'en contenaient pas originairement.
Sans atmosphère, ils ne purent communiquer la vie,
et reçurent la mission d'éclairer leur planète, en
renvoyant sur elle la lumière solaire, ils en eurent
une autre inconnue.

Les fragments du noyau solaire qui avaient le plus
de densité, furent attirés le plus près du soleil. Ils

devinrent ces millions d'étoiles filantes qu'il rejette hors de son attraction et que nous voyons si souvent tomber sur la terre.

L'affinité de leurs éléments groupa les planètes. La densité les tint plus près ou plus loin du soleil. La perte de leur atmosphère, lors de la désagrégation du noyau solaire, les constitua satellites; la conservation de leur atmosphère destina les divers fragments à communiquer la vie, à devenir terres habitées.

TERRE

Lorsque la terre fut détachée, elle avait une température de 2,000 degrés centigrades. Aucune substance solide n'existait en elle. Son noyau était en liquéfaction. Les parties qui devaient plus tard former sa croute, étaient réduites en vapeurs. Les pierres les plus denses étaient à l'état gazeux. Alors elle était enveloppée d'une immense atmosphère, laquelle recélait les montagnes, les mers, les végétaux, les animaux, constitués à l'état de gaz. La terre était moins volumineuse qu'elle ne l'est maintenant, mais son atmosphère avait quelques milliers de lieues de plus en hauteur.

Or la terre, encore liquide, reçut deux impulsions : l'une circulaire autour du soleil, l'autre sur elle-même; ces deux mouvements l'aplatirent à ses deux extrémités et la renflèrent à sa partie moyenne; alors elle prit la forme d'un sphéroïde. Elle se refroidit.

A mesure que le refroidissement s'opéra, les vapeurs atmosphériques se changèrent en pluies. Elles se précipitèrent par torrents et se creusèrent un lit dans la surface encore molle. Ce fut là la première existence des mers, lacs et fleuves; cela joint aux soulèvements.

D'après leurs affinités chimiques, les parties qui passaient de vapeur à l'état liquide se combinèrent. Les unes formèrent les minéraux de granit, de grès, de silice, de gneiss, de calcaire, etc., d'autres, moins cristallisables, demeurèrent liquides et produisirent les différentes variétés d'eaux. Les eaux furent donc un élément nouveau, qui se réunit aux deux premiers éléments, masses liquéfiées et vapeurs constituant la terre.

Telles furent les deux premières époques; elles durèrent des millions d'années, depuis la dislocation du soleil éteint, jusqu'à la création entière de l'eau.

Pendant ce temps, les eaux augmentaient leurs dépôts. Les roches de sédiment se formaient, puis souvent la chaleur centrale brisait la voûte terrestre, soulevant les dépôts, les emportant au loin, les dispersant, ou les agglomérant. Les volcans, de tous côtés, lançaient leur lave. Les soulèvements d'une immense étendue déplaçaient les mers, puis les mers devenaient terres et les continents devenaient mers.

L'eau et le feu réagissaient l'un contre l'autre; le globe entier se tordait, crevait sa croute, la refermait, sous l'action de ces deux éléments. Alors la température du sol, des eaux, de l'atmosphère, était encore brûlante et ne permettait pas à la vie organique de se développer.

A la troisième époque, lorsque la pellicule terrestre

eut augmenté d'épaisseur, que la température de la terre, des eaux, de l'atmosphère, se fut abaissée, Dieu répandit le principe vital. Il lui dit : « Tu te « combineras avec les éléments qui t'ont précédé. « Dans les eaux salées, tu formeras des bancs de « toute espèce d'algues. Au sein des eaux douces, tu « formeras les roseaux, les prêles et toutes les va- « riétés de leur espèce et des espèces voisines. Sur « les terrains secs, tu formeras des forêts de fou- « gères, de lycopodes, de palmiers, etc. »

Après quoi il répandit un nouvel élément de l'es- prit vital, lequel donna le jour aux polypiers, aux zoophytes, aux infusoires, aux mollusques et à un nombre prodigieux de coquillages, aux crustacés, etc.

Alors les continents se couvrirent d'une immense végétation. L'acide carbonique abondait dans l'atmos- phère et sur le sol; de là, suractivité de la végéta- tion.

Alors aussi la chaleur souterraine continuait ses réactions. Il en résultait des tremblements de terre, des soulèvements en tous les sens, puis des inonda- tions, lesquels enlevant mollusques, fougères et pal- miers, les entassaient au fond des bassins, formaient les terrains coquilliers, les terrains de houille et de lignite.

A la quatrième époque, parurent les poissons et les reptiles : presque tous différents de ceux qui vivent actuellement. Les convulsions du globe se continuaient, quoique avec moins de violence qu'aux époques précédentes.

Toutefois, il y eut une telle succession de cata- clysmes par les réactions de la chaleur centrale, que la plupart des poissons et des reptiles furent engloutis. Dix-sept cents espèces de poissons, une trentaine d'espèces de reptiles disparurent.

A la cinquième époque, parurent les oiseaux et les mammifères, différents de ceux des espèces actuelles : les mastodontes, les rhinocéros, les anoplothères, le dinothérium, des paresseux géants, des cerfs géants, des espèces variées d'hippopotames, des carnassiers de haute taille. Composant des tribus qui allaient à des milliers et des millions d'individus, ils régnèrent sur le globe pendant des milliers d'années. Alors la température moyenne de l'atmosphère avait prodigieusement baissé. Elle dépassait à peine 25 à 30 degrés centigrades. Puis les créatures de cette période, ayant accompli les destinées que Dieu leur avait prescrites, elles disparurent sous de nouveaux cataclysmes déterminés encore par la réaction du feu central. Nombre de mastodontes, d'anoplothères, de cerfs, d'hippopotames, de paresseux, périrent par un brusque bouleversement. D'autres, tels que les mammouths de la Sibérie, périrent par un abaissement progressif de la température de leur milieu ambiant : le climat ne produisant plus les aliments qui leur étaient nécessaires.

La diminution des aurores boréales, l'extinction des volcans et des sources d'eaux jaillissantes, occasionnèrent cet abaissement (1).

---

(1) Il paraît probable que les contrées septentrionales ont éprouvé un abaissement de température avant l'arrivée de l'homme. Les glaciers des Alpes, des Vosges, de l'Amérique, de la Suède, étaient alors beaucoup plus étendus que maintenant.

A la sixième époque, le globe avait à peu près la forme qu'il présente aujourd'hui. L'atmosphère était à peu près composée des mêmes éléments. Les mers couvraient une surface plus étendue que maintenant. La croute de la terre était à peu près ce qu'elle est.

Alors Dieu renouvela les poissons, les reptiles, les oiseaux, les mammifères. Il leur attribua des formes qu'ils conservent actuellement. Il les jeta, par milliers de couples adultes, sur la surface du globe; puis, versant un élément du principe vital qui n'avait point encore paru, il lui dit : « Tu seras l'homme, le « dernier des êtres que je déposerai sur cette terre. « Tu domineras sur tous. Ton corps, ton intelli- « gence, seront un outil entre mes mains. »

PRINCIPES

A chaque création différente, il y a eu un principe vital différent déposé par le Créateur. Il préexiste aux organes. Il leur donne leur forme et reçoit ensuite de cette forme les divers attributs de l'être.

Les variétés sont donc des éléments différents du principe vital, lequel s'approprie la matière d'une manière différente.

Deux végétaux, deux animaux se nourrissent des mêmes éléments : cependant ils forment chacun une espèce particulière; parce que le principe vital, étant différent entre eux, absorbe, s'approprie les éléments d'une manière différente.

Si la matière constituait la vie, les genres, les espèces, les variétés, nous verrions des créations de nouveaux êtres se faire sous nos yeux.

La vie est la fonction d'un principe vital. La matière apparente est la chose à l'aide de laquelle il fonctionne.

DÉLUGES

De nombreux déluges ont détruit entièrement des races animales. Aucun n'a détruit complétement une race humaine.

Depuis l'apparition de l'homme, il n'y a point eu de déluge général. Il y a eu seulement une inondation locale sur l'hémisphère nord.

Vers l'an 2500 avant Jésus-Christ, au moins, peut-être beaucoup plus longtemps avant, les peuples de la cinquième création, étaient arrivés à un haut point de civilisation.

Alors les déserts de Sahara, de Gobi, étaient des mers méditerranéennes. L'Europe orientale, des bords du Danube jusqu'à l'Oural, était sous les eaux. Les mers Noire et Caspienne, se réunissant, par une succession de lacs, à la mer que remplaça le désert de Gobi, communiquaient à l'Océan, entre la Chine et la Sibérie. Alors l'Atlantide existait probablement aussi. Madagascar était réuni au continent africain; les îles de la Malaisie étaint unies par des isthmes; la Sicile tenait à l'Italie, l'Irlande à l'Angleterre, l'Angleterre à la Gaule, la Suède au Danemark, l'île d'Eubée à la Grèce, Ceylan à l'Inde. Il y avait par tout le globe moins d'îles et moins de détroits. Les traditions et surtout la similitude géologique des terres, séparées maintenant par les détroits, corroborent cette opinion.

Tous ces faits sont attestés par la science et les traditions locales.

Or, à cette époque, une convulsion générale du globe par réaction ignée, avec tremblements de terre, détonations souterraines et autres phénomènes compagnons de l'action volcanique, eut lieu. Le Sahara, l'Europe orientale, les mers Noire et Caspienne, le le désert de Gobi, furent soulevés. Ces mers occupaient une surface d'un milliard d'hectares environ. Les eaux tombant sur l'Asie Mineure, la Grèce, la Palestine, la Mésopotamie, engloutirent une grande partie de la population. Cela fut le point de départ des déluges hébreu, grec, chaldéen, lesquels ensuite, par spéciale influence du mosaïsme et du christianisme, furent admis parmi les nations de l'Europe moderne.

La quantité d'eau qui, des mers Caspienne et Gobi, s'échappa à travers la Mandchourie actuelle, augmenta le niveau des mers de la Chine, empêcha les fleuves Jaune et Bleu de s'écouler aussi rapidement qu'ils le faisaient. De là, inondation par reflux des fleuves chinois; puis déluge dont parle l'histoire chinoise, 2500 ans, environ, avant Jésus-Christ.

La race brune seule fut diminuée par ce déluge. Les Atlantes y perdirent leur puissance et la plus grande partie de leur nation; car leur population occupait, outre l'Afrique septentrionale, une série d'archipels au delà des Canaries et du cap Vert.

Les peuples de l'Asie Mineure souffrirent aussi. Les habitants des pays plats furent noyés. Les montagnards survécurent. C'est pour cela que le mythe hébreu et chrétien de l'arche de Noë la fait s'arrê-

ter sur le mont Ararat. C'est réellement des sommets
des montagnes arméniennes, que recommença le peuplement de l'Asie Mineure, après cette inondation.

Quant aux autres races, elles n'éprouvèrent aucun
des effets généraux de cette dernière catastrophe.
Elles n'eurent, à cette époque ou antérieurement,
qu'un déluge local et peu désastreux.

La race blonde était alors peu nombreuse. Les
nègres voisins de la mer de Sahara ne furent point atteints. La race jaune et les Indous n'eurent que des
inondations pluviales, ou déterminées, par un obstacle, au cours de leurs fleuves. Les nations américaines du type rouge furent soustraites à l'action de
ce bouleversement.

Toute la terre porte l'empreinte de déluges multipliés et successifs. Presque partout il y a des preuves
que des races animales, entièrement différentes des
nôtres, ou semblables aux nôtres, furent détruites
sous ces déluges. Mais tout prouve que le genre humain n'a point été détruit par l'un de ces accidents ;
il y a eu seulement quelques peuples de l'Afrique
septentrionale, alors Atlantide, de la Grèce, de
l'Asie Mineure, de la Palestine, de la Mésopotamie ;
puis ailleurs quelques familles çà et là.

L'idée d'un renouvellement de l'espèce humaine
est un mythe. La croyance à un déluge universel
fut occasionnée par les ossements des animaux antédiluviens, lesquels furent pris pour des os de géants.

La terre peut être submergée sous un déluge
général ; car l'eau occupe les trois quarts du globe.
Toutefois, cette possibilité ne s'est pas exécutée, et
on a tort de la considérer comme un fait accompli.

LA TERRE ET SES HABITANTS NÉCESSAIREMENT SERONT DÉTRUITS UN JOUR

L'expérience prouve que tout ce qui a été créé doit mourir. Donc notre planète ne peut éviter ce commun destin.

En dehors de ce raisonnement purement philosophique, la science physique nous montre des causes indispensables d'une destruction générale.

Toutes les créatures vieillissent, et augmentent en parties sèches. Les animaux s'ossifient, les végétaux se pétrifient ou forment de l'humus. Les parties liquides qui facilitaient la vie, diminuent à la longue, chez les uns et les autres.

Or notre planète fut d'abord gazeuse en excès, puis liquide, puis elle est devenue solide.

Le sec augmentera progressivement, de là, ossification à la suite des siècles. La terre s'accroîtra progressivement aux dépens de l'air.

L'atmosphère, réceptacle de la vie végétale et animale, diminuera nécessairement. Si depuis quelques mille ans, cette diminution n'a pas été constatée, le raisonnement la reconnaît possible. Elle arrivera un jour, nécessairement; parce que cela s'est fait avant l'arrivée de l'homme.

Les végétaux et les animaux, par leur multiplication à travers des millions de générations, épuiseront la quantité d'oxygène répandue dans la nature. Avec leurs débris répétés, ils augmenteront l'humus et les autres parties sèches de la terre.

Les corps de la nature contenant l'oxigène auront

beau le verser et le reverser : la prédominance de la substance sèche arrivera à la longue.

Les mers diminueront aussi. Les substances organiques finiront par les amoindrir de manière à les faire disparaître. Les madrépores formeront des continents.

Au total, il y aura, vu le développement des êtres organiques, envahissement du sec sur l'humide et le gazeux ; d'où, un état qui rendra la vie des êtres peuplant la terre, impossible à se continuer.

Alors il y aura un cataclysme général, qui donnera au globe de nouveaux éléments.

Probablement alors une comète enlèvera la terre, la jettera dans le creuset de quelques nébuleuses en ignition. La terre alors sera entourée d'une immense atmosphère d'éther cosmique. Réunie à ses sœurs, elle formera un soleil, puis, après des milliards d'années, elle redeviendra terre, où vivront les êtres que Dieu a décrétés de toute éternité.

Les transformations des astres ont lieu de la manière suivante :

Accumulation sur un point donné, de l'éther cosmique, premier principe matériel émané de la Divinité. Cet éther est dans tout et pénètre tout. Il est le rayonnement de la Divinité. Après l'accumulation, vient la combustion de cet éther, formation d'un soleil, puis extinction de ce soleil, conversion du noyau solaire en planètes, et de la photosphère solaire en atmosphère planétaire.

Puis, prédominance successive, dans l'existence planétaire, de l'état gazeux, de l'état liquide, de l'état solide.

Alors retour de la planète au milieu de l'éther cosmique, pour y être retrempée, vivifiée et parcourir de nouvelles destinées, ou analogues ou différentes des précédentes.

Toutes les choses de cet univers sortent de Dieu et rentrent en lui, depuis l'infusoire microscopique jusqu'au soleil.

Cet univers dont notre monde planétaire, avec son diamètre de huit milliards de lieues, n'est qu'une molécule d'eau par rapport à l'océan; cet univers immense dans lequel des étoiles, envoyant leur lumière avec une vitesse de quatre millions de lieues par minute, mettent deux millions d'années à nous apparaître, *est un cercle infini dont Dieu est le centre vivificateur et la circonférence nulle part.*

CHAPITRE II

ORIGINE DE L'HOMME

L'origine de l'homme est mystérieuse, l'œil et le doigt n'ayant point assisté à sa création. Pour la connaître, il faut donc s'adresser aux autres sources de la vérité, l'analogie et la raison.

La molécule génératrice constituant l'homme, est à peu près la même que la molécule constituant l'animal. Entre eux, il y a analogie de forme physique, de caractère intellectuel et moral. D'où la conclusion : que l'homme probablement, avant de revêtir son enveloppe actuelle, a franchi une série de métamorphoses animales, desquelles il a conservé quelques parcelles élémentaires. Il est greffé sur les animaux.

L'homme est le dernier être créé, la science le prouve. La puissance créatrice a concentré sur lui les aptitudes des autres créatures ses aînées, et l'a rendu leur dominateur.

Il possède plus d'émanations vitales que les animaux et les végétaux : voilà pourquoi il les domine. Voilà pourquoi les cosmo-théologiens disent que Dieu l'a animé de son souffle et l'a fait à son image.

Or nous ne savons pas rationnellement si ce souffle divin, si ce principe vital, est une émanation partie intégrante de la Divinité, ou s'il en est une partie essentiellement différente.

Le principe vital de l'homme est-il identique en essence au principe vital de l'animal? En diffère-t-il seulement par la quantité? Nous l'ignorons.

DES RACES HUMAINES

Le genre humain est l'ensemble de l'humanité. Il comprend un grand nombre de races.

Les races sont la collection des individus, se ressemblant les uns les autres, et issus de parents communs, créés directement par Dieu.

Il y a variété, quand la collection vient d'un mélange.

Le genre humain dérive d'une multitude de races.

Il répugne à la raison de croire que le rat d'Europe est né corporellement des mêmes générateurs que le rat de l'Océanie. Par le même motif, il ré-

pugne de croire que le Germain et l'Australien aient
eu les mêmes pères.

Si Dieu, pour toute l'humanité, n'a créé qu'un
couple, il a fallu des millions d'années pour que les
enfants aient formé les races que nous voyons exister
maintenant, avec des types physiques et moraux si
opposés.

Or cette longue existence du genre humain n'est
pas acceptable; la tradition, la science, la raison,
montrent qu'elle est récente.

J'admets donc la création multiple des races : puis,
attendu la loi du progrès continu, révélée par la géologie et l'histoire, j'admets que les premières créés
furent les inférieures, et les dernières créées, les supérieures.

Les premiers couples composant chaque race
furent mis au jour d'après un patron commun, un
type semblable, comme le sont les graines de la
même plante, graines semées en même temps dans le
même champ.

Dieu a fait les premiers couples adultes ; sans cela
ils auraient été détruits par les animaux ennemis de
l'homme.

Prétendre qu'un seul couple primitif, ou plusieurs
couples primitifs, soient sortis enfants des mains du
Créateur, c'est supposer ou que les animaux vinrent
après l'homme, ou que leurs besoins, leur organisation, leur raison d'existence, n'étaient pas ce qu'ils
sont aujourd'hui.

Or ces deux suppositions sont contraires à la
science. Les animaux ont précédé l'homme. Ils furent,
dès leur origine, ce qu'ils sont maintenant. Ils

étaient même plus nombreux, plus puissants, plus destructeurs.

Les races, quoique multiples, ont des points de parenté.

Quand la parenté se manifeste sur des caractères physiques et moraux, presque semblables chez les unes et chez les autres, elles forment un type.

Ainsi il y a les types andamène, noir, jaune, rouge, brun, blond, etc.

La parenté n'est qu'une ressemblance plus ou moins complète.

Qu'est ce que la fraternité entre elle?

Semez sur un champ quelques grains d'une poignée de blé; au voisinage, mais à une autre époque, quelques grains encore de cette même poignée, puis dans une autre partie du monde et à diverses époques, le restant de cette poignée. Vous aurez ici et là-bas des épis de blé. Or ils se ressembleront d'autant mieux, qu'ils auront le même milieu ambiant, et différeront selon que le milieu ambiant sera différent. Chaque épi a un générateur différent de celui de son voisin. Tous cependant sont des épis. Tous ont entre eux communauté d'origine.

Telle est la parenté, telle est la fraternité qui existent parmi les races humaines. Rationnellement et physiquement, la parenté est plus vraie que la fraternité.

L'unité charnelle est un mythe et pas autre chose. Elle n'est qu'une création distincte, faite d'après le même patron.

Il y a des races déshéritées et des races privilégiées. Cette différence est produite par leur organisation différentielle et le milieu ambiant qu'elles occupent. Le Boschiman, le Groënlendais, vu leur *habitat* et le milieu ambiant, sont moins bien partagés que l'habitant des bords du Nil ou de la Seine.

Il y a eu plusieurs créations humaines successives, allant du simple au composé, de l'imparfait au plus parfait.

Les périodes entre chaque création comprennent des temps indéterminés.

Chaque période représente une époque donnée de civilisation, un terme quelconque ascendant, un principe vital différent.

Chaque civilisation est le résultat de l'organisation physique et morale de la race.

Chaque partie du monde offre des types végétaux et animaux particuliers.

Chacune a aussi ses races humaines et son type humain particuliers.

L'étude des caractères physiques est ce qu'il y a de plus important pour l'anthropologie. Les autres sciences, histoire, archéologie, numismatique, linguistique, ne peuvent être que des auxiliaires.

La physiologie déterminera l'origine et la filiation des hommes comme celle des autres animaux.

Toute classification anthropologique doit se faire d'après les organes : le principe vital nous échappant.

Les aptitudes morales et intellectuelles différentes, la civilisation et l'état social différents, proviennent d'une différence dans l'organisation physique générale et surtout dans l'organisation crânienne.

Ainsi chaque nation, chaque race, chaque type,

2

diffèrent en fait d'organisation sociale, parce que leurs organes, tête, poitrine, ventre, sont différents, quoique ayant un fond commun.

Répétons-le encore : pour chaque race il y a eu création de plusieurs couples simultanément, et pour chaque type, création des couples d'après des milieux ambiants différents; mais avec une certaine similitude parmi les couples.

Les parties de la terre peuplées les premières, furent les lieux élevés; car, attendu leur situation, ils ont été refroidis ou exondés avant les autres.

C'est sur les montagnes et les plateaux, qu'il faut étudier les races humaines, pour connaître leur origine et leurs aptitudes. Là, elles ont eu moins de contact et sont restées plus primitives.

Croire que l'Asie a peuplé le monde; appeler les peuples Indo-Germains, Indo-Scythes, Indo-Malais, est une capitale erreur anthropologique.

Ces contrées ne pouvaient produire des races aussi différentes que celles ci-dessus dénommées.

On ne trouve point de blonds autochthones sur l'Himalaya, l'Altaï et autres zones de l'Asie centrale. Cette portion du globe est la patrie des races du type jaune.

Chaque grande démarcation du globe a vu naître des races et des types spéciaux.

L'Europe a son type blond, l'Asie son type jaune, l'Amérique son type rouge, l'Afrique son type noir, l'Océanie son type cuivré.

Primitivement les races demeurèrent isolées sur leur foyer natal. Plus tard elles se mélangèrent : les supérieures absorbant les inférieures. Or, de ce mélange, naquirent les variétés, c'est à dire les métis. Lorsqu'un peuple s'est formé, il y a presque toujours eu amalgame de plusieurs races du même type ou de types divers.

Plus les nations sont puissantes, plus elles proviennent d'une fusion nombreuse. Alors elles ont des aptitudes plus variées. La nation qui sera la plus complète et la plus civilisée, sera celle qui sera formée de toutes les races ou du plus grand nombre possible : son caractère physique et moral étant plus universel.

La plupart des races sont originaires des lieux où nous les rencontrons aujourd'hui. Les invasions, les émigrations ont peu changé les conditions générales de l'humanité.

Les races sont, à peu de choses près, aussi nombreuses qu'elles l'étaient primitivement. Auprès des lieux d'où elles ont disparu comme nations, on peut découvrir quelques individus encore à l'état d'échantillon. Ainsi, je pense qu'on peut reconnaître encore quelques individus ou quelques tribus, issus directement des peuples qui ont élevé les Tumuli de l'Amérique, de la Russie et de la Sibérie; comme ceux qui ont construit Palenque et Tulha, les grottes d'Elora, etc. Ils doivent exister aux environs de ces lieux.

En Asie, où les conditions de l'humanité changent moins qu'en Europe, en Chine notamment, il y a encore au milieu de cet empire la race des *miao-tseu* première occupante et probablement appartenant à la seconde création.

Les peuples ne meurent pas comme les individus.

Les causes qui tenaient réunies les familles humaines sont détruites souvent. Alors ces familles
sont frappées seulement de mort morale, c'est à dire,
que la raison sociale qui les unissait a cessé. Mais
physiquement, c'est à dire dans leur lignée, elles
durent longtemps. Les Juifs nous le prouvent. Sans
doute les Syriens sont les descendants directs des
hommes qui bâtirent Ninive et Babylone. Comme les
Fellahs sont les fils des constructeurs de Memphis
et des pyramides (je nomme Fellahs les descendants
des Cophtes).

Les races inférieures ne peuvent s'élever, parce
qu'elles manquent des aptitudes nécessaires. Les
supérieures se civilisent et montent progressivement,
parce qu'elles ont les aptitudes nécessaires.

Rationnellement, il n'y a ni mérite ni démérite de
leur part. Elles suivent, quoique marchant à l'inverse,
une destinée providentielle, fatale, au dessus de leur
volonté.

Les supérieures dégénèrent facilement; parce que
la sauvagerie est l'état natif et primitif du genre
humain, et qu'il y a disposition naturelle à revenir à
son état primitif.

La civilisation et le progrès sont la lutte incessante contre la nature ambiante et contre les penchants de l'humanité : si elle cesse, l'homme retombe
sous la sauvagerie. C'est là le sort des Européens de
l'Amérique méridionale.

L'étude des contrastes anthropologiques est un
moyen de distinguer sûrement les races. Si vous
voyez l'une avoir les cheveux blonds, les yeux bleus,
l'autre les avoir noirs : si celle-ci à les yeux obliques,

celle-là les yeux droits, concluez rigoureusement qu'elles n'ont pas eu et ne peuvent avoir eu les mêmes ancêtres. Tirez cette conclusion, s'il y a différence tranchée entre leurs aptitudes morales ; si l'une est servile, lâche sans causes connues, et que l'autre soit fière, courageuse, concluez, malgré une apparence de ressemblance physique, qu'elles n'ont pas les mêmes générateurs. Un examen physique, attentif et minutieux révélera un jour une différence d'organisation matérielle.

Chaque race a une destinée humanitaire à accomplir.

Chacune d'elles a ses maladies spéciales.

Ces maladies partent d'une race donnée et se répandent parmi toutes les autres races. Elles s'universalisent. Elles s'acclimatent dans les lieux étrangers ; comme les végétaux, les animaux, les idées.

Chaque groupe spécial, isolé primitivement, à mesure que le progrès se fait, devient universel.

Ainsi la syphilis, groupée sur les races rouges, s'est généralisée dans l'univers. Les maladies de peau, lèpre, gale, etc., plus spéciales aux races brunes, à l'époque des croisades envahirent les races blondes. Celles-ci ont les maladies scrofuleuses comme affections spéciales. Elles les ont généralisées par les croisements. Les races jaunes donnent spécialement naissance à une multitude de poux.

Enfin, dans l'ordre physiologique, pathologique, dans les aptitudes de l'intelligence, du sentiment et du corps, chaque race a sa spécialité, laquelle, partie de son lieu spécial, se généralise, s'incarne, parmi l'espèce humaine entière.

Les goûts, les aptitudes physiques et morales, les maladies des races et des nations, se transforment. En Europe, peu après les croisades, nous fûmes atteints de maladies de peau jusqu'au quinzième siècle; puis de maladies sous formes muqueuses. A la fin du dix-huitième et au commencement du dix-neuvième siècle, nous fûmes atteints de maladies inflammatoires.

Pendant le moyen âge, les Européens de la région occidentale aimaient le cormoran, le butor, le héron, la grue, le paon, les vins récoltés aux environs de Paris, les vins relevés par un mélange d'épices, de gentiane, de poix, de lavande : aujourd'hui les Européens de cette partie trouvent ces mets et ces boissons détestables.

Les Européens trouvaient nécessaire de massacrer par milliers les juifs, les hérétiques, de brûler vivants des milliers de sorciers et de dissidents : maintenant ils considèrent cela comme un crime.

Ainsi les transformations des races, des nations, quant à leur être moral et physique, s'étendent à l'infini. Elles parcourent un cercle, ou plutôt une spirale immense, illimitée; bien que le fond du caractère reste le même, à peu de chose près.

Le type des races modifié par le croisement sommeille quelquefois pendant plusieurs générations, puis tout à coup il se réveille. Ainsi dans une lignée issue de race noire et mélangée, pendant plusieurs générations, au type blanc, on voit survenir quelques caractères de la race nègre.

La stérilité, nonobstant la conformation normale des organes génitaux, ou la procréation sans vitalité des enfants, est un signe d'abâtardissement des familles humaines. Un autre signe d'abâtardissement est la dépravation de l'amour. Ce double caractère s'observe surtout chez les familles historiques.

Les derniers des Valois étaient inféconds, dépravés, cruels, et cependant ils ne manquaient pas d'intelligence : Henri III était orateur, instruit, brave.

Les descendants de Charles-Quint se sont éteints dans la dépravation physique et morale, sans pouvoir se créer une lignée.

Les familles royales de quelques nations de l'Europe sont menacées de la même destinée.

Les peuples qui déclinent conservent la même forme de crâne qu'ils avaient au temps de leur progrès. Leur déclin n'est donc pas dû à une diminution du volume de l'encéphale. Il est produit par d'autres causes, morales et physiques, soit amour précoce, manque d'air pur, entassement des corps, uniformité des occupations par suite de la division du travail ou par suite de l'oisiveté.

Les aptitudes héréditaires, en thèse générale, se propagent à travers une longue suite de descendants. Les Manlius, depuis les premiers siècles jusqu'aux derniers de la république romaine, furent grossiers, durs, démocrates; les Publicola furent au contraire affables, doux, bienfaisants, aristocrates. Les grandes maisons de la noblesse française furent toujours insoumises à l'autorité royale, hostiles à la nation, futiles, batailleuses. La haute noblesse anglaise fut toujours nationale, soumise à l'autorité monarchique, prête à marcher à la tête du progrès.

De là, ces conséquences opposées :

Pour progresser, placez à la tête du gouvernement anglais la haute noblesse anglaise.

Pour maintenir le *statu quo* ou pour rétrograder vers le passé, confiez la direction du gouvernement français à la haute noblesse française.

Les institutions politiques, les formes gouvernementales, sont souvent déterminées par le croisement ou le non-croisement. Ainsi on ne peut point avoir une république démocratique chez un peuple formé de deux races non mélangées. Une telle république est impossible chez une nation composée de blancs et de noirs, qui ne se mélangeraient pas. Forcément les blancs tourneraient à l'aristocratie et les noirs seraient opprimés.

Un peuple livré aux beaux-arts ne cherchera pas à corriger les abus dont il est victime. Un peuple occupé d'industrie, de commerce, de philosophie pratique, de politique, de morale, d'économie publique, nécessairement parviendra aux réformes sociales qu'il juge nécessaires, et aux réformes fondées sur le droit rationnel.

Chaque race apporte ses inventions, ses idées, ses aptitudes dans le mouvement qui améliore le genre humain. Chaque contrée, ayant ses productions, son type spécial, les met au milieu de ce grand creuset du progrès. Ainsi l'Amérique, outre ses animaux et ses végétaux qu'elle a répandus sur l'univers, a doté les hommes des ponts suspendus ; la Chine a fourni le ver à soie; l'Arabie, son cheval pur sang. Chaque race a livré son contingent.

La fraternité parmi les hommes est basée sur ce

fond commun. Elle est essentiellement, dans la pratique, un échange de services spéciaux.

Le genre humain vit par le fait de l'immense majorité des hommes. Il se perfectionne, il s'améliore, il progresse, par le fait de quelques individus d'élite, inventeurs, rédempteurs, révélateurs quelconques, que Dieu a chargés de guider l'humanité. Le progrès matériel et immatériel est dû à quelques centaines de ces supériorités.

Les races humaines, même les plus élevées, sont guidées plutôt par les instincts que par les facultés supérieures. L'égoïsme individuel ou national vient de l'instinct. L'amour humanitaire vient des facultés supérieures.

Les races de transition réunissent les attributs de deux autres races différentes. Les Indo-Chinois tiennent de l'Indou et du Chinois; les Abyssiniens tiennent du nègre et du blanc, etc.

La race de transition a pu sortir, telle qu'elle est, directement de la main du Créateur, comme aussi les croisements ont pu la créer. Son origine est moins démontrée que l'origine des races à caractères tranchés.

Les races sont peu modifiables par le climat ou l'éducation. Le croisement est le meilleur modificateur. C'est pourquoi les améliorations dans le genre humain se feront par l'intronisation charnelle des races supérieures parmi les races inférieures. Les métis se perfectionneront par l'effacement successif de l'élément inférieur, mais non par sa transformation. C'est pourquoi l'extinction des races inférieures, par absorption ou destruction, est indispensable : comme cela est démontré ci-après.

Les familles animales détruites sont nombreuses ; tous les jours on en découvre de nouvelles. Parmi les reptiles connus, nous comptons cinq ou six espèces d'ichthyosaures, dont les unes mesurent depuis un mètre jusqu'à dix. Ces animaux avaient de gros yeux, la mâchoire et les dents des crocodiles, des nageoires au lieu de pattes, le corps des sauriens et des vertèbres de poissons ; ils habitaient les mers : le plésiosaure, au col de serpent, à la mâchoire du dauphin et du crocodile, au corps à peu près semblable à celui de l'ichthyosaure ; le ptérodactyle, ayant un bec de canard, des ailes ressemblant à celles des chauves-souris, et un corps de lézard avec queue de chauve-souris : quelques espèces mesuraient deux mètres d'envergure ; le mésosaure, long de huit mètres ; le mégalosaure long de quinze mètres, ayant une queue aplatie qui leur permettait d'être amphibies ; l'iguadonon, long de vingt-trois mètres, ressemblant à l'iguâne du Mexique ; quelques espèces de tortues analogues à celles de nos mers actuelles.

Parmi les mammifères, il y a quelques espèces d'hyènes, d'ours, de tigres, de souris. Les mastodontes comprennent huit espèces connues, dont l'une avait six mètres de long sur quatre de hauteur, et des défenses de quatre mètres ; on les trouve sur les deux continents : le mammouth, variété d'éléphant, à longs crins laineux, ayant de quatre à six mètres de haut sur six à huit de long : il habitait principalement la Sibérie ; le dinothérium, espèce de morse,

long de six mètres, ayant à la mâchoire inférieure
de longues dents recourbées en bas ; le mégathérium,
espèce de paresseux géant, ayant des ongles énormes
avec lesquels il arrachait les racines : sa longueur
dépassait quatre mètres et sa hauteur approchait de
deux ; des élans, dont le bois dépassaient sept mètres ; des espèces de chiens, hauts d'un mètre et
demi et longs de deux et demi ; le sivathérium,
espèce de rhinocéros, trouvé dans les terrains de
l'Himalaya : il avait deux paires de cornes, l'une au
sommet de la tête, l'autre au dessus du globe oculaire, une espèce de pangolin, long de six mètres ;
les paléonthérium et les anoplothérium, tenant le
milieu entre le cochon et le tapir ; l'anoplothérium
était de médiocre taille et n'avait pas de défense : on
les voit dans les terrains du sol de Paris ; une espèce
de cheval trouvé en Italie : cet animal était de la
taille de nos ânes actuels ; le marauchénia, ayant
quelque analogie avec le dromadaire et le lama : il
se rencontre à la Nouvelle-Hollande ; une famille
tenant le milieu entre les cachalots et les baleines :
on la nomme ziphius ; le toxodon, variété analogue
au cabiai ; puis des hippopotames, des bœufs. On
n'est pas fixé sur les espèces d'oiseaux antédiluviens.

Il faut remarquer que ces êtres offrent un caractère de confusion d'espèces que ceux de nos jours ne
présentent point.

Plus ils sont anciens, comme les reptiles, plus ils
diffèrent des reptiles actuels.

La perfection paraît être l'unité et non la variété,
comme les ichthyosaures, qui étaient à la fois cétacés

par les nageoires, poissons par les vertèbres, crocodiles par les mâchoires.

Une partie de ces animaux ont péri par le fait des inondations. Ils ont pris la fuite devant les flots croissants. C'est ce qui explique les immenses quantités que récèlent l'Arno, l'Ohio, le Genisseye. Herbivores, pachydermes et carnassiers, fuyant l'eau, se sont trouvés réunis sur ces localités.

Lors de chacune de ces époques, il y avait des habitants, de l'air, de la terre et de l'eau. Ils ont fait place à d'autres, lesquels disparaîtront pour la venue de nouvelles créations.

La tortue de mer et le crocodile sont jusqu'à ce jour les seules espèces connues que Dieu n'ait pas renouvelées. Ce sont là, parmi les habitants du globe, les plus anciens. Ils furent contemporains des ichthyosaures et des plésiosaures.

Le principe vital dort pendant des milliers d'années ; témoin les céréales des momies d'Égypte, qui ont fructifié après quatre mille ans de sommeil.

La vie complète se compose d'évolutions. La nôtre, sur la terre, n'est peut-être que l'une de nos métamorphoses. Nous ne savons pas ce qui constitue son tout.

Les diverses créations ne sont pas contemporaines dans leur principe, elles sont successives, allant de l'imparfait à un plus parfait.

Il y a toujours au fond de toutes les choses créées, unité de plan de composition ; vérité reconnue par la science et soupçonnée par la métaphysique, laquelle nous montre que Dieu est un.

La variété des animaux et végétaux enfouis, la profondeur et la variété de leurs couches prouvent la multitude des déluges.

La lune n'a pas d'atmosphère, elle l'a perdue probablement par la prédominance du sec sur l'humide.

En portant à un milliard d'hectares la surface des mers converties en déserts, je suis au dessous de la vérité. Le Gobi à lui seul a environ deux cent quinze millions d'hectares, l'Europe méridionale et les alentours de la mer Caspienne avaient de deux cent cinquante à trois cent millions d'hectares submergés, le Sahara, près d'un milliard. Admettant terme moyen, dix mètres de profondeur, il y a eu une immense masse d'eau déversée sur les parties orientales et septentrionales de l'Égypte, sur la Syrie, l'Asie Mineure, la Palestine, etc. La Basse-Égypte n'existait pas alors, la mer occupait tout le Delta jusqu'au delà de Suez.

Nous comptons plus de quarante millions d'étoiles ; beaucoup d'autres se découvrent encore. On évalue leur totalité appréciable à cent millions qui sont autant de soleils.

La multiplicité des centres de création ressort facilement de l'examen des êtres de la Nouvelle-Hollande. Là, la création est toute différente de ce qu'elle est ailleurs. Les rivières sont plus abondantes à leurs sources qu'à leur embouchure, elles se dirigent vers l'intérieur, au lieu d'aller vers le littoral. Les feuilles des arbres sont ordinairement linéacées, elles apparaissent après les fleurs. Les arbres perdent leur écorce au lieu de perdre leurs feuilles. Le cygne est noir. Les marsupiaux constituent un ordre à part. L'échidné, à l'inverse des autres mammifères, pond des œufs. L'ornithorinque est un assemblage de mammifère et d'oiseau. Tout sur ce continent révèle une création complétement différente des autres types.

Si, ailleurs, la multiplicité des centres de création est moins apparente, elle ne s'en montre pas moins aux yeux de la science.

Toutes les races ont eu les mêmes impressions intérieures et extérieures. Elles ont cru au monde invisible, aux démons, aux revenants, à la magie. Elles voient les objets physiques avec l'imagination plus qu'avec les yeux.

Nous voyons rarement ce qui est, nous voyons selon le caractère de notre esprit.

L'homme retombe facilement à l'état sauvage.

Les individus appartenant aux nations civilisées ont une aptitude prononcée à se laisser absorber par l'état social des sauvages parmi lesquels ils vivent. Je l'ai souvent constaté chez les Européens qui ont vécu parmi les Arabes nomades. La vie au jour le jour, malgré ses misères fréquentes, leur semble plus belle que la vie régulière, assurée par le travail.

L'influence de la mère est généralement supérieure à celle du père dans la génération. Elle fournit plus d'éléments constitutifs de l'être. Les impressions de la vie *intra* utérine, sont plus organiques. Aussi c'est surtout par les mères qu'il faut chercher à obtenir la régénération progressive. Le mythe a fait déchoir le genre humain par la faute de la femme. La physiologie l'améliorera par la femme, intelligente, forte, aimant avec discernement.

Chez toutes les races, les classes élevées se rapprochent plus que les classes incultes. L'instruction est un puissant moyen de rapprochement et de sociabilité entre les hommes.

Chaque peuple peut être représenté par les mots vulgaires : *raison sociale un tel et compagnie*. Ainsi Moïse et compagnie, c'est à dire l'association des unitaires, rigoristes, antifraternels, fanatiques, ennemis des beaux-arts, traditionistes. Rome, Romulus, Numa et compagnie, c'est à dire le brigandage uni à la religion. La France, les Capets, Napoléon et compagnie, c'est à dire, l'unité gouvernementale, la suprématie du chef de l'État, le césarisme, la domination par la guerre, les arts et la littérature. L'Angleterre, c'est la raison sociale Henri VIII, Élisabeth, Pitt et compagnie, autrement domination exclusive par la mer, religion nationale, travail, liberté. L'Espagne, c'est la raison sociale Philippe II et Torquemada. Rome moderne, c'est la raison sociale Grégoire VII et Innocent III, avec le jésuitisme. L'Anglo-Amérique, c'est la raison sociale Wasingthon, Franklin, Jefferson, travail, liberté, égalité. La Russie est Pierre premier et consorts, autrement, slavisme, dictature, domination sur l'Europe orientale, etc.

Les races supérieures ne meurent pas; elles se transforment. Elles seules font l'histoire de leurs combats contre les inférieures premières occupantes. Les légendes des vainqueurs représentent les vaincus comme des monstres, des sorciers, des cannibales, des empoisonneurs, etc. Que doit affirmer l'historien impartial? Elles ont été détruites, donc elles étaient inférieures. Étant inférieures elles étaient de création moins récente. Les Européens qui ont détruit les Peaux-Rouges, les Zélandais et les Australiens ont été forcés de le faire,[1] ces indigènes étant les ennemis intransformables de la colonisation : donc on doit croire que ce fait est universel.

Les vestiges trouvés dans l'Amérique centrale, révèlent d'antiques communications avec les Atlantes. Les pyramides des environs de Mexico, dont l'une est presque aussi élevée que la plus haute pyramide d'Egypte, le lotus, la croix latine, les scarabées, le serpent, la femme mère offrant un enfant à un prêtre, diverses autres figures symboliques, la construction de Palenque et de quelques autres villes, me font admettre une influence des Atlantes sur la civilisation américaine. L'idée civilisatrice primitive est venue de l'Atlantide. Les peuples américains ont ensuite suivi le développement de leurs aptitudes spéciales. Ils ont eux-mêmes détruit une race autochthone, celle dont on trouve les crânes dans les anciens tombeaux. Ils attendaient pour se soumettre à eux, les hommes de l'Orient. Cette attente indique d'anciennes relations. Bochica, Manco-Capac, les civilisateurs des Toltèques et des Aztèques, étaient probablement les descendants de quelques Atlantes, croisés avec les femmes américaines. Ce sont eux, en leur qualité de bruns ou de métis bruns qui ont fait élever ces grandes constructions de Tulha, Palenque, Cuzco, etc.

L'homme individu ou par familles a été contemporain des mammouths, rhinocéros et carnassiers antédiluviens : mais il n'était pas l'homme du genre humain actuel, pouvant former des nations.

L'homme préhumain et même les races préhistoriques n'ont pas eu le chien, le chien est l'indice de la capacité de l'homme à former une nation.

Le peu d'ossements humains prouve que l'homme coexistant avec les antédiluviens était en petit nombre.

Quelques échantillons tels que ours, élans, mammouths et autres ont existé seulement quand le genre humain composait des tribus, et non plus de petits groupes de quelques individus.

Y avait-il des villes du temps des antédiluviens ?

Les inventions ne sont pas toutes communiquées d'une race à une autre, nombre d'entre elles naissent spontanément et à la fois chez des races différentes. Ainsi l'emploi de la vapeur prit naissance, à peu près en même temps, en Angleterre, en France, en Espagne, et en Amérique.

Elles sont préparées par un milieu ambiant à peu près insaisissable. Ainsi, la poudre à canon, l'imprimerie, la vapeur, ont été connues sur différents lieux, presque simultanément.

Les habitations lacustres de l'Océanie sont les mêmes que celles de l'Europe. Les poteries berbères de l'Afrique sont à peu de chose près les mêmes que celles des Étrusques, il y a quelques mille ans, et les mêmes que celles des diverses nations de l'Asie.

Les productions physiques et intellectuelles, pro-

viennent d'un état social donné, indigène, autant que
des emprunts faits à autrui.

Les épidémies physiques, tels que peste, choléra,
typhus, se développent spontanément sur des lieux
très éloignés les uns des autres : la syphilis, à la
fin du quinzième siècle, envahit presque à la fois,
l'Italie, l'Espagne, la France, l'Allemagne, l'Écosse.
Leur mode de propagation n'est pas expliqué d'une
manière satisfaisante.

Les épidémies morales, agissent de la même manière. Exemples : croisades, guerres religieuses entre
chrétiens ou musulmans, croyances en la prochaine
fin du monde, sorcellerie, possession des démons,
sentimentalité de la vie pastorale comme celle du
dix-huitième siècle, esprit de paix, de guerre, de
démocratie, d'aristocratie, d'indifférence religieuse,
d'ardeur religieuse, abolition de la peine de mort,
pour les crimes les plus graves, soins accordés
aux criminels; toutes ces publiques folies lucides,
apparaissent à la fois, sur une partie du globe,
comme les tempêtes de vent, de pluie, de magnétisme terrestre.

Sentiments moraux, bons et mauvais, créations
d'êtres quelconques, viennent comme une traînée de
champignons, de pères et mères matériels non
reconnus.

Les traditions et les faits historiques prouvent
qu'un genre humain a existé avant l'humanité actuelle. Les races actuelles, les plus anciennes, ont
trouvé sur leur sol des premiers occupants, contre
lesquels elles ont combattu; les mythes de l'exis-

tence de nains, de géants, de pygmées, et d'autres
êtres plus ou moins hommes, comme les satyres, les
hommes moitié serpents, moitié chiens, moitié cen-
taure, sont une forte induction à cette humanité pré-
humaines. Les ossements humains trouvés à l'époque
antédiluvienne montrent que cette première humanité était moins complète que les races inférieures
du genre humain actuel. Elle était un précurseur,
elle a totalement disparu. Les hommes qui ont élevé
les habitations lacustres, même à l'époque de pierre,
existent encore.

Les nouveaux Zélandais ont tué et mangé les
premiers occupants de la nouvelle Zélande. C'est une
vérité historique. Probablement il en fut ainsi par
tout le globe : les préhistoriques ont mangé les préhumains, le genre humain actuel a mangé les hommes
réputés satyres, pygmées, centaures, etc.

Une nation, une race pastorale, peut se maintenir,
parce qu'elle dirige, domestifie des animaux. Elle a
accès sur la nature, elle fait un travail de prévoyance :
Une nation, une race de chasseurs ou de pêcheurs,
ne peut se maintenir, parce qu'elle est sans action
de propagation, de prévoyance sur la nature animale.
Elle peut détruire seulement et ne peut pas conserver.

Pasteurs sont donc au dessus de pêcheurs et de
chasseurs. Les maladies nouvelles se développent par
le contact de deux races nouvelles : exemple, syphilis au contact des Européens et des Américains,
variole au contact des Européens avec toutes les
races inférieures.

La cause physique de cette loi est inconnue.

PERMANENCE DES RACES

Les races humaines ne changent pas d'attributs par elles-mêmes. Elles restent perpétuellement les mêmes qu'elles étaient, alors qu'elles sont nées et constituées comme races. Elles peuvent parcourir un cercle considérable, mais dans le parcours, elles n'acquièrent aucun nouvel attribut.

Le genre humain, pris collectivement, acquiert des attributs nouveaux : il parcourt une spirale toujours ascendante.

Ainsi les races historiques, tels que les Chinois, les Arabes, les nègres, les blonds de l'Europe, sont au physique et au moral les mêmes qu'ils étaient il y a bien mille ans et davantage, les peintures de ces époques réculées le démontrent.

Les autres races animales sont aussi, elles, permanentes, l'ichneumon, l'éléphant, le chat, l'ibis, sont ce qu'ils étaient il y a six mille ans.

Aucune race nouvelle n'a été créée depuis l'arrivée du genre humain actuel. Il est impossible à l'homme d'en créer une pouvant se maintenir elle-même.

Il peut seulement créer des races métisses, et il le doit faire pour le progrès universel.

Il n'est pas impossible que chez l'homme on ne puisse obtenir des fécondations artificielles, c'est à dire, sans l'introduction directe de l'organe viril, la fécondation artificielle chez les poissons et chez quelques quadrupèdes autorisent à le penser.

Il n'y a pas eu de nouvelle création depuis celle de l'homme.

S'il y avait eu transmutation d'espèces, on en trouverait des preuves physiques, soit ossements d'espèces, moitié bipèdes, moitié quadrupèdes, moitié carnivores, moitié herbivores, etc.

Les préhumains ont probablement existé lors de la création de nos ancêtres.

La transmission charnelle des races primitives, parmi les hommes de nos jours, s'est faite par les femmes : celles-ci, de gré ou de force, ont épousé les hommes de la race supérieure. Exemple : l'homme de l'époque de bronze à tué l'homme de l'époque de pierre et a pris sa femme; l'homme de l'époque de fer en a fait autant envers l'homme de l'époque de bronze.

Le mal physique et moral est plus héréditaire qu'on ne le pense. Je crois que la plupart des malfaiteurs, de toute condition sociale, souverains ou simples particuliers, proviennent par leurs mères d'une génération éloignée des races primitives, lesquelles n'étaient guère plus que des bêtes de proie.

Il est possible que le principe vital de toute créature habitant la terre, après s'être élevé progressivement à son *maximum* de perfection, retourne successivement à son *maximum* d'infériorité.

Avec l'état de la science actuelle, nous devons admettre la permanence des types.

Soit : le chien fut toujours chien, le nègre toujours nègre, le blanc toujours blanc, le chêne toujours chêne, etc.

CHAPITRE III

DES RACES HUMAINES CONNUES ET DE LEUR DISTRIBU-
TION GÉOGRAPHIQUE SUR LE GLOBE

La géologie prouve que les végétaux et les animaux les plus simples sont venus les premiers sur
notre globe. Ainsi les mousses, les fougères, avant
les plantes dicotylédonées; les reptiles avant les
mammifères. Or, par analogie, il paraît rationnel de
penser que la même marche ascendante eut lieu lors
de la création des races humaines. La loi qui a voulu
produire le crocodile ou tout autre saurien, avant le
bœuf ou le cheval, a dû former aussi l'Australien
avant le Celte ou l'Ibérien.

J'admets donc diverses périodes de création parmi
le genre humain.

PREMIÈRE CRÉATION

TYPE ANDAMÈNE

Race australienne

Habite la Nouvelle-Hollande. Taille moyenne,
peau fuligineuse, tête grosse, crâne déprimé, cheveux lisses et floconneux, mâchoires et lèvres avançant en museau, grande bouche, sourcils saillants,
pommettes saillantes, membres grêles et mal attachés.

Les habitants des îles Andamans, quelques tribus disséminées sur les chaînes de l'Himalaya, du Tibet, à Siam, à Formose, en Chine, à la Nouvelle-Guinée, aux Philippines et en Malaisie, se rattachent à cette race.

Les Garrohts du Bengale, les Betsilos de Madagascar, les Veddahs de Ceylan, les Alfouras des Moluques en font partie.

Ils forment le premier anneau du chimpanzé et de l'orang-outang à l'homme.

Ils sont répandus sur les îles et continents de l'Asie orientale et méridionale et en Océanie.

TYPE HOTTENTOT

Race hottentote

Taille moyenne, grosse tête, visage large en haut, mince en bas, peau d'un brun jaunâtre, front déprimé, mâchoires et lèvres avançant en museau, cheveux laineux et courts, nez plat.

Les Boschimans, variété de cette race, sont plus entachés d'infériorité. Ils sont plus petits et ont plus prononcés les signes de la race hottentote.

Ils sont répandus de la pointe australe de l'Afrique, jusque sous le tropique du Capricorne.

Les Troglodytes, qui habitaient la zone orientale du Sahara, appartenaient probablement à cette race ou à une race similaire.

TYPE HYPERBORÉEN

Races laponne, samoyède, esquimale

Tête grosse, col court, larges épaules, membres courts, visage large en haut, pommettes saillantes, œil oblique, petit et enfoncé, grandes oreilles, menton court et étroit, tels sont les caractères physiques du type hyperboréen. Les Lapons se distinguent par leur peau brun-olivâtre et un œil moins oblique. Ils habitent l'Europe. Les Samoyèdes se distinguent par leur œil oblique et leur peau jaune. Ils habitent entre l'Oural et le fleuve Obi. Nombre d'indigènes de la Sibérie orientale et septentrionale appartiennent à des races semblables aux Samoyèdes ; les Kamtchadales entre autres. Les Esquimaux tiennent le milieu entre les Lapons et les Samoyèdes, ils habitent le continent américain.

Les Lapons semblent être l'ébauche de la race ouralienne ou finnoise ; les Samoyèdes, l'ébauche des races comprenant le type jaune ; les Australiens, l'ébauche des races cuivrées qui peuplent l'Océanie. Probablement chaque grand type, blanc, noir, rouge, jaune, cuivré, a eu ou a encore une race, premier anneau d'une série ascensionnelle, allant de l'imparfait au plus parfait. Ainsi le Créateur, avant d'arrêter la race noire ou rouge la plus parfaite, a enfanté d'abord une première race noire ou rouge plus imparfaite.

Probablement en Amérique et en Afrique, on retrouvera encore ces races de première création.

Les têtes trouvées dans les anciens tombeaux

américains ont le crâne aplati et les mâchoires extrêmement saillantes en avant. Probablement elles appartiennent à une race américaine de première création, race détruite par les indigènes actuels.

Cette race n'a pas certainement élevé les monuments qu'on reconnaît être antérieurs à la civilisation américaine indigène. La projection de ses mâchoires la rapproche des singes et la rend une race des plus inférieures.

Les races de première création, bien que créées d'après un modèle et un milieu ambiant différents, malgré leur situation antipode, ont cependant un caractère commun. Hyperboréens, Hottentots, Andamènes, toutes les races de cette époque, ont un goût prononcé pour les substances alimentaires putréfiées. Les Samoyèdes, Lapons, Groënlendais, Kamtchadales, préfèrent l'huile rance ou la graisse de cétacé, à tout autre aliment. Les Hottentots, Boschimans, Australiens, mangent des serpents, grenouilles, poux, larves de fourmis ou autres insectes.

Elles n'ont point de sentiment religieux. Elles savent à peine se bâtir des abris. Elles sont errantes sur un cercle restreint : vivent à l'état individuel. A peine se réunissent-elles en groupe de quelques familles. Point de propriété territoriale.

Manque de proportions des formes du corps. Ainsi, grosse tête et membres trop courts chez le type hyperboréen ; grosse tête et membres trop grêles chez le type andamène ; épine dorsale courbée antérieurement chez le type hottentot.

Du reste, extrême agilité à la course chez toutes ; peu de fécondité ; vieillesse précoce ; langage extrêmement borné et assez semblable à celui des animaux, chauve-souris, dindons, etc. Angle facial de 60 à 65 degrés.

Impossibilité de vivre hors de leur milieu natal, impossibilité de se civiliser, hostilité contre toutes les autres races, aversion des autres contre elles. Tels sont les signes caractéristiques des hommes de la première création.

A cela j'ajouterai qu'ils sont anthropophages et ne savent pas profiter des expériences acquises par les ancêtres. Ils vivent à la façon des animaux, sans rattacher le passé au présent. Un individu de cette création est exactement ce qu'était son père. Ses connaissances sont instinctives. La tradition n'a aucune influence sur elles. Il reste ce qu'était son père, c'est à dire sans que les générations profitent des générations qui les ont précédées.

DEUXIÈME CRÉATION

Race papouenne

Habite l'intérieur des îles de la Malaisie, les Philippines, la Nouvelle-Guinée, la Nouvelle-Irlande, la Nouvelle-Calédonie, l'Archipel de Salomon, la Louisiade, quelques îles de la Micronésie et de la Polynésie, quelques points de la Chine, de l'Indo-Chine, du Japon autrefois.

Aux Philippines, les hommes de cette race se nomment Aëtas, et Papous en Nouvelle-Guinée, Moys au Birman, Miao-Tseu en Chine (1).

_____

(1) Les *Miao-Tseu* ou fils des champs incultes ont précédé les Chi-

Peau noire luisante, taille moyenne, quelquefois haute comme chez les insulaires de l'archipel d'Hologoleu, front plus droit, lèvres moins grosses, nez moins épaté que chez les nègres africains; cheveux frisés, épais sans être laineux; angle facial, 64 à 69 degrés.

Tels sont les nègres océaniens.

Supérieurs aux Andamènes, ils les ont refoulés ou détruits, partout où ils se sont trouvés sur le même sol.

Ils ont pour armes, l'arc et la flèche; montrent du goût pour la sculpture, et vivent en peuplades.

TYPE CUIVRÉ

Race polynésienne

Haute taille, cheveux noirs et lisses, peau cuivrée, membres bien faits et robustes, œil noir et ouvert, visage ovale, nez souvent aquilin, lèvres minces, bouche médiocre.

Habite la Nouvelle-Zélande, les îles Taïti, Tonga, Pomotou, Hamoa, les Marquises, les Sandwich. Elle a pour armes de guerre le casse-tête et de longues javelines. Elle est soumise à l'usage du Tabou, se distingue par sa lascivité et son courage agressif.

Les Battas de Sumatra, quelques peuples indigènes de Bornéo, des Philippines, des Moluques, de

nois sur le territoire actuel de la Chine. Ils portent de grands arcs et sont incivilisables. Les Chinois les ont soumis seulement vers le milieu du dix-huitième siècle.

la Nouvelle-Guinée et de quelques îles de l'Australie,
en font partie.

Race micronésienne

Ressemble à la polynésienne, par la couleur cuivrée de la peau, la taille et les cheveux noirs;
semble en différer par un visage moins ovale, elle est
aussi moins lascive et moins subordonnée aux prescriptions du *tabou*. Elle a pour armes de guerre, la
fronde, la hache en pierre et des bâtons pointus.
Aux îles Mariannes et Carolines, puis généralement par toute la Micronésie, cette race a une teinte
cuivrée brune qui la distingue de la race polynésienne.

TYPE ROUGE AMÉRICAIN

Races rouges

Habite l'Amérique septentrionale. Haute taille,
membres robustes et un peu courts, poitrine bombée,
taille massive, œil noir, cheveux noirs, gros, lisses,
barbe rare, cheveux et barbe ne blanchissant pas,
globe oculaire gros, orbite grande, pommettes élevées
et saillantes, nez gros, un peu épaté et arrondi, visage élargi en haut et s'amincissant en bas, œil relevé vers les tempes et oblique, lèvres ordinairement
minces, arcade sourcilière saillante, élevée, sourcils plus minces que chez toute autre race, peau unie,
satinée.

Cette race comprend les Hurons, Iroquois, Dacotas, Sioux, Illinois, les tribus du Canada, du Nouveau-Mexique, de la Californie, et généralement les peuplades qui s'étendent de la mer polaire au golfe du Mexique.

Races rouges-brunes

Habitant l'Amérique méridionale et les Antilles avant l'arrivée des Européens, les Guaranis, les Caraïbes, les Pampéens, Araucans, Artèques, Quichuas, Botocudos, les Patagons, les Chiquitos, les Flodiens, et généralement les tribus sauvages de l'Amérique méridionale, appartiennent aux races rouges-brunes. Quelques-unes de leurs tribus ont pénétré dans l'Amérique du nord, entre autres les Floridiens.

Les hommes de la seconde création ont pour caractères communs : anthropophagie, soit légale, soit par goût. État social constitué par petites agglomérations, soit de peuplades errantes, soit fixes. Sentiment religieux peu développé. Inaptitude à se constituer en corps national militaire de quelques centaines de mille âmes. Difficulté pour vivre hors de leur milieu ambiant originel. Point d'écriture alphabétique. L'expérience des ancêtres et l'histoire transmise par des traditions orales. Action sur la domestification des animaux à peu près nulle. Sacrifices humains pour les fêtes religieuses, militaires ou civiles, cruauté, brutalité de mœurs : angle facial, 75 à 80 degrés.

Le sein est placé un peu trop bas chez les races rouges. Elles manquent de proportions exactes, les membres étant un peu trop courts par rapport à la taille. Les pieds sont trop gros et trop longs.

Les hommes de la seconde création montent à l'échelle sociale, parce qu'ils ont la tradition verbale incomprise des hommes de la première. Ensuite ils ont l'aptitude nécessaire pour constituer un état social, monarchique, oligarchique ou démocratique ; ils peuvent se construire des cabanes ou des maisons de pierre. Les hommes de la première création n'ont pas cette double aptitude.

Du reste, ces hommes n'ont pas d'agriculture *proprio motu*. Celle qu'ils ont maintenant en Amérique ou en Océanie leur fut communiquée. Ils vivent pour la plupart de chasse, de pêche, de la récolte des fruits naturels.

Ils ne savent pas tirer parti des troupeaux. Les races américaines n'ont point domestifié le bison ou le bœuf musqué (1). Ce défaut d'action sur l'animalité est un indice d'infériorité. Chez eux, la femme est généralement traitée comme une bête de somme. Voilà encore un caractère distinctif appartenant à la seconde création. Parmi les créations postérieures,

---

(1) Il paraît que certains peuples indigènes aux environs de Mexico, avant l'arrivée des Espagnols, avaient des troupeaux de bisons. Mais, comme tous les autres Américains, ils ne connaissaient point l'usage du lait. Ils élevaient ces animaux pour en manger la chair et boire le sang, sans les employer à d'autres usages. Ils ont donc ignoré la vie pastorale. Or cette ignorance constitue une différence notable entre les races rouges et les races jaunes. Ces dernières sont pastorales.

La domestication du lama n'est point une émanation indigène. Elle vient des civilisateurs du Pérou, et tout porte à croire que ces civilisateurs, les Incas, étaient étrangers.

la femme est considérée comme instrument de plaisir et de génération; chez la dernière créée, elle est considérée comme l'égale et l'associée de l'homme.

Ils ne supportent que difficilement l'esclavage domestique et sont peu susceptibles de modifications hors de leur foyer natal.

TROISIÈME CRÉATION

TYPE NOIR

Race éthiopienne

Taille haute, peau noire et satinée, cheveux laineux, membres trop longs par rapport aux proportions du corps, pieds larges et plats, jambes et cuisses maigres, bassin et fesses saillants en arrière, lèvres grosses et renversées en dehors, narines larges et nez épaté, pommettes proéminentes, front fuyant en arrière, os du crâne épais, encéphale peu volumineux par rapport au volume de la tête, peu de barbe; barbe et cheveux blanchissant par l'âge, briéveté de la vie, développement des organes génitaux.

Peu de réflexion. Imagination, gaîté, amour des enfants, amour des lieux, mimique, antipathie de la navigation maritime, mélange de cruauté et de douceur, aptitude à vivre en esclavage domestique, à recevoir toute transformation hors de son foyer natal, à vivre dans les contrées chaudes et humides. Préfère l'état fixe à l'état nomade, et l'agriculture à l'état pastoral, l'état monarchique à l'état démocratique, admettra volontiers le despotisme d'un seul homme, arrive ou arrivera à la civilisation par le despotisme.

Proprio motu, elle s'est élevée à une civilisation indigène, et a bâti de grandes villes policées à l'intérieur de l'Afrique ; elle offre, du reste, de nombreuses variétés, les unes hideuses. Originaire des terres africaines, *intra* tropicales, elle a pénétré sur diverses parties du monde. Elle s'allie facilement à toutes les races. Mélangée avec les Atlantes et les Asiatiques de la Syrie et de l'Arabie, elle forma l'ancienne nation égyptienne. Mêlée aux blancs de l'Arabie, elle a formé les Nubiens et les Abyssiniens. Mêlée aux blancs de l'Afrique septentrionale, elle a produit la nation puissante des Fellatha.

Race caffre

Haute taille, peau couleur de fer refroidi, front droit, lèvres assez minces, nez droit et non épaté, visage rond sans proéminence des pommettes, lèvres moins grosses, cheveux moins laineux que chez les Ethiopiens. Elle n'a point l'odeur spécifique de ceux-ci.

Originaire de l'Afrique australe et orientale, elle s'étend du tropique du Capricorne jusqu'à la pointe méridionale de l'Afrique. Elle est située entre la race hottentote. Elle a peuplé une partie de Madagascar.

Courage agressif. Réfractaire à l'esclavage. Esprit d'indépendance. Elle monte plus que l'éthiopienne en hiérarchie sociale et reçoit moins facilement l'influence étrangère. Elle est intermédiaire entre les blancs et les noirs.

Race galla

Peau noire, cheveux laineux, haute taille. Elle a les autres caractères de la race éthiopienne, à l'exception d'un front moins fuyant et d'un rapprochement plus intime vers les races blanches.

Il y a probablement quelques autres races noires, que les explorations de l'Afrique australe feront connaître un jour, entre autres celles de première création.

Race javano-malaisienne.

Taille moyenne, peau d'un brun olivâtre, cheveux longs, noirs et fins, barbe noire peu fournie, œil un peu oblique, bouche grande, pommettes un peu saillantes, paupières bridées, membres généralement grêles.

Originaire de Java, de Sumatra, de Malacca et des grandes îles de la Malaisie, elle s'est répandue sur les îles de l'Océanie, jusqu'à Mallicolo, et sur l'île de Madagascar. Les Ovas dominateurs actuels de Madagascar sont Malais.

Esprit de guerre développé, amour des voyages maritimes, piraterie. Elle est supérieure aux autres indigènes océaniens. Elle occupe principalement les côtes et a refoulé les Andamènes, les Papous et les Océaniens cuivrés vers l'intérieur.

Elle a créé aussi des métis par ses alliances avec les Papous ou les Océaniens cuivrés.

Proprio motu, elle est parvenue à une civilisation

4

indigène. Elle a une langue écrite et un alphabet particulier. Elle a fondé des États réguliers. Elle n'a pas de répugnance pour l'étranger. Elle paraît être, par ses formes physiques, une race intermédiaire entre les Chinois et les Indous. Elle a apprivoisé les animaux, entre autres le buffle et le bœuf. Elle est propre à la fondation des colonies.

Les races de troisième époque sont anthropophages, plutôt par idées religieuses ou lois civiles, que par goût inné. Elles connaissent l'art d'élever des troupeaux. Elles ont des villes et des États réguliers, ce que n'ont pas les races de créations antérieures. La race malaisienne est supérieure aux races noires; car elle s'est élevée à un système d'écriture et à un alphabet particulier, à l'histoire, à la poésie écrite.

Les unes et les autres peuvent vivre hors de leur foyer natal, ce qui leur donne une plus grande influence sur l'univers, que les races antécédentes. Elles sont naturellement indolentes et manquent de proportions exactes du corps. Les nègres ont les membres trop longs et les Malais les ont trop grêles. Elles ont par elles-mêmes un culte religieux et des idées raisonnées, c'est à dire systématiquement déduites touchant la Divinité. Angle facial chez les nègres de 75 à 80 degrés; chez les Javano-Malais, il est ordinairement de 80 à 85 degrés. Moins gloutonnes que les races antérieures, elles semblent avoir un goût plus marqué pour les liqueurs alcooliques. Les Malais aiment à perdre leur raison ou à s'exciter par l'usage du vin ou de l'opium. Les nègres aiment les liqueurs alcooliques de préférence à toute autre chose. L'ivresse rapproche moins de l'animalité que la gloutonnerie des Andamènes, des Hottentots, des Papous, des Peaux-Rouges ; par rapport à la gloutonnerie de ces hommes, premiers créés, elle constitue donc une supériorité.

La femme jouit de plus de considération chez les nègres et les Javano-Malais ; elle exerce quelquefois l'autorité souveraine ; ce qui ne se voit pas chez les races des premières époques.

QUATRIÈME CRÉATION

TYPE JAUNE

Race chinoise

Taille moyenne, corps replet, peau jaune un peu huileuse, œil oblique et écarté du nez, petit et enfoncé sous l'orbite, sourcil élevé et mince, cheveux noirs, ne frisant pas, pommettes saillantes, tête ronde et grosse, col court, bouche petite, menton rond et étroit, grandes oreilles détachées du crâne, pieds et mains petits.

Intelligence développée par suite du volume de l'encéphale. Aptitude innée à l'agriculture, au commerce, à l'industrie. Ruse, fourberie, amour de la localité prononcé.

Originaire de cette partie de l'Asie, comprise entre l'Himalaya, le grande muraille, les mers du Japon et de l'Inde, cette race comprend les Tonquinois, les Cochinchinois, les Anamites, les Siamois, une partie de la population du Tibet et la population de la Corée.

Elle est stationnaire et peu belliqueuse, et veut vivre dans l'isolement, méprisant tous les autres peuples.

Race japonaise

Semblable physiquement, moralement et intellectuellement à la race chinoise, elle en diffère par une peau jaune olivâtre. Originaire des îles Niphon et Ieso, elle a reçu de son territoire une influence plus isolante, et se séquestre des autres peuples plus opiniâtrément encore que les Chinois. Elle est courageuse.

Race mongole

Taille au dessous de la moyenne, corps trapu, jambes et cuisses arquées en dedans. Elle a les caractères physiques plus accentués que les Chinois et les Japonais.

Originaire des hauts plateaux de l'Asie centrale, de l'Altaï ; à l'inverse des autres races du type jaune, elle est essentiellement nomade. Elle préfère le lait de jument au lait de vache. Elle méprise l'agriculture et le commerce, aimant le changement de lieux. Elle a inondé l'Asie et l'Europe de ses soldats. Les plus lointaines expéditions militaires terrestres furent faites par les Mongols.

Attila, Gengiskan, Tamerlan, étaient des hommes de cette race. Sous le nom de Scythes, de Huns, de Tartares noirs, elle a envahi l'Europe dans l'antiquité et les temps modernes ; a créé l'empire Tartare dont Delhy était la capitale ; domine la Chine actuellement avec la dynastie Mandchoue ; a peuplé la Sibérie jusqu'à la mer Glaciale, et a envoyé quelques émigrations sur l'Amérique septentrionale.

Les Mandchous, les Eleuhts, les Usbeks, les Quirguises, les Calmouks, les peuples du Tibet, du Boutan, du Turquestan et autres régions de l'Asie centrale, en font partie.

Les races jaunes forment presque la moitié du genre humain. Elles montent au delà de 650 millions d'âmes. Elles ont pour caractère commun : absence du génie architectural caractérisé par les grandes constructions de l'Inde, de l'Égypte, de la Syrie et de l'Europe, une malpropreté innée, la lubricité, l'esprit porté à l'isolement et au *statu quo*, cruauté de la législation pénale, rationalisme.

L'indifférence ou le mépris qu'elles ont envers les autres races, les empêchent d'être des agents de civilisation hors de leur pays natal. Leurs prêtres et leurs savants n'ont point l'esprit de prosélytisme. Sauf les Mongols, qui émigrent pour détruire et sont conséquemment des agents de destruction, les nations du type jaune, Chinois, Coréens, Siamois, Tonquinois, Japonais, n'ayant point le goût des émigrations, ne modifient pas le globe hors de leur patrie.

Ce défaut d'action sur les terres étrangères constitue une infériorité marquée des hommes de cette création, par rapport aux hommes du type blanc. Donc, les Chinois, les Japonais, malgré leur civilisation avancée, sont inférieurs aux blancs, lesquels ont l'esprit de prosélytisme et d'émigration.

Ils ont précédé les blancs en beaucoup de points

des connaissances humaines; mais ils sont restés
depuis longtemps sans marcher vers le progrès continu. Agissant même sur les hommes des trois créations précédentes, s'amalgamant avec eux, ils n'auraient pu conquérir le monde à la civilisation, ni
pousser l'humanité à la perfection que Dieu lui a
destinée. Aux quatre créations ci-dessus décrites, il
fallait donc en ajouter d'autres qui pussent transformer l'univers et faire progresser l'humanité.

CINQUIÈME CRÉATION

TYPE BLANC-BRUN

Race indoue

Taille moyenne, peau bronzée, cheveux et yeux
noirs, lèvres minces, front droit, formes générales
du corps bien prises, nez aquilin, angle facial de 85 à
90 degrés.

Isolement, agriculture, humeur pacifique, esprit
stationnaire, division par castes presque infranchissables, idéalité religieuse, imagination, esprit poétique.

Née sur les terres comprises entre l'Indus, l'Himalaya, le golfe Persique et la mer des Indes, elle
forme une population de 150 à 200 millions d'âmes.

L'aversion qu'elle a contre les étrangers, son défaut d'esprit de prosélytisme et d'émigration, la constituent race inférieure, relativement aux races du
type blanc; bien qu'elle soit supérieure à quelques-
unes d'entre elles par l'intelligence.

Elle est la plus anciennement civilisée du type brun. Ses œuvres religieuses, poétiques, architecturales, philosophiques, lui donnent une position élevée parmi les parties intellectuelles de l'humanité.

Mais la raison, la causalité, sont faibles chez elle.

Elle est sans action sur l'univers hors de son foyer natal.

Race arabe

Haute taille, peau brune, front fuyant en arrière, menton ovalaire, crâne et visage s'allongeant dans le sens de haut en bas, œil, cheveux et barbe noirs.

Née sur les plages sablonneuses de l'Arabie et les rives basses de l'Euphrate. Esprit de guerres et d'aventures. Douée de l'esprit d'émigration et de prosélytisme. Elle se développe hors de son foyer natal. Par ses missionnaires, ses excursions armées, ses colonies, elle exerce une forte influence humanitaire.

Elle s'est répandue à travers le monde, à l'exception de l'Amérique. Elle a inculqué à presque toute l'Afrique, la Malaisie, quelques îles de l'Océanie, d'Asie occidentale et d'Europe méridionale, ses idées religieuses (1).

(1) Le fanatisme et le prosélytisme sont des sentiments d'un ordre supérieur, ils valent mieux pour l'humanité que l'indifférence. Les Mongols étaient indifférents en matière religieuse ; aussi ils ont détruit par plaisir. Les Arabes ont détruit afin de préparer l'application de leur religion, leur prosélytisme sauva des victimes, il améliora l'Afrique intérieure.

Race juive

Au physique ressemble à l'Arabe, en diffère par un front plus droit, plus large, des sourcils et des yeux plus gros. Au moral, elle se distingue par son aptitude commerciale, par son cosmopolitisme plus fort que chez toutes les autres races du genre humain, par son opiniâtreté religieuse, et son aptitude à se soumettre à toute civilisation quelconque. Son aversion contre la navigation maritime est encore l'un de ses principaux attributs.

Née au milieu des pays étrangers, Syrie, Egypte, Arabie, elle s'est développée en Palestine, sous la domination étrangère. Or, de ces conditions originelles, elle a reçu son caractère de cosmopolitisme.

Race irano-caucasienne

Haute taille, proportions exactes de tout le corps, œil et cheveux bruns, nez droit, angle facial de 85 à 90 degrés, peau blanche, lèvres minces, bouche moyenne. C'est un des plus beaux types de l'humanité.

Originaire du Caucase, de la Géorgie et des montagnes de l'Afganistan, elle s'étend autour de la mer Caspienne et sur la rive gauche de l'Euphrate. Elle comprend presque toutes les peuplades du Caucase, de l'Arménie et de la Perse.

Belliqueuse, stationnaire, pillarde, elle a de tout temps tenu les femmes en subalternéité.

Race araméenne

A la peau brune des Arabes, leurs cheveux et leurs yeux noirs. Elle en diffère par une taille moins élevée et une tête moins allongée du menton au vertex. Elle est originaire des contrées renfermées par la Méditerranée, le Bosphore, la Palestine, l'Arabie et la rive droite de l'Euphrate. Elle comprend presque toutes les nations syriennes. Elle a créé autrefois de puissants États, Ninive, Babylone, Balbec, Palmyre, Damas.

Race pélasge

Taille moyenne, peau brune, cheveux et yeux noirs, proportions exactes. Née sur le Balkan et les autres montagnes de la Grèce, elle a formé le noyau des populations de la Macédoine, de la Thessalie, de l'Épire, du Péloponèse, des îles de la Grèce, ainsi que de la Sicile et de l'Italie.

Mêlée aux races asiatiques araméennes, elle a produit les Hellènes. Elle est colonisatrice, artiste, intelligente plus que les races précédentes. Son esprit est plus subtil et plus ingénieux que profond. Par ses métis de la Grèce et de l'Italie, ses littérateurs, ses poètes, orateurs et philosophes, elle est devenue l'institutrice de l'Europe.

Race atlante

Taille moyenne, peau bistrée, tête généralement ronde, proportions exactes de tout le corps. Origi-

naire de l'ancienne île Atlantide, formée autrefois de
l'Espagne, de l'Afrique septentrionale, limitée maintenant par le Sahara et la Méditerranée. Susceptible
de civilisation avancée, elle se caractérise par son
opiniâtreté à rejeter tout système d'unité religieuse
ou politique, par son amour des localités et son hostilité à l'égard des autres races.

Elle comprend les indigènes de l'Afrique septentrionale, les Ibériens espagnols et portugais, les
premiers habitants de l'Italie occidentale, les Sardes,
les Corses, les habitants des Baléares, ceux de la
France méridionale, les Basques, Béarnais et autres
nations des Pyrénées.

Elle atteignit jadis une civilisation élevée, avant le
le dernier cataclysme de notre hémisphère. Depuis
lors, elle est retombée dans un état voisin de la barbarie.

Elle fut colonisatrice. A probablement pénétré, dès
les premiers âges. dans l'Amérique septentrionale et
méridionale. Il est probable qu'elle a produit cette
ancienne civilisation inconnue qui a précédé les Américains Peaux-Rouges au Guatemala et aux autres
lieux de l'Amérique.

Car il paraît certain que, trois mille ans avant l'ère
chrétienne, un premier Manco-Capac a fondé Cuzco.
Ces fortifications en terres ou sculptures sur le sol
d'un serpent long de plus de 800 pieds, d'une tortue
longue de plus de 200, d'un homme long de plus
de 120, d'une foule d'autres animaux, comme lézards,
oiseaux, etc., lesquels existent dans les États de
l'Amérique du nord ; ces inscriptions gravées sur les
rochers, prouvent qu'une civilisation plus avancée

que celle des Peaux-Rouges actuels a existé en Amérique. Il fallait une population, une agriculture, une intelligence, des outils que ne possédaient point les Américains avant l'arrivée moderne des Européens.

Or cette civilisation avait été imposée par les descendants des Atlantes. Ils étaient les inspirateurs, les architectes, les sculpteurs, de cette époque. La ville de Cuzco bâtie trois mille ans avant Jésus-Christ, les premiers dieux civilisateurs des Mexicains, des Péruviens, lesquels venaient de l'Orient, lesquels étaient retournés vers l'Orient, lesquels devaient retourner de l'Orient, me paraissent des inductions suffisantes pour admettre des relations entre l'Amérique et l'ancien monde (partie atlantique), il y a quelques mille ans.

Les Aztèques furent ces civilisateurs sous l'influence des Atlantes.

Depuis les temps modernes, cette race s'est répandue en Amérique. Les Espagnols et les Portugais ont fait ce qu'avaient fait leurs ancêtres, les Atlantes, en Amérique. C'est une répétition, après quelques milliers d'années.

Race turque

Haute taille, peau brune tirant un peu sur le jaune, yeux et cheveux noirs, pommettes un peu grosses, corps un peu trapu. Née sur les contrées situées à l'est de la mer Caspienne, nomade par goût et belliqueuse, elle a combattu les Romains sous le nom de Parthes, avait combattu Sémiramis et Cyrus, autrefois sous le nom de Scythes de l'Asie, de Gétes, de Massagètes; a pénétré en Europe au quinzième siècle, sous le nom de Turcs.

Stationnaire, ayant une intelligence bornée, de la dignité personnelle, elle a une grande aptitude au commandement. Partout où elle a pénétré, elle a ruiné le sol et les populations. Elle domine une portion de l'Europe orientale, l'Asie occidentale et quelques portions de l'Afrique.

Elle comprend les Turcs, les Turcomans, les Tartares blancs et une partie des nations de l'Asie centrale.

Race ouralienne

Taille moyenne, peau brune, yeux et cheveux noirs, occiput développé, corps trapu, épaules larges, tempérament bilieux. Préfère l'état nomade à l'habitation fixe, a l'humeur martiale et indépendante. Originaire des chaînes de l'Oural, elle a pénétré sous le nom de Finlandais, dans le nord, et sous le nom de Madgyars, à l'est de l'Europe. Son visage élargi en haut, ses pommettes saillantes, son teint brun, ses goûts nomades, indépendants et belliqueux, la constituent race de transition entre les Mongols et les races du type blanc. Maintenant, outre l'Europe, elle habite aussi quelques parties de la Sibérie, entre le fleuve Obi et l'Oural.

Elle est peu susceptible de civilisation, elle a appauvri le sol là où elle s'est installée.

SIXIÈME CRÉATION

TYPE BLOND

Race slave

Haute taille ordinairement, peau blanche, souvent marquée de taches de rousseur, yeux gris bleus, barbe et cheveux roux, formes du corps bien prises, visage anguleux. Née entre les monts Karpathes et l'Oural, elle s'est développée sur la Vistule, le Borysthène et le Niémen ; s'est répandue le long du Borysthène, sur les rives du Danube, jusqu'à son embouchure, au nord des monts Balkan, jusqu'à l'Adriatique.

Comprend les Polonais, les Russes, les Petits-Russes, les Slovaques, les Serbes, les Croates, les Illyriens, et quelques autres peuplades.

Au nord, sous le nom de Grands Russes, s'est alliée aux Finnois. Vers les contrées de l'Ouest, la Pologne, la Gallicie, s'est amalgamée avec la race germanique.

A construit de vastes cités, Kiev, Novogorod, Moscou.

Intelligente, ayant l'amour des lieux, elle préfère l'agriculture à l'état pastoral. Est fourbe, stationnaire, industrieuse, servile, superstitieuse, spirituelle, brillante, frivole et sérieuse au besoin. Plus barbare que ses sœurs, elle fut la dernière à adopter la civilisation européenne. Se caractérise par une teinte d'orientalisme et une prédisposition à la volupté.

Attendu la contexture de son territoire, est réservée à l'unité politique et religieuse.

Race scandinave

Haute taille, corps svelte, cheveux et barbe blonds,
yeux bleus, peau blanche, proportions du corps assez
exactes.

Née sur les bords de la Baltique et de la mer du
nord, elle s'est répandue le long de l'Oder et de
l'Elbe, en envahissant le nord de l'Europe, sous le
nom de Vanrègues. Elle a dominé les peuples Finnois de la Finlande et les Slaves de la Russie. Sous
le nom de Normands, elle a envahi les régions occi-
dentales de l'Europe, telles que la France et l'Angleterre.

Douée de l'instinct d'émigration, courageuse, aimant les périls de la mer, elle a porté ses excursions
maritimes en Islande et en Amérique septentrionale,
en Sicile et en Asie occidentale.

Est naturellement chaste, indépendante, sympathique et intelligente.

Elle comprend maintenant les Danois, les Suédois, les Norwégiens, une partie de la population de
l'Angleterre et de la France.

Race celtique

Assez semblable à la scandinave, elle a conservé
un caractère plus remuant, plus léger, plus passionné, plus idéaliste ; elle est brillante, désor-
donnée.

Née entre le Rhin et la Loire, elle a occupé l'Irlande, l'Écosse, l'Angleterre et îles voisines. Parmi les races blondes, est parvenue la première à la civilisation, sous le nom de Gaulois. A refoulé dans la Gaule, l'Espagne, l'Irlande, l'Angleterre et l'Italie, la variété brune ibérienne, qui occupait le sol avant elle.

Aimant les combats, les émigrations, elle a suivi, à plusieurs époques, le cours du Danube, puis a envahi la Grèce et l'Italie. En Asie Mineure, elle a formé la nation Galate.

Elle est la plus chevaleresque des races humaines, et de tout temps s'est intéressée à la politique internationale. Ses guerriers ont combattu avec les Carthaginois et les Romains, sur la plus vaste partie de l'univers connu des anciens.

Elle se caractérise, par son esprit entreprenant et facile à se décourager, par son aptitude à se soumettre à l'autorité religieuse ou civile de quelques personnes ou d'une seule, par sa gaîté et sa facilité à vivre sous tous les milieux ambiants quelconques, par sa vanité, son esprit, son impatience, son amour de la guerre.

Elle comprend une partie de la nation française actuelle, les Belges, quelques fractions de la population écossaise, irlandaise et anglaise.

De toutes les races humaines, c'est la plus universelle, c'est à dire, celle qui réunit le plus d'attributs, qui peut davantage servir de trait d'union, de ciment, entre tous les rameaux de l'humanité.

La partie faible de son organisation physique et morale, est, d'une part, son excessif amour de la

guerre, ce qui la porte à batailler incessamment; de
l'autre part, c'est son impatience, sa mobilité d'esprit, qui la portent trop tôt au découragement.

Race germanique

Peau blanche, yeux bleus d'azur, barbe et cheveux
blonds, haute taille, grosse tête, corps massif ordinairement.

Née entre le Rhin, la Vistule et le Danube, elle
est devenue un élément de la plupart des nations
modernes de l'Europe. Sous le nom de Goths, de
Vandales, de Longobards, de Bourguignons, de
Francs, de Saxons, etc., elle a envahi toutes les parties européennes du monde romain.

Elle comprend actuellement les peuples de l'Allemagne, Prussiens, Autrichiens, Suisses, Hollandais,
d'une partie de la haute Italie et des provinces rhénanes de la France.

Douée de l'esprit d'émigration, elle s'est aventurée
sur les eaux des fleuves et des mers, s'est répandue
à plusieurs reprises. jusqu'aux mers Noire et Caspienne.

Elle se caractérise par son esprit d'ordre, de généralisation, par son rationalisme, son esprit d'examen et ses tendances démocratiques.

Sympathique, bonne, généreuse, réfléchie, elle est
la race la plus complète du genre humain. Créant le
libre arbitre et l'examen en matière religieuse, inven-
tant l'imprimerie, elle a livré à l'humanité, les plus
puissants moyens d'émancipation intellectuelle et
morale.

Outre la couleur de la peau, des cheveux, des yeux, les hommes du type brun se distinguent des hommes du type blond par les lieux de leur origine. A l'exception des Finnois, les races brunes sont nées sur les climats chauds. Les blonds, au contraire, sont nés au milieu des contrées froides et humides de l'Europe occidentale et centrale ; les bruns sont nés en Asie, en Atlantide et en Europe méridionale.

On trouve maintenant des Américains indigènes blonds, aux plaines du nouveau Mexique et du Texas. Ils se nomment Lipanis. Or, s'ils n'ont pas l'œil oblique des races jaunes ou américaines, ils sont certainement les descendants des émigrants scandinaves, qui, au neuvième et au onzième siècles de notre ère, avaient occupé l'Amérique septentrionale.

Les Gouanches blonds des Canaries étaient aussi des émigrants des races scandinave, celtique ou germanique, arrivés aux Canaries à une époque inconnue.

Les Mandanes sont aussi les descendants des Gallois émigrés en Amérique vers le quatorzième siècle. L'élément rouge prédomine chez eux : il doit en être ainsi des Lipanis. Les croisements suivant la ligne indigène ont dû, à la longue, absorber le sang européen.

Les blonds que, sous le nom de Touaiks, de Schellouchs, de Rifiens, on trouve disséminés au milieu des peuplades noires ou atlantes de l'Afrique septentrionale, viennent également d'anciennes émigrations opérées par les Gaulois mercenaires des Carthaginois, ou par les Germains et les Gaulois au service

5

des armées romaines, ou des débris de l'empire van-
dale, détruit par Bélisaire.

Les blonds de l'Asie occidentale, tels que sont
quelques Maronites, ou ces autres blonds qui dans
l'antiquité étaient disséminés au pied de l'Altaï, au
milieu des nations mongoles (1), sont encore les descendants des Celtes, des Germains ou Slaves.

Enfin, partout où l'on trouve un blond, on peut
prononcer affirmativement sur son origine européenne.

Aucun individu des cinq premières créations n'est
blond. Il pourra accidentellement être albinos,
comme le sont quelquefois les nègres, les cuivrés,
les rouges ou les bruns; mais il ne sera pas pour cela
un homme blond.

Les bruns et les blonds se ressemblent par l'angle
facial à peu près aussi ouverts. Soit de 85 à 90 degrés, par une proportion harmonieuse de toutes les
formes du corps. Toutefois, la race germanique a
l'encéphale généralement plus développé que les races
brunes.

Les caractères distinctifs, intellectuels et moraux,
entre les bruns et les blonds, sont pour les premiers
personnalité; pour les seconds, *amour humanitaire*.
Pour les premiers encore, prédisposition à *l'amour*

---

(1) Ces peuples blonds, à l'œil bleu et à la barbe rousse, habitant la
Djougalie 150 ans avant J.-C., se nommaient *Ou-Sun*. Probablement
ils étaient un rameau slave. Les *Tingling*, les *Houtis*, les *Youètes*,
peuplades du Tibet et de l'Asie centrale, existant 300 ou 200 ans
avant notre ère, étaient blonds et slaves.

physique, ardeur des sens, qui se traduisent par la polygamie ou la réclusion des femmes, ou leur éloignement du gouvernement de la famille ou de l'État; comme chez les Indiens, Arabes, Arméniens, Turcs, Grecs anciens et modernes. Pour les seconds encore, *chasteté, froideur des sens*, respect et considération accordés à la femme. Chez le brun, la femme, par la loi et les usages, est reconnue inférieure à l'homme; chez les blonds elle est l'égale de l'homme.

Les blonds étant les derniers venus sur la terre, sont chargés de diriger le genre humain. Doués de l'esprit d'émigration et possédant le génie de la navigation plus que les autres hommes, ils sont destinés à pénétrer sur toutes les contrées du globe.

Les autres races, malgré leur intelligence, comme les Indous, n'ayant pas l'esprit d'émigration et la sociabilité, ou comme les Chinois, n'ayant pas, malgré leur intelligence et leurs facultés reflectives, l'esprit de sociabilité et d'émigration, ou ayant comme les Arabes, l'esprit d'émigration sans sociabilité; enfin les autres races supérieures du type brun, comme les Pélages, les Atlantes, n'ayant pas ce double esprit d'émigration et de sociabilité; ayant au contraire une indifférence marquée pour tout ce qui n'est pas de leur race, ou ayant le mépris envers les autres et la tendance à l'isolement; toutes sans exceptions étant entachées de personnalité, ne pouvaient avoir action suffisante sur le globe et l'humanité pour les transformer en mieux.

C'est pourquoi Dieu, créant la race blonde, lui a donné des facultés expansives physiques et morales qui manquaient aux autres, et l'a prédestinée, vu ces facultés, à devenir l'institutrice du genre humain.

Le génie grec et latin, c'est à dire des Italiens, Français et Espagnols, se caractérise par le culte de la personnification, la matière, l'art païen.

Le génie germanique, se caractérise par l'examen, le doute, la généralisation, l'abstraction.

Le génie slave, par l'abnégation des masses sous l'autorité d'un seul.

Le génie anglais, par la raison froide, l'indépendance de l'homme, le culte de l'intérêt.

Le système religieux des autres races se caractérise par le symbolisme, par l'anthropomorphisme, le polythéisme. Celui de la race blonde se caractérise par le rationalisme et repousse le symbolisme comme injurieux à la raison humaine; l'anthropomorphisme et le polythéisme, comme injurieux envers Dieu, c'est à dire altérant l'idée de la Divinité.

Sans la race blonde, le genre humain, réduit aux cinq créations précédentes, restait parqué en nations distinctes, hostiles, sans lien fraternel. Avec elle, il obtiendra une fusion fraternelle, par l'esprit et la chair, de toutes les branches qui le compose.

Les autres races, malgré leur intelligence ou leur génie, doivent nécessairement faire erreur ; partant, ne peuvent d'elles-mêmes atteindre la perfection humanitaire.

Elles recherchent la vérité, c'est à dire l'essence des choses par la conscience, par l'intuition intérieure.

La race blonde seule recherche la vérité par l'examen des choses de la nature. Seule elle analyse, observe, raisonne par l'observation des faits naturels. Bacon, Luther, Newton, Leibnitz, Descartes, Buffon, Saussure, Werner, Cuvier, Broussais, qui ont grandi l'humanité plus que tous les autres hommes ensemble, lui apportant le doute et l'examen, sont de race blonde, ils sont théoriciens après examen.

Les autres races s'abandonnent à l'imagination, aux idéalités métaphysiques, ne vérifiant pas, par l'expérience, les motifs de leur opinion. Leurs plus éminents philosophes, chinois, indous, grecs, arabes, pélasges, atlantes, sont des théoriciens sans faits.

Aussi se sont-elles laissé aller aux caprices de l'imagination et ont-elles produit d'innombrables folies dogmatiques, depuis la cabale jusqu'à la foi en la puissance des mots ou des nombres.

' Ainsi les philosophes indiens, grecs, arabes, arméniens, juifs, égyptiens, atlantes, iraniens, ont pensé et pensent que la combinaison de certains mots magiques, de certains chiffres, comme 3, 5, 9, pouvait renverser l'ordre de la nature, tel que suspendre le mouvement des astres, ressusciter un mort, irriter la Divinité.

Les sept jours de la création, les sept péchés capitaux, les sept jours de la semaine, les trinités indoue et chrétienne, dérivent de cette méthode philosophique.

Les philosophes de la race blonde rejettent cette influence, parce qu'aucun fait physique n'a prouvé qu'elle existait.

Au total, les hommes des cinq premières créations ont la foi, c'est à dire la croyance sans examen. Les hommes de la sixième création ont le rationalisme, c'est à dire la foi après l'examen. La tendance religieuse de leur esprit est le déisme, repoussant les miracles et la révélation directe de Dieu à l'homme, mais avec la foi en des révélateurs, des prophètes inspirés de Dieu. Or cette tendance se manifeste par le protestantisme et mieux par l'unitairianisme.

Excepté les Chinois qui sont rationalistes et déistes, les autres croient aux miracles, aux révélations opérées par une plante, un animal, un homme, des anges, des êtres intermédiaires quelconques. Leur tendance religieuse, même la plus parfaite, la plus éclairée, est le catholicisme, l'islamisme, le mazdéisme, le judaïsme, le brahmanisme, religions où l'imagination a plus d'influence que la raison.

Les chimistes, les géologues, les physiciens, les naturalistes et autres savants, dont la science est basée sur la connaissance réelle des faits naturels, appartiennent plus spécialement à la race blonde.

Les poètes, les artistes, les inventeurs de religion, les prophètes et toutes les gens qui s'instruisent par l'imagination, l'intuition intérieure, la conscience et les idéalités métaphysiques, appartiennent plus spécialement aux races brunes.

Les blonds, seront savants, classificateurs, réformateurs, progressistes. Les bruns seront ingénieux, orateurs, stationnaires, conservateurs.

CONCLUSIONS

A chaque époque de la création, Dieu a procédé du simple au composé. Dans chaque série d'êtres, l'imparfait fut créé avant le plus parfait; la fougère avant le chêne, le végétal avant les herbivores, le macaque avant le chimpanzé et l'Australien, le Nègre, l'Américain, avant les races brunes et les blondes.

L'humanité s'est donc élevée à chaque période de création. Les hommes de la première sont entachés d'une personnalité restreinte et d'une similitude d'aptitudes animales, qui les rapprochent de l'animalité. Les Andamènes, par exemple, sont les hommes des bois, les Hyperboréens sont les hommes poissons. Les uns et les autres n'ont point encore d'idées de l'état social hors du groupe de quelques familles.

L'homme de la seconde création est de taille élevée et d'organisation crânienne plus complète; mais sa personnalité développée l'empêche de former un état social au dessus de quelques milliers d'âmes. Or, attendu cette personnalité, il ne reçoit aucune modification durable hors de son milieu natal; l'homme de la première création ne cherche que sa nourriture quotidienne. L'homme de la seconde sait utiliser un arbre fruitier, mais ne sait point confier des semences à la terre.

Jusqu'alors point d'agriculture, point d'approvisionnements; la vie au jour le jour; anthropophagie soumise au caprice d'un chacun; point de tradition chez l'homme de première création; tradition très imparfaite chez l'homme de la seconde; pour tous les deux, impossibilité de progresser *proprio motu*.

Chez les hommes de la troisième, nous voyons la personnalité diminuer. Ainsi l'état social, quoique barbare, s'élève à des gouvernements réguliers. L'agriculture et le commerce mettent l'homme en relation avec des milieux ambiants, autres que le milieu natal. Par importation ou émigration volontaire, il vit et se propage sur des climats étrangers. Il fonde des colonies. C'est donc une action de plus sur l'univers physique et animé. Il a la tradition et l'histoire : donc les descendants peuvent ajouter à leurs connaissances, les connaissances accumulées des ancêtres : donc ils peuvent progresser d'eux-mêmes. La personnalité existe encore; mais moins tranchée que chez les races antérieures. L'anthropophagie, par exemple, n'est plus personnelle; elle est soumise à des lois civiles et religieuses.

Quant aux hommes de la quatrième création, ils ont les attributs des races supérieures. Mais il leur manque l'esprit d'émigration et de prosélytisme religieux, c'est à dire les aptitudes nécessaires à la transformation du globe et de l'humanité. Si la création humaine s'était arrêtée aux races jaunes, aux Chinois notamment, les plus complets de ce type, leur tendance à l'isolement, leur indifférence internationale, leur esprit stationnaire, les auraient empêchés de communiquer à autrui leur état social. Alors le genre humain se serait immobilisé. Les contrées où la race jaune est cantonnée, seules, auraient progressé physiquement et moralement.

L'Afrique, l'Amérique, l'Europe, le reste du monde ne se seraient point perfectionnés.

Donc il fallait des hommes ayant l'esprit d'émigration et de prosélytisme, pour effectuer le progrès humanitaire; car la personnalité des hommes jaunes est encore trop accentuée, quoique l'étant moins que chez les hommes des créations antécédentes.

Parmi ceux de la cinquième création, l'esprit d'émigration et de prosélytisme apparaissent pour la première fois : cependant toutes les nations du type brun sont, aussi elles, empreintes d'un fond de personnalité nuisible au progrès humanitaire. Elles sont antipathiques et stationnaires. Gardant la vérité plutôt que de la répandre, par les arts, le symbolisme, le mythologisme ; parlant plus aux sens, aux plaisirs, à l'imagination qu'au devoir et à la raison ; elles n'ont pas encore les facultés indispensables à l'émancipation du genre humain, lors même, qu'elles auraient possédé les aptitudes suffisantes à la transformation progressive de l'univers physique.

Donc la création d'une autre race était indispensable. Ce fut la blonde : la dernière créée et par conséquent la plus complète.

Elle a spécialement la sympathie, la généralisation, la raison. Ces qualités la constituent l'institutrice du genre humain : car les arts, la métaphysique, l'imagination, les autres facultés départies aux autres races, sont de nature à fourvoyer l'humanité, par le matérialisme et l'amour du plaisir.

Or c'est ce qui avait lieu quand le génie de la race brune avait dirigé l'humanité, sous la civilisation antique, avant que le branle humanitaire fût imprimé par les blonds.

Sous les enveloppes variées du génie propre à la race brune, vous découvrez toujours le développement des sens, la suprématie de la matière. Son paradis est le plaisir charnel : possession de femmes, repas délicieux, conversations agréables, lieux enchantés, etc.

Chez le blond, les fées sont toujours belles et souvent bienfaisantes : chez le brun, elles sont presque
toujours laides et malfaisantes. Chez le blond, les prê-
tresses eurent une influence politique et religieuse :
chez le brun, elles n'eurent qu'une influence religieuse. Les blonds ont eu leurs poètes guerriers qui
excitaient le courage, les Celtes leurs bardes, les
Scandinaves leurs scaldes : les bruns n'ont point eu
ce genre de poètes, élevés à l'état permanent d'institution politique et sociale, ils n'ont point eu de
saintes, de cours d'amour, de chevalerie et autres
institutions, tendant à élever le caractère moral de
la femme. Les hétaires de la Grèce furent avant tout
professeurs de voluptés et de belles manières, les
dames de salon chez les blonds furent toujours obligées de paraître modestes, lors même qu'elles étaient
pour les amis intimes professeurs de voluptés.

Les sciences, les religions ésotériques, que les
nations du type brun ont adoptées, indiquent l'antipathie, l'égoïsme et le défaut de fraternité universelle.
Donc incapacité pour le progrès général.

La race blonde, douée de la sympathie universelle
et de la raison, peut mieux établir les conditions
d'une fusion générale et mieux révéler les rapports
des créatures entre elles, entre elles et Dieu, entre
le tout et les parties de l'univers.

La brune a fait avancer les arts, la poésie, les
lettres, la théologie, la métaphysique. La blonde a
fait avancer la science réelle, le positivisme, la physique, les mathématiques, la cosmogonie, la morale
et les devoirs sociaux. Seule elle a poussé l'humanité en avant. Son commerce est universel. Elle a

rejeté les mots de barbares, d'incirconcis, d'infidèles. Elle a appliqué le gouvernement démocratique. Elle a donc fait ce que n'avait jamais fait l'autre.

La civilisation représentée par le plaisir, l'imagination, l'ésotérisme, la métaphysique, sous la direction de la race brune, est venue du midi vers le nord. Ainsi de l'Indoustan, de l'Égypte, de l'Assyrie, en Grèce, en Italie, puis de là sur le reste du monde.

La civilisation représentée par le prosélytisme, la fraternité universelle, le rationalisme, le positivisme, le devoir humanitaire, dirigée par la race blonde, retourne du nord vers le midi. La France, l'Angleterre, l'Anglo-Amérique, la Russie, la Germanie, renvoient leurs doctrines à l'Afrique, à l'Orient, à l'Espagne, à l'Italie, à la Turquie, à l'Indoustan, à la Chine et à l'Océanie. Voilà la civilisation réelle : celle du genre humain adulte : celle qui rendra les hommes une troupe de frères. L'autre civilisation ne pouvait que les classer en opprimés et oppresseurs.

Un des attributs essentiels des nations du type brun, est le génie architectural. Les Indous, les Assyriens, les Égyptiens, les Chaldéens, les Perses, les Grecs, les Romains, les Pelasges (1), les Étrusques, ont couvert l'ancien monde de leurs monuments d'architecture. Les nations du type blond n'ont rien fait de semblable. Leur architecture est une copie. Le gé-

---

(1) On peut conclure à *priori* que les Pélasges étaient bruns. Leurs constructions cyclopéennes le prouvent. Partout où vous verrez de grandes constructions, dites qu'elles ne proviennent pas des races du type blond. Cette privation du génie architectural est un caractère typique très important.

nie architectural s'est développé, outre son innéité,
par l'esclavage, par la division en castes humaines,
par la tyrannie des uns sur les autres, manifestations
sociales plus spéciales à la race brune. Aussi, tous ces
monuments d'architecture dont l'esprit s'enorgueillit,
sont les indices certains de l'oppression. Il vaudrait
mieux qu'ils n'eussent jamais existé. Muraille de la
Chine, pyramides du Mexique et du Nil, indiquent
des races antifraternelles et tout autres que blondes.

Les races brunes n'aiment pas la haute végétation.
Elles ont détruit les forêts qui couvraient le bassin
de la Méditerranée. Les Espagnols ont dépouillé le
Mexique et l'Espagne des arbres à haute tige.

Le commerce, qui est universel chez la race blonde,
national ou borné à quelques nations alliées chez la
race brune, suffirait, à la rigueur, pour constituer
entre ces races une énorme différence. Je regarde
ce commerce universel comme un des attributs
essentiels des hommes blonds.

Comme caractère spécifique, les variétés nationales du type blond sont : pour le Slave, la spontanéité, la foi religieuse, l'attrait pour la force physique ; pour le Celte, l'amour de la guerre, la foi, la
sympathie universelle ; pour le Germain, le rationalisme, le doute ; pour l'Anglais, l'amour du confort,
l'esprit pratique et positif.

Amour de la tradition chez le Slave, de l'innovation
chez le Celte, des systèmes chez le Germain, de la
réalisation positive et expérimentale chez l'Anglais :
voilà les principaux attributs différentiels des peuples
du type blond.

L'esprit d'association est un de leurs caractères

distinctifs : les villes anséatiques, les confédérations suisse, germanique et anglo-américaine, n'ont d'analogie nulle part.

Les évolutions sociales chez les races brunes s'accompagnent presque toujours de guerres, de l'emploi de la force brutale ; ainsi chez les Asiatiques, les Grecs, les Italiens, les Espagnols, les Portugais, les Français, ont voit presque toujours la guerre intestine précédant ou terminant les réformes.

Chez les nations de race blonde, la plupart des réformes sociales ont pu s'effectuer sans recourir à l'emploi des armes. Les Anglais, les Anglo-Américains, les Hollandais, nous en fournissent de nombreux exemples.

Le génie des races brunes est révolutionnaire.

Le génie des races blondes est réformateur.

La race anglo-saxonné et hollandaise possède au plus haut degré les aptitudes gouvernementales. vingt millions d'Anglais gouvernent cent cinquante millions d'hommes, trois millions de Hollandais en gouvernent seize millions.

Les hommes de cette variété blonde ont des facultés intellectuelles et morales, qui, sans les rendre amis des administrés, les font cependant préférer aux autres peuples européens : ils gouvernent par la justice, la raison, le progrès lent mais ascendant, tandis que les peuples de race brune gouvernent ou par la force, ou par le caprice, par une fusion plus prononcée entre eux et les administrés, emploient moins de réflexion. Le bon sens est ce qu'il y a de plus rare parmi les hommes de toutes les races. Or, la race blonde a le bon sens.

La brune a de l'esprit.

Les blonds feront le progrès par la science positive, l'indépendance individuelle, la liberté.

Les bruns le feront par la poésie, les arts, la sco-
lastique, l'autorité.

Les blonds poussent plus loin que les bruns l'amour
de l'instruction ; les bruns, plus que les blonds,
l'amour du cérémonial.

Chez les blonds la longévité est plus considérable
que chez les autres races. Plus celles-ci sont inférieures plus leur vie est courte. Un nègre est décré-
pit à soixante ans, un peau-rouge à cinquante, un
boschiman à quarante. Étant moins utiles parmi les
êtres, ils doivent vivre moins longtemps.

Par la connaissance du caractère moral d'un peuple,
on peut décider à quelle race il appartient ; car chaque
race a une manifestation morale. Les Pélasges, les
Étrusques, sont un rameau des races brunes, attendu qu'ils furent constructeurs, formalistes et qu'ils
tinrent aux cérémonies du culte. Les Thébains étaient
un rameau des races blondes, vu qu'ils étaient lourds,
de haute taille, grands mangeurs, forts buveurs, cavaliers. Les Français sont des descendants spirituels
des Grecs, car ils sont impatients, artistes, mobiles,
passant de l'anarchie à la tyrannie, vaniteux, par-
leurs et idolâtres de la forme. Les Anglais sont les
descendants spirituels des Romains, car ils sont formalistes, persévérants, austères, orgueilleux. Ils se
gouvernent et gouvernent par la raison.

L'humanité est conduite plus par les instincts que
par les sentiments et plus par ceux-ci que par la raison. La raison est la connaissance des rapports des

êtres. Les principaux sentiments sont la religiosité, la bienveillance, l'idéalité. Les principaux instincts sont la conservation, l'amour de la localité, la sociabilité, l'amour des enfants, etc.

La race pélasge a continué à retarder le progrès des sciences, par suite le progrès social, en s'occupant trop de métaphysique et autres sciences dérivant de l'intuition.

La race finnoise a fait les travaux de mine et les tumuli qu'on rencontre en Sibérie, en Amérique et autres contrées. Lorsque les Scandinaves la chassèrent de l'Europe, elle s'épancha sur la Sibérie et l'Amérique, et là exécuta ses travaux de castramétation, ses mausolées. Comme les autres peuples du type brun, elle se livra à l'architecture : goût que les blonds n'ont point eu originairement. Elle passa pour sorcière, vu ses travaux de mine et ses extases.

La famille ibérienne et la famille atlante résistent admirablement aux invasions. Les Espagnols, les Kabyles, depuis des siècles, ont réagi victorieusement contre leurs dominateurs. Ils sont éminemment aptes au gouvernement démocratique, sans s'élever au gouvernement parlementaire. Les *fueros*, le sénat romain ne sont pas un état parlementaire, même pas un état représentatif. Ils sont une participation du peuple à la puissance publique. Toutefois, cette race a plus d'aptitude au gouvernement démocratique que la race celtique. Elle est mieux douée de l'esprit des libertés publiques.

La race celtique fut toujours vaincue par les Iberio-Latins : les Romains, en Europe et en Asie, détruisirent les Gaulois ou les asservirent. Elle fut toujours forcée de reculer devant la race germanique. Les Anglais ont enlevé les possessions des Français en Asie, en Amérique. La race celtique est inférieure à la slave. Elle est, parmi le type blond, celle qui se transforme le plus vite au contact des nations étrangères.

L'Anglo-Saxon est le véritable pionnier de la civilisation sur terre et sur mer. Les voyageurs les plus utiles sont les Germains, puis les Anglais et les Anglo-Américains.

La Germanie était couverte de forêts à l'époque de César. La forêt hercynienne s'étendait du Rhin jusqu'aux environs de Cracovie actuelle.

La civilisation gréco-latine, la plus avancée des civilisations sorties du type brun, est de beaucoup inférieure aux civilisations émanées du type blond. Chez les Grecs, les Italiens, les Ibériens et autres peuples bruns de l'Europe et de l'Asie, les femmes furent livrées au libertinage. N'étant point les égales de l'homme, elles furent disposées à l'oisiveté, à la servilité. Elles communiquèrent ces aptitudes à leurs enfants : d'où prolongation à travers les générations de l'esclavage moral et physique. Les blonds affranchissant la femme, la faisant l'égale de l'homme, la rendent meilleur agent du progrès humanitaire par voie de génération. Le brun est vaniteux, il ne cherche pas le confort intérieur ; aussi ne développe-t-il pas autant que le blond la richesse publique. Il est un être de parade et d'ostentation. Chez le Grec, l'Atlante, l'Ibérien, l'Arabe, etc., vous voyez des individus, qui ont sur leur femme, leur cheval, leurs armes ou un objet quelconque, plus de richesses que dans leur maison : cela est un obstacle au travail utile, et prédispose les populations à la misère.

Quand l'intelligence humaine se réveilla en Europe, au seizième siècle, les races blondes se lancèrent vers l'avenir, l'expérience, le libre examen, les réformes sociales et religieuses, les sciences, l'imprimerie. Les nations brunes, au contraire, se jetèrent dans la renaissance, c'est à dire elles firent un recul vers l'antiquité païenne. L'humanité n'y gagna que sous le rapport de l'art, de l'imagination.

Chez le brun, le scepticisme, l'incrédulité, proviennent souvent de l'antisociabilité, des passions charnelles; chez le blond, ils proviennent plutôt de la réflexion, sans influence de ces passions.

Les aptitudes harmoniques, la causalité, la bienveillance universelle, le sentiment religieux, etc., sont beaucoup plus développés chez le blond que chez le brun. Un des messies du type brun est Loyola, un des messies du type blond est Mélancthon.

La race blonde cherche à améliorer les hommes pour leurs avantages mutuels; la brune, tout en les améliorant veut les dominer; voilà leur différence, quant à l'esprit de prosélytisme. Elles sont personnifiées par les Anglais, les Hollandais, les Suédois, et par les Espagnols, lorsque ces peuples envoient

6

des missionnaires chez les nations incivilisées. La
brune a quelque chose d'acerbe et de fanatique, la
blonde représente mieux la tolérance et le désir du
bien universel.

Le goût architectural est une émanation du type
brun. C'est un attribut caractéristique; aussi les
Français, chez lesquels l'élément brun est nombreux,
ont-ils initié à l'architecture les nations blondes.
Ils ont bâti la plupart des premières cathédrales en
Germanie, Angleterre et Suède; les légendes vous
désignent un maçon ou un architecte français.

CHAPITRE IV

IL Y A DES RACES INFÉRIEURES ET DES SUPÉRIEURES

Une bienveillance sentimentale voit une égalité
parfaite entre toutes les races, et considère l'organisation comme établissant seulement des nuances
légères. La science anthropologique rejette cette
opinion. Devant les faits de tous les jours et de toutes
les parties du globe, un Boschiman, un Australien,
un Huron ou un Samoyède, n'est pas l'égal d'un
Européen ou d'un Chinois. Quoi qu'on fasse, cent Australiens ne pourront jamais être les égaux en intelligence et puissance quelconque de sociabilité, d'un
nombre semblable d'Anglais ou de Germains.

Les races qui ont reçu des animaux domestifiables,
le blé ou le riz, qui sont nées sur une terre fertile,
riche par ses communications, sont mieux partagées
que celles qui ont eu pour compagnons les animaux

indomestifiables. tels que le singe ou la chauve-souris, qui n'ont pas reçu de céréales ou qui sont nées sur un pays aride, privé de voies de communication.

Il est donc évident qu'il y a des races privilégiées et des races déshéritées, soit Allemand et Boschiman, etc.

L'infériorité est déterminée par le milieu ambiant et le défaut d'organisation cérébrale. La supériorité l'est par un milieu ambiant plus avantageux et une organisation crânienne plus complète.

Les races inférieures ne peuvent s'élever : ainsi un Australien éduqué comme un Européen, au milieu de la civilisation et au sein du pays le plus riche, n'arrivera pas au niveau de cet Européen. Il lui manque les aptitudes nécessaires.

Les races supérieures peuvent au contraire se détériorer, parce que la civilisation est une force acquise, est une lutte contre les tendances de l'homme. Or si cette lutte cesse, il y a retour vers les attractions naturelles, caractérisées par la sauvagerie.

Les principaux signes d'infériorité sont : haine innée de l'agriculture, brutalité envers les femmes, cruauté envers les animaux, manque de prévoyance en approvisionnement de substances alimentaires, gloutonnerie, dépravation du goût. Les signes de supériorité, sont les qualités contraires.

Quelles que soient les aptitudes d'une race, force, agilité, finesse des sens, hospitalité, courage, art oratoire, dignité personnelle, si vous la voyez dédaignant l'agriculture, ne pas savoir s'approvi-

sionner d'aliments, etc., concluez qu'elle est inférieure. Si vous voyez une race s'occuper d'agriculture, faire ses réserves alimentaires, être bonne
envers les animaux, bien traiter les femmes, concluez qu'elle est d'un ordre supérieur. Si infime
qu'elle paraisse, elle contient nécessairement des
éléments de perfectibilité.

La plupart des théologiens attribuent l'inégalité à
une faute commise antérieurement à l'existence actuelle ou à une faute commise par les premiers
parents et reversible sur les descendants. Avec le
système de la transmigration ou le système judaïco-
chrétien, le brahmanisme, le bouddhisme, cette
infériorité est la conséquence d'un anathème ou d'une
punition lancés par la Divinité.

Le naturaliste constate cette infériorité sans
l'expliquer.

L'historien la reconnaît aussi, car dès l'origine
des temps historiques, elle nous est révélée par les
écrits, la tradition, les monuments, les inscriptions,
les tombeaux.

Les vaincus et les victimes, sur les peintures ou
dessins égyptiens, sont généralement des nègres.

Moïse, initié aux connaissances égyptiennes, proclame l'infériorité des noirs aux blancs, et des Asiatiques aux Européens. Cham, Chanaan son fils,
d'après les théories bibliques, sont la souche des
Noirs. Sem est la souche des Asiatiques et Japhet
des Européens.

*Maudit soit Chanaan, il sera le serviteur des servi-
teurs de ses frères. Que Dieu attire en douceur Japhet
et que Japhet loge sous les tentes de Sem.*

Voilà donc entre les trois principaux types connus à l'époque de Moïse, l'inégalité constatée historiquement. De tout temps le nègre est esclave des Asiatiques et des Européens. L'Asiatique est envahi et conquis; l'Européen est l'envahisseur, le conquérant logeant sous les tentes de Sem : depuis bientôt quatre mille ans historiques, cette subalternéité des nègres aux blancs, celle des Sémitiques aux Japhétiques, se constatent.

LES RACES INFÉRIEURES SONT FATALEMENT DÉTRUITES PAR LES SUPÉRIEURES

Partout les Andamènes sont refoulés vers les bois et les montagnes par les Siamois, Chinois, Ceylanais, Malgaches, Javano-Malais et même par les Océaniens cuivrés, tels que les Néo-Guinéens ou Néo-Calédoniens, de race papouenne.

On pense que les Aborigènes, lors de la découverte de l'Australie, montaient à 5 ou 600 mille âmes. Maintenant, sous l'action des colons anglais, ils sont réduits à quelques dix milliers. Les Hottentots ont toujours été diminuant, depuis l'arrivée des Européens. Maintenant on ne trouve plus que quelques familles de Boschimans.

Tous les Aborigènes de Terre-Neuve ont péri.

Les Américains septentrionaux et les Polynésiens des Marquises, Sandwich, Taïti, Nouvelle-Zélande, s'éteignent par les guerres, l'ivrognerie, les infanticides.

Les Patagons, les Pampéens, les Araucans, sont infiniment moins nombreux qu'ils ne l'étaient à l'arrivée des Espagnols.

Les Caraïbes ont disparu des Antilles. Les Guaranis et les Botocudos disparaissent au Brésil.

Les Esquimaux et les Groënlandais périssent au contact des Danois.

Les Samoyèdes, Ostiaks, Tougouses, Kamtchadales, Aléoutiens, Kouriliens, enfin les nombreuses tribus du type jaune, qui habitent la Sibérie, s'éteignent successivement au contact des Russes.

Constamment sur toute la terre, les races inférieures sont détruites par les supérieures.

Elles ont le pressentiment de leur fin prochaine. Les Peaux-Rouges, disent qu'ils doivent disparaître devant les visages pâles : que l'eau-de-vie a été faite pour qu'ils s'enivrent.

Les Mexicains s'attendaient à voir s'écrouler l'empire des Aztèques, sous les coups d'hommes barbus venus de l'est. Cette croyance contribua à la perte de Montézuma et de son peuple. Les Africains de l'intérieur prétendent qu'un jour ils seront soumis à la domination des blancs. Les Océaniens cuivrés ou noirs ont tous eu la conviction que des hommes plus forts qu'eux viendraient les visiter.

Enfin chaque race inférieure a plus ou moins développé la croyance en sa disparition, sous les coups d'une race supérieure.

Elle le croit et ne fait rien pour arrêter sa perte.

Elle paraît, au contraire, adopter de préférence les moyens qui peuvent l'activer.

D'ailleurs elle ne peut s'arrêter sur le chemin de la mort.

Tout ce qui est né pour la sauvagerie doit rester sauvage, ou dépérit plus vite en voulant atteindre la civilisation. Car, attendu l'influence des aptitudes héréditaires et la personnalité restreinte, la race inférieure ne peut se réformer.

L'expérience démontre que plus l'homme est inférieur, moins il est susceptible d'amélioration. Son type se maintient avec d'autant plus d'opiniâtreté, que son infériorité est plus prononcée.

L'anéantissement des races inférieures est donc fatal.

Il est le moyen de perfectionner l'humanité, la débarrassant des êtres intransformables, nuisibles ou inutiles au progrès.

Il est un malheur individuel ou d'une minorité; mais il devient un bien pour la majorité. Il augmente la somme du bonheur sur la terre.

La sensibilité peut déplorer cette condition : la raison doit l'approuver; car toute amélioration est précédée d'une destruction. La loi humanitaire et animale veut que l'inférieur soit sacrifié au supérieur, l'insecte à l'oiseau, l'oiseau à l'espèce humaine et autre, l'imparfait au plus parfait.

Ces destructions se font dans un but d'unité humaine, afin que la prédiction du Christ soit réalisée : *Il n'y aura plus qu'un troupeau et qu'un pasteur.*

Le croisement avec les races supérieures est le seul moyen de les sauver.

La femme inférieure préfère l'homme de race supérieure. Elle cherche à s'élever par ses rapports sexuels avec lui. Elle est mieux fécondée que par l'homme de sa propre race.

L'homme de race supérieure cohabite volontiers avec la femme de race inférieure.

La femme inférieure dédaigne l'homme de sa race, aussitôt qu'elle a eu des rapports charnels avec l'homme de race supérieure, ou lorsqu'elle est de race métisse. Ainsi, la mulâtresse méprise le nègre, la blanco-hottentote, méprise le hottentot, la russo-kalmouke, méprise le kalmouk pur sang.

La femme ne veut point déchoir. Voilà la loi universelle.

Toujours les races supérieures, en contact de colonisation avec les races inférieures, ont été la partie souffrante, la victime. La race inférieure se détruit elle-même par l'ivrognerie ou les maladies nouvelles. Toujours, avant son extinction, elle commet dix fois plus d'assassinats, de trahisons, de vols, sur la race supérieure, qu'elle n'en subit elle-même de la part de la supérieure; il est donc injuste de plaindre, de préferer, la race inférieure; la philanthropie est de hâter sa destruction, parce que, comme race comparée, elle est certainement un principe de mal.

Le progrès anthropologique, ne l'oublions pas, est la destruction des races multiples, pour arriver à une plus complète unité de races.

Le progrès dans la création a été la destruction d'un grand nombre de races animales et non la création de nouvelles, depuis la venue de l'homme sur cette terre.

L'hostilité, l'antiprogrès, est la variété.

Nègres, Peaux-Rouges, Zélandais, Chinois, Indous, Arabes, etc., resteront soumis pendant quelque temps aux Européens, amis et protecteurs : toujours, à une époque plus ou moins réculée, ils s'insurge-

ront et les assassineront pour anéantir la race entière des précepteurs.

CHAPITRE V

POURQUOI LE GENRE HUMAIN A-T-IL ÉTÉ CRÉÉ?

La vie et le but de l'humanité sont-ils complète-
ment mystérieux? Ne pouvons-nous savoir où nous
allons? Qu'elles transformations nous devons subir?
Quels sont nos droits et nos devoirs?

La raison et l'analogie scientifique donnent une
solution à ces mystères.

Le but de la création de l'homme est interprété
diversement.

Il est ici sur une vallée de larmes. Il doit souffrir
fatalement. Il ne peut être heureux. Il doit expier les
fautes commises contre Dieu par le premier homme,
père de tous. La lignée est responsable de la faute
de son premier chef. Pouvant choisir entre le bien
et le mal, il doit conquérir au delà de ce monde, un
bonheur éternel. Tout ce qui l'entoure, instinctivement et rationnellement, lui indique qu'il doit se
détacher des biens périssables et porter ses espérances vers une autre vie, subissant ici une expiation par le travail, les souffrances, la mort.

C'est l'opinion des sectes anthropomorphistes,
chrétiennes, indoues, musulmanes, bouddhistes.
C'est l'opinion généralement admise jusqu'à ce jour.

Si l'homme est malheureux, cela tient aux vices
de la société. Il peut, par une organisation sociale

bien entendue, jouir d'un paradis terrestre. Sa mission est de faire de la vie une source de jouissances ; du globe, un vaste parterre. Étant perfectible, il peut obtenir un jour tout le bonheur rêvé par l'imagination et le désir.

C'est l'opinion des panthéistes et de quelques socialistes.

Vaut-il mieux considérer l'homme comme hôte de la terre, que de le regarder comme un exilé? L'idée d'une autre vie plus heureuse est consolante : cependant si elle est trop prononcée, elle rend l'homme indifférent et lui fait manquer sa mission, savoir, la transformation du globe.

En lui recommandant les joies de ce monde, on a l'inconvénient de trop matérialiser la société, de la rendre égoïste et corrompue, comme elle le fut sous l'empire romain.

Ces deux excès doivent être évités.

Le premier enfante l'apathie philosophique par l'acétisme ; le second amène l'égoïsme, l'indifférence, mais du moins il est une cause de travail. A tout prendre, il est préférable. Un peuple d'athées et de matérialistes serait plus utile au progrès humanitaire qu'un peuple d'ascètes et d'illuminés.

L'homme n'est pas né pour souffrir constamment, pour mépriser les biens de ce monde, pour ne songer qu'au monde situé au delà de la tombe, ni pour posséder les béatitudes d'un paradis terrestre. A l'instar de tous ses frères de la création, il éprouve des joies et des douleurs, déterminés par son milieu ambiant.

Rationnellement, c'est à dire par le doigt et l'œil, nous ne savons pas d'où viennent les êtres, ce qu'ils sont essentiellement, ce qu'ils seront, le but de leur existence. En pareille matière, nos connaissances se bornent à des inductions. Néanmoins, les inductions doivent motiver nos croyances, lorsque nous nous demandons les motifs d'une chose, lorsque nous nous demandons les pourquoi.

L'homme me paraît avoir été mis sur la terre pour servir d'instrument au progrès. Dieu, l'instituant le dominateur des autres êtres, l'a chargé de faire régner le bien parmi eux et d'améliorer la superficie du globe. Il lui a laissé des imperfections et des perfections. Il lui a imposé, pour le bien, l'obligation d'une lutte perpétuelle contre ses propres penchants et contre la nature ambiante. Il semble lui avoir dit :

« Dernier enfant de mes œuvres sur cette terre,
« je t'ai prêté plus de perfections qu'à mes autres
« créatures. Je t'ai confié une plus forte étincelle de
« mon pouvoir. Or, je suis le mouvement, l'énergie
« créatrice. Par des révolutions successives, j'ai
« transformé ta patrie de bien en mieux. Les des-
« tructions que j'y ai faites furent suivies de généra-
« tions plus parfaites. Je ne me suis pas reposé.
« Interroge l'histoire, le présent et ta conscience,
« tu reconnaîtras que ta mission est le travail modi-
« ficateur de la nature. Je te charge donc de l'amé-
« liorer suivant les limites de ta puissance. »

D'après le développement progressif de l'humanité, nous devons penser que l'homme doit s'approprier un jour la terre et se rendre maître des forces perdues ou nuisibles de la nature. Il domptera les déserts, les fertilisera, s'emparera des mers, de

l'atmosphère, des marées, des courants, des oura-
gans; communiquera avec tous les êtres : bref, sera
réellement le roi de la nature, l'image de la Divinité.
Il annihilera les causes de mal et fera régner le bien
tel que nous le concevons.

Pour arriver à cette conquête, à cette transformation, il aura à éprouver de nombreuses fatigues. Il lui
faudra de pénibles sacrifices. Mais c'est un mandat
pour lui et un acte de justice. Nos pères ont conquis
une partie du globe. Ils nous l'ont rendu moins
hostile, plus habitable. Notre devoir est, à notre
tour, de le rendre moins hostile et plus habitable
encore à nos enfants.

Pour opérer cette modification progressive, le
genre humain a besoin de tous ses membres perfectibles.

Car toutes les races ne peuvent pas vivre indistinctement sous tous les climats, chacune a le sien auquel elle est destinée. C'est pourquoi le globe entier
devant être transformé et les races devant servir
plus spécialement les unes de tête, les autres de bras,
les croisements entre elles sont indispensables, afin
qu'elles acquièrent l'unité multiple, pour accomplir
le but de la création de l'homme.

L'histoire nous prouvera, du reste, que transformation du globe, croisement entre les races, égalité
et fraternité, sont le but pour lequel le genre humain
fut mis sur cette terre, qu'elle soit une demeure
permanente ou passagère, ou que la vie terrestre soit
la principale ou la plus minime fraction de notre
existence.

CHAPITRE VI

LES RACES OU LES NATIONS QUI ONT EU LE PLUS DE PUISSANCE ET DE DURÉE, SONT CELLES QUI ONT AMÉLIORÉ LE SOL, PRATIQUÉ LES CROISEMENTS, APPLIQUÉ LE DOGME DE LA FRATERNITÉ.

Rome (1) dut ses conquêtes et sa longévité à l'observation de cette triple loi.

Elle couvrit son territoire de routes, de canaux, de forteresses, de ports, de fontaines, d'aqueducs, de ponts, de temples. Elle relia entre eux les peuples situés aux extrémités de l'univers : de Cadix à Trébizonde, des limites septentrionales de l'Écosse aux frontières méridionales de l'Égypte, et de Tanger à la Moldavie. Ses digues, ses aqueducs, ses ponts, son agriculture, améliorèrent la superficie de la terre. Elle apporta en Europe les végétaux et les animaux de l'Asie, et en Asie les productions de l'Europe.

Au milieu de ses villes, venaient s'amalgamer les races d'une partie de l'univers. La maison d'un patricien réunissait les échantillons de tous les peuples. Il y avait médecins grecs, grammairiens d'Alexan-

---

(1) Rome cependant est coupable d'avoir tant sacrifié aux amusements. Le revenu des villes était employé au paiement des jeux et aux distributions gratuites d'aliments.

Les cirques et les arènes sont plus magnifiques que ses autres monuments d'utilité publique. Elle a entretenu l'esprit d'oisiveté, de mendicité et de superstition parmi ses prolétaires. Elle en fut justement punie.

drie, astrologues et devins chaldéens, bergers thraces
ou arcadiens, gardes gaulois et germains, piqueurs
numides, domestiques nègres, baigneurs syriens,
femmes de l'Ionie, etc. Des fortunes de 310 millions
de francs, comme celle de l'empereur Tacite ; d'autres de 100 à 200 millions n'étaient pas rares. Elles
servaient aux congiaires et aux donatifs.

Sa civilisation se distingue de celle des Grecs, par
son utilité pratique. En monuments d'utilité publique,
elle dépasse de beaucoup la civilisation grecque.
Celle-ci fit des statues, des temples, des pièces de
théâtre et point de routes, d'acqueducs, de fontaines.

Elle adopta comme citoyens et chefs ce que
chaque pays enfantait de plus distingué. Elle se re-
cruta parmi les vaincus de toutes les nations. Elle
adora les dieux étrangers, sans esprit d'exclusivisme.
Elle eut le génie le plus universel de l'antiquité et
prépara le monde à la fraternité chrétienne.

Parmi ses écrivains elle compte : les *Italiens*
Ennius, Plaute, Salluste, Cicéron, Catulle, Virgile,
Horace, Lucrèce, Properce, Perse, Pline, Silius,
Stace, Suétone ; le *Macédonien* Phèdre ; les *Espa-
gnols* Lucain, Martial, les deux Senèque, Quintilien,
Pomponius-Mela, Florus, Columelle, Orose, So-
lin, etc. ; les *Gaulois* Cæcilius-Statius, Cornelius-
Gallus, Varron-Atacinus, Trogue-Pompée, Pétrone,
Salvien, Ambroise, Lactance, Sulpicius-Severus,
Sidoine-Apollinaire, Ausone, etc. ; les *Africains*
Térence, Apulée, Tertullien, Némésien, Aurelius-
Victor, Augustin ; puis Jérôme le *Pannonien* ; Am-
mien-Marcellin le *Syrien*, etc., etc.

Parmi ses empereurs, elle eut les *Gaulois* Claude,
Antonin le pieux, Carus, Carin, Numérien ; les
Espagnols Trajan, Adrien, Théodose le Grand ; le
Piémontais Pertinax ; l'*Africain* Septime-Sévère ;
les *Pannoniens* Probus et Aurelien ; les *Illyriens*
Maximien et Dioclétien ; les *Syriens* Héliogabale et
Alexandre Sévère ; l'*Arabe* Philippe ; le *Germain*
Maximin.

Elle les accepta quelles que fussent leur naissance
et leur profession. Galère était un gardien de pourceaux, Maximin un berger, Héliogabale un prêtre.
Une basse naissance, une origine inconnue, ne
furent point pour elle un motif d'exclusion.

Elle prit les coutumes religieuses des Étrusques,
l'épée espagnole, la grosse cavalerie germaine et
gauloise, la cavalerie légère des Numides, l'éléphant
carthaginois, les archers crétois, les frondeurs des
Baléares, le bouclier des Sabins, la langue et la
philosophie des Grecs, l'industrie égyptienne et phé-
nicienne, etc. Au total, elle constitua un concile
général des peuples : ce qui lui donna des aptitudes
multiples.

Le christianisme doit sa suprématie au lien universel qu'il forme entre tous les hommes. Lorsque
les mystificateurs qui l'exploitent auront été chassés
du temple, qu'il sera ramené à l'évangile primitif :
alors il communiquera une force immense à l'humanité.

Pourquoi l'islamisme se répandit-il si rapidement?
Parce qu'il renfermait une idée dogmatique et pra-
tique de fraternité. Tout vrai croyant est-il Arabe,
Indou, Chinois, Nègre, Européen, est encore le

frère du musulman de n'importe quelle condition sociale et nation.

A l'époque où le monde féodal proclamait la servilité du travail, tenait les peuples parqués en seigneurs et vassaux ; où les biens de la terre étaient livrés à un petit nombre de privilégiés, parmi une foule innombrable de déshérités ; où les prêtres chrétiens, niant l'Évangile, rejetaient l'égalité devant Dieu sur la terre et la promettaient seulement après la mort ; où à travers les décombres de l'empire romain, il régnait un antagonisme de vainqueurs et de vaincus, de race noble et de race servile ; où les peuples chrétiens ne se composaient plus que d'oppresseurs et d'opprimés ; où la superstition, la cruauté, la brutalité des mœurs les avaient dégradés : à cette époque honteuse pour les Européens, l'islamisme honorait le travail physique. Les premiers califes ont souvent travaillé de leurs mains ; ils repoussaient le droit d'aînesse, élevaient la nation vaincue ou convertie au niveau des vainqueurs, effaçaient les démarcations sociales originelles, et proclamaient l'égalité devant la loi. Le calife, vicaire de Dieu sur la terre, fut quelquefois choisi parmi les derniers rangs de la société, tandis que l'Europe chrétienne, rampait sous la loi fatale de l'hérédité. La religion de Mahomet ouvrait l'accès des hauts emplois à la capacité, tandis que le christianisme ne rendait les emplois accessibles, dans l'ordre civil et militaire, qu'à la naissance illustre et écartait tout croisement de race, par les idées antihumanitaires, de nobles, de manants, de mésalliance.

Toutes les inégalités sociales disparaissaient devant les mots *vrais croyants*. L'islamisme appliquait donc alors la religion du Christ, les dogmes de la fraternité universelle. Il fut alors un vigoureux niveleur. Sur quelques points il devança la démocratie moderne. C'est pourquoi son extension fut un progrès humanitaire. Les musulmans des premiers siècles avaient raison de dire que Dieu combattait pour eux.

Alors il fut supérieur au christianisme ; parce qu'il honora plus que lui le travail modificateur du sol, qu'il suivit mieux la loi des croisements et de la fraternité !

Les Arabes propagateurs de l'islamisme, du huitième au douzième siècles, furent le premier peuple du monde. Auprès d'eux nous n'étions que des barbares. Ils implantèrent la civilisation de Grenade à Samarcande. Ils inventèrent le papier, les moulins à vent. Ils employèrent les premiers le pigeon comme porteur de dépêches et passent pour avoir connu les armes à feu longtemps avant les Européens.

Pendant les trèves, ils vont voir leurs ennemis, les reçoivent chez eux, et, mêlant les droits de l'hospitalité à ceux de la guerre, travaillent au profit de l'humanité, car ils rendent la guerre moins impitoyable. Ils accueillent les proscrits de n'importe quelle religion. Mieux que les chrétiens de ce temps, ils comprennent la tolérance religieuse. Les populations qui leur étaient soumises étaient moins foulées que les nations asservies au régime féodal.

Ils furent triomphants, parce qu'ils observèrent mieux que les chrétiens la loi ci-dessus mentionnée. La géographie, l'astronomie, la médecine, l'in-

dustrie, les beaux-arts, l'agriculture leur doivent
beaucoup.

Ils triomphèrent parce qu'ils rétablirent les droits
naturels de l'humanité : le mariage, la famille, l'autorité religieuse et civile, les communications des
peuples les uns envers les autres, l'embellissement
de la terre, l'industrie, le commerce, le courage militaire.

A cette époque, le monde gréco-romain périssait
sous l'influence du monachisme, de l'oisiveté contemplative et religieuse, de l'ascétisme, du virginisme. La partie intelligente des nations gréco-
romaines rejetait la vie de famille, considérait la
procréation comme un obstacle au salut. La terre
était une vallée de larmes. Or, l'Arabe est le meilleur mâle des Asiatiques. Il est un mari universel. Il
épouse les femmes de toutes les races, brunes,
blondes, noires, jaunes. Il jeta donc sa masculinité
contre le virginisme. Des moines, il en fit des soldats
et des pères ; des nonnes, il en fit des mères de famille. Il tourna la vie contemplative et isolée en vie
active et publique. Le religieux qui s'imposait tant
de souffrances inutiles et volontaires dans le cloître,
s'imposa ces privations comme soldat. L'Arabe
devint donc un outil du progrès humanitaire : les
progressistes doivent lui en tenir reconnaissance. Il
a accompli la loi sociale et obligatoire : *croisement,
fraternité*. Il n'a pas amélioré le sol. Voilà sa faute!

Les Turcs, du quatorzième au seizième siècle,
devinrent le peuple prédominant de l'Europe; parce
qu'ils se recrutaient parmi les nations de l'Europe
orientale et méridionale, et parmi celles de l'Afrique

et de l'Asie. Ils n'excluaient point. Ils prenaient les femmes et les enfants sans se préoccuper de la race, de la naissance. Leurs armées, leurs chefs étaient indistinctement des Syriens, Arméniens, Géorgiens, Grecs, Polonais, Serviens, Albanais, Hongrois, Italiens, Allemands, Barbaresques. Leurs harems étaient peuplés de femmes de toutes les contrées. Zanzibar, l'Indus, Cachemyre, la mer d'Aral, la Baltique, la Méditerranée mélangaient le sang de leurs enfants à l'ombre des murs de Constantinople et autres villes de la Turquie. Chez eux, le travail physique, sans être modificateur du sol, était au moins regardé comme noble. Les plus hauts fonctionnaires de l'État, étaient souvent des artisans, des esclaves, des gens de menu état.

Alors les Turcs méritaient leur suprématie. Constantinople était plus progressiste que Rome, Paris ou Vienne : voilà pourquoi elle prima les nations chrétiennes.

Enfin, le peuple que nous voyons marcher le plus rapidement au faîte de la puissance, l'Anglo-Américain est celui qui observe le mieux cette triple loi : *travail* modificateur du sol, *croisement* de race, *fraternité*.

DES RACES ET NATIONS QUI FURENT ET SERONT PUNIES POUR AVOIR VIOLÉ LA LOI DU TRAVAIL MODIFICATEUR, DU CROISEMENT ET DE LA FRATERNITÉ

Les philosophes se sont souvent demandé pourquoi les Juifs, qui appartiennent à une race supérieure, furent universellement méprisés et maltraités.

Les Égyptiens les ont accablés de travaux, les
Syriens, les Assyriens, les Arabes, les Perses, les
chrétiens, les Indous, les Chinois, les nations de
l'Afrique intérieure, les ont poursuivis ou les poursuivent encore de leur mépris. Suétone et Tacite,
quelques autres belles intelligences de Rome païenne,
parlent d'eux avec antipathie. Dans les pays les plus
civilisés, les plus tolérants, les juifs excitent encore
une aversion très prononcée contre eux.

Or cette hostilité générale tient à leur isolement
au milieu des peuples anciens et modernes. Les anciens ne leur pardonnaient pas de se tenir à l'écart,
d'admettre publiquement l'unité de Dieu, et de
repousser comme superstition blâmable les divinités
du polythéisme. L'israélite rejettait et rejette encore
toute alliance étrangère pour conserver la pureté de
sa race. Cela accentue sa personnalité ; le place par
ses goûts et aptitudes, comme un étranger au milieu
des nations ; provoque contre lui, et de lui contre les
autres, un durable antagonisme. L'antifraternité des
juifs est donc la cause des maux qu'on leur a infligés.
Ils seront encore opprimés, s'ils ne se fondent au
sein des populations où ils vivent : s'ils forment un
corps à part, un état social dans un autre.

L'exclusivisme, l'isolement, l'opiniâtreté religieuse,
l'unité de Dieu, la malédiction, constituent les caractères distinctifs de la famille juive. Le Dieu de la
Bible bénit Japhet et Sem, puis maudit Chanaan.
Abraham laisse ses biens à Isaac et déshérite Ismaël.
Isaac bénit Jacob et asservit Esaü. Les chants de
triomphe des poètes, les prédictions des prophètes
ont toujours la bénédiction pour les uns, la malédic-

tion contre les autres. Le génie hébreu est l'anathème contre tout ce qui est hors de la lignée
spirituelle ou corporelle des patriarches et du Pentateuque.

Il n'est pas étonnant qu'il y ait eu réaction générale contre le judaïsme. Je dis plus, cette réaction
est légitime. Les israélites la méritent à cause de
leur antifraternité !

Quoiqu'il y ait chez eux de beaux sentiments,
l'amour du travail, la conviction religieuse, la haine
de l'adulation, des tendances et une législation démocratiques ; quoique leurs poésies, leur théodicée,
leur cosmogonie, soient supérieures, soient plus vraies
que celles des Grecs, des Egyptiens et des Indous et
de la plupart des autres peuples, leurs œuvres sont
restées empreintes d'hostilité contre l'humanité. Ils
sont entachés de personnalité et conséquemment
d'infériorité humanitaire.

Qu'ils deviennent plus fraternels qu'ils ne le sont :
ils seront alors l'un des types le plus complets du
genre humain.

L'Indoustan, depuis des milliers d'années, est parvenu à un point élevé de la civilisation. Sous les rapports de la métaphysique, de l'astronomie, de l'industrie, des arts, de la poésie, de l'architecture, il
rivalise avec les Grecs et les Romains. Il les dépasse,
par l'antiquité de son état social. Comme intelligence, l'Indou est un peuple des mieux organisés
parmi le type brun.

Mais il s'est rendu coupable contre la fraternité et
l'égalité. Il sépare les hommes en purs et en impurs.
Il supprime la liberté par l'organisation de castes

distinctes, subalternisées, parquées fatalement au milieu d'un cercle déterminé. Il s'oppose inflexiblement aux croisements entre ses classes nationales, ses nationaux et ceux des autres peuples. Sa législation, si bonne pour les animaux, pour l'animal dangereux, l'insecte immonde, se montre pleine de mépris envers les déshérités. Manger avec un paria, est un crime inexpiable ! Presser la main d'une caste inférieure, est un contact impur.

Son état social est donc édifié à l'encontre du progrès humanitaire. Il est une violation flagrante de la loi progressive.

C'est pourquoi l'Indou fut cruellement puni depuis Alexandre jusqu'à nos jours.

Mahmout le Gaznévide, Tamerlan, Akbar-Kan, Nadir Schah, l'ont envahi et saccagé. Les Anglais, au Bengale avec Clive, ont tué par la famine quatre à cinq millions d'habitants. De temps à autre, la disette enlève quelques milliers d'âmes.

Or ces calamités sont une expiation due à l'humanité. Elles sont un bienfait envers la majorité des peuples. Les excursions des Mongols, des Afgans, des Perses, ont arraché, des pagodes et des villes, des sommes immenses, lesquelles depuis l'empire romain demeuraient improductives. Une énorme masse de numéraire, à chaque invasion, fut mise en circulation et augmenta les moyens généraux d'échange. Malgré l'oppression des Anglais, il y a amélioration humanitaire par le résultat même de cette oppression. L'Angleterre, chaque année, importe sur les marchés européens, 120 à 150 millions de francs retirés de l'Inde : de là, elle les répand sur l'univers entier.

Elle empêche les suicides religieux. Elle extermine les Thugs. Elle fait des chemins de fer et diminue peu à peu l'esprit de caste et d'isolement. Elle prépare le champ de la fraternité universelle.

L'Indou méritera ses malheurs, tant qu'il n'aura pas réformé sa législation. L'Angleterre aura le droit d'agir avec violence envers lui et de le maintenir haletant, épuisé sous les griffes du lion britannique. La race rebelle à la loi progressive du croisement, de l'égalité, de la fraternité, peut être mise hors la loi.

La Syrie a éprouvé de tout temps d'insignes catastrophes. Nabuchodonosor, les Perses, les Grecs, les Romains, les soldats de Chosroës, les Mongols, les peuples chrétiens et musulmans, ont couvert ses champs de meurtres et de dévastations. Les contrées voisines, l'Asie Mineure, la Palestine, furent maintes fois un champ de bataille où les nations de l'univers se donnaient rendez-vous. Ninive, Babylone, Palmyre, Séleucie, Ctésiphon, Laodicée, Antioche, Jérusalem, Bagdad, Damas, ont été détruites, se sont relevées pour être renversées encore. Pourquoi cette destinée? Parce que ces contrées, dès l'origine des sociétés, se sont constamment montrées ennemies de la loi progressive.

Que voyons-nous régner parmi leurs populations? L'oisiveté, la débauche, le luxe, la frivolité, l'hostilité perpétuelle entre ses habitants, l'hypocrisie, les superstitions, l'amour des plaisirs, l'antagonisme social sous toutes les formes.

Aussi, ce pays si fertile, si bien situé pour être heureux, est flagellé incessamment par des fléaux de toute espèce : tremblements de terre, guerres, épidémies, brigandages. Or tout cela est punition légitime. Les dévastateurs de cette partie du monde ont accompli une mission divine. Ils l'accompliront encore à l'avenir et ce sera bien.

Que de malheurs ont frappé les habitants de Jérusalem! Les Jébuséens, premiers occupants sont détruits par les Hébreux. Sous ceux-ci, la ville est dévastée par Sésac, roi d'Égypte, par Joas, roi d'Israël. Elle est totalement détruite par Nabuchodonosor, pillée par Ptolémée-Lagus, par Pompée et Crassus. Titus la détruit et avec elle 700 mille Juifs, Adrien la détruit de nouveau, 580 mille Israélites y périssent. Les croisés la prennent d'assaut et y massacrent 80 mille habitants. Saladin la reprend, en chasse ou fait esclave 100 mille chrétiens. Elle repasse alternativement des mains des Égyptiens dans celles des Perses. Des Égyptiens, elle retombe sous les Turcs, est reprise par les Égyptiens récemment et reconquise une dernière fois par les Turcs. Depuis quatre mille ans, c'est la ville la plus dévastée du monde. Or elle mérite ce sort parce que toujours ses habitants furent antifraternels, fanatiques, exclusivistes.

Quant aux Chinois, Japonais, Coréens et tous les peuples qui veulent vivre à l'écart, leurs envahisseurs auront raison contre eux en justice humanitaire. J'applaudis aux succès de l'Angleterre contre la Chine et désire que les Européens s'ouvrent, par le glaive et le canon, l'entrée de cette immobilité séculaire de la race jaune. Qu'ils renversent cet état social, qu'ils le lancent sur le chemin de la fraternité universelle, ils auront bien mérité du progrès.

Les peuples du Turquestan, de Kiwa, Boukhara et autres Kanats de cette région, sont pervertis, sodomistes, hypocrites, fainéants, pillards et cruels. Ils sont un fléau pour leurs voisins. Ils interceptent les communications entre l'Europe et l'Asie centrale. Ils sont hostiles à tout ce qui n'est pas de leur race et de leur religion. Ils sont constamment bataillant les uns contre les autres. C'est pourquoi ils seront châtiés.

La Russie est chargée de ce rôle. Pour punir et transformer l'Asie centrale, qu'elle emploie les Turcomans, 200 mille combattants se lèveront à sa voix. Elle pourra les lancer contre Kiwa et Boukhara et renverser l'iniquité séculaire de ces contrées.

Les Turcs ont détérioré le sol de l'Europe et de l'Asie Mineure. Ils apportent le mal physique et moral partout où ils s'implantent. Les peuples chrétiens doivent leur demander compte des cruautés commises depuis la prise de Constantinople, jusqu'à la dernière guerre de la Moldavie. Les fils d'Osman doivent être expulsés de l'Europe. Constantinople doit appartenir aux nations chrétiennes. Le Turc, mis sur la balance des compensations, est léger. Le mal qu'il fait l'emporte sur le bien. C'est pourquoi, il sera abattu avec justice, quoi qu'on fasse contre lui. Le père de la peste est rationnellement hors de la loi des gens. La Russie a reçu le mandat de le frapper au cœur.

L'Amérique espagnole est coupable envers l'humanité, par sa fainéantise, son amour du brigandage, du tumulte et sa superstition. Elle a moins tiré parti du sol que les anciens Mexicains et Péruviens. L'as-

sassin, le moine, le meurtrier, attirent ses sympathies. Elle redevient barbare. C'est pourquoi elle
sera châtiée.

Les Anglo-Américains, chargés de ce rôle, ont le
droit de la tailler à merci. Elle pratique, il est
vrai, la loi du croisement; mais elle néglige la loi
du travail modificateur : donc il faut la forcer de
progresser.

Le démembrement et l'asservissement de la Pologne sont justifiés, parce que les Polonais furent
querelleurs, intolérants, oppresseurs envers les faibles, serfs, protestants ou juifs. Toutefois ils sont
dignes de quelque indulgence pour avoir demandé,
lors de l'élection du duc d'Anjou au trône de Pologne,
la liberté religieuse des huguenots de France, et des
poursuites judiciaires contre les massacreurs de la
Saint-Barthélemy.

Ils ont déjà subi une partie de leur expiation.

L'Italie, depuis la chute de l'empire romain, est
devenue la proie des Goths, des Longobards, des Allemands, des Français et des Espagnols; parce qu'elle
devait expier la protection qu'elle accorda de tout
temps aux flâneurs de religion, aux mystificateurs,
aux assassins, aux empoisonneurs, aux meurtriers,
aux libertins. Elle a commis des fautes nombreuses
contre la fraternité humaine. Sa vie nationale est
une série interminable d'hostilités privées ou de
cités à cités. Son oppression fut donc légitime.

Depuis le quatorzième siècle, l'Italie a eu des
mœurs entièrement corrompues. Les familles aristocratiques et les villes avaient des assassins à
gages. Les empoisonneurs, les assassins, les meur-

triers, les brigands, y furent toujours l'objet des sympathies populaires.

Le peuple de Rome aimait Alexandre Borgia, le pape criminel, comme le peuple de la Rome des Césars aimait Néron.

Les vengeances privées, la perfidie, la corruption, la superstition, l'orgueil, la bassesse et tous les vices rehaussés par l'amour des arts et l'intelligence, ont donc appelé sur elle une légitime expiation.

L'oppression calculée de l'Autriche sur la haute Italie sera légitime comme punition d'une nation coupable et comme préparant un jour une unification gouvernementale.

Les Magyars furent hostiles aux peuples voisins. Ils refusèrent d'admettre à leur niveau les Croates, les Roumains, les Serviens, les Bosniens. Orgueilleux, paresseux, batailleurs, il ont préféré l'état pastoral à l'état agricole. Ils ont appauvri le sol, laissant ou faisant naître des marais et d'immenses plaines incultes. La Hongrie, si riche par ses produits naturels, est devenue improductive entre leurs mains. Ils ont peu progressé. Ils ont perpétué en Europe le génie oriental. Ils ont maintenu autour d'eux l'esprit d'antagonisme.

C'est pourquoi, ils méritent les châtiments que nous leur voyons infliger. Il y aurait mal social, si la Hongrie, conservant son caractère magyar, devenait une nation indépendante. Pour être digne socialement de l'indépendance, il faut qu'elle réforme ses mœurs pastorales, ses habitudes orientales, puis qu'elle devienne nation agricole, sympathique. Le fera-t-elle? Cela est peu croyable, sans qu'elle soit

soumise à la pression autrichienne encore pendant
une trentaine d'années.

La destruction des empires péruvien et mexicain,
est amplement justifiée par les sacrifices humains
que ces peuples offraient à leurs divinités. A Mexico,
soixante et dix mille hommes furent immolés lors
d'une seule fête. Au Pérou, la loi condamnait à mort
une famille entière, même les enfants à la mamelle,
pour punir la faute d'un seul individu, membre de
cette famille. On immolait des vierges au soleil, à
l'avénement des Incas.

La civilisation apparente était, à l'arrivée des
Espagnols, plus avancée qu'en Europe à cette époque.
Il y avait sur le lac de Mexico des jardins flottants.
A Mexico, les rues étaient propres, larges. Des
foires périodiques s'y tenaient. Les Muiscas civilisés
par Bochica, offraient aussi des victimes humaines.
Houartepec, Chapoltec, avaient d'immenses ménage-
ries d'animaux vivants et des jardins de botanique.
Au Pérou, on voyait des routes de plusieurs centaines de lieues de longueur, des hospices pour les
malades et les voyageurs. Là et au Mexique, il y
avait des forteresses, des temples, des arsenaux, une
écriture hiéroglyphique; enfin, une organisation sociale paraissant avancée. Au fond, la cruauté, l'antifraternité, constituaient le caractère dominant des
Américains. Les malheurs de l'occupation espagnole
furent donc une punition équitable.

La cruauté fut le caractère dominant de la civilisation aztèque. On dévorait les prisonniers de guerre.
trente mille victimes humaines étaient offertes chaque
année en sacrifice. Cette anthropophagie était dans

la politique et la religion plutôt que dans le goût pour la chair humaine.

Les Aztèques admettaient le péché originel, l'immortalité de l'âme, un ciel, un enfer, la confession, l'expiation, le baptème, l'eucharistie, la croix.

Ils avaient un clergé chaste, riche et nombreux, des ordres de chevalerie, un hôtel des invalides militaires, des rues larges et propres, une bonne hygiène publique, un calendrier, une orfévrerie, une cour aussi brillante que les plus célèbres connues. Aucun peuple n'a pu les égaler dans l'art d'assortir les plumes en guise de couleurs.

Cependant quelques centaines d'Espagnols, paraissant de beaucoup inférieurs, ont détruit ce puissant empire, et par millions sa population, quoique courageuse et patriote.

Les Péruviens étaient constitués en espèce de communisme. Les terres appartenaient à l'Inca et au soleil. Les troupeaux également. On répartissait à chacun, suivant sa profession, le travail agricole et manufacturier, puis on partageait le produit. L'excédant était emmagasiné. On cultivait les terres des vieillards, des soldats, des infirmes, des absents. La commune possédait le sol, lorsque l'Inca ne s'en réservait pas la possession. Chaque famille recevait chaque année son lot à cultiver. Le travail était obligatoire pour chacun. L'Inca choisissait les plus jolies filles, les prenait pour femmes ou les donnait à ses officiers, ou les immolait en l'honneur du Soleil.

Huit millions de Péruviens périrent sous la domination espagnole, rien que par le travail des mines.

Les malheurs de la domination anglaise, durant les quatorzième et quinzième siècles, ont puni l'iniquité française de cette époque, puis ont préparé le peuple à une unité nationale.

Les défaites de l'Écluse, de Crécy, de Poitiers et d'Azincourt, la pression de l'Angleterre sur la France, tous les désastres de la guerre de cent ans, forment un châtiment infligé à la noblesse française. Alors, plus qu'autrefois, la noblesse était oisive, ignorante, remplie d'impudicités et de cruauté. Elle criblait le peuple de toutes sortes de maux. Or, Édouard III, le prince de Galles, Henri V, la brisèrent sur le champ de bataille. Ce fut œuvre méritoire.

Les persécutions de la révolution française contre le clergé et la noblesse furent encore expiation et justice. Le clergé depuis longtemps était devenu cupide, licencieux, frivole. Les abbés, les prélats de cour, les Dubois, les Tencin, les Bernis, les Rohan le déshonoraient. Il négligeait l'instruction religieuse du peuple, pour s'occuper des plaisirs de la terre. C'est pourquoi il fut puni.

Quant à la noblesse, elle était impie, immorale, corruptrice des mœurs publiques : offrant ses filles et ses femmes aux rois pour qu'ils en fissent leurs maîtresses. Elle dévorait la fortune nationale, par ses pensions, sa prodigalité, son faste. Elle était parvenue, au dix-huitième siècle, à cette hauteur d'abominations où un vengeur doit paraître pour que l'humanité croie à une Providence et à la punition de l'iniquité. Aussi fut-elle châtiée par les échafauds, la guerre, les violences sur le sol natal et le sol étranger. Aujourd'hui ayant peu appris peu oublié, les destins la réservent probablement encore à de nouveaux châtiments, pour qu'elle devienne fraternelle.

L'Espagne n'a point encore suffisamment expié les crimes qu'elle a commis par l'inquisition. Le Portugal et elle ont fait leurs délices des auto-da-fé. Ils se sont montrés plus cruels qu'aucun peuple du monde. Les souffrances qu'on a infligées aux premiers chrétiens, que les Japonais, les Américains indigènes ont infligées à leurs ennemis, sont au-dessous de la cruauté exercée par l'Espagne et le Portugal.

Ces deux nations doivent donc être frappées. Le sang de tant de victimes immolées par le saint-office, crie vengeance. Si la vengeance n'arrivait pas, on devrait douter de la Providence punissant les crimes.

Les prêtres, les moines, les confréries religieuses, qui, en Espagne et Portugal, furent l'âme et le génie de l'inquisition, subiront encore une expiation spéciale. Car dans la loi des compensations, tout persécuteur doit être persécuté !

Outre l'inquisition, l'Espagne a contre elle, les cruautés raffinées commises contre les indigènes des îles et du continent américain. Ils nourissaient leurs chiens avec les chairs vivantes des indigènes. Ils leur coupaient, tantôt un bras, tantôt un mollet. Ils ont mêlé le nom de Dieu à·tous leurs méfaits , leurs débauches. Il est donc juste que les Espagnols pur sang, héritiers spirituels ou corporels des premiers conquérants, subissent une expiation, soit par les métis, ou mieux par les Anglo-Américains. Ceux-ci,

doivent s'emparer des Antilles espagnoles, sans tenir
compte des réclamations de l'Espagne ; ils ont le
droit d'exproprier sans indemnité tous les possesseurs d'origine espagnole.

Pour rendre les Anglo-Américains plus certains
de leurs droits de possesseurs, il serait bon que l'histoire retraçât le tableau des cruautés commises par
l'Espagne. Elle n'a pas, comme l'Anglo-Amérique, l'Angleterre, la France, la Russie et les autres
colonisateurs européens, laissé les indigènes se
suicider ou périr de maladies inévitables. Elle les a
traités, comme un troupeau. Voilà son crime !

CONCLUSIONS

1. Lorsque vous verrez de grands malheurs frapper une race, un peuple, une caste, un ordre de
citoyens, soyez sûr qu'ils ont commis des fautes
contre la loi du croisement, du travail modificateur
du sol et de la fraternité.

2. Soyez sûr encore que la violation de cette triple loi attirera par la suite des calamités contre les
violateurs. Leur état social étant essentiellement
mauvais, doit nécessairement disparaître par quelque
cataclysme.

3. Toute destruction de cet état social est légitime.
Les compresseurs et les destructeurs sont alors spécialement les outils de la Divinité pour le progrès.

4. Quelle que soit la civilisation, est-elle aussi
brillante qu'au temps d'Alexandre, d'Auguste, de
Louis XIV, de Léon X, de Périclès ou des rois de
Babylone et de Ninive : les arts, les sciences, l'in-

dustrie, y seraient-ils florissants : s'il y a violation de la loi ci-dessus formulée, l'état social est mauvais et doit être détruit.

5. Toute partie du genre humain réfractaire à cette loi, doit être supprimée. La philosophie progressiste doit alors approuver le châtiment et même l'appliquer.

6. Plus la race est inférieure par son organisation physique et morale, par son milieu ambiant, plus on remarque qu'elle est violatrice de cette loi, plus aussi le châtiment est intense.

CHAPITRE VII

CONTRÉES QUI FURENT ET SERONT PUNIES POUR AVOIR VIOLÉ LA LOI DU TRAVAIL, ETC.

L'Europe a contre elle son antique démarcation des hommes, en nobles, prêtres, bourgeois, vilains, serfs, oisifs, capitalistes, prolétaires; l'amour des combats, la fatalité de la naissance, l'esprit d'aristocratie, la prépondérance accordée à l'oisiveté sur le travail, à l'inutilité, au luxe sur l'utilité, l'esprit de domesticité et de mendicité.

L'Européen jusqu'à ce jour n'a point eu le sentiment de l'égalité. Il n'a point appliqué les doctrines sociales de l'Évangile. Il abdique volontairement sa liberté, pour se laisser gouverner par un homme ou quelques hommes. Il prise assez peu la raison et la dignité humaines, pour trouver des millions d'êtres pensants, qui proclament qu'une secte religieuse est

8

infaillible. En Europe, domine la volonté d'un seul,
roi, pape, empereur, président de république, aux
dépens de la volonté de tous. Là, on croit que l'esprit
de Dieu inspire quelques privilégiés de naissance,
plutôt que d'inspirer tout le peuple réuni. Là, on se
soumet, on obéit aux personnes plutôt qu'aux lois
écrites dans les codes ou la conscience. Là, on confie
à la force plus qu'aux droits, le soin de réparer les
griefs des gouvernés contre les gouvernants. Là, encore le progrès politique s'accomplit tumultueusement et par voie de sang.

L'Europe, ancienne et moderne, a donc manqué à
la loi.

L'Asie est la mère du luxe, du faste, du despotisme,
de la prodigalité, de l'asservissement des masses aux
caprices et aux passions d'un seul homme. Elle a
jeté parmi les peuples l'apothéose, la divinisation des
puissants, des heureux. Elle a mystifié le genre humain par ses systèmes d'incarnation de la Divinité.
Elle l'a partagé en castes fatalement heureuses et
fatalement malheureuses. Depuis Dioclétien, les
noms de votre *divinité*, votre *sérénité*, votre *sublimité*,
se sont introduits parmi les Européens. l'Asie, elle,
a conservé les noms de Roi des rois, Roi du ciel et
de la terre. Elle a fait, la première, des eunuques,
puis a répandu cette coutume barbare sur le reste de
la terre. Elle a préconisé l'immobilité de l'intelligence. Enfin, par ses institutions civiles et religieuses, brahmanisme, judaïsme, mazdéisme, islamisme, par ses langues et ses œuvres, elle a vé-
hémentement méconnu la loi.

Aussi énormément coupable, il faut qu'elle expie

ses fautes par des châtiments proportionnés. Elle a mal usé de l'intelligence que Dieu lui a confiée. C'est pourquoi le fils de Sem sera encore châtié par le fils de Japhet. Il lui sera asservi, parce que ce dernier a moins failli à la loi. L'Asiatique, sur tous les points de l'Asie, étant plus oisif, plus antipathique, plus cruel, plus stationnaire que l'Européen, sera traité plus durement que lui, par *fiat* providentiel.

L'Afrique est la terre du brigandage et de la cruauté. Au nord et au sud, elle fut jadis fertile : les nomades l'ont stérilifiée. Ils ont augmenté la surface des déserts. Tous ses indigènes, Nègres, Abyssiniens, Cafres, Hottentots, sont livrés à des coutumes sanguinaires. Sacrifices humains, anthropophagie, mutilations des prisonniers de guerre, émasculations libertinage effréné. Tout cet état social doit être détruit, pour servir d'expiation. L'Amérique indigène et l'Océanie ont déjà subi une partie de leurs châtiments. Elles en subiront d'autres à cause de leurs œuvres, et ce sera un bien.

Enfin, partout où l'œil se porte, on voit l'humanité violant plus ou moins la loi du travail modificateur du sol, des croisements et de la fraternité. Une seule contrée a suivi cette loi : c'est l'Amérique du nord, représentée par quelques États seulement.

C'est pourquoi, par toute la terre, excepté quelques États de l'Amérique du nord, de l'Union anglo-américaine, il faut, comme but d'expiation et de progrès, que des transformations humaines et sociales s'accomplissent.

CHAPITRE VIII

INDIVIDUS QUE CHAQUE NATION DOIT PUNIR

Chez toutes les nations il y a des malfaiteurs de race plus dangereux que les malfaiteurs politiques et religieux, parce qu'ils se cachent dans les bas fonds de la société et que leurs méfaits atteignent à chaque instants tous les membres du corps social. Les mendiants de profession, les voleurs, les faussaires, les incendiaires, les assassins sont de cette tribu.

Leurs enfants conçus, nés, développés, éduqués dans le crime comme bêtes de proie sur la société, ne peuvent guère s'améliorer. Ils héritent des penchants et tendances de leurs progéniteurs.

Les familles anglaises, subventionnées par la taxe des pauvres, vivant dans les maisons de travail forcé (work houses), descendent des familles qui, il y a trois siècles, étaient entretenues par cette taxe ou son analogue. Henri VIII a rendu un grand service à son pays par l'exécution de soixante mille malfaiteurs, il a arrêté leur propagation. Sans la sévérité de ce prince, l'Angleterre aurait une nombreuse population de criminels par aptitudes héréditaires.

Sur quelles personnes est tombé le glaive des tribunaux criminels, depuis les premières annales de l'humanité jusqu'à nos jours? Sur les dissidents religieux tués par millions, sur les sacriléges, les blasphémateurs tués par milliers, sur les sorciers tués par centaines de mille, sur les savants qui interro-

geaient la nature et non la tradition, tués par centaines. La justice jusqu'à ce jour a fait fausse route.
Elle a frappé les innocents. Les assassins, incendiaires, voleurs, etc., ont toujours échappé par milliers à la punition. Sur dix crimes méritant la peine
de mort pour attentats contre la personne des citoyens, un peut-être a été puni.

Les animaux de proie, les tueurs, les dévorants,
tout ce qui peut exercer la destruction sur les créatures animées, furent de tout temps plus honorés que
les animaux pacifiques. Ils ont obtenu les honneurs
de l'adoration. Ainsi le lion est plus dieu que le cheval, l'aigle plus que le cygne, le loup plus que le mouton, le crocodile plus que l'esturgeon, l'assassin plus
que l'honnête homme. Les animaux humains et
autres sont fascinés par la présence et la contemplation des dévorants. Contre cette disposition innée,
universelle, que doivent faire les progressistes? Ils
doivent démontrer que ces dévorants sont une émanation du principe du mal, et qu'il est juste et méritoire de les supprimer, soit comme expiation absolue,
soit comme utilité relative. Eux-mêmes, progressistes, doivent se constituer les chasseurs des dévorants.

Les dévorants, reptiles, oiseaux et mammifères
portent sur eux les signes indiquant qu'ils sont dévorants ; leurs victimes peuvent les éviter. Le dévorant
humain ne porte pas ce signe avec lui. Voilà pourquoi il faut que les progressistes trouvent le moyen
de fixer sur les malfaiteurs un signe moral ou physique qui les fera reconnaître. Qu'ils soient marqués
comme le fut Caïn.

Employer tant de ressources sociales, comme le fait la philanthropie moderne, à vouloir améliorer les criminels, à les nourrir dans leurs prisons beaucoup mieux que ne peut l'être un ouvrier laborieux et bien payé : que ferons-nous d'eux? Ils ne doivent pas être réduits au désespoir ni exposés à une damnation éternelle! Il faut les réconcilier avec le ciel! Pareils faits et sentiments sont contraires à la philanthropie rationnelle. Occupons-nous des bons et laissons les méchants subir la conséquence de leurs actions. Toujours ils ont pu choisir entre le bien et le mal; que leur enfer soit dans ce monde puisqu'ils l'ont voulu.

Il faut publier le nom et faire la généalogie des criminels, jugés et condamnés depuis cent ans au moins. Il importe que tout le monde puisse connaître les familles vicieuses pour éviter leurs alliances, pour les empêcher de vicier les familles de bonne race. Cette publication doit être déposée comme archives dans toutes les communes ou leurs analogues.

Considérer la guerre contre les malfaiteurs comme plus utile, plus noble, plus sanctifiante que la guerre contre les ennemis extérieurs. Juges et tribunaux qui punissent les criminels, méritent mieux que généraux et armée qui tuent les étrangers dans la bataille; car le triomphe de la justice sur le mal est constamment un progrès social.

Appliquer la peine de mort aux assassins, aux empoisonneurs : l'exécution doit se faire dans la prison, devant un petit nombre de spectateurs, avec le fusil chargé par la culasse et tiré à bout portant dans le cœur et l'épine vertébrale. Deux coups à gros plomb tuent plus rapidement et avec moins d'apprêts que la potence ou la guillotine. Il faut laisser le condamné s'empoisonner lui-même s'il le veut, soit par le chloroforme, l'acide prussique, etc., pourvu que ce soit devant témoins. La justice rationnelle ne demande pas que le criminel périsse d'une manière plutôt que d'une autre. Elle demande qu'il périsse puisqu'il a versé le sang d'autrui ou tué autrui.

Combattre cette tendance des sociétés modernes à considérer les grands scélérats comme des individus curieux ou intéressants : il ne faut pas qu'ils soient le héros d'une heure.

Le crime veille pendant que nous dormons! Ce boucher Pizon qui tua deux cent quarante huguenots à Paris lors de la Saint-Barthelemy; ce nègre qui en tua autant à peu près aux massacres de septembre; ces Italiens qui, dans le cours de leur vie, ont assassiné quatre cents, neuf cents personnes; ces Thugs de l'Indoustan qui en tuent plusieurs centaines de tous âge et conditions; ces femmes qui font métier de tuer les nouveau-nés, pour quelques francs; ces individus qui empoisonnent lentement leurs victimes pour les faire souffrir plus longtemps; ces êtres si nombreux, qui éprouvent de la volupté à la contemplation de la souffrance, ne sont pas des exceptions dans l'humanité. Ils ne sont pas monomanes, au contraire, ils jouissent de toutes leurs facultés intellectuelles. Leur nombre est légion. Ils vivent près de nous, dans toutes les positions sociales. Ils sont nos frères, nos amis, nos voisins. Ils sont nous-mêmes, car ce qu'un homme fait, un autre peut le faire.

Donc il importe au salut général et au progrès humanitaire que la société organise le châtiment. Le châtiment, mieux que tout autre procédé, refoule les mauvais instincts, prévient les mauvaises actions. Il est donc une œuvre méritoire : les progressistes ne doivent ni rire, ni pleurer sur les malfaiteurs. Ils doivent les détruire. La commisération, le désir d'améliorer les gens de la mauvaise race, la répulsion ou la haine, qu'ils ont quelquefois inspirées, quoique rarement, sont les œuvres d'une désastreuse justice. La justice rationnelle, absolue, progressiste, est que les bons détruisent les méchants, sans inimitié, sans esprit de vengeance, parce que les méchants sont nuisibles, oppresseurs, et, conséquemment, n'ont pas plus le droit de vivre qu'une vipère ou un chien enragé, *axiome qui sera vrai pendant des centaines d'années.*

La philanthropie est la destruction et non la transformation des agents du mal dans le monde végétal et animal.

PARTIS POLITIQUES ET RELIGIEUX QU'IL FAUT PUNIR

Les bonapartistes, eux seuls, n'ont pas subi d'expiation, tous les autres partis politiques de France ont eu la leur. Les hauts dignitaires de l'Église anglicane, surtout ceux qui vivent aux dépens des catholiques islandais ; les prêtres catholiques de l'Italie, de l'Espagne, de l'Amérique méridionale et surtout les ordres religieux, les jésuites par toute l'Europe. Mais il faut les protéger sur les autres parties du monde. Les propriétaires d'esclaves améri-

cains; car ils sont coupables non pas d'avoir eu des
esclaves, mais d'avoir arrêté, défendu par leurs
codes, l'amélioration morale desdits esclaves. Un
crime contre l'humanité est de plonger les hommes
dans l'ignorance pour mieux les exploiter. Ainsi tout
parti politique ou religieux quelconque, qui veut
propager, maintenir l'ignorance, est coupable et doit
être puni.

Dans chaque nation, le rôle de punisseurs appartient à ceux qui veulent et font le progrès, par la
science positive.

Chez les peuples composant l'ensemble de l'humanité, la mission de punisseurs est confiée plus spécialement aux Russes et aux Américains de l'Anglo-
Amérique, et cela parce que tous les deux ont plus
progressé que les autres nations depuis un siècle. Ils
ont mieux pratiqué que les autres la fusion des
races, l'amélioration du territoire, et surtout, n'ont
point eu ces guerres religieuses qui dégradent si
complétement le moral humain.

Les Anglo-Américains doivent se convaincre qu'ils
ont le droit jusqu'à ce jour d'exercer la dictature
sur le reste des nations; mais ils doivent s'étudier à
ne pas perdre ce droit moral et humanitaire de la
dictature.

DESTRUCTION PAR DROIT SUPÉRIEUR DE CIVILISATION

Ne dites pas « respectons la vie de la vipère, du
scorpion, de la ciguë, car ils sont l'œuvre de Dieu.
Toute la puissance de l'homme ne peut les créer. »

Dites plutôt « tout individu végétal et animal,

doit être remplacé par ce qui est meilleur que lui. »

Par toute la terre et à toutes les époques, il fut, et il est juste de détruire les peuples ou tribus de pirates, de brigands.

Dans l'état présent de l'humanité, les hommes doivent céder la place à ceux qui pourront mieux qu'eux, transformer et améliorer la terre.

Exemples :

Les indigènes de l'Australie, de la nouvelle Calédonie, de l'Amérique du nord, doivent disparaître devant les blancs.

Les blancs doivent disparaître devant les mulâtres, sur les terres basses et humides, où la température se maintient, pendant quatre mois, à 24 degrés centigrades au dessus de zéro, sur les terres où vient le riz ; car dans ce milieu ambiant, les blancs ne peuvent pas vivre, sans se détériorer. Ils doivent faire place aux indigènes de l'Amérique méridionale, par toutes les terres, situées à quatre mille mètres au dessus du niveau de la mer; car, là aussi, ils ne peuvent se développer. Leurs poumons ne sont pas organisés pour une atmosphère aussi raréfiée. Ils ne peuvent pas créer une race en Égypte, dans l'Indoustan, sauf sur les hauteurs : donc, là aussi, qu'ils cèdent la place aux indigènes, Ils feront bien de gouverner avec l'esprit de l'Europe les indigènes, jusqu'à ce que ceux-ci, puissent régner avec l'esprit européen greffé sur le corps indigène.

L'Européen doit remplacer l'Arabe sur toutes les terres fertiles, et l'Arabe doit remplacer tout peuple ou race quelconque sur les terres arides et sablonneuses : l'Arabe est né pour les déserts de sable, comme le palmypède est né pour l'eau. C'est le plus pastoral des peuples.

Je ne sais pas si les Européens ont le droit de remplacer les Chinois en Chine, je crois que non. Mais les Chinois ont le droit de remplacer les Européens à Java, Sumatra, Bornéo, de s'y mêler, par des alliance de sang, aux indigènes : à moins que les Européens ne se chargent de créer une race métisse européo-javanaise. Ces îles sont trop chaudes pour qu'une population européenne puisse y réussir. L'Européen doit se borner à préparer une population disciplinée composée de Chinois et de naturels.

Les Russes ont le droit d'absorber les tribus indigènes de la Sibérie et de les remplacer par des Européens ; car ceux-ci supportent le climat et améliorent la nature sibérienne. Les transportés politiques ou criminels prouvent que la Sibérie peut être peuplée par les blancs. Sur les contrées glaciales, les blancs ne doivent point chercher à s'implanter autrement que comme précepteurs.

La variole, l'eau-de-vie, débarrassent mieux la terre de ses mauvais occupants que la guerre.

La peste, le typhus, le choléra forcent mieux les peuples civilisés de perfectionner leur hygiène que tous les autres procédés. Le mal est donc quelquefois, et même presque toujours, le meilleur professeur du bien.

CE QUE DOIVENT ÊTRE LES COUPS D'ÉTAT

Les coups d'État si fréquents dans l'Amérique méridionale ont pour résultat de remplacer les perturbateurs de la société, les vauriens, les violents les uns par les autres, ils retardent le progrès humanitaire. Les coups d'État, exécutés en Europe, démoralisent le caractère des peuples. Ils sont faits contre les défenseurs de la loi et du droit. Les vainqueurs calomnient, dépouillent, transportent, tuent les vaincus. Ils se font déclarer les sauveurs de la société. Au fond, ils sont seulement des conspirateurs heureux.

Rationnellement on peut affirmer que les coups d'État sont plus nuisibles qu'utiles. Les vrais coups d'État doivent être dirigés contre les criminels, contre les classes dangereuses. Exemple, le nombre des assassinats, des meurtres, des incendies, des attentats contre les personnes et les propriétés, se multiplie. Les lois régulières ne les arrêtent pas. Il y a une épidémie de crime. Alors, que le gouvernement s'empare de tous les malfaiteurs condamnés par les tribunaux et qui vivent sur le territoire métropolitain; qu'il les mette hors la loi et en dispose sans formes légales. Mort, transportation, emprisonnement, peuvent être appliqués contre eux; parce qu'ils sont coupables par solidarité. Ils ont semé le crime, que leurs semblables récoltent maintenant. Ils sont coupables, parce qu'ils ont développé l'esprit d'imitation. Les crimes antérieurs préparent des crimes subséquents.

Quelques coups d'État de cette espèce, faits par le pouvoir deux fois par siècle, parmi les Européens, vaudraient mieux que tous les autres coups d'État politiques, lesquels sont violence contre le droit; lesquels sont toujours discutables.

J'approuve l'ancienne monarchie de France d'avoir souvent fait une razzia contre les mendiants, les vagabonds, les vauriens, les contrebandiers, les filles publiques, etc., et de les avoir envoyés aux colonies ou sur les flottes. Là au moins ils ont été utiles. Sur le sol français, ils auraient continué leurs méfaits. J'approuverai tout gouvernement contemporain qui agira de cette manière envers les malfaiteurs.

Qu'il ne dise pas : nous devons absorber nos malfaiteurs, payer ce qu'ils nous coûtent : c'est un impôt indispensable !

Qu'il dise : point d'impôt payé au diable ! Le malfaiteur coûte plus qu'il ne rend. Alors qu'il disparaisse hors de notre milieu ! Le mode de leur disparition est sans qualification et limites. Il doit être philanthropiquement, complétement dictatorial.

La vraie philanthropie est la destruction des mauvais éléments, parce qu'il est bien démontré qu'ils ne se transforment pas de mal en bien. Le temps passé à changer un loup en chien de garde, sera toujours mieux employé, à bien éduquer le chien de garde et à multiplier sa race.

Quand le mal sera moins dominant, que les bons, animaux, végétaux, seront les dominateurs de la terre, alors seulement on pourra s'occuper, comme expérience physiologique, mais jamais au nom de la philanthropie, de chercher à tourner le malfaiteur en bon, la ciguë en plante fourragère, le loup en chien, etc. (1).

_____

(1) Si les criminels sont tant prisés dans les civilisations, c'est que leurs aventures servent de distraction au grand nombre d'oisifs. Il

CHAPITRE IX

AVENIR DE L'HUMANITÉ

La croyance en un paradis terrestre dès l'origine du genre humain, à la chute de l'homme, chute amenant la mort, les bouleversements de l'ordre moral, le déchaînement des passions, la fureur des éléments, les cataclysmes, le péché, la malédiction, ne saurait être admise par la raison.

Le mal, parmi nous, est produit par l'excès de la personnalité humaine. Quant au reste de la nature, par l'excès de la personnalité animale et végétale. De là, lutte, antagonisme constants entre les créatures diverses, lesquelles doivent vivre chacune suivant sa loi.

L'homme n'a jamais joui d'un paradis terrestre. Il

faut aussi que les nouvellistes si nombreux trouvent à gagner leur vie par le récit des faits concernant les criminels. Or souvent parler d'une chose, est la rendre intéressante ; le mieux serait d'assurer la répression devant un petit nombre de personnes, avec peu de publicité : énoncer leur exemple, crime, jugement, exécution sous les formes les plus brèves. L'homme primitif considère l'homme comme son ennemi naturel ; l'homme civilisé le considère comme un parent ou comme une cause de plaisir. Les théâtres, les nouvellistes, développent la pitié envers le malfaiteur. De plus, dans la civilisation on considère l'individu comme ayant moins de responsabilité individuelle, la société devenant un corps solidaire pour chacun de ses membres.

Peut-être l'idée de justice prend-elle une partie de ses sources dans l'hostilité : or, quand l'hostilité diminue, l'idée de justice s'amoindrit.

n'est point né immortel ; car alors créant des enfants comme il le fait, la terre n'aurait pas été assez grande pour le contenir et le nourrir : ou ne repullulant point, il n'aurait pas été homme. Comme pour tous les autres êtres de cette création, la mort est une condition essentielle de son existence. Une faute commise ne l'a donc pas précipité et ne lui a point donné d'autres attributs que ceux qu'il a reçus primitivement de la main du Créateur.

Les animaux, les végétaux n'ont pas failli : cependant ils sont soumis à toutes les conditions de vie et de mort, de bonheur et de souffrance, que nous voyons accabler l'homme. S'ils avaient perdu leur immortalité et leur paradis terrestre à cause de la faute de l'homme ; la Divinité, les rendant solidaires, se montrerait injuste. Donc le dogme du paradis terrestre et de la déchéance est inadmissible. La terre ne fut point maudite à cause de l'homme.

L'âge d'or, les temps d'innocence, la chute, sont des rêveries de poètes et de théologiens, une mystification de la part des philosophes. Dire aux malheureux : « Vous n'aurez pas de bonheur ici bas, parce que vos ancêtres ont failli ; ils ont perdu leur innocence ; toutes les autres créatures et vous, en êtes providentiellement punis dans vos propres personnes et celles de vos enfants, » n'est-ce pas proclamer le fatalisme, le *statu quo?* Propager la doctrine du péché originel, est un attentat contre la raison, le progrès, le bonheur, que le genre humain peut acquérir.

Cette doctrine est évidemment une sauvegarde pour les heureux, pour ceux qui tiennent au présent et qui redoutent l'avenir.

L'homme des temps primitifs, luttant contre tout
ce qui l'entourait, devait d'abord vivre. Combattant
sans cesse la nature végétale et animale, il était lui-
même plus hostile. Il avait moins de sociabilité. Il
était plus méchant, plus personnel qu'il ne le fut aux
âges postérieurs, alors que sa combativité devint
moins forte. La force seule était son droit. Il était
loup pour l'homme. Il était alors universellement ce
que nous voyons qu'il devient, lorsque durant un
naufrage, une famine, il bataille pour son existence.
Il sacrifie les autres à lui, parce que les instincts de
conservation sont inhérents à l'homme.

A mesure qu'il s'est éloigné des temps primitifs, il
s'est amélioré. N'étant plus obligé d'autant combattre
pour soutenir sa vie, il s'est socialisé. L'enveloppe
de l'animalité personnelle dont il était entouré s'est
amincie successivement. Alors n'étant pas constamment forcé de songer à lui, il a pu songer aux
autres.

L'homme des temps primitifs, loin d'être innocent,
était livré à toutes les passions de l'animal. Il ressemblait aux singes, aux chiens et autres animaux,
chez lesquels les liens de la famille, les rapports des
sexes, durent une saison. L'homme n'était rien de
plus et ne pouvait être autre chose. C'est pourquoi
les traditions des peuples ont admis les déluges,
comme destructeurs d'une partie de cette humanité
primitive : ne pouvant comprendre que, de méchant,
le genre humain deviendrait bon; en d'autres termes,
ne comprenant pas que de personnel, antisocial,
qu'il était, il fût devenu sociable.

Les déluges, punissant l'humanité et la renouvelant, sont les mythes expliquant la transformation de l'homme personnel, à l'homme social, la transformation de sa barbarie en aptitudes civilisatrices.

Le paradis terrestre est l'expression d'un désir naturel et immodéré du bien-être, que, ne voyant pas devant nous, attendu notre connaissance des choses de la vie, nous plaçons vers le passé. C'est le regret d'une espérance.

Les hommes jadis valaient moins que nous, et nous valons moins que nos enfants, vu la diminution graduelle de l'antagonisme.

Or le véritable paradis terrestre est l'avenir. La rédemption du genre humain sera : cessation de la personnalité, accroissement de la sociabilité, application de la loi progressive, *égalité*, etc.

L'humanité, à mesure que les temps s'allongeront, se dépouillera de son animalité originelle. Elle sera progressivement spiritualiste et sociable. La personnalité s'absorbera davantage au milieu des masses.

Sous les pas des siècles, les montagnes s'abaissent, les océans diminuent de profondeur, les valllées s'élèvent. Il y a tendance générale de la nature vers l'égalité.

Telle est la marche de l'espèce humaine.

Les races créées d'abord multiples, inégales, hostiles, tendent à l'unité de type et à la fraternité. Par les croisements, les perfectibles se multiplient, les imperfectibles s'annihilent. Il y a progression certaine vers l'égalité. Alors quand cette unité et cette égalité seront universelles, nous aurons sur la terre le paradis terrestre.

Les temps entrevus instinctivement par les révélateurs de toutes les époques et civilisations, viendront embellir notre globe. Ce sera le règne du Messie, le triomphe du bien sur le mal, du bon principe sur le mauvais, des anges sur les démons, d'Ormudz sur Ahriman.

Alors, comme dit Isaïe, « le loup paîtra avec l'agneau. Et le lion mangera du foin avec le bœuf. » Il n'y aura plus ni oppresseurs ni opprimés; mais une troupe de frères. Plus de dualisme.

Oui, les hommes et les animaux de proie, les oppresseurs à un titre quelconque, depuis le despote jusqu'au vagabond, depuis le lion jusqu'au moustique, disparaîtront un jour par extinction ou destruction. Les causes de troubles, les maladies épidémiques, les fléaux, seront arrêtés par l'amélioration du globe. Nous aurons ici le véritable Eden, obtenu par la sociabilité progressive du genre humain, par l'éloignement des temps primitifs et par le travail modificateur de la terre.

Remarquons que les espèces nuisibles ou inutiles ne seront point modifiées. Elles s'éteindront forcément et seront remplacées par les espèces utiles, existant actuellement. Il n'y aura point d'antirequin, ni d'antitigre. Elles subiront le sort des lions en Thrace, des éléphants en Afrique septentrionale, des ours, des loups en Angleterre, et de toutes les créatures nuisibles ou inutiles sur le reste du monde, devant la civilisation. Là, où la civilisation s'implante, le mal s'atténue et disparaît. Croire, que les animaux se transformeront : que le lion se nourrira d'herbes, que le requin se montrera docile comme le cheval : croire à une modification complète des types créés, est une puérilité d'utopiste, est un rêve de l'imagination, une hypothèse antiscientifique.

Si les bêtes carnassières deviennent frugivores et les herbivores carnassiers, il y aura une refonte générale de toutes les créatures. Notre planète sera alors replongée au milieu du chaos. Alors la puissance infinie du Créateur produira de nouveaux types.

Jusque-là, il n'apparaîtra aucune modification organique. Le lion n'aura jamais le pied du cheval et l'oiseau jamais de dents : car il y a stabilité des types actuels.

CONCLUSION

Vous tous qui souffrez par l'esprit et la chair, portez vos regards au devant vous. Un jour viendra, où vos enfants seront moins malheureux que vous, comme vous l'avez été moins que vos pères. L'avenir du genre humain est un bonheur allant croissant toujours. C'est là le paradis terrestre. Paradis qu'il vous faut conquérir par l'insurrection constante de votre esprit et de votre corps, contre les tyrannies séculaires des hommes et de la nature. Votre bonheur est dans vos mains. Sapez le vieil édifice du passé. Poussez vers l'avenir. Ici est votre paradis réel. Semez l'esprit de justice et l'amour de la dignité humaine : vos enfants récolteront l'expiation contre les méchants, puis l'égalité et le bonheur prédits par les voyants. Révolutionnez le monde par le libre examen et la science. Soyez unis, persévérants, inflexibles contre les oppresseurs humains, végétaux, animaux. Alors vous gagnerez votre paradis terrestre, vous vous rachèterez du péché originel.

CHAPITRE X

DES RACES ET NATIONS SUR LESQUELLES REPOSE L'AVENIR DE L'HUMANITÉ

Si la destinée du genre humain avait été remise au génie des nations fuligineuses, noires, rouges, jaunes, cuivrées, il ne sortirait pas de l'enfance. Les hommes resteraient immobiles socialement, ou livrés aux passions de l'animalité. L'anthropophagie, le dédain de l'agriculture, l'isolement de chaque groupe sur son foyer natal, point de liens entre les peuples, point d'amélioration du globe, tels auraient été les attributs de l'humanité.

Les races brunes, malgré quelques aptitudes supérieures, ont, contre le progrès social, leur personnalité, leur lubricité, leur frivolité et leur esprit superstitieux. Les Grecs et les Romains pouvaient inculquer aux hommes l'amour des beaux-arts, des sciences, de l'imagination, de l'architecture, de la littérature, l'art militaire, l'éloquence ; mais dépourvus de rationalisme, ils les auraient égarés à travers quelques habitudes futiles ou antisociales. Ils leur auraient imprimé, de génération en génération, l'amour du plaisir au lieu de l'amour du devoir; l'idée du luxe au lieu de l'idée de l'utile. Ils les auraient matérialisés.

Amalgamez les races du type brun, vous retirerez toujours comme dominantes, la foi qui engendre la superstition et la personnalité, qui produit l'hostilité, puis l'oppression des faibles, les fourberies religieuses et politiques, l'esprit de localité, l'antifraternité.

Or cela ne pouvait être indéfiniment. Une autre race fut donc créée et devint spécialement l'outil de la Providence pour le progrès.

Le sort du genre humain est confié à la race blonde; car étant sociale, elle comprend mieux la fusion. Ayant la raison plus que la foi, elle saura mieux organiser sans fausse route, sans tâtonnements, par réflexion, par prévision. Ayant l'instinct d'émigration, elle se transportera plus volontiers sur les différents points du globe et adoptera plus facile-une nouvelle patrie. Aimant la navigation, elle franchira les mers et rapprochera les peuples antipodes. Son génie généralisateur, la portera à s'occuper des intérêts généraux. Elle agira personnellement sur les pays froids; de là, par ses métis et son esprit, sur le reste du monde.

Elle a produit les deux plus grands agents du progrès : le libre examen qui provoque de nouvelles recherches et qui diversifie les buts de l'humanité, puis l'imprimerie qui transmet indestructiblement les choses du passé, qui accumule les connaissances au profit de l'avenir.

Par ces deux agents, elle a conquis l'arbre de la science, lequel la rendra *semblable aux dieux.*

Or les peuples appartenant à cette race sont les précepteurs du genre humain. A eux est dévolu la transformation successivement progressive de l'humanité et du globe.

La nation *anglo-américaine* est au premier rang des peuples précepteurs. Formée du mélange des nations blondes, ayant l'idéalisme rationnel du Germain, la sympathie gauloise et son esprit généreux; plus, le bon sens anglais, l'esprit d'application et tenace de cette nation, elle a comme résultante, les aptitudes les plus palingénésiques.

Chez elle nous voyons, dès l'arrivée des puritains et des quakers, l'application des dogmes évangéliques.

Fusion de races, fraternité, égalité, liberté, sagesse des institutions, dignité humaine qui lui fait rejeter la domesticité et la mendicité. Respect de la famille, de la propriété. Point de caste privilégiée. Point de caste déshéritée. Agriculture préférée à tout autre travail. Paix et concorde préférées à la guerre et aux dissensions. Lutte incessante contre la nature. Transformation de la superficie de la terre. Point de religion d'État. Pas de corps de militaires, de prêtres, d'oppresseurs ou de maîtres par droit de naissance.

Aussi, ces aptitudes, cette organisation sociale, cet amour du travail et de la liberté, l'ont faite la première parmi les peuples. Aussi, double-t-elle ses forces tous les vingt ans.

Les Américains abandonnent l'industrie pour l'agriculture. Les Européens laissent l'agriculture pour l'industrie. Or le goût de l'agriculture est l'expression des aptitudes civilisatrices les plus avancées. C'est pourquoi, les Américains marchent à la tête de la civilisation future.

Lorsque vers deux siècles d'ici, son territoire sera peuplé, qu'elle aura 200 millions d'habitants, tous libres, égaux, rangés sous des lois démocratiques et s'étendant de l'Atlantique à la mer Pacifique : alors, allongeant les bras sur l'Europe et l'Asie, elle entraînera le monde, par l'insinuation de son exemple ou par toute autre voie. Car, par ses croisements, elle a reçu l'esprit spéculatif qui grandit la pensée, le bon sens qui applique en rectifiant, l'enthousiasme qui porte à faire, et la sociabilité qui entraîne à la propagande fraternelle, à la participation de son propre bonheur.

La patrie des quakers et des puritains sera le levier qui servira à soulever l'humanité et à la pousser à travers l'ère nouvelle. Les disciples de Penn, premiers hommes qui aient compris le vrai christianisme, seront un jour considérés comme les bienfaiteurs du genre humain. Ils ont pris les premiers la liberté sans licence, la religion individuelle sans intolérance, l'honorabilité du travail et le mépris de l'oisiveté.

Ils ont mieux compris que les autres sectes la mission de l'homme sur la terre. Ils n'ont point ensanglanté le monde par le mot gloire militaire. Ils ont multiplié les bienfaits de l'instruction; ont amélioré l'état physique et moral des détenus. En progrès matériel et immatériel, ils ont devancé l'Europe.

La science métaphysique de l'Indoustan, les sciences physiques de l'Égypte, les beaux-arts de la Grèce et de l'Italie, la littérature, la philosophie allemande et française, le courage guerrier de la France, l'industrie de l'Angleterre, de la Chine et du Japon, la ténacité espagnole, feront moins progresser le genre humain que l'Amérique septentrionale seule. Plus que tous ensemble, elle régénérera le monde.

Cependant quelques-unes de ces nations ont une mission progressiste à accomplir, ont reçu le mandat de précepteur.

La *France* est l'initiateur spirituel de l'humanité. Son rôle est de vulgariser la vérité théorique. Elle s'en acquitte à l'aide de sa littérature universelle. Elle est une épée et un drapeau, attendu son origine gauloise. Son génie est essentiellement révolutionnaire par table rase et par voie guerrière. Dieu l'a chargée de souffler sur les nations la tempête des révolutions; d'inculquer aux opprimés l'idée de s'insurger contre les oppresseurs.

Aussi, voyez comme les mouvements qu'elle se donne ébranlent le monde! Elle est un nouvel Encelade. Elle provoque le mouvement chrétien qui place Constantin sur le trône des Césars. A sa voix, pendant deux siècles, l'Europe se rue sur l'Asie, en 93, elle donne l'exemple des réparations sociales et intestines. L'Espagne et l'Italie l'imitent quelques années plus tard. En 1848, elle s'agite encore, les deux tiers de l'Europe et de l'Amérique sont pris de l'esprit d'agitation.

Elle est un précepteur porte-glaive et révolutionnaire. Sa mission est d'abattre et de préparer le terrain au progrès social. D'autres nations ont reçu le mandat de semer et de récolter le progrès sur le terrain préparé pour elle.

Enfant métis des races brune et blonde, elle agira

sur le midi et le nord. Par son génie artistique, son imagination, sa foi, elle communiquera avec les autres nations brunes, et par sa raison, sa sympathie, avec les nations blondes.

Je lui reproche néanmoins d'avoir trop l'amour de la guerre, de se laisser trop facilement gouverner par le fait accompli, d'être tumultueuse et servile. Historiquement elle est alternativement une caserne ou un séminaire. Elle n'aime pas la liberté régulière légale. Un peu plus de raison, moins de sensibilité la rendraient parfaite. Elle entretient à ses dépens, une quantité innombrable de parasites, lesquels lui disent : « Sans nous tu tomberais dans le chaos. »

L'*Angleterre*, douée de l'instinct d'émigration et du sens pratique, principalement blonde avec prédominance de l'élément anglo-saxon, a reçu la mission de transformer et de peupler les diverses contrées froides ou tempérées de l'univers. Par ses vaisseaux, elle atteint les points les plus éloignés du globe et les associe. A elle appartient spécialement l'application du progrès matériel dans ce qu'il a d'applicable. Aussi, partout où l'Anglais pénètre, sous la personne d'un missionnaire ou d'un marchand, le commerce, les échanges des indigènes augmentent. Cela accroît la richesse sociale, cela ensuite devient un moyen de rapprochement intellectuel.

La nation anglaise arrive au progrès intellectuel et moral par l'intérêt matériel. La France arrive au progrès matériel par l'intérêt intellectuel et moral. L'Anglais est pratique, le Français théoricien.

Nous avions sur divers points du monde, au Canada, dans l'Indoustan notamment, conçu l'idée et

la forme du progrès : les postes de nos anciennes
possessions de la Nouvelle-France sont devenus
des villes anglaises et anglo-américaines. L'Angleterre est venue après nous : elle a appliqué ce que
nous avions conçu.

La *Germanie*, rationaliste, idéaliste, savante, a
reçu mission de servir de pondération, entre l'excès
de sympathie gauloise et l'excès d'égoïsme anglais.
Elle doit rectifier l'une et l'autre par la raison. Elle
a rendu d'immenses services à l'humanité par Luther et Guttenberg. Elle en rendra encore par quelques-uns de ses philosophes. La position centrale de
son territoire, son manque de débouchés immédiats
sur les mers à vaste étendue, l'isolent et l'empêchent
de réagir, comme l'Amérique, l'Angleterre, la France,
sur l'universalité du globe ; mais elle fera progresser
ses voisins immédiats, par la science et la raison.

Elle a jeté au sein de l'Europe l'idée féodale, ce
qui fut un mal humanitaire. Par esprit de réversibilité et attendu qu'elle est équitable, généreuse, elle
y répandra l'esprit démocratique, ce qui deviendra
un bien. J'espère que ce sera là sa seule expiation.
Elle avait commis une injustice quand elle prêta son
appui à Bonaparte pour opprimer l'Europe, pour
comprimer l'émancipation humaine. Elle a noblement réparé sa faute en amenant la chute de l'oppresseur. Que maintenant ou plus tard elle abatte
donc l'élément féodal par l'élément démocratique.

La Germanie produit peu de fer. Le fer est l'instrument principal de la guerre : donc, vu la corrélation entre les productions du sol et la destinée des
habitants, on peut conclure que les Germains sont

destinés à renoncer les premiers à la guerre et à proclamer la paix universelle.

La *Russie*, moitié orientale, moitié européenne, nation adolescente encore, à qui les plus belles destinées sont réservées, a reçu mission de civiliser l'Asie centrale et les nations caucasiennes et trans-caucasiennes. Son action est essentiellement terrestre. Elle est prisonnière entre ses mers. C'est pourquoi elle doit agir par voie de terre. Attendu ses éléments mi-asiatique, mi-européen, elle servira mieux que tout autre peuple, d'agent civilisateur, communiquant le progrès européen à l'immobilité asiatique.

RÉSUMÉ

Amérique septentrionale, France, Angleterre, Germanie et Russie, tels sont les précepteurs du genre humain. Supprimez-les, le progrès humanitaire s'arrête. Chacun d'eux est le représentant d'une idée progressiste. L'Amérique représente la liberté complète en matière religieuse; la France, la catholicité, c'est à dire l'autorité d'un seul; l'Angleterre le luthéranisme, c'est à dire l'autorité oligarchique; la Russie représente l'Église grecque, c'est à dire l'absorption civile et religieuse en un seul homme.

Voilà des manifestations à l'aide desquelles ces précepteurs ont la direction du genre humain. Par elles ils ont accès sur toutes nations, la Germanie maintenant l'équilibre entre deux extrêmes.

Chacune a une série d'individualités qui, réunies, emporteront le genre humain malgré sa résistance.

Le progrès peut s'effectuer chez le Russe, par l'obéissance passive ; chez l'Américain, par la liberté illimitée ; chez le Français, par la démocratie mêlée d'aristocratie ; chez l'Anglais, par l'aristocratie poussée par la démocratie ; chez le Germain, par la spéculation rationaliste.

CHAPITRE XI

DROIT SUPÉRIEUR DE CIVILISATION. MANDAT SPÉCIAL DES PEUPLES PRÉCEPTEURS

J'appelle droit supérieur de civilisation, celui qui est déféré aux peuples précepteurs, outils du progrès humanitaire.

Il est déterminé par le but du précepteur, par ses œuvres et par les œuvres du peuple disciple. Ainsi, plus le précepteur voudra le progrès, plus il aura réussi suivant cette voie, moins son droit aura de limites ; plus le disciple sera opposé au progrès, plus le précepteur peut le traiter arbitrairement, sans tenir compte du droit des gens.

Le droit supérieur domine le droit des gens ; car il est plus fécond en résultats. J'entends le droit des gens tel qu'on le définit actuellement.

En vertu de ce droit, les nations ci-dessus nommées ont une mission spéciale, pour la plus grande amélioration du monde.

Les Anglo-Américains ont le droit, malgré les traités, de s'emparer de toutes les parties de l'Amérique où leur race pourra s'établir et transformer le sol. Là où à cause de la chaleur, ils ne peuvent s'acclimater et améliorer la terre, ils doivent gouverner avec leur esprit. Ils doivent être la tête, et les peuples disciples, être les bras.

Ainsi, qu'ils prennent possession du Mexique et de l'Amérique septentrionale, jusqu'à Panama. Ils représentent la civilisation, le progrès. Les Mexicains représentent la barbarie, l'immobilité, l'anarchie, l'oisiveté.

L'Amérique du nord a tous les droits possibles contre l'Amérique du sud. Qu'elle l'absorbe donc ou la force d'entrer dans ses voies.

Que les Anglo-Américains absorbent les Peaux-Rouges; car ils tirent mieux parti du sol que ces indigènes. Qu'ils empêchent toute puissance européenne d'intervenir en Amérique; car aucun peuple européen n'a autant progressé qu'eux. Au Brésil, au Chili, au Pérou, qu'ils gouvernent avec leur esprit.

La France doit régner sur l'Orient et l'Afrique septentrionale. Elle répandra la civilisation jusqu'en Nigritie. Soit seule, soit associée aux autres précepteurs, elle doit renverser l'immobilité de l'Asie, Turquie, Japon, Chine, Perse, etc. Mais elle régnera par l'application de ses idées, sans pouvoir créer des colonies durables.

L'Angleterre a plus spécialement le mandat d'amener à la civilisation les îles et les contrées lointaines; car elle est née pour la navigation. Qu'elle fonde une nouvelle Angleterre sur l'Australie et îles voisines. Qu'elle s'approprie toutes les terres australes où ses nationaux pourront s'acclimater. Qu'elle exerce l'autorité souveraine sur la Malaisie, l'In-

doustan, la Chine, le Japon; car partout où elle
s'implante, elle améliore l'humanité. Elle doit abandonner le Canada et les îles voisines à sa fille l'Union
anglo-américaine; car celle-ci, étant plus près, peut
mieux améliorer toute l'Amérique.

L'Angleterre a commis une faute contre la liberté
et l'humanité, en s'arrogeant la dictature de la mer,
détruisant le libre commerce, s'emparant des vaisseaux ennemis, avant déclaration de guerre, enfin
exerçant de nombreux attentats contre ses rivaux.
Elle l'a expié en proclamant l'émancipation de ses
esclaves et s'opposant à la traite. Elle a dépensé des
sommes énormes pour empêcher le trafic de la chair
humaine. Il lui restait encore à expier le mauvais
usage qu'elle a fait de sa puissance en 1815, contre
la liberté des peuples de l'Europe. Ses traités alors
furent une souillure.

Toutefois, elle est constamment à la tête de la civilisation. La première entre toutes, elle adopta les
armes de jet, l'organisation des communes et des
milices. Elle établit les libertés communales. Elle
proclama, par Wiklef, le libre arbitre et la réforme
religieuse. Elle rendit les rois responsables, vota
l'impôt, mit la volonté de la nation au dessus de la
volonté du monarque, et créa la liberté de la presse.

Depuis 1830, elle a noblement agi. Elle a décrété
l'abolition de l'esclavage dans ses colonies. A offert
l'hospitalité aux proscrits de tous les pays. Elle a
effectué ses réformes pacifiquement. Elle a donné
son appui' moral aux peuples opprimés. Elle est
maintenant la nation sur laquelle repose le plus soli-
dement l'émancipation du monde.

Son exposition de l'industrie universelle est le fait le plus marquant de la première moitié du dix-neuvième siècle.

La Germanie doit absorber les nationalités de l'Europe centrale, du Rhin au Niémen, et de la Baltique au mont Balkan.

Partout où le Germain s'établit, il apporte avec lui le travail, l'agriculture, la tranquillité et l'amélioration de la nature physique. En Hongrie, Transylvanie, Moldavie, Gallicie et Pologne, le Germanisme est un progrès. Les autres nationalités n'ont aucun droit contre lui; car leur esprit et leurs œuvres lui sont inférieures. L'Italie doit rester sous la direction germanique; car l'Italie ne sait pas ou ne peut pas avancer le progrès humanitaire, d'ici à cent ans.

Les Germains hollandais peuvent gouverner les îles de la Malaisie : pourtant ils ne doivent pas chercher à y placer leurs nationaux; car les hommes blonds ne peuvent prospérer sur les climats chauds et humides comme le sont ces îles. Là, ils ont le droit de se borner à une occupation militaire et commerciale, puis au gouvernement.

La Russie a le droit de s'emparer du Caucase, de la Perse, du Turquestan, de l'Asie centrale et d'attaquer la Chine vers le nord. Le panslavisme russe est l'unité gouvernementale. Il est donc préférable au panslavisme polonais, qui veut la fédération.

Que la Russie absorbe donc la Pologne. Elle a le droit supérieur pour elle. La Pologne fut turbulente, batailleuse, intolérante, au temps de sa puissance nationale. Elle a moins fait pour le progrès que la

Russie : donc elle doit lui céder la place. Un jour la Russie transformera l'Asie centrale, comme elle a transformé les pays qu'elle a conquis autour des mers Noire et Caspienne, comme elle a transformé la Sibérie. Que cette puissance règne donc à Ispahan, à Samarcande, à Boukhara. Que tout le reste de l'Asie centrale devienne pays russe. De Kiwa, qu'elle fasse une autre Palmyre.

Le panslavisme russe ne doit point empiéter sur le germanisme ; car il vaut moins que lui, étant mi-oriental. Qu'il s'attribue la suprématie de l'Asie.

La Russie est spécialement chargée de forcer au progrès les nations de race jaune. Elle seule peut le faire par voie de terre.

Le Slave russe est agriculteur. Les terres de la Russie sont propres à l'agriculture. Du Dnieper à l'Oural, elles offrent une superficie de quatre cent millions d'hectares. Elle peut, sur son territoire actuel européen, nourrir deux cent à cent cinquante millions d'âmes. Elle arrivera à ce chiffre vers deux siècles d'ici, alors elle pourra améliorer cette partie du globe, qui s'étend de la mer Caspienne aux montagnes de l'Afganistan et de l'Oural au fleuve Jaune.

RÉSUMÉ

La Russie transformera l'Asie par l'agriculture, le commerce intérieur, elle sera le précepteur territorial des nations asiatiques.

L'Angleterre transformera les nations asiatiques maritimes par le commerce extérieur, l'industrie.

La France formera en Afrique un nouveau peuple composé des nations greco-ibériennes, asiatico-africaines, du bassin de la Méditerranée, des régions où croît l'olivier. Il sera une agglomération des races brunes. Agriculture, commerce, industrie, pouvoir social, plutôt territorial que maritime, artère vitale devant pénétrer l'Afrique centrale à travers le Sahara.

CHAPITRE XII

DES RACES ET NATIONS QUI ONT UN ROLE DE DISCIPLES. LEUR MISSION SPÉCIALE

Celles-ci n'ont pas l'exercice du droit supérieur de civilisation. Elles ne doivent pas l'avoir; car si elles l'avaient, l'humanité ne se développerait pas. Ces nations, par *fiat* de la Providence, doivent se contenter d'un rôle subalterne. Elles doivent être les instruments du progrès humanitaire, et les peuples précepteurs en être la force motrice. Attendu leur organisation physique, ces nations prédisposées à l'hostilité, à l'immobilité intellectuelle, ne peuvent *proprio motu* appliquer la loi du progrès social.

Je dis que ces nations doivent être guidées, ne doivent pas marcher à la tête de l'humanité. Car supposez que les précepteurs ci-dessus mentionnés n'existent pas : vous reconnaîtrez forcément que le genre humain, réduit aux éléments restants, ne progresserait point. Donc, puisque le progrès humanitaire est indispensable et qu'il ne se ferait pas sans ces précepteurs, les autres nations sont ramenées au rôle de disciples.

Les *Italiens* serviront à maintenir l'amour des beaux arts.

Les *Arabes* serviront à colporter la civilisation à travers les déserts de sable et leur turbulence chez les peuples trop endormis.

Les *Espagnols* et les *Portugais* serviront à peupler certaines contrées chaudes de l'ancien et du nouveau continent, où les blonds ne peuvent vivre et s'acclimater.

Les *Nègres* seront une race dont les métis issus des Européens ou Asiatiques blancs peupleront les contrées chaudes et humides de l'Amérique et de l'Afrique. Les Nègres sont destinés à former un vaste anneau de la chaîne fraternelle. Les blancs recherchent les négresses. Celles-ci préfèrent les blancs à toute autre race. Donc, dans les intentions de la nature il doit résulter une race métisse blanco-noire. La race noire est celle dont les femmes, après les blanches, sont le plus universellement prisées. L'homme cuivré, rouge ou jaune, les préfère aux femmes de sa race. J'attribue cette préférence universelle au caractère spécial de la négresse. Elle est voluptueuse, aimante, soumise et dévouée.

Les *Chinois* et les *Japonais*, industrieux et agriculteurs, serviront à tranformer, par l'agriculture, une partie de l'univers. Ils coloniseront les îles chaudes de l'Océanie. Cette race qui forme le tiers du genre humain, ne doit pas disparaître. Il faut seulement qu'elle soit dirigée par l'esprit des races blondes : qu'il s'introduise chez elle l'esprit d'innovation, d'émigration.

Les *Indous*, les *Javano-Malais*, les *indigènes* de

l'Amérique méridionale doivent, pour former un anneau de la chaîne fraternelle, être greffés sur l'élément européen. Sans cette greffe, ils deviendront impropres au progrès. Avec elle, et dirigés par elle, ils pourront améliorer leur pays natal.

Quant aux autres races, ou inférieures comme les cuivrées, ou fuligineuses comme les Andamènes, ou supérieures comme les Irano-Caucasiens et Turcs, il faudra qu'elles s'européisent pour être utiles. Mais il est probable que les Andamènes, les fuligineuses, les rouges, les cuivrées, les Hyperboréens seront détruits sans produire de race métisse ou un progrès humanitaire quelconque.

CONSÉQUENCES DU DROIT SUPÉRIEUR DE CIVILISATION

Les nations blondes ont le droit de s'emparer de toutes les parties du globe où elles pourront s'acclimater et là, d'absorber les indigènes.

Là où elles ne s'acclimatent pas, elles ont celui d'implanter leurs métis et d'absorber les indigènes purs : ainsi les Anglo-Indous, d'absorber les Indous pur sang ; les mulâtres, d'absorber les noirs, etc.

Tout peuple agriculteur peut s'emparer du territoire du peuple pasteur, s'il peut le rendre à l'agriculture. Tout peuple à demeure fixe peut se substituer aux nations nomades.

La race châtaine a le droit de supplanter toutes les races, car elle vaut mieux qu'elles.

Ce droit est conféré à une race ou nation, par la capacité de mieux transformer le globe, de mieux appliquer les croisements et la fraternité universelle. La dictature est déférée à l'utilité supérieure.

Si toutes les nations sauvages, barbares, anthropophages, antipathiques au progrès, étaient remplacées par les Anglo-Américains du nord; si au lieu de lois cruelles, absurdes, le genre humain se gouvernait par la raison, la morale, sans armées, sans rois, sans castes, sans clergé; si au lieu d'une multitude travaillant pour nourrir, au milieu de l'abondance, un petit nombre d'oisifs privilégiés, tout le monde travaillait pour soi, ne nourrissant que les invalides ou les victimes du travail; si, enfin, l'espèce humaine ne formait plus qu'une vaste famille composée de membres libres et égaux, les hommes ne seraient-ils pas plus heureux? N'y aurait-il pas plus de progrès réel? Si, évidemment!

Donc, puisqu'il y aurait, par cet état de choses, une plus grande somme de bien social, nous devons conclure qu'il y a devoir et justice de tâcher d'obtenir cet état de choses.

Donc, tout ce qui pourra y mener l'humanité sera juste, vu les causes finales.

Donc, il faut céder au droit supérieur de civilisation, lequel poursuit cette recherche.

APPENDICE

Chez l'*Anglo-Américain*, le sentiment de la liberté et de l'égalité s'allie à la tolérance. L'instruction publique, libre, est plus développée que partout ailleurs. Il a eu l'initiative de la vapeur employée à la navigation, du télégraphe électrique, de l'éthérisation. Il absorbe les émigrants sous l'idée démocratique et puritaine. Seul, avec sa famille, une carabine, une hache, une bible, l'Anglo-Américain se lance à travers l'immensité du désert. Il combat pour la civilisation. Il est le véritable roi de la nature. Il implante l'idée chrétienne, savoir : la fraternité universelle, l'amour du travail, la liberté et l'égalité. L'américanisme est le fils réel de l'Évangile. Il est la pression la plus moderne et la plus complète de la divinité sur le genre humain. C'est pourquoi, en vertu du droit supérieur de civilisation, il prime toutes les autres formes sociales. S'il est envahisseur, c'est pour le bien universel. Qu'il continue donc sa mission. Qu'il ne tolère pas d'intervention européenne en Amérique. S'il est forcé d'intervenir en Europe, qu'il s'allie à l'Angleterre, l'humanité y gagnera.

Dans quelques années d'ici, il aura plus de 20,000 kilomètres de chemins de fer. Les autres voies de communication lui assurent la domination commerciale de l'univers. Matériellement et moralement, il doit devenir le dominateur suprême, le pape des nations.

L'*Angleterre* a détruit les Pindaries, ces flibustiers qui ravageaient l'Indoustan, quelquefois par bandes de soixante mille hommes. Elle a le droit de domination immédiate, car son autorité est toujours préférable, socialement, au régime des princes subsidiaires. Avec ceux-ci, l'Indou est constamment pillé. Le désordre règne partout; les empoisonnements, les meurtres sont choses communes.

Dans l'intérêt de la civilisation, il faut donc que

l'Angleterre possède et gouverne toutes ces régions comprises entre l'Hymalaya, l'Océan, le golfe Persique et les montagnes de l'Afghanistan. Les chaînes montueuses et méridionales de l'Afghanistan sont sa première barrière au nord, la seconde est le cours de l'Indus.

Qu'elle ne compte point sur une régénération du sang de Timour. Les princes de cette famille sont trop abâtardis.

Sa domination à l'exclusion de toute autre est un bienfait.

Qu'elle reste la puritaine et qu'elle ne redevienne pas la joyeuse Angleterre. Sous les Plantagenets et les Stuarts, alors qu'elle était la joyeuse, elle n'eut point d'influence. Elle a conquis l'univers, depuis qu'elle s'est faite puritaine et protectrice de la liberté humaine.

L'Angleterre impose elle-même des limites à sa liberté, par ses lois, mœurs et restrictions quelconques. Ses lois sont librement consenties. Elle s'obéit à elle-même. Elle enserre le monde par l'heureux choix de ses colonies. Elle le prépare à la liberté, à la domination de la société laïque, aux habitudes parlementaires. Avec Malte, Gibraltar, elle domine la Méditerranée ; par le Cap, l'Australie, Maurice, le monde austral; par Bombay et Aden, le golfe Persique et la mer Rouge ; par Sinkampour et Ceylan, la mer des Indes ; par Hong-Kong, elle tient Canton en échec; l'embouchure de l'Elbe par Helgoland ; les Antilles espagnoles et le Mexique, par Baliste, la Trinité, la Jamaïque. Acceptons donc sa domination insulaire; car aucun peuple ne peut autant qu'elle sur l'universalité de la terre. Bibliste et protestante, elle excite à la lecture, à la réflexion, à l'emploi des nobles facultés de l'espèce humaine. Partout elle développe le commerce. Or le commerce est un puissant moyen de civilisation.

Plus que la France, elle a eu l'initiative du progrès humanitaire, représenté par le positivisme. Pélasge, aux quatrième et cinquième siècles, proclama la liberté morale de l'homme et démontra la fausseté, l'iniquité du dogme du péché originel. Alors, le reste du monde s'humiliait sous l'autorité et la grâce. Au huitième et neuvième, Bède, Alcuin, furent les premiers à propager les sciences sur l'Occident. Au treizième siècle, Roger Bacon jeta les éléments des sciences physiques et mathématiques. Il annonça que le progrès ne se ferait que par la connaissance de la nature. Au seizième, François Bacon révéla le véritable mode des connaissances humaines, l'*expérience*. Les navigateurs, Jean et Sébastien Cabot, envoyés par l'Angleterre, avaient découvert l'Amérique du nord à la fin du quinzième siècle. Depuis cette époque, l'Angleterre a conservé l'initiative des découvertes géographiques, tant sur terre que sur mer, soit par ses nationaux, soit par les étrangers qu'elle a appelés et à qui elle a confié des missions.

Les rationalistes français sont les successeurs des rationalistes anglais. Bolingbroke fut le précepteur de Voltaire, Montagu et Hervey furent les précurseurs féminins de nos femmes du dix-huitième siècle.

Dès le treizième siècle, la *Magna Charta* assurait

les libertés nationales et la liberté individuelle contre
le caprice et l'autocratie de la couronne. Les puritains précédèrent de plus d'un siècle nos jacobins.
Les quakers ont précédé nos philosophes. Les ban-
ques, les caisses d'épargnes, d'amortissement, l'affranchissement des esclaves, l'obstacle à la traite des
nègres appartiennent à l'Angleterre.

C'est pourquoi, représentant le progrès social plus
que la France, elle triompha de nous en 1815. Elle
était, elle est le puritanisme, le positivisme, le travail, la liberté; nous étions, nous sommes, l'abnégation du peuple devant un seul homme, le catholicisme, l'autorité, l'esprit militaire, l'imagination, la
prodigalité frivole. Elle est le nord; la France est
plutôt méridionale. Or le nord a la mission de civiliser l'univers. La France est le pays des congréga-
tions; l'Angleterre, le pays des associations : or avec
la congrégation, vous avez la domination d'un chef;
avec l'association, il y a la liberté pour chaque
membre. De là, avantages au profit du droit supérieur de civilisation. L'Angleterre nous a précédés
dans les voies des progrès, industriel, agricole, com-
mercial, politique et social. Elle est beaucoup plus
féconde que la France. Avant un siècle, il y aura sur
l'univers plus de cent millions d'hommes d'origine
anglaise. Que deviendra l'élément celtique en présence de cette multitude? L'Angleterre avait réformé
ses prisons, ses hôpitaux, aboli la torture, lorsque
nous torturions les inculpés ou les condamnés, que
nos hôpitaux avaient des lits contenant cinq à six
malades, et que nos prisons étaient encore des souterrains. Or, par droit de civilisation, l'Angleterre

l'emporte sur la France : elle est sa supérieure. Elle a le droit de la traiter en vassale.

Que les *Germains* poursuivent leurs conquêtes parmi les nations de l'Europe centrale. Ils ont refoulé les Slaves de Pologne, les Finnois de la Baltique, les Magyars ; races inférieures qui entravaient la civilisation. Ils ont repoussé les Celtes sur la gauche du Rhin. Qu'ils continuent donc, par droit historique, par droit de civilisation. Le peuple qui a enfanté Luther et Guttenberg, qui a la chasteté, la hardiesse de la pensée, la raison, la sympathie humanitaire, doit se mettre au dessus des autres nations de l'Europe centrale. Étant juste, laborieux, agriculteur, il doit s'étendre, absorber tout, entre le Rhin, la Baltique, le Danube et la Russie. Qu'il ne se décourage pas à cause de sa non-réussite, lorsqu'il chercha la liberté politique en 1848 et 1849. Un peu de pratique le rendra bientôt aussi libre que la nation britannique. L'exemple du Danemark ne le prouve-t-il pas? La féodalité germanique ne tardera pas à disparaître. La Germanie a fourni des rois à toute l'Europe. L'Angleterre, la France, l'Espagne, la Russie, la Grèce, l'Italie, ont des rois pur sang germain ou de sang mélangé avec l'élément national. Les rois ont servi à l'évolution fatale et oppressive des peuples. Par compensation, la Germanie fournira dans l'avenir, des rédempteurs, lorsque le temps de leur évolution sera arrivé.

Cent cinquante mille individus vivaient aux îles Mariannes, lorsque Magellan en fit la découverte ; les Espagnols ne les ont jamais maltraités ; nonobstant cela, ils ne sont guère plus d'une dizaine de millé.

Les formes sociales, les religions quelconques, laissent succomber les races inférieures.

Le *Grec* est artiste métaphysicien, le *Romain* est spécialement jurisconsulte formaliste.

Les vingt nations qui furent réunies sous le sceptre de Rome pourraient-elles actuellement, pourront-elles un jour être dirigées par une seule autorité, résidant soit à Constantinople, soit à Rome, ou tout lieu quelconque de l'Europe ou de l'Asie? Je ne le crois pas. Les nationalités diverses sont aujourd'hui plus puissantes qu'à l'époque romaine. Les religions sont plus tranchées. Autrefois tous les peuples asservis aux Romains étaient polythéistes ou déistes. Or cette communauté ou cette indifférence religieuse était une cause de rapprochement. La répétition d'un empire romain me paraît impossible par des motifs purement naturels : outre que l'unité des races brunes sous leur domination est un *fiat* providentiel accompli, un *fiat* qui ne se renouvellera plus.

Le *Juif* conserve quelque chose de farouche au milieu de ses vertus. Moïse et sa législation, les faits ou mythes du peuple, depuis l'antiquité jusqu'à nos jours, Debora, la fille de Jephthé, Judith, Éléazar, les nombreux suicides des garnisons assiégées, entre autres, celui de Masada, les terribles vengeances que les Israélites ont quelquefois tirées de leurs persécuteurs attestent un caractère farouche. La lecture du Talmud les prédispose aux questions de la philosophie abstraite et à la chicane. Le juif a le sentiment de la famille fortement développé ; beaucoup de leurs femmes nourrissent encore l'espérance de donner le jour à un messie. Après tout, la race juive est une des plus remarquables, elle est la première du type brun.

Les *Magyars* sont un peuple sans antiquités, sans villes, ils sont toujours restés nomades, asiatiques, fainéants, des destructeurs introduits en Europe par le droit de conquête et non par le droit de civilisation : ils méritent d'être absorbés par la force et le droit supérieur de civilisation. Que les Germains ne se fassent pas scrupule d'absorber ou d'anéantir tout vestige de nationalité magyare. Ce peuple peut inspirer quelque intérêt aux révolutionnaires ; mais il doit peu en inspirer aux progressistes.

L'*Océanie* est anthropophage. De nombreuses peuplades à Bornéo, les Zélandais, les Calédoniens, les habitants de Tonga, de Viti, font encore des repas de chair humaine. Naguère les gens de Taïti, des îles marquises et Sandwich, se livraient avec délices à cette coutume.

La *Pologne*, malgré ses espérances, ne deviendra plus une nation indépendante. Les peuples ne changent pas de caractère. Elle restera indisciplinée, divisée d'intérêts, sans patriotisme durable. Sa noblesse, qui fit tant de mal à la patrie, n'oubliera point ses divisions. D'ailleurs ses frontières sont ouvertes de tous côtés aux Germains et aux Russes. Par rapport à ses voisins, elle est à l'état de nation inférieure. Depuis plusieurs siècles, elle a reculé successivement devant le germanisme et le russisme. Elle n'a même jamais triomphé complétement de l'islamisme turc ou tartare. La reconstitution de la Pologne est donc un rêve des espérants polonais ou des politiques de l'Europe. Qu'elle reste démembrée, comme les juifs : comme eux elle est chargée d'une mission de précurseur. Elle prépare intellectuellement l'extension du slavisme, étant une nation d'imagination plus que de raison, de courage agressif plus que de courage belliqueux.

Dix-huit mille assassinats furent commis en *Italie*, durant les vingt-cinq dernières années du dix-huitième siècle. Elle fut longtemps la terre des moines, des mendiants, des charlatans, des sygisbés. La sportule, les congiaires , les donatifs, les *latifundia,* l'ont dégradée dans l'antiquité. Elle dévasta l'univers, pour ses arènes, ses jeux du cirque, les villas de ses sénateurs. La soupe des couvents a remplacé la sportule. Elle veut encore jouir du droit de vivre au sein de l'oisiveté et parmi les conspirations théâtrales. Elle n'est pas tolérante : rejeton de la race ibérienne, elle est inférieure à ses voisins de race blonde. Donc, qu'elle demeure accablée sous le poids de ses œuvres.

Il n'y a pas eu au monde de plus grands scélérats que les inquisiteurs. Ils avaient les cruautés, l'hypocrisie, la cupidité, la luxure. Ils mettaient leurs victimes dans des statues de plâtre, afin que les tortures fussent plus longues. Ils leur clouaient les mains sur un crucifix de bois. Ils s'enivraient de débauches et de supplices.

Le fanatisme catholique a détérioré le caractère *espagnol.* Depuis plusieurs siècles l'Espagne n'a eu que deux époques honorables. Son dévoûment à Philippe V, le roi de son choix et sa lutte contre Bonaparte, de 1808 à 1814. Ses combats de huit cents ans contre les musulmans furent une question moins de dévoûment qu'une question de vie ou de mort. Quant à ses actions sur l'Amérique méridionale, elles sont encore infécondes, elles sont la prolongation du désordre, du pouvoir soldatesque et de la violence. Aussi elle sera bientôt absorbée par l'américanisme ando-péruvien et les autres éléments indigènes.

Le Portugal doit aussi être puni, pour avoir inventé la traite des nègres. Les nations européennes, ayant suivi son exemple, sont moins coupables que lui.

Les Espagnols et les Portugais ont le sentiment de l'égalité pratique, quelque chose de patriarchal dans les mœurs ; ce qui les empêche de maltraiter et de mépriser leurs esclaves. Au Brésil, aux Antilles, dans l'Indoustan, enfin sur les diverses possessions portugaises et espagnoles, les indigènes et les nègres ont facilement monté au niveau des Européens. Le code des Indes, en 1698, sanctionnait les mariages entre les maîtres et les esclaves, les affranchissements, le rachat ; à pareille époque, aux colonies françaises, les nègres étaient considérés comme du bétail. A Saint-Domingue, peu avant la révolution, les mœurs vouaient à l'infamie le Français qui épousait une négresse ou une femme de couleur. Les blonds généralement ont une espèce d'aversion envers les nègres. Les bruns l'éprouvent moins ou ne l'éprouvent pas. Les Espagnols et Portugais formeront la plus forte part des métis-blanco-noirs. Voilà leur mission.

Si une coalition de toutes les races du type brun se formait contre toutes les races du type blond, qui l'emporterait ? le type blond ; cela s'est déjà vu : le faisceau des nations brunes assemblé par Rome fut abattu, brisé par les nations blondes.

Une monarchie universelle ne peut exister en Europe, parce qu'il y a des races différentes et à peu près aussi puissantes les unes que les autres. Les Slaves pourront former une monarchie universelle des hommes de leur race; mais ils ne pourront régner sur le reste des peuples européens. Charlemagne, Philippe II, Louis XIV, Bonaparte ont cherché à créer la monarchie universelle de l'Europe; ils n'ont pas réussi. Aucun de leurs imitateurs ne réussira. Les droits géographiques et de civilisation s'y opposent. Il faut, puisqu'il y a de nombreux proscrits politiques, qu'ils trouvent un refuge parmi les nations étrangères. Si l'Europe était soumise au même gouvernement, le progrès social y perdrait. L'unité gouvernementale prépare à la fraternité; mais tant que les partis vainqueurs seront persécuteurs, elle sera nuisible; car elle enlève tout lieu d'asile. Il est utile que pendant deux siècles encore, les gouvernants de la Russie soient autocrates. Ils faut qu'ils détruisent la féodalité, qu'ils absorbent dans le russisme toutes les nationalités composant la population. Le czar doit tout absorber dans l'unité gouvernementale. Les progressistes doivent être partisans du czarisme en Russie. Une démocratie, un gouvernement parlementaire, ferait tomber la Russie dans l'orientalisme ou la féodalité boyarde.

La *Hollande*, la *Suède*, le *Danemark*, sont des nations extrêmement méritantes. Dès les temps païens, les quatre ordres de Suède formaient la diète nationale, ce peuple a conquis son territoire, il a le vieux génie de la liberté, la Hollande est la sagesse même, le Danemark a passé, sans effusion de sang, du gouvernement despotique, au parlementaire.

Chaque précepteur a une forme sociale différente. La France a le catholicisme, l'Angleterre le protestantisme, l'Amérique la tolérance de tous les cultes chrétiens, la Germanie la tendance au déisme, la Russie l'Église collégiale. La Russie, attendu la constitution de ses villages, est prédisposée au communisme.

CHAPITRE XIII

DROIT GÉOGRAPHIQUE

Une chaîne mystérieuse établit des rapports intimes entre les différents êtres et leur milieu ambiant. L'immensité du ciel est livré aux aigles, aux vautours, aux condors et autres oiseaux de haut vol. La profondeur des mers est proportionnée aux baleines, aux cachalots et autres gigantesques cétacés ou poissons. Aux grands fleuves ou marais, sont les longs reptiles. Les hommes ont aussi eux des rapports de force et de puissance avec la force et la puissance de leur pays natal.

Or les régions septentrionales du globe, Amérique, Europe, Sibérie, présentent une masse de terres bien plus considérables que le midi, qui est entrecoupé d'îles, comme l'Asie ou l'Océanie, ou se termine en pointe comme l'Afrique et l'Amérique.

Donc, attendu l'influence du milieu ambiant sur

les êtres, l'homme du nord est nécessairement supérieur à l'homme du midi.

Tout ce qui se déduit de la nature des choses est durable et rationnel ; puisque cela dépend de la loi de la corrélation universelle.

Ainsi, le centimètre cube d'eau distillée, unité et principe de nos poids, a par toute la terre la même pesanteur. Le mètre, unité et principe de nos mesures de longueur, est par toute la terre d'une dimension invariable ; puisqu'il est une portion aliquote de notre méridien terrestre.

Or tel est le droit géographique. Il dérive de la nature des lieux. Il pose des bases invariables, car il est fondé sur l'essence même des choses.

Droits de cession par les traités, droits de premier occupant, droits de première découverte, tout ce qu'on appelle communément droit des gens, disparaissent devant le droit attribué aux peuples, par la contexture de leur territoire.

Le droit géographique bien formulé résoudra toutes les questions d'intérêts divers entre la nations. Combiné avec le droit supérieur de civilisation, il est le véritable *criterium* du droit international.

La contrée du globe la plus forte, est l'Amérique du nord.

Par le Mississipi, la Mobile, le Rio-del-Norte, et autres fleuves se versant dans le golfe du Mexique, elle a issue sur le midi de l'univers. Par le Saint-Laurent, l'Hudson, la Delaware et autres fleuves ou rivières, elle débouche sur l'est. Par l'Orégon, le Rio-Colorado, le Makensie, elle a accès vers l'ouest. Par la situation de ses lacs et fleuves, les extrémités de son territoire communiquent les unes avec les autres. Peu de montagnes, peu de division intérieure tenant à la configuration du sol. Ses fleuves ont une pente plus égale, un parcours plus long que ceux de l'Europe. La navigation intérieure est mieux favorisée,

Donc unité et force à l'intérieur et à l'extérieur.

Les grands fleuves de l'Europe, s'écoulent sur les mers méditerranéennes. Elle est bornée au midi, par les mers Noire, Caspienne et Méditerrannée. Au nord, par les glaces de la Baltique. Son action sur le globe ne s'exerce donc que par l'ouest. Sa contexture territoriale la divise plus que l'Amérique septentrionale. Donc pour elle moins d'unité de population, moins d'influence territoriale.

De là, droit géographique moins étendu.

L'Asie est la troisième par droit géographique.

Si la Sibérie était habitable, si elle le devient un jour, l'Asie n'aura encore que le troisième rang; car les fleuves sibériens sont les deux tiers de l'année obstrués par des glaces et tombent dans une mer presque toujours innavigable. Les autres fleuves de ce continent, le Tigre, l'Euphrate, l'Indus, le Gange et autres de l'Indo-Chine, de la Chine et de la Tartarie, donnent sur la pleine mer; toutefois, c'est à l'extrémité australe du globe. D'ailleurs, l'Asie se termine en pointe.

Donc causes de faiblesse.

L'Amérique méridionale vient au quatrième rang.

Par l'Orénoque, l'Amazone, l'Araguay, la Plata, le San-Francisco, elle agit sur l'est, mais elle manque d'issues au nord et à l'ouest. Il lui faudrait un fleuve qui, de l'intérieur, s'ouvrît sur l'océan Pacifique.

11

D'ailleurs elle se termine en pointe par la Patagonie.

Donc, causes de faiblesse.

L'Afrique est affaiblie par ses déserts de sable et son manque de fleuves ayant accès à l'est. Elle se termine en pointe au cap de Bonne-Espérance. Le Zaïre, le Niger, la Gambie, le Sénégal lui ouvrent un débouché vers l'ouest et pourront plus tard, quand le fond de sa population sera blanco-noire, la rendre à peu près l'égale de l'Amérique méridionale. Avec l'état actuel, elle lui est inférieure.

L'Océanie, vu sa multitude d'îles et d'îlots, sa privation de grands fleuves, occupe le dernier rang par droit géographique.

Remarquons que la puissance géographique marche parallèlement au droit supérieur de civilisation. Les nations et races qui priment par le droit supérieur de civilisation, priment également par droit géographique. Cela doit être, attendu la corrélation mystérieuse et intime qui existe entre le sol et les hommes qui y vivent.

La longueur des côtes est encore une cause de puissance; car elle permet un accès plus considérable sur le reste du monde.

L'Amérique septentrionale en a 44,350 kilomètres;

L'Europe, 31,000 kilomètres;

L'Asie, 56,900 kilomètres, mais 14,000 de mer glaciale;

L'Amérique méridionale, 25,100 kilomètres;

L'Afrique, 26,140 kilomètres.

CHAPITRE XIV

EN COMBIEN DE PEUPLES DOIT SE PARTAGER L'EUROPE PAR DROIT GÉOGRAPHIQUE?

L'unité nationale sur un territoire quelconque est un progrès humanitaire, car elle supprime les antipathies et les directions divergentes.

Les montagnes, les fleuves et les mers tracent les démarcations naturelles. Les prenant comme bases des limites entre les nations, on suit le droit de la nature. Cependant il ne faut pas que ce droit annihile le droit supérieur de civilisation.

La mer est une voie de communication ouverte à tous les hommes. Il faut que chacun puisse y aborder sans traverser un territoire ennemi. Il faut que chaque homme puisse, si bon lui semble, en franchissant les mers, aller vivre sous d'autres climats, le globe devant être modifié par les émigrations. Donc, aucune nation ne doit être séparée de la mer. Toutes doivent avoir une certaine étendue de côte maritime.

Autant que possible, il faut avoir un territoire de forme ronde ou carrée; car c'est une cause de force et d'unité.

Il y a des ennemis géographiques. Ce sont ceux qui, vu leur position, sont une menace contre l'unité territoriale ou nationale. L'Irlande est un ennemi géographique de l'Angleterre. La Sicile en est un de l'Italie. Égine était l'ennemi géographique d'Athènes.

La Corse est l'ennemi géographique de la France, si cette île est remise à des mains étrangères.

Or tout peuple a le droit d'absorber son ennemi géographique.

Il y a des ennemis naturels. Ce sont les minorités de races, au milieu d'une majorité de races. Ainsi, les Magyars, parmi les populations slaves, les Turcs, parmi les populations gréco-slaves.

Une seule nation doit exister sur la péninsule ibérique. L'*Espagne*, ayant pour elle la majorité des terres et de la population, a le droit de s'emparer du Portugal. Les fleuves portugais, Duero, Tage, Guadiana, sont fournis par le territoire espagnol. Tout leur cours doit donc appartenir à l'Espagne. Entre les mains d'un peuple étranger ils sont un moyen d'invasion. Le Portugal, minorité, est une menace contre la majorité. Donc, point de Portugal.

L'Espagne, ajoutant quatre millions de Portugais à sa population, aurait bientôt une population de vingt et quelques millions d'habitants, lesquels pourraient facilement doubler en trente ans, sur un territoire de cinquante-six millions d'hectares, non compris les possessions extra-ibériques.

Elle aurait comme peuples disciples, cinq millions d'âmes aux îles Philippines, deux millions environ aux îles du cap Vert, à Timor, à Solor, à Goa et Macao, à Loando, à Benguela, Mozambique, etc. Je ne comprends pas les Açores et Madère, dont le fond de la population est européen. Elle aurait près de deux millions d'âmes à Cuba et Porto-Rico.

Total, sept à huit millions de peuples disciples.

Les limites de la *France* sont : le Var, le mont

Cénis, le Saint-Bernard, les rivières Sane et Aar, toute la rive gauche du Rhin, depuis l'Aar jusqu'à la mer. Ce sont là les limites naturelles existant du temps de la Gaule. Les prenant, la France ajouterait à son territoire actuel une partie de la Savoie, les cantons de Genève, de Neufchâtel, une fraction du duché de Bade, une portion de la Prusse, toute la Belgique, et une partie de la Hollande. Elle ajouterait à sa population quatre millions de Belges, un million de Hollandais, deux millions d'Allemands des provinces rhénanes, six cent mille Suisses et Savoisiens, soit un surplus de neuf à huit millions d'habitants et de dix à huit millions d'hectares.

La *Prusse* a pour limites naturelles : au sud, le Mein, de sa source à son embouchure dans le Rhin, puis les monts Hyrcinio-Carpathes. A l'est, le Bug, la Vistule jusqu'à son embouchure. A l'ouest, la rive droite du Rhin jusqu'à la mer.

Elle absorberait donc une partie de la Hollande, le Hanovre, Hesse-Cassel, Hesse-Darmstadt, Nassau, Saxe, Weimar, les Mecklembourg, Brunswik, Oldinbourg, une partie de la Gallicie, etc. Elle aurait alors une population de vingt et quelques millions d'habitants. Elle absorberait l'élément slave polonais. Par la Hollande, elle posséderait d'immenses colonies et aurait des débouchés sur les mers. Conséquemment, au lieu d'être puissance de terre seulement elle serait puissance de mer. Ce qui serait un véritable avantage et national et humanitaire : attendu qu'il est bon que tout peuple ait l'accès de la mer. La Prusse deviendrait, avec ses limites naturelles, après quelques années, une puissance de trente et quelques millions d'habitants, peut-être même de quarante et quelques millions.

Ayant les colonies hollandaises, elle gouvernerait seize à quatorze millions d'Océaniens, qui seraient ses disciples.

Elle perdrait quelques millions d'hectares sur le Rhin et au delà de la Vistule ; mais, au total, par ce qu'elle prendrait à la Pologne, à la Galicie, à la Saxe et aux États de la Confédération germanique, elle gagnerait au moins de quinze à vingt millions d'hectares et aurait alors de quarante-cinq à cinquante millions d'hectares. Actuellement elle en a vingt-huit millions.

L'Autriche doit avoir pour limites naturelles, à l'est, le Dniester, de son embouchure à sa source. Au nord, les monts Hyrcinio-Carpathes, la rive gauche du Mein. A l'ouest, les frontières de la France. Au sud, la rive gauche de la Save, Fiume sur l'Adriatique, Trieste, puis la rive gauche du Danube jusqu'à la mer Noire.

Elle absorberait le Wurtemberg, la Bavière, une partie du duché de Bade, de la Suisse, de la haute Italie, du Piémont, plus la Moldavie, la Valachie, la Bessarabie. Ce qui porterait sa population à quarante-cinq millions d'habitants environ.

L'Autriche pour quelques millions d'hectares qu'elle perdrait en Gallicie, en gagnerait dix millions au moins, s'annexant la Bavière, Bade et le Wurtemberg, et quinze millions au moins, sur les bords du Danube. L'autriche et la Prusse sont les mieux partagées par le droit géographique ; car l'Autriche aurait un territoire de quatre-vingt et quelques mil-

lions d'hectares, la Prusse cinquante millions environ.

Deux États seulement, par droit géographique,
doivent exister entre la France et la Russie. La
Prusse au nord représentant l'élément protestant et
l'Autriche représentant au midi l'élément catholique.
Tous les Etats de la Confédération germanique doivent être absorbés par ces deux unités. Cela vaudrait
mieux qu'une seule Allemagne.

La *Russie* a pour frontières naturelles, la rive
droite du Bug et de la Vistule, puis la rive gauche
du Dniester, à l'ouest. Elle perdrait la Bessarabie et
une partie de la Pologne ; mais gagnerait un vaste
territoire sur la Prusse orientale. Ses autres limites,
doivent rester ce qu'elles sont, toutefois par ce droit
supérieur de civilisation, elle doit s'avancer aussi
loin que possible vers l'Asie.

Le Pruth, à la rigueur, pourrait former les limites
ouest de la Russie ; car il démarque assez bien le territoire ; mais alors le Danube n'appartiendrait pas
aussi complétement à l'Autriche. Or, comme les
principaux affluents du Danube sont à cette puissance, il est juste qu'elle soit maîtresse du fleuve.

L'*Italie* a pour limites naturelles, la rive droite du
Pô et du Taro. Elle ne doit plus former qu'une seule
puissance, de cés cours d'eau à la Sicile inclusive-
ment. Elle aurait une population de vingt à quinze
millions d'habitants, montant plus tard à trente millions.

Néanmoins, si on craignait une extension trop considérable pour l'Autriche, le droit géographique
permet encore de constituer un État secondaire, com-

prenant la Suisse, le Piémont et une partie du Lombard-Vénitien. Il formerait une population de sept à huit millions d'habitants, faisant avec les péninsules scandinaves, équilibre aux grandes puissances.

Danemark, *Suède* et *Norwége* doivent former un seul État, vu la similitude de leur territoire. Les limites naturelles sont la rive droite de l'Elbe, de Lauembourg à la mer, puis une ligne droite partant de Lauembourg à Lubek. Cet État prendrait le nom de péninsules scandinaves. Absorbant Hambourg, le Holstein, Lubek, il aurait une population de sept millions d'habitants environ, formant au nord l'équilibre entre les grandes puissances, comme l'État suisso-piémontais en formerait un au midi.

L'Angleterre a ses limites naturelles parfaitement tracées. Il n'y a rien à changer par droit géographique pour elle.

Un État gréco-slave, sous la tutelle provisoire des premières puissances de l'Europe, doit exister entre l'Adriatique, la Save, le Danube, la mer Noire et les Dardanelles. Constantinople serait la capitale. L'ancien empire d'Orient serait rétabli.

L'équité, la raison, le droit d'expiation, l'intérêt des nations européennes, le droit supérieur de civilisation, indépendamment du droit géographique, doivent engager les grandes nations de l'Europe, à créer un État gréco-slave. Il y a environ onze millions de chrétiens asservis à la Turquie. Il y a huit millions de musulmans dégénérant de plus en plus et faisant tache à l'humanité. Que la minorité indigne soit donc effacée devant une majorité plus capable de progresser. Le roi de Grèce pourrait être nommé le souverain de ce nouvel État.

Il faudra obtenir unité de population. Les Albanais, les Monténégrins, les Serbes, les Hellènes, doivent être contraints de s'amalgamer dans un seul corps national. Comme en France, Celtes, Aquitains, Normands, se sont fondus dans une seule nation.

Si un jour les Européens partent du droit géographique pour établir leurs frontières réciproques; ils admettront notre théorie, sauf quelques modifications légères. Alors ce sera un immense pas vers la fusion générale des peuples européens.

Ces petits États, Saint-Marin, Monaco, Cracovie, Brême, Nassau, Francfort, Andorre, Lubek, Modène, Toscane, Parme, Hesse, Bade, etc., etc., ne servent qu'à augmenter l'antagonisme naturel entre les hommes et à entraver le progrès. C'est pourquoi il faut les absorber en de vastes unités.

Avec le système des États intermédiaires, on doit faire une nation distincte des péninsules scandinaves et des peuples suisso-piémontais. Toutefois, ce système est une cause de division entre les peuples et d'oppression.

La Belgique, une partie des provinces rhénanes, ont constamment été les victimes des guerres entre la France, la Prusse, l'Autriche et autres puissances.

Un État intermédiaire ne peut conserver sa neutralité, ni la faire respecter. La Suisse, la Belgique, ont plusieurs fois été envahies et opprimées par les puissances belligérantes. Cet état de choses est donc peu juste : c'est pourquoi je le rejette (1).

Si la raison dirige la politique internationale ; tout système d'États intermédiaires, d'États à équilibre, sera repoussé. Alors la Suisse et le Piémont, seront partagés entre la France et l'Autriche ; car la forme allongée de l'Italie et le Pô, écartent l'idée d'une nation unique depuis les Alpes jusqu'à la Sicile. Les Alpes, d'ailleurs, appartiennent au sol français : les populations alpéennes et les liguriennes, doivent donc aussi lui appartenir.

Les péninsules scandinaves s'annexeraient à l'Angleterre et formeraient un État de trente-sept millions d'habitants sous le nom d'anglo-scandinavie, ou nation des îles.

(1) La guerre actuelle, juin 1866, entre les puissances européennes, a pour cause la division de la Germanie en tant d'Etats indépendants. La Prusse a voulu hériter du Holstein ; l'Autriche a voulu partager l'héritage. Tant qu'il y aura un aussi grand nombre de principautés, les Allemands seront encore exposés à une guerre fratricide. Que la France, la Prusse, l'Autriche suivent donc les principes du droit géographique, et cela immédiatement. Elle prépareront un avenir heureux pour l'avenir. Les immenses sacrifices d'hommes et d'argent de l'année 1866 ne seront pas perdus.

Avec ce système de huit Etats seulement pour toute l'Europe, je reconnais qu'il y aura moins de liberté, publique et privée. Les peuples seront absorbés par la centralisation. Les proscrits politiques auront moins de lieux de réfuge. Cependant ces huit Etats présentent plus de chances d'amélioration, en diminuant l'antagonisme international. D'ailleurs, il faut espérer que dans l'avenir les réfugiés politiques ne quitteront plus leur patrie, pour éviter l'échafaud, la transportation, l'emprisonnement. Ils seront simplement exilés pendant quelques temps.

L'humanité gagnerait beaucoup à cette refonte de l'Europe, à la suppression de cette multitude d'États séparés et hostiles. Aucun des peuples de l'Europe n'aurait intérêt à s'étendre davantage. Ils seraient à peu près égaux de puissance et de population, sauf l'Italie et l'État greco-slave.

Je ne rejette pas absolument l'idée d'une unité italienne comprenant le Piémont, le Lombard-Vénitien, jusqu'au Tyrol, mais je crois que le Pô est la barrière la plus naturelle. En tous cas, admettant les chaînes alpines comme formant la barrière septentrionale de la péninsule, je soutiens que Trieste doit appartenir à l'Autriche, attendu que tout peuple doit communiquer directement avec la mer. Alors la frontière orientale de l'Italie, serait les chaînes de montagnes partant de quelques lieues à l'est de Venise et allant se réunir au Tyrol dans la direction de la source de la Drave.

Parmi les raisons qui militent pour l'annexion de la Scandinavie à l'Angleterre, il y a d'abord une similitude d'origine, le même esprit de liberté et de division de la nation par ordre, les mêmes idées de réformes pacifiques, et la même prépondérance du pouvoir parlementaire sur l'exécutif.

La Confédération anglo-scandinave, maîtresse du Sund, empêcherait la Russie de déborder sur l'Europe occidentale et maintiendrait, au nord, l'extension trop rapide de la race slave; c'est à dire de l'esprit despotique d'un autocrate menaçant l'esprit de liberté.

Toute guerre sera légitime, si elle a pour but d'organiser l'Europe d'abord, puis le reste du monde, d'après le droit géographique, lorsqu'il n'y aura pas le droit supérieur de civilisation.

CHAPITRE XV

INFLUENCE DES CLIMATS SUR L'HOMME, ET DE L'HOMME SUR LES CLIMATS

Les climats ne changent pas les caractères typiques des races humaines. Le nègre, sous un climat tempéré ne devient pas blanc, et le blanc, en Négritie, ne devient pas noir. Les juifs ne sont point devenus blonds en Germanie. Depuis des milliers d'années, les Scandinaves blonds vivent sur les mêmes parages que les Lapons et n'ont pas pris les caractères physiques et moraux de ces derniers. Les blancs de l'Asie centrale n'ont point acquis les pommettes saillantes des races jaunes, et celles-ci, au milieu des blancs, n'ont pas perdu leur bouche petite et leur yeux obliques.

Les modifications climatériques se bornent aux transformations suivantes : le noir sur les climats froids acquiert plus de raison. Il exhale une odeur moins forte. Ses cheveux sont moins crépus. Pour le reste, il conserve ses caractères génériques.

Le blanc, transplanté sur la zone torride, brunit; devient plus irritable, plus indolent; a moins de raison, de causalité. Ses cheveux roussissent s'ils sont blonds. Il est plus porté à l'amour, aux rêveries. Il devient indolent. Il subit quelques autres autres transformations légères. Ses caractères typiques restent ce qu'ils étaient primitivement.

Sur les contrées froides, là où l'appétit de l'homme est énergique, les jeûnes, les macérations, la polygamie, la vie ascétique et contemplative, ne caractérisent plus les religions ou les mœurs. Les hommes sont moins ardents à l'amour. Les femmes se conservent mieux qu'aux pays chauds. Elles sont plus femmes et moins femelles. Voilà pourquoi la polygamie n'y est pas nécessaire. Ajoutez ensuite, que les sexes s'équilibrent par le nombre, tandis que sur les contrées chaudes, il naît plus de filles que de garçons.

Les mœurs de Babylone, le culte de Vénus Genitrix, du *lingam* de l'Indoustan, du phallus, les averroïs, enfin toutes ces coutumes qui honoraient en Asie, Europe méridionale, Océanie et Indes orientales, l'acte générateur, qui le représentaient, ou le représentent publiquement, n'auraient pu se maintenir en Allemagne et au nord de l'Europe ; car le climat de cette partie du monde ralentit l'orgasme vénérien et donne forcément de la chasteté ; tandis que les pays chauds ci-dessus nommés excitent vivement l'appétit générateur ; d'où lubricité publique.

La religion chrétienne, si elle recommande impérieusement la monoandrie et la monogamie, aura peine à réussir sous les climat chauds. Les prêtres catholiques y conserveront bien plus difficilement la continence.

Les climats composés de périodes de germination et de suspension de végétation, de périodes chaudes et froides, sèches et humides, de combinaisons di-

verses, qui forcent l'homme à lutter contre la nature,
qui aiguisent son appétit, le forcent à la prévoyance
quant aux approvisionnements d'aliments, sont ceux
qui développent le mieux les facultés humaines physiques et morales. Qu'un printemps perpétuel, ou
qu'une température équatoriale vienne à régner sur
l'Europe et l'Amérique septentrionale ; l'industrie et
le caractère, l'activité des Européens, diminueront
sensiblement. La brume des hivers et le froid rendent l'homme mélancolique et sympathique.

La température sèche le rend irritable, hostile.

L'Amérique du nord a quelque chose de grave, de
religieux par sa contexture territoriale. Aussi elle
rend ses habitants graves et religieux.

Les climats chauds et humides développent l'idéalité métaphysique. Ils forcent l'homme à préférer les
aliments végétaux, à être sobre. Ils le portent à la
nonchalance, à la contemplation, à la répugnance
des mouvements du corps et de l'esprit. C'est par
suite de cette influence, que le nihilisme de Bouddha
fut admis comme le bonheur suprême dévolu aux
justes. Les Indous prétendent, vu cette même influence : « Qu'il vaut mieux être assis que debout,
« couché qu'assis, mort que vivant. » La vie est
forcément le mouvement : or, le mouvement est
pénible.

Aussi, ne vous étonnez pas de voir sur les pays
chauds et humides, et même sur les pays chauds
seulement, les hommes passer les deux tiers de leur
existence, couchés et livrés au sommeil ou à la
rêverie.

Les climats froids ou tempérés favorisent les travaux intellectuels, ayant pour caractère le calcul, la raison, l'analyse. Ils enfantent spécialement des savants, des philosophes, des penseurs. Les climats chauds favorisent l'imagination, puis, par contrecoup, les beaux-arts. Ils enfantent de préférence des poètes, des artistes, des inventeurs de religion, des prophètes, des inspirés, des théologiens, enfin tout ce qui n'a pas besoin d'une raison rigoureuse, tout ce qui part de l'imagination plus que de l'expérience, tout ce qui enfin ne dérive pas de la causalité.

Le froid et les surfaces vertes nous portent à la gaîté. Le vert absorbe la lumière. Les pays secs et stériles produisent les ascètes, les hérésiarques. Exemple, la Judée, la Syrie, la Haute-Egypte, le Sahara. Jérusalem, réputée sainte par l'hébraïsme, le christianisme, l'islamisme, est entourée de stérilité. L'été de 1793 à Paris fut très chaud. Il contribua aux excès de cette année.

Du Danube au Volga, il n'y a point d'arbres; à peine quelques monticules hauts de sept ou huit mètres. C'est donc un pays ouvert aux invasions asiatiques et qui développe l'état pastoral. C'est pourquoi la Russie fera bien d'y appeler les Germains, race spécialement agricole. Ils transformeront le sol et boucheront cette porte de l'invasion asiatique. De la conformation du sol, naît pour la Russie le droit de ne pas souffrir des peuples barbares dans son voisinage, car elle est exposée, vu ses plaines, à leurs envahissements.

Les climats similaires donnent aux races différentes des caractères similaires. Ainsi, les déserts de sable du Turquestan, impriment à la race jaune des mœurs, des idées, semblables aux mœurs et aux idées que les déserts de l'Afrique impriment aux races blanches. Les unes et les autres sont nomades, pillardes, hostiles, portées à la vengeance, grands amateurs de nouvelles et de chevaux, hospitalières et cruelles.

Le climat et le monde extérieur se reflètent sur la partie intellectuelle et morale de l'humanité.

Le climat est-il plus fort que la race, la domine-t-il, se l'assimile-t-il? Oui, si la race ne combat pas le climat, si elle ne le transforme pas. Ainsi, les Européens transplantés au milieu des déserts de sables, acquerront, après un séjour plus ou moins long ou après plusieurs générations, les aptitudes physiques et intellectuelles des indigènes.

Si au contraire la race attaque le climat, le modifie par le travail physique, des plantations, des défrichements, des travaux d'utilité publique; alors elle le dompte et n'en reçoit plus que de légères influences, incapables de la transformer du tout au tout, de l'indigéniser.

Que de vastes forêts couvrent le Sahara; le désert africain changera d'influence. Sa température au lieu d'être sèche, sera chaude et humide comme celle de l'Abyssinie. Que la Russie méridionale, soit tapissée d'épais rideaux d'arbres élevés; elle sera soustraite aux vents de la Sibérie, aux pluies torrentielles et aux brûlantes chaleurs de l'été. Ses fleuves seront moins torrentueux. La température est moins froide au Canada et sur le reste de l'Amérique septentrionale, depuis les défrichements exécutés par les Européens. Au Delta d'Égypte, la pluie tombe maintenant, depuis les plantations exécutées par Méhémet-Ali. J'ai déjà dit que l'Afrique australe et septentrionale étaient jadis beaucoup plus humides qu'elles ne le sont devenues, depuis que des déboisements ont eu lieu.

L'homme peut donc modifier le climat. Il doit aussi chercher à le dompter, car c'est là la mission des races supérieures. Quaut aux races inférieures, elles se laissent absorber par lui sans rien y faire. Les incomplètes, telles que les races entachées de barbarie et les nomades, le détériorent; de telle façon qu'elles finissent par étendre le cercle de la stérilité autour d'elles. C'est pourquoi, à bon droit, il faut considérer les unes comme inutiles, les autres comme nuisibles.

Les Européens et les Chinois sont jusqu'à ce jour les nations qui ont eu la meilleure influence sur les climats. Les Égyptiens avaient jadis exécuté des travaux considérables. Le lac Mœris, une immense quantité de canaux, pour répartir l'eau des inondations, des puits artésiens, des pyramides pour modifier l'action des vents, tout cet ensemble leur avait procuré une énorme puissance sur la nature ambiante et sur le climat.

L'exemple des Égyptiens nous montre l'influence que l'homme exerce sur le climat et le point de prospérité qu'on atteint, quand on modifie le sol par une lutte intelligente.

L'Égypte est une terre conquise par l'industrie humaine sur la mer et le désert. Les attérissements du Nil ont fait reculer la mer. Les pyramides, les plantations de bois sacrés sur les chaînes libique et arabique, les canaux d'irrigation, les lacs artificiels, les puits artésiens, ont conquis quelques millions d'hectares contre les sables.

Le lac Mœris est le plus magnifique travail que les hommes aient exécuté. Il fut creusé, ou approprié, 1800 ans avant l'ère chrétienne. Il avait une surface de 96,000 hectares. Des canaux y conduisaient les eaux du Nil. D'autres les répandaient sur les terres voisines, de manière à augmenter d'un quart la surface cultivable de l'Égypte. La Province, le Fayoum et une longue lisière de terres vers la gauche du fleuve, étaient fertilisés par lui.

Les Égyptiens connaissaient parfaitement les arts mécaniques, l'astronomie, le cadastre, la géométrie, l'architecture, les irrigations, le tissage des étoffes, la teinturerie, la fabrication du verre, la fonte des métaux, la statuaire, l'hygiène.

Il y a huit mille ans, ils savaient faire le vin et la bière, des obélisques de trente et quelques mètres de hauteur, des statues de vingt mètres, des monuments qui étonnent par leurs magnifiques proportions.

Ils avaient reconnu que les corps animaux décomposés étaient une cause de maladies et de dépeuplement : aussi ils embaumaient tous les cadavres. Ils les déposaient dans de vastes nécropoles souterraines et passaient, vu ces précautions, pour la nation la plus saine, la mieux portante de l'univers.

L'Egypte devint le sanctuaire des sciences naturelles, théologiques, philosophiques et morales. Rapports des êtres avec la Divinité, des êtres entre eux, idées de pluralité des mondes, d'immortalité de l'âme, de puissance infinie de Dieu, incompréhensible, sans commencement ni fin, auteur de toutes choses créées : toutes ces idées de l'ordre transcendant leur furent familières.

Aussi tous les grands hommes de l'antiquité, tous *ces enfants des dieux* vinrent s'instruire sous leurs temples, s'approprier une partie de leurs connaissances, pour ensuite civiliser le genre humain.

Orphée, Moïse, Amphion, Danaüs, Cécrops, Homère, Pythagore, Thalès, Cléobule, Solon, Hécatée de Milet, Hérodote, Eudoxe, Platon, Strabon, Diodore de Sicile, Plutarque et Jésus-Christ, Philon, Apollonius de Thyane, Origène, Athanase, furent de près ou de loin, les élèves les plus connus des Egyptiens.

Les Egyptiens furent, sans contredit, le peuple le plus remarquable de l'antiquité. Ils dépassent de beaucoup les Grecs et les Romains; car ils eurent l'initiative de la civilisation. Les autres au contraire leur firent de nombreux emprunts.

On peut, on doit considérer la civilisation de l'Égypte, comme l'émanation la plus avancée de la civilisation antique. Ils méconnurent toutefois l'esprit de fraternité universelle, de liberté individuelle. Cela ne doit pas nous étonner : les Égyptiens provenaient d'un mélange de bruns et de noirs. Or, la race blonde seule pouvait appliquer l'esprit de fraternité et de liberté individuelle.

APPENDICE

Le lac Mœris était creusé, dit Hérodote, à 100 mètres de profondeur. Admettant 80 mètres comme profondeur moyenne, il contenait 76 milliards 800 millions de mètres cubes d'eau. Or, portant à 10 mille mètres cubes la quantité d'eau nécessaire à l'arrosage d'un hectare pendant une année, on pouvait arroser et fertiliser avec l'eau du Mœris 7 millions 680 mille hectares. C'est à dire, une surface de terre pouvant nourrir plus de 7 millions d'hommes.

CHAPITRE XVI

INFLUENCE DES ANIMAUX SUR L'HOMME ET RÉCIPROQUEMENT

Les polypiers élèvent des îles et des continents. Les moustiques, les serpents, les scorpions, rendent certaines contrées inhabitées, et peut-être longtemps encore inhabitables. Les sauterelles, portent la famine et les maladies sur d'immenses surfaces. Les tigres tuent chaque année quelques centaines de personnes : 300 à Java habituellement. En quatre ans, ils ont dévoré sur une province de l'Indoustan, 350 individus et 24,000 têtes de bétail; dans le royaume d'Oude, 998 enfants ont été dévorés principalement par les loups : les indigènes ne tuant pas, par respect et crainte, ces carnassiers. Les lions en Afrique, les jaguars en Amérique, les crocodiles, les caïmans, les requins, apportent un fort contingent à cette destruction de l'homme. Les trigonocephales, à Sainte-Lucie, à la Martinique, se sont plus d'une fois opposés au peuplement. A Fort-Royal, 2,800 de ces reptiles furent tués en 1825. L'île renferme peut-être

30,000 de ces ophidiens. Les sangsues de terre, à Ceylan et au Deccan, ont souvent entravé les opérations militaires des Anglais. Elles sont un obstacle à la colonisation. Les pirangas de l'Amazone, de l'Uruguay, déchirent les hommes ou les quadrupèdes, qui entrent dans l'eau de ces fleuves. Les tarets détruisent les vaisseaux. Ils manquèrent de submerger la Hollande en 1731, ayant perforé les pilotis des digues. Les pholades perforent les pierres les plus dures. Les termites, les fourmis blanches, dévastent les moissons sur l'Afrique intérieure et centrale. Enfin, l'action des divers animaux sur les hommes est énorme. Si l'on faisait une statistique universelle, au seul point de vue de la destruction, nous aurions probablement un total de plusieurs milliers de victimes chaque année. Si nous examinions la destruction indirecte qu'ils provoquent en détruisant les substances alimentaires, spécialement propres à notre espèce, nous aurions un chiffre bien plus considérable. Je ne parle pas des morts qu'ils occasionnent par accident, je parle de celles qu'ils donnent par suite de leur antagonisme humain. Sans les migrations de sardines, harengs, morues, thons, saumons, des millions d'hommes mourraient de faim. Le cheval a changé l'état social des tribus américaines.

Les animaux qui semblent les plus infimes sont pour l'homme une cause de maladie ou de destruction. Ils lui disputent ici la possession du sol, là au contraire, ils l'aident à le conquérir. Sans le dromadaire et le chameau, les traversées des déserts de l'Afrique et de l'Asie seraient extrêmement difficiles

et peut-être impossibles. Supprimez quelques familles
d'animaux, tels que le bœuf, le cheval, le porc, la
brebis, le chameau : vous nuirez plus au progrès
social, que si vous coupiez un bras à tout le genre
humain.

L'homme à son tour réagit sur eux et s'en approprie quelques-uns ; de telle sorte qu'ils sont pour lui
l'outil .du progrès, comme l'homme est lui-même
l'outil de la Divinité.

Du chien, il se fait un gardien, un guide, un compagnon. Des autres races domestifiées, un moyen de
conquête sur le globe et le reste des animaux. Ou
bien encore des greniers d'abondance, des vêtements,
lesquels veillent sur eux-mêmes et se transportent
eux-mêmes çà et là.

La privation de quelques races, la multiplication
de quelques autres, rendent les contrées du globe,
pays favorisés ou déshérités.

Si l'Australie et quelques autres îles de l'Océanie,
avaient eu le bœuf, le porc, la brebis ; les hommes
de ces contrées auraient plus avancé vers la civilisation. Le Lapon et le Hottentot sont supérieurs à
l'Australien, en partie parce qu'ils ont reçu du Créateur, le renne et le bœuf.

Les animaux sont plus utiles à l'homme que
l'homme ne leur est utile. Le bœuf, le cheval, l'œga-
gre, le sanglier, le mouflon, vivent fort bien sans
lui ; tandis que l'homme traînerait une vie misérable,
livré à toutes les rigueurs de la nature ambiante, s'il
ne possédait pas les descendants des animaux ci-dessus nommés.

Par leur exemple ils ont servi à l'invention des

arts et métiers. Les canards et les grenouilles ont appris à l'homme à nager et à naviguer. L'argonaute nautile lui a enseigné l'usage de la voile; l'araignée, à tisser les étoffes. Les animaux émigrants lui ont fait faire la découverte des contrées inconnues. On doit donc les considérer comme nos premiers instituteurs.

Droit d'appropriation. — Le droit de l'homme de s'approprier les animaux est constitué par ses besoins. Il naît nu, omnivore. La société de ses semblables est indispensable à son développement. Il est, attendu sa conformation, le dominateur des êtres créés. Donc il doit en jouir. La conformation seule de la main lui attribue la puissance, et conséquemment le droit de jouir des animaux.

L'appropriation des animaux est légitime quand elle est modérée. La destruction des espèces malfaisantes est légitime encore, car elle diminue les ennemis qui entravent le développement du genre humain (1). Mais la destruction sans nécessité des espèces non nuisibles ou domestiques : ainsi, tuer un bœuf, un cheval uniquement pour avoir sa peau ou satisfaire une fantaisie d'appétit; tuer pour montrer son adresse, ou pour tout autre motif non validé par la raison, c'est de la part de l'homme une mauvaise action, punissable en équité philosophique; car c'est

---

(1) Dix-sept mille baleines sont tuées par l'homme chaque année. Dans quelques siècles, il n'y en aura plus. Alors ce qu'elles consomment pourra être employé à la subsistance de l'homme.

Les poissons et les ovipares sont des aliments plus constamment salubres que les mammifères. Ceux-ci ont le rut et la gestation ; ce qui altère la qualité de leur chair.

un mal non motivé contre une créature de Dieu. C'est d'ailleurs un dommage fait à l'humanité; car c'est un gaspillage de richesses naturelles.

La mort d'un être n'est justifiable que par une utilité supérieure de mort à vie. Hors de là, elle est une faute.

RAPPORTS DE L'HOMME AUX ANIMAUX

Ils doivent être dirigés par la bienveillance. Ainsi l'homme doit éviter à l'animal toutes causes de souffrances non motivées. Ayant le droit de domination sur lui, il doit l'exercer comme il voudrait que son dominateur le traitât lui-même.

Mais aimer l'animal plus qu'on aime l'homme : soigner chiens, chats, chevaux, perroquets, comme on ne soigne pas un être humain, donner des palais à un animal, lorsque l'homme votre voisin végète sous une chaumière; aimer un cheval comme nos modernes amateurs de chevaux; un carlin, un singe, des perroquets, comme nos vieilles femmes; des épagneuls, comme Henri III; des lévriers, comme Mazarin; des chiens, comme Crébillon; respecter l'animal comme le faisait l'Egypte, et comme maintenant on le fait chez les religionnaires de Brahma; avoir des animaux sacrés, tels que serpents, bœufs apis, crocodiles, poulets : tout cela est une véritable dépravation du sentiment et de la pensée.

Quand vous verrez un homme ou une nation aimer trop les animaux, soit en masse soit individuellement, trop les entourer de soins, soyez convaincus que cet homme ou cette nation ont un défaut d'harmonie; qu'ils ont une véritable dépravation de la pensée et du sentiment. Ces êtres-là, ou de près ou de loin, se rattachent intimement à la nature animale. Ils ont la forme humaine sans avoir les attributs des races humaines supérieures.

Quand vous verrez un homme avoir une antipathie prononcée contre un animal ou une espèce; avoir horreur du pourceau, d'une araignée, d'une souris, soyez certains encore, que cet individu est un être incomplet, un esprit faible. Il n'y a ni animaux mondes ni animaux immondes. Ils sont utiles ou malfaisants, et encore relativement. Tous sont les enfants du Créateur, sont nos aînés de la création.

Dans le moyen âge, les procès intentés aux animaux, avec toutes les garanties et formes légales, usitées dans les procès contre l'homme, les bénédictions, excommunications et autres cérémonies religieuses employées à leur égard, étaient une loi protectrice de leur race et individualité.

Les épidémies qui attaquent les animaux domestiques excitent souvent plus de sympathies que celles qui attaquent l'homme. L'homme peut se garantir, ou est responsable parce qu'il a le libre arbitre. L'animal domestique est notre esclave. Il est un bon serviteur, l'homme est très souvent un rival, un révolté, un opposant, un ennemi.

Chacun instinctivement comprend que l'animal est essentiellement indispensable au maintien de la prospérité individuelle et publique. Dans beaucoup de cas, la mort d'un enfant ou d'un adulte ruine moins une famille que la mort d'un bœuf, d'une vache ou d'un cheval.

Il est probable, pour ne pas dire certain, que trois millions de bœufs, de chevaux mourant dans une année, en Angleterre, France, Allemagne ou toute autre contrée civilisée, appauvrirait plus la nation que si elle perdait trois millions d'habitants de tout âge et condition.

Leur adoration chez les peuples peu avancés montre qu'ils étaient reconnus supérieurs à l'homme. Ils sont mieux armés que lui.

Des naturalistes trouvent entre eux et l'homme une certaine consanguinité. Mes frères les poissons, mes frères les oiseaux, s'écriait saint François d'Assise : le brahmanisme est basé sur cette idée. Les tribus de Sumatra pensent que l'homme provient des animaux et qu'il en a créé. Les métamorphoses du paganisme sont aussi le produit de cette idée.

Les peuples de la Cochinchine se sont tués par centaines de mille pour posséder un éléphant blanc. Les chrétiens se tueront encore par milliers pour posséder la personne du pape. Pourquoi? Parce que, éléphant et pape sont aux yeux de leurs adhérents les représentants visibles de la Divinité.

Lorsque vous verrez aussi des mœurs pastorales, ne croyez point qu'il y ait là innocence et douceur. Ces rêveries sont l'apanage des poètes. Tout peuple pasteur est farouche, cruel, brutal. Il méconnaît les véritables rapports entre l'homme et l'animal. Élevant l'animal, il se propose pour but principal de le détruire à temps et de profiter de ses dépouilles. Le peuple agriculteur a des rapports plus vrais. Il élève l'animal pour en utiliser les services pendant la vie. Aux yeux du pasteur, l'animal vaut mieux mort que vivant. Aux yeux du laboureur, l'animal est un compagnon de travail, un outil plus utile vivant que mort. C'est pourquoi aussi, vu l'harmonie corrélative, l'homme ou la nation agricole est plus dans la ligne du progrès que l'homme ou la nation pasteur.

QUE FURENT ET QUE DEVIENDRONT LES ANIMAUX

Les théologiens et les poëtes, c'est à dire l'espèce des penseurs les mieux portés à l'erreur par eux-mêmes et à la mystification à l'égard d'autrui, ont dit : « que les animaux, à l'origine, étaient amis de « l'homme. Le serpent venimeux retenait son venin. « Le lion était soumis. Chaque animal a comparu « devant Adam pour recevoir un nom. »

Telle n'est pas la chaîne d'union de l'homme à l'animal.

Les animaux sauvages furent créés ce qu'ils sont encore. Les animaux domestiques, primitivement étaient sauvages : conséquemment portés d'instinct à se méfier de l'homme, attendu entre eux la différence de formes. A mesure que l'homme s'est perfectionné, il a domestifié les animaux. Il a multiplié les espèces domestifiables. Il a obtenu des races hybrides, et cela continuera encore, vu sa marche ascendante vers la civilisation.

Son action sur la domestication ne transformera pas l'animal créé pour la sauvagerie et l'hospitalité antihumaine. Ainsi il n'utilisera pas immédiatement le moustique, la punaise. Il ne changera pas la guêpe en mouche à miel, ni le serpent à sonnettes en murène. Il domestifiera probablement les solipèdes, les

ruminants, les pachydermes. Il augmentera ainsi
ses conquêtes sur l'animalité domestifiable. Il ne
changera pas du tout au tout l'animal que ses raisons d'existence rendent nécessairement ennemi de
l'homme.

Croire à un antitigre, un antirequin, une antiba-
leine, c'est se repaître de chimères.

La nature a des types indélébiles. Toutes les
sciences de l'humanité ne feront pas pousser des
cornes sur la tête d'un loup, et ne donneront pas à
une panthère les dents d'un ruminant.

Les animaux domestifiables seront domestifiés.
Les animaux indomestifiables et plus nuisibles
qu'utiles seront détruits. Voilà à quoi est destinée
l'animalité par ses rapports avec l'homme.

EN QUOI CONSISTE LA SUPÉRIORITÉ DE L'HOMME

Dans la forme de la main, organe de préhension
multiple : d'où force multiple; dans la possibilité de
faire l'amour en toute saison : d'où naissent par
instinct les rapports constants de l'homme et de la
femme, puis le soin donné à la progéniture commune. Enlevez à l'espèce humaine cette faculté
d'amour; faites que cette faculté revienne par saison :
tous les rapports de la vie changent du tout au tout.
L'homme perd ce besoin permanent de sociabilité.
Or la sociabilité progressiste, c'est à dire, ajoutant
ses forces de la veille à celles du lendemain, est la
cause première, la cause souveraine de la supériorité
humaine.

SIMILITUDE ENTRE L'HOMME ET L'ANIMAL

Les autruches, les dindons sauvages se réunissent par famille de sept à huit couples, les femelles mettent les œufs en commun et les couvent à tour de rang. Les mâles montent la garde, défendent la nitée et les femelles. Quand les petits sont éclos, les parents les soignent indistinctement. Voilà un communisme analogue à celui que veulent quelques hommes.

Les animaux ressemblent donc à l'homme en beaucoup de points. Ils ne paraissent pas connaître, par vue lointaine, la mort dont ils sont menacés, ils n'ont point le sentiment de l'admiration; voilà les différences entre eux et nous. Ils ont la curiosité, c'est à dire le plaisir de voir pour le plaisir en lui-même, et le désir de voir, d'écouter, enfin de connaître une nouvelle proie, un nouvel ennemi.

Bien que les animaux soient nos instituteurs, qu'ils aient d'excellentes qualités dont le genre humain pourrait être fier, nous affirmons que l'homme qui ne veut vivre qu'avec eux, est un égoïste ou un misanthrope, ou un despote.

Les chiens savent compter. Celui du berger reconnaît qu'il lui manque un individu confié à sa garde parmi le troupeau. Les macaques grosses ont les caprices, les monomanies des femmes enceintes. Le jacana, l'agami ont l'amour du commandement et de l'ordre. Les oiseaux émigrants ont leurs grands-gardes, leurs védettes, leurs corps d'armée, leurs chefs. Les termites ont leurs soldats et leurs ouvriers

spéciaux. Le coq fait le partage équitable des aliments entre les poules. Quelle que soit leur espèce,
les animaux ont leur folie, leurs préférences, la
pitié, leurs aberrations de sentiments. Comme les
hommes, ils sont entraînés à s'approcher des monstres
dévorants, aigles, requins, cétacés, serpents : un
attrait mystérieux ne nous rapproche-t-il pas des
conquérants, des bandits et autres monstres de notre
espèce? Les vautours, les corbeaux, les requins,
suivent les armées, les flottes, viennent au bruit du
canon des batailles. Les fouines se plaisent dans le
carnage. Voilà autant de variétés parmi les hommes.
Les chats, libidineux, voluptueux, douillets, gourmands, jouent avec la souris qu'ils doivent bientôt
immoler. Ils sont l'image des dévots, des inquisiteurs. Les singes emportent et soignent leurs bles-
sés. Les guêpes, les abeilles, les frelons, furieux, se
jettent sur le passant qui ne les a point offensés. Ils
le martyrisent, comme le fait une populace furieuse
envers celui qu'on lui désigne, qu'elle soupçonne
être un empoisonneur ou un espion. Les bêtes de
proie, serpents, oiseaux, mammifères, se battent
pour la possession exclusive d'une contrée de chasse,
comme les nations d'hommes voulant défendre leur
territoire contre les envahisseurs ou l'agrandir par
la conquête. Tous, ils acquièrent de l'expérience par
la pratique de la vie, ou des aptitudes nouvelles par
l'hérédité.

Le surmulot a chassé ou détruit le rat commun en
Europe. Le faisan expulse les perdrix. La corneille
mantelée détruit les œufs des oiseaux. Ce sont là
encore ce que font journellement les hommes. Les

plus forts expulsent les faibles. Les blancs sont les faisans ou les surmulots des peaux rouges.

Le chien est un admirable physionomiste. Il reconnaît le mendiant, le vagabond d'un coup d'œil. Il prend l'aspect de son maître, piteux, arrogant, orgueilleux, batailleur. Les hirondelles, les moineaux, etc., ont appris à l'homme à recueillir les enfants abandonnés. Les chevaux sauvages embauchent les chevaux domestiques. Les corbeaux sauvages sont des abolitionistes. Les truies et les chats sont souvent infanticides. Les araignées femelles font ce que Marguerite de Bourgogne faisait à la tour de Nesle. Les animaux sont nos premiers maîtres. Bien connaître leurs mœurs, c'est se mettre à même de résoudre toutes les questions sociales.

Les animaux offrent la plupart des formes de gouvernements existant parmi les hommes. Les polypiers sont communistes, c'est à dire que chaque individu dépend du tout, et lui apporte ses améliorations, son bien-être ou ses souffrances. Les chiens sauvages vivent en république démocratique. Ils se choisissent un chef et lui obéissent. Les chevaux, les morses, vivent en oligarchie, un mâle commande à quelques femelles et à leur famille. D'autres ont des esclaves; ainsi les fourmis ont comme esclaves certaines espèces de pucerons, dont elles boivent le lait. D'autres enfin se soumettent au gouvernement monarchique, et prennent comme roi, un individu d'une autre espèce que la leur. Ainsi, les moutons prennent souvent un bouc ou une chèvre, et suivent ce chef partout où il veut les conduire. Ce sont les Péruviens prenant les Incas pour empereurs, ou les nègres prenant des

blancs au même titre. C'est encore ce troupeau d'Asiatiques et d'Européens, prenant pour despotes des
hommes auxquels il attribue une origine plus divine
que celles des autres : fils de Mars, de Jupiter, de
Vénus, ou des oints du Seigneur comme le furent les
rois de France. Ils ont la famille et vivent en société.

La plupart des oiseaux se marient. Les tourte-
relles, les corbeaux, donnent à l'homme des leçons
de fidélité conjugale. Les singes lui fournissent de
nombreux exemples d'amour maternel. Les renards,
les blaireaux, les sangliers, les babiroussas, sont
monogames. Les coqs, les cerfs, les canards sont polygames.

QUEL EST L'ANIMAL LE PLUS UTILE AU GENRE HUMAIN?

A mon sens, c'est le bœuf. Le cheval est un animal servant plus à la destruction des hommes qu'à
leur conservation. Le bœuf sert moins à la destruction. Comme le cheval, il peut servir de puissance
motrice, pour transformer le globe, et devient d'une
utilité plus générale, après sa mort. Ses dépouilles
servent à l'industrie et à la nourriture de l'homme.
Les dépouilles du cheval servent seulement à l'industrie et rarement à la nourriture.

POURQUOI LES ANIMAUX ONT-ILS ÉTÉ CRÉÉS

Chaque animal est d'abord fait pour soi. Il a en
soi les qualités qui le complètent, savoir : une disposition organique qui lui permet de vivre et de se
propager. De plus, tous les animaux furent créés en

vue les uns des autres, pour aboutir à l'homme et
être entre ses mains un outil, un agent du progrès
pour la transformation du globe, but souverain de
l'homme sur la terre. Au total, chaque animal, quel
qu'il soit, a une fonction à accomplir pour le progrès. Les uns livreront leur corps, et le progrès sera
leur disparition, tels sont les animaux nuisibles. Les
autres prêteront leurs services pour le progrès et
seront conservés dans leur race, sinon individuellement.

L'homme doit les employer les uns contre les
autres. Les oiseaux sont ses meilleurs défenseurs
contre ce monde immense et à peu près invisible des
insectes. Les protéger par la loi et les coutumes, est
très important pour l'avenir des nations.

DIFFÉRENCE ENTRE L'HOMME ET L'ANIMAL

On a cru que les animaux n'avaient pas la prévoyance et que cela les distinguait de l'homme. Or
les animaux cacheurs ont cette faculté. Ils ont aussi
l'espérance. N'espèrent-ils pas qu'on leur procurera
quelques jouissances, qu'on ne leur fera pas de
mal? En s'embusquant ne comptent-ils pas sur une
proie?

Ces facultés sont donc communes. Elles sont seulement moins lointaines que chez l'homme. Elles
naissent plus rapprochées de l'objet. La différence
réelle est que l'homme sait faire le feu, sait l'entretenir : l'animal ne sait faire ni l'un ni l'autre.
L'homme fait des grimaces pour faire rire, l'animal
ne le fait pas. L'homme fait le commerce, l'animal ne

13

le fait pas. L'homme progresse l'animal ne progresse pas. Le loup de notre temps est l'égal du loup des temps antérieurs. Chez les races supérieures, l'homme des temps actuels l'emporte de beaucoup en puissance et vertus sur l'homme des époques passées.

CHAPITRE XVII

INFLUENCE DES VÉGÉTAUX SUR L'HOMME ET RÉCIPROQUEMENT

Les végétaux exercent sur l'homme une plus grande influence que les animaux. Ils lui sont plus utiles. Par leur nombre et leur masse, ils l'emportent de beaucoup sur les animaux. Les baleines, les cachalots ne sont rien auprès du baobab et d'autres géants du règne végétal.

Sans le riz, la Chine, la Malaisie, l'Indoustan, l'Indo-Chine, seraient réduits à un petit nombre d'habitants. Il nourrit plus de quatre cent millions d'hommes. Aucune autre substance ne pourrait le remplacer.

Le riz et la houille, voilà les deux grands bienfaiteurs de l'humanité.

La pomme de terre a augmenté la population de l'Europe occidentale.

Le blé, la vigne, le seigle, le cotonnier, le caféier, le mûrier, la canne à sucre, la pomme de terre, sont les végétaux les plus utiles.

A mesure que la civilisation s'accroît, les végétaux se cosmopolitisent sous la direction de l'homme.

Nés sur un pays donné, ils s'acclimatent ailleurs, en acquérant de nouvelles qualités.

Nous voyons le tabac originaire de l'Amérique se répandre sur tout l'univers. La pomme de terre a conquis une partie du globe.

L'Indoustan nous a envoyé la patate, le millet, le lilas, l'acacia, le marronnier, la canne à sucre.

L'Abyssinie et l'Arabie nous ont gratifiés du caféier. Cet arbuste règne maintenant sur une partie de l'Amérique et de l'Océanie.

Le pêcher, l'abricotier, la luzerne, sont venus de la Perse.

Le châtaignier est venu de l'Asie Mineure, le lin de l'Egypte.

Le palmier fournit : bois, linéaments, parures, boissons alcooliques ou rafraîchissantes. Ceux de l'Algérie donnent plus d'un hectolitre par saison. Le palmier târ de l'Indoustan le fait également. Les feuilles de coca au Pérou et en Bolivie sont assez fortifiantes pour qu'une bouchée entretienne les forces des indigènes pendant une journée entière sans autre nourriture. Le sagoutier des îles de la Sonde rend par pied, terme moyen, 250 kilos de fécule. Quelques-uns suffisent donc à la nourriture d'un homme. Le sagou est un aliment des plus nutritifs. Le sagoutier est peut-être le végétal le plus riche sur une surface donnée. C'est lui qui peut nourrir le plus d'hommes. S'il était multiplié, il déculperait la population. Il serait probablement le meilleur agent de peuplement. Le cotonnier est la plus utile des plantes textiles. Il habille la moitié du genre humain. Il fait vivre trois millions d'Anglais. Il est une des principales sources de l'industrie humaine. Si sa production venait brusquement à manquer, l'Amérique et l'Europe occidentale auraient quelques millions de bras inoccupés, et le monde quelques vingtaines de millions sans vêtements. La destinée du cotonnier doit fortement occuper les penseurs. Cette plante importe à la prospérité des peuples. L'Angleterre seule emploie trois cent millions de kilos de coton par année. Elle pourra vêtir trois cent millions d'hommes.

La feuille du talipot de Ceylan a dix pieds de long et six de large.

L'introduction d'un végétal inconnu est souvent le seul bénéfice que le genre humain retire des ondulations des peuples et des calamités de la guerre.

Que résulte-t-il de ces luttes gigantesques entre l'Europe et l'Asie, au moyen âge? Quatre à cinq millions d'hommes y sont morts. Leurs ossements se sont évaporés; mais, pendant ces luttes, on a introduit en Europe le mûrier, la canne à sucre, le blé sarrasin, le cotonnier herbacé. Voilà le résultat le plus humanitaire.

Un jour viendra où bon nombre de végétaux nés à leurs antipodes, croîtront sur le même sol les uns auprès des autres.

A l'aide de la botanique et de l'agriculture, l'Asie, l'Australie, la Malaisie, l'Amérique, l'Asie et l'Europe se prêteront mutuellement leurs productions végétales. Elles verront reunis leurs enfants adoptifs et leurs enfants autochthones. Alors telle contrée du globe aura chez elle les végétaux de tout l'univers, en même temps qu'elle verra sur son sein les hommes de toutes les races.

La science naturelle agissant sur le globe, le temps et l'espace opéreront cette transformation.

Les végétaux et les animaux sont créés pour des causes finales mutuelles. Le végétal prend à la nature son gaz acide carbonique et rend de l'oxygène. Il augmente la quantité de ce gaz si nécessaire aux animaux. L'animal rend l'acide carbonique si utile aux végétaux. Le végétal se compose principalement de carbone. L'animal est formé principalement d'azote.

L'homme vicie dans une heure six mètres cubes d'air en y versant deux millièmes d'acide carbonique.

Les végétaux, aliments de l'homme, forment d'énormes masses, lesquelles, attendu la difficulté des transports, ne peuvent parer aux inconvénients d'une disette. Il faut donc que chaque pays s'approvisionne sur le sol même des aliments les plus usités. L'excédant des céréales pour toute l'Europe, dans les meilleures années, ne dépasse pas quinze millions d'hectolitres. Le commerce étranger est un faible remède contre les famines un peu étendues.

L'homme doit chercher, dans l'intérêt de la production utile, à cosmopolitiser les animaux et végétaux utiles. Par la science, il naturalisera les êtres qui sont nés à leur antipode. Végétaux et animaux, à l'aide des greffes, de croisements, formeront un jour une grande famille fraternelle. Les tapirs, les hippopotames pourront, étant acclimatés en Europe, utiliser les végétaux de nos marais et accroître les richesses de l'humanité.

Les êtres inutiles, ou mieux les êtres que l'homme

n'a pas su encore utiliser, se multiplient, se natura-
lisent plus promptement que les êtres utiles. Il a
suffit de quelques années pour répandre sur tout
l'univers le surmulot, originaire de l'Indoustan.
Que l'homme imite pour le bien les moyens que la
nature emploie pour le mal (mal relatif, disons-nous,
attendu qu'il n'y a pas de mal absolu).

CHAPITRE XVIII

DE LA POPULATION

Douze cent millions d'hommes environ sont répandus sur la surface du globe. La terre n'a jamais été
aussi peuplée qu'aujourd'hui. Certaines contrées,
telles que l'Orient, l'Egypte, la Grèce, la Sicile, le
furent plus que maintenant ; mais le reste du globe
l'était moins. Les moyens d'alimentation manquaient.
L'Europe n'avait ni le riz, ni la pomme de terre, et
l'Amérique était privée du blé et des animaux domestiques, tels que le cheval, le mouton, le bœuf. Donc
la population forcément devait être moins nombreuse.

Les guerres, les épidémies plus fréquentes, un
état social imparfait, un antagonisme de tous contre
tous, empêchaient d'ailleurs la population de se
multiplier. Il n'y a jamais eu des armées de quelques
millions d'hommes dirigées sur un seul point. Celle
de Xerxès est un mensonge grec. Probablement
aussi, Crotone, Sybaris, Ninive, Thèbes, Babylone,

n'ont pas eu la population actuelle de Londres et de Pékin.

Les hommes ne se sont point abâtardis. Ils se sont améliorés progressivement au physique et au moral. Quelques nations ont dégénéré. La masse du genre humain a pris, avec le temps, plus de forces physiques intellectuelles et morales. L'idée d'une dégénérescence générale est une opinion de vieillard. Elle est aussi ancienne que le premier grand-père du genre humain. Le respect du passé, la vanité personnelle, les regrets, en sont les causes déterminantes. Les hommes considérés universellement, valent mieux que leurs pères, et leurs fils vaudront mieux qu'eux.

Quelques historiens ou antiquaires prétendent que Ninive avait trois millions d'habitants et trente lieues de tour. Rome passe pour avoir eu sous les empereurs trois millions d'âmes.

Babylone avait treize kilomètres de circonférence, plusieurs villes de la Chine ont deux et trois millions d'habitants.

COMMENT S'ACCROIT LA POPULATION

Les races supérieures tendent à se multiplier d'après les proportions géométriques 1, 2, 4, 8, 60. La population est toujours proportionnelle aux moyens d'existence dont ces races disposent.

Chez les races inférieures : polynésiennes, andamènes, hottentotes, rouges, etc., la multiplication ne se fait pas par proportions géométriques ; car ces races manquent de fécondité. Nonobstant leurs moyens d'existence les plus complets, elles s'accroissent peu et le plus souvent restent sans augmentation.

Ainsi le principe de Malthus sur l'accroissement géométrique n'est vrai pour le passé, qu'autant qu'il s'applique aux races supérieures.

La bonne organisation et distribution du travail, la division de la propriété territoriale, l'application de l'activité humaine à la production des aliments, vêtements, logements, à l'utilité, la distribution des richesses sociales entre le plus grand nombre, une bonne hygiène publique, sont les causes actives de l'accroissement des populations.

On peut dire avec raison que tout produit utile au physique féconde le genre humain. Là où pousse une gerbe de blé de plus, là naît un homme de plus. La pomme de terre, la houille, les chemins de fer, le coton, la vaccine, ont augmenté la population de l'Europe de quelques millions d'habitants chaque année.

COMMENT DIMINUE LA POPULATION

Je parle ici des races supérieures, lesquelles, terme moyen, peuvent procréer six enfants par couple. Or elles diminuent moins par la guerre, car la guerre ordinairement atteint les mâles seuls, que par les famines, les épidémies, la concentration des terres en quelques mains, la mauvaise organisation du travail et la vicieuse direction de la société. Parmi les vices de la société, il faut ranger l'état nomade et pastoral, car il est une source de misères, il occupe de vastes territoires sans produits directement alimentaires ; le faste, le luxe, la frivolité, la dissipation, car ils ne créent rien d'utile, ils dissipent au contraire l'épargne et la force sociales ; l'abaissement des salaires, l'oisiveté, une mauvaise hygiène, les habitudes de célibat, les ordres religieux, etc.

La population diminue soit par accroissement de la mortalité, le nombre des naissances restant le même ; soit par la diminution des naissances, le chiffre de la mortalité ne changeant pas.

Une disette exerce quelquefois cette double influence. Elle diminue les facultés prolifiques ; ou d'autrefois, sans léser le germe générateur, elle atteint les individus nés.

La guerre n'altère pas les facultés prolifiques, au contraire, elle paraît les augmenter. On remarque depuis longtemps que la fécondité est activée pendant les guerres civiles ou étrangères. Une vie un peu agitée est favorable à la fécondation. Après les épidémies, la fécondité augmente par une suractivité du germe générateur.

Les famines sont l'agent le plus actif de la diminution des populations ; parce qu'elles atteignent les forts comme les faibles. Elles appauvrissent le tempérament et sévissent ainsi contre les générations à venir. La sodomie entrave le peuplement de la Turquie.

Clive, sans répandre une goutte de sang, par l'accaparement des riz du Bengale, a tué quatre à cinq millions d'Indous. Mahmout le Gaznévide, Tamerlan, Akbar-Kan, envahissant l'Indoustan, ont saccagé nombre de villes, ont versé des torrents de sang, et malgré cela ont tué moitié moins d'hommes.

Les grandes destructions sont celles qui s'attaquent à l'homme par violence indirecte.

L'habitation des villes populeuses, la vie manufacturière, sont aussi une cause de dépeuplement. Les générations de la campagne y vont s'éteindre par la débauche, la privation d'air, la nourriture insalubre, le développement prématuré du sens génital.

POURQUOI LES GRANDES VILLES PÉRISSENT

Historiquement, nous voyons les grandes villes, tomber sous les coups d'ennemis beaucoup moins nombreux que les habitants en état de porter les armes. Ninive, Babylone, Rome, Constantinople, Mexico, furent conquis par de petits bataillons relativement. Les grandes villes détruisent l'énergie des populations, par l'excès de bien-être, par la suppression des classes moyennes. Elles créent habituellement une classe de riches énervés et une populace sans intérêt à conserver leur nationalité.

Une plus grande liberté sociale, soit réunions, travail à l'abri des intempéries de l'atmosphère, travail moins rude que dans les champs, accroissement des emplois domestiques, ou des emplois dans les fonctions publiques : voilà quelques-unes des causes qui attirent la population dans les grandes villes. Cela s'est toujours vu et se verra toujours, tant que les campagnes seront négligées par les mœurs de la nation ou par les gouvernements.

La France a dépensé, depuis 1851, 6,000,000,000 de francs, en améliorations et embellissements de Paris. Mieux aurait valu dépenser cette somme en améliorations dans les campagnes : soit voies de communications, écoles, plantations publiques, efforts pour créer une classe de résidents propriétaires, analogues à la *gentry* anglaise.

Les grandes villes actuelles, Londres, Paris, New-York, etc., succomberont comme Rome, Constantinople, Ninive, Babylone et Thèbes aux cent portes. Avec les grandes villes, il y a un pouvoir central qui augmente le nombre des parasites sociaux. On y a une vie sédentaire et privée d'exercice corporel. Avec ces conditions, le principe fécondant de l'homme devient anormalement plus fluide, de là moins d'aptitude à germer. Le récipient féminin devient aussi plus irritable quand il y a gestation : d'où résulte un dépérissement des populations. Elles deviennent malingres, rachitiques, et quoique nombreuses, n'ont plus l'énergie physique de leurs agresseurs.

Nous constatons qu'aux grandes villes modernes, les maladies de la matrice se multiplient. Elles s'accroissent en raison de la civilisation. Nous pouvons conclure qu'il en fut ainsi chez les grandes villes qui ont disparu. Il y a certainement une loi sociale, générale et permanente, qui cause leur destruction. Cette loi, qu'on ne peut pas formuler nettement, dérive plutôt de la constitution sociale et intrinsèque des grandes cités, que de causes extérieures. Elles succombent par elles mêmes, plutôt que sous les coups des ennemis extérieurs. Leur destructeur, c'est leur état social. Elles ont plus d'enfants morts-nés, que les campagnes. Elles comptent proportionnellement plus de célibataires.

PROPORTION DES SEXES

.Dans les pays froids ou tempérés, il naît à peu près autant de filles que de garçons. Pendant le cours de la vie, il périt plus d'hommes que de femmes; de telle sorte, qu'après un laps de vingt ou trente ans, par exemple, il y a un peu plus de femmes que d'hommes. En France notamment, il y avait en 1840, sur cent, une proportion de cinquante et une femmes à quarante neuf hommes. Tandis qu'à la naissance, il y a ordinairement sur plus de vingt millions de naissances, un rapport de dix-sept garçons à seize filles, ou suivant d'autres, dix-neuf garçons à dix-huit filles, c'est à dire, sur un nombre quelconque, la naissance des garçons excède celle des filles d'un seizième ou d'un dix-huitième. Je ne connais pas de statistique relative aux naissances sur les pays chauds; mais là les filles doivent naître plus nombreuses que les garçons. On remarque généralement que les femmes sont plus vivaces que les hommes. Chez les espèces animales et végétales, les femelles sont plus nombreuses que les mâles. Il y a ici une raison philosophique : un mâle peut suffire à plusieurs femelles. Si on faisait une statistique humaine générale, on trouverait indépendamment de la mortalité par la guerre, qu'il naît et vit moins d'hommes que de femmes.

La population d'un pays peut tripler en vingt-six ans. La fécondité recommence après les guerres et les épidémies. L'Indou, le Juif, le Chinois, multiplient beaucoup, parce qu'ils sont sobres. Or la sobriété est une cause de fécondité. Les deux cents familles de puritains qui abordèrent en Amérique au dix-septième siècle, ont une descendance de quatre millions d'âmes. Ils sont plus sobres que les autres Américains.

A QUEL CHIFFRE PEUT MONTER LA POPULATION DU GLOBE

Nous ne connaissons pas les limites de la population générale du globe. Sans être infinies, elles sont cependant hors de toute appréciation. Si toutes les parties de la terre qui ont la même fertilité que la Belgique étaient peuplées autant que ce pays et l'Angleterre, les hommes, au lieu de douze cents millions, seraient quinze à vingt milliards. La population du globe parviendra à un nombre inconnu et inappréciable actuellement, parce que sa puissance créatrice en moyen d'existence est indéfinie.

AVEC L'ÉTAT ACTUEL DE L'HUMANITÉ, QUELLE EST LA SUPERFICIE DU SOL INDISPENSABLE A L'EXISTENCE D'UN HOMME?

Un hectare de terre dans les contrées tempérées et médiocrement fertiles, produit 22 hectolitres de blé, terme moyen.

L'Angleterre a trente millions d'habitants sur une superficie de 27 millions d'hectares. Si les parcs et les jardins de plaisance étaient livrés à l'agriculture, elle nourrirait quelques millions de plus.

La France avec ses 25 millions d'hectares de terres

arables et potagères, nourrit une population de trente-
six millions d'habitants. N'obtenant qu'une moyenne
de cinq à six pour un, avec une agriculture aussi perfectionnée que celle de l'Angleterre, elle suffirait à
l'alimentation de soixante à soixante et dix millions
d'habitants.

L'Attique, sur une superficie de 121 mille hectares, avait une population de quatre cent cinquante
mille à cinq cent mille habitants, vivant de commerce, d'industrie, d'agriculture.

Malte, sur 32 mille hectares, nourrit cent cinq
mille âmes. C'est le pays le plus peuplé du monde.

Dans les pays chauds, les îles de l'Amérique entre
autres, il y a plus d'un homme par hectare. Un hectare nourrit souvent plus de deux hommes.

Ainsi on peut donc admettre qu'un homme, sans
autres procédés producteurs que ceux qui existent
maintenant, peut vivre sur chaque hectare du globe
et vivre à son aise.

LES BESOINS DE L'HUMANITÉ SONT-ILS TOUJOURS INFÉRIEURS A SES MOYENS D'EXISTENCE ?

Quand le genre humain aura pris le développement auquel il est destiné, ses moyens d'existence
seront au niveau de ses besoins. Les besoins physiques sont limités. Un homme, un peuple, l'humanité entière, peuvent obtenir une organisation sociale, où les aliments, le logement, les vêtements
seront prodigués autant qu'il sera nécessaire.

Maintenant il y a une différence moins forte qu'autrefois entre les besoins et les moyens d'existence.

A mesure que le progrès arrivera, cette différence disparaîtra. Les moyens d'existence l'emporteront.

Un procédé agricole nouveau, un nouvel agent de travail, peuvent augmenter à l'infini le rendement de la terre et équilibrer les besoins avec les moyens d'existence. Je sème un grain d'orge ; ce grain me donne une touffe, la touffe vingt et quelques épis, ayant chacun quarante et quelques grains et davantage. Un seul grain placé dans de bonnes conditions, me rend douze à quinze cents pour un.

Ce que j'obtiens d'un grain d'orge, je puis l'obtenir de toute autre céréale. Je peux centupler la masse des substances alimentaires. La production n'a donc pas de bornes calculables.

Que toute plante inutile soit remplacée par une plante utile : que les requins, les cachalots, les cétacés, qui engloutissent les poissons utiles à la nourriture de l'homme, disparaissent : que les rongeurs et insectes destructeurs des moissons soient détruits : que tous les animaux domestifiables, tous les pachydermes, les ruminants soient domestifiés : que l'homme enfin étende sa puissance sur tout l'univers et transforme les déserts en lieux habitables : qu'il utilise toutes les forces perdues de la nature, les lieux, tous les instants : qui pourra alors limiter ses moyens d'existence ?

L'accroissement du positivisme, la lutte incessante contre la nature, mettront l'homme à même de satisfaire tous ses besoins physiques.

Quant aux besoins moraux et intellectuels, quoique plus difficiles à satisfaire, ils s'assouviront un jour mieux qu'actuellement.

Lorsque l'humanité aura tout selon ses désirs, le sentiment et l'intelligence, fonctionnant régulièrement, pourront parvenir à la satiété.

LA POPULATION S'ACCROISSANT TOUJOURS ET SES MOYENS D'EXISTENCE AUSSI, N'Y AURA-T-IL PAS UN MOMENT OU LE GENRE HUMAIN SERA APPAUVRI PAR EXCÈS DE POPULATION?

Non, car les moyens d'existence augmentant, donneront à l'homme un accroissement de bien-être matériel, moral et intellectuel. Or il en résultera forcément une diminution des facultés prolifiques, sans qu'il y ait besoin de recourir à la contrainte morale. Lorsque les facultés intellectuelles et morales sont bien développées et qu'il y a excès de bien-être, l'énergie fécondante est atténuée. Ainsi, on peut penser que l'équilibre entre la superficie nourrissante du globe et l'homme, se formera par atténuation de fécondité humaine, sans qu'il y ait besoin comme autrefois et actuellement des fléaux, tels que guerres, famines, épidémies. L'équilibre s'établira par des causes inhérentes à la nature de l'homme lui-même et non par ces causes qui tiennent à des influences étrangères. N'oublions pas qu'alors le globe sera transformé et conquis.

LA PROPRIÉTÉ PRÉVIENT L'EXCÈS DE POPULATION

Les paysans européens, propriétaires du sol qu'ils cultivent, ont plus de moralité, de prévoyance que les prolétaires des villes et des campagnes. Ils savent se contrôler assez pour ne pas engendrer plus d'enfants qu'ils ne peuvent en nourrir. Leurs enfants sont de meilleure organisation physique et morale que ceux du prolétaire. Donc, nous devons croire qu'avec l'accroissement des propriétaires du sol, la population restera stationnaire. Si, en Angleterre, il y 'a excédant chaque année de population, c'est qu'il y a beaucoup de prolétaires. Si, en France, la population accroît peu, c'est que la majorité des Français sont des propriétaires.

La propriété est moralisante, elle habitue l'homme à dominer et diriger ses penchants naturels. Elle devient Malthus et rationnellement philanthrope, car procréer des êtres qu'on ne peut nourrir est une injustice, les laisser à la charge de la société c'est un vol.

Multipliez à vos dépens et non à ceux d'autrui. Sans cette condition vous êtes comme les animaux.

Y A-T-IL POUR LES HOMMES MANQUE DE PLACE AU BANQUET DE LA VIE.

Oui, sur quelques parties du globe et avec un état social imparfait. Non, si l'homme considère l'univers comme son domaine, si, ne pouvant vivre sur un point, il a recours aux émigrations, si dans les lieux qu'il habite, on réforme l'état social en allant vers l'égalité, en se débarrassant des absorbants et des inutiles.

Chez un peuple pasteur, de deux individus sur deux hectares ou une superficie quelconque, l'un n'aura pas de place au banquet de la vie; chez un

peuple agriculteur, quelques individus vivront largement là où deux pasteurs ne peuvent vivre.

Le trop plein est donc plutôt l'œuvre d'un état social dépendant de l'homme, que l'œuvre de la nature.

L'EXCÈS DE POPULATION EST-IL UN MAL ? AUTREMENT
Y A-T-IL JUSQU'A CE JOUR UNE NATION QUI SOIT MAL-
HEUREUSE PAR LE FAIT SEUL ET ESSENTIEL D'UN
EXCÈS DE POPULATION ?

Les habitants de l'Angleterre sont moitié plus
qu'ils n'étaient à l'époque où Malthus avançait qu'il
y avait trop plein.

Or, si la population des îles britanniques, à la fin
du dix-huitième siècle, constituait un mal national,
maintenant qu'elle a doublé, le mal devrait être moitié plus grand. Cependant cette nation avec ses trente
millions d'habitants est moitié plus riche, moitié
plus heureuse, plus puissante qu'elle ne l'était il y a
soixante ans.

Donc, par exemple, on peut déduire qu'il n'y a pas
de termes pour caractériser ce qu'il faut appeler
excès de population.

A l'inverse de Malthus, je pense que les gouvernants doivent augmenter le peuplement d'un pays et
ne jamais s'attacher à le restreindre.

La population nombreuse est une cause de forces,
car elle agrandit l'activité humaine, l'oblige à se
créer des moyens d'existence par la lutte contre la
nature. L'homme est l'outil de Dieu pour le progrès :
plus l'outil sera nombreux, plus le progrès s'effec-
tuera rapidement.

L'excès de population sur un point donné amène

les émigrations vers d'autres contrées. Cela est donc une cause efficace de croisement entre les hommes et de transformation du globe.

Les races supérieures, se trouvant à l'étroit chez elles, iront chercher forcément un autre climat; de de là résultera nécessairement la conquête du monde.

Il y a donc intérêt humanitaire à accroître la fécondité des hommes et nuisance à l'amoindrir.

Toutefois, il faudrait développer surtout la population des campagnes; car elle est plus vivace, plus morale, plus directement utile à l'amélioration du globe que la population des villes.

Le genre humain étant parvenu au sommet de sa perfection, quel sera le rôle du nord et du midi?

Le Midi sera plus peuplé, car la fertilité y est plus considérable et la consommation alimentaire y est moins forte qu'au Nord.

Mais le Nord aura la maîtresse influence, parce que sa population est plus rationaliste que celle du Midi. Elle est plus forte par la constitution de son territoire.

L'homme est la principale richesse d'une nation : c'est son capital le plus net. Les économistes ont donc eu tort de considérer l'excès de population comme une cause d'appauvrissement du capital social. L'homme bien dirigé, avec une bonne organisation de la société, est le premier agent de production des moyens d'existence. Le considérant même comme machine à fumier, il serait un grand producteur. D'après les lois de l'harmonie universelle, il doit par lui-même rendre, en substances fertilisantes, autant qu'il lui enlève en substances alimentaires.

CHAPITRE XIX

VARIÉTÉS MORALES DE L'ESPÈCE HUMAINE

Conservateurs et progressistes

Les hommes considérés d'après le rôle qu'ils jouent dans la marche progressive de l'humanité, se divisent en deux grandes classes : les conservateurs et les progressistes. Il semble que nous sommes destinés falement les uns à pousser l'humanité vers la perfection, les autres à la maintenir dans le *statu quo*, ou à la faire rétrograder. Je dis fatalement ; car celui qui est conservateur ou progressiste en Europe, serait progressiste ou conservateur, en Océanie, en Amérique, en Sibérie, en Chine ou au Japon ; l'aurait été il y a mille ans ou deux mille ans.

Le *conservateur*, quelles que soient sa race, son intelligence, sa patrie, son époque, est l'homme du passé. Il le respecte comme la loi de Dieu. Il éprouve une haine, une méfiance instinctives, contre l'inconnu. Une idée nouvelle, un dogme nouveau, un fait nouveau appliqué à la matière ou à l'esprit, lui paraissent une perturbation, un mal dans l'humanité.

Le *progressiste*, indépendamment de tout milieu ambiant, est entraîné par une attraction particulière vers l'inconnu. Ayant peu de respect pour le passé, il est toujours disposé à l'abandonner, afin de se jeter dans l'avenir. Il a confiance aux destinées illimitées du genre humain.

Étaient *conservateurs*, les hommes qui dévoraient leurs prisonniers de guerre, lorsque les progressistes disaient : « Il vaut mieux faire esclaves nos prisonniers; » qui pratiquaient les sacrifices humains, lorsque les progressistes disaient : « Le sang de l'homme n'est point agréable à Dieu; » qui voulaient des esclaves, lorsque d'autres voulaient l'abolition de l'esclavage.

Étaient conservateurs encore ceux qui repoussaient les doctrines du christianisme, et conservaient celles du polythéisme; qui ont allumé le bûcher de Jean Hus, de Jérôme de Prague et d'une multitude de malades appelés *sorciers*; qui ont rejeté l'imprimerie, les armes à feu, le libre examen, la liberté de la pensée et de la conscience, qui ont persécuté Gallilée, les savants, les naturalistes, comme impies, parce qu'ils expliquaient l'univers; qui ont excommunié les animaux malfaisants, tels que rats ou sauterelles, plutôt que de s'en débarrasser par des moyens matériels; qui, enfin, ont repoussé par tous leurs efforts les progrès physiques ou intellectuels du genre humain : ainsi, la presse, la traduction des livres sacrés en langue vulgaire, l'anatomie, la chimie, la vaccine, la vapeur, les chemins de fer; qui prétendent que les hommes sont trop nombreux sur la terre; que les uns doivent être nécessairement malheureux et les autres heureux; que celui-ci et ses enfants doivent nécessairement travailler pour le plus grand bien-être de celui-là et de ses enfants; qui décrètent enfin la misère éternelle des masses, au profit d'un petit nombre de privilégiés.

Ceux qui mettaient à prix la tête de leurs ennemis

politiques, comme Philippe II, promettant des richesses, des titres de noblesse et des honneurs à
l'assassin de Guillaume le Taciturne; ou comme les
agents des Bourbons offrant une somme énorme à
Maubreuil pour lui faire assassiner Napoléon; ou
comme le ministre Decaze donnant vingt mille francs
à celui qui a livré Didier, le conspirateur de Gre-
noble; ou comme les généraux d'Afrique payant les
oreilles ou les têtes d'Arabes; ou encore comme les
généraux anglais payant aux Indiens les chevelures
des Américains dans la guerre de l'indépendance :
tous ces hommes étaient d'éminents conservateurs;
ils étaient les hommes de la tradition, les hommes
du passé, les hommes se reportant de pensée et d'action vers les anciens temps.

Furent *progressistes*, au contraire, ceux qui ont
agi à l'inverse des conservateurs. Celui qui le premier a domestifié le cheval, le chien, le chameau, le
bœuf ou l'âne; qui adopta l'idée ou le fait nouveau
appliqué à la matière ou à l'esprit; qui a recherché
les inventions et les inventeurs ; qui a voulu la
science, la liberté absolue, la raison, la marche ascendante du genre humain était progressiste.

Certaines races dans l'humanité, certains partis
dans chaque race ou chaque nation, sont plus spécialement conservateurs ou progressistes.

Les Chinois, les peuples de l'Indoustan, les Japonais, les nations du type jaune ou brun, sont plus
particulièrement conservateurs.

Les nations du type blond, comme les Scandinaves, les Germains, une partie des Français, les
Anglais, sont plus particulièrement progressistes.

Les catholiques en Europe sont conservateurs ; gens de l'autorité temporelle et spirituelle, gens de la foi, de la soumission, de la raison, de l'obéissance aux souverains, même quand ils sont des tyrans, gens du droit divin, gens, enfin, de la légende, de la tradition, du passé, gens ennemis de l'avenir perfectible sur cette terre.

Les protestants, les quakers, les unitaires surtout sont progressistes. Ils veulent le libre arbitre, la raison.

Ces deux manifestations de l'esprit ont eu chacune leurs adeptes et leurs martyrs. Les uns, sous nos yeux, meurent pour l'autorité, les autres pour la liberté ! Les républicains, en France et en Europe, se sont fait tuer pour la liberté ; ils étaient progressistes. Les Vendéens qui périssaient en criant : *Vive le roi ! Vive l'autel !* étaient conservateurs. Les anciens qui préféraient la mort au christianisme, étaient des martyrs conservateurs. Les chrétiens qui la préféraient au polythéisme, étaient des martyrs progressistes. Les Russes qui, sous Pierre le Grand, ont donné leur tête plutôt que de couper leur barbe, étaient conservateurs. Les hommes qui, consciencieusement, combattent l'émancipation du genre humain, sont également conservateurs.

En suivant ces deux systèmes opposés, les hommes obéissent à une mission providentielle. Ils agissent, sans savoir par quelle main ils sont conduits. Intrinsèquement, ils peuvent être aussi estimables les uns que les autres : relativement, les progressistes ont seuls fait avancer le genre humain. Sans eux, nous en serions encore aux temps primitifs, l'homme

ne serait guère plus que les orangs et les chim-
panzés. Ils sont, en effet, l'énergie créatrice, l'espérance, l'avenir, le progrès incarnés : les autres sont
le *statu quo*, la somnolence, le regret, le passé incarnés.

Les conservateurs forment les masses : les progressistes forment les minorités, mais l'élite du genre
humain. Ils sont les véritables *enfants des dieux*,
c'est à dire les natures supérieures.

Le bien est difficile, le mal est facile et généralement triomphant : c'est pourquoi il y a plus d'avantages à être conservateur qu'à être progressiste. C'est
pourquoi aussi les progressistes furent appelés impies, perturbateurs, sacriléges, ennemis des dieux
ou de Dieu, selon le temps, ennemis de la société,
fauteurs d'anarchie et gens livrés à des passions
mauvaises.

Qu'ils ne se laissent pas influencer par les vocifé-
rations de leurs adversaires; qu'ils marchent toujours sans se préoccuper du passé. Ils ont une mission divine. Ils sont les *porte-progrès*. Un jour le
genre humain leur vouera une reconnaissance éternelle, car il reconnaîtra qu'eux seuls l'ont tiré des
ténèbres et des vices de l'animalité primitive. L'oubli
sera pour les conservateurs : car avec eux seuls,
l'homme mangerait encore le corps de son prisonnier. Il boirait dans son crâne. Il tuerait son semblable en l'honneur de la Divinité. Il rôtirait les
sorciers, les hérétiques. Il excommunierait les rats
ou les lapins. Un peuple entier se soumettrait au caprice d'un roi qu'on nommerait l'oint du Seigneur.
Il y aurait castes de malheureux et d'heureux. Il y

aurait exploitation de l'homme par l'homme en tout et partout. Le genre humain entier serait encore enveloppé des langes de la sauvagerie et de la barbarie. L'homme serait encore un loup pour l'homme, un animal à deux pattes et à station verticale. Tels sont les rôles de ces deux grandes variétés morales du genre humain, *conservateurs* et *progressistes*.

Enfants des dieux

La Bible nomme les *dieux* la collection, la concentration en un seul Dieu, de tous les attributs de la Divinité. J'appelle *enfants des dieux*, celui qui réunit, concentre en soi les plus nobles qualités de l'espèce humaine.

Les *enfants des dieux* se rencontrent partout. Les siècles les moins féconds, les races les plus infimes en comptent quelques-uns. Cependant ils sont plus nombreux chez les peuples chrétiens et surtout chez les nations de race blonde.

Ils naissent rarement au sein des familles princières. Sur la longue filiation des rois de France, je ne vois que Louis IX qui en soit un.

Les créateurs de religions, les prophètes, les voyants, les remontrants, les prêtres, les voyageurs, les missionnaires bouddhistes, musulmans, chrétiens, les sœurs de charité, les utopistes, les démocrates, les abolitionistes, les philosophes; voilà ceux parmi lesquels on trouve ordinairement les *enfants des dieux*.

Ils ont pour caractères distinctifs :

L'amour humanitaire, la bienveillance envers les

êtres animés, le désintéressement, le dévoûment aux intérêts généraux, le mépris du luxe et des voluptés, le dédain de la célébrité, la persévérance, le courage réfléchi, le calme de l'âme, une mélancolie indulgente et une certaine dignité personnelle indéfinissable. Mieux que les autres ils dominent les besoins du corps, faim, soif, sécrétions, transition atmosphériques. Leur organisation est moins matérielle que celle des enfants des hommes. On remarque que la *fille des dieux* est moins soumise que les femmes ordinaires aux conditions organiques du sexe.

Pythagore, Numa, Confucius, Bouddha, Socrate, Épaminondas, Phocion, Cincinnatus, saint Paul, Marc-Aurèle, Épictète, saint Bernard, Jeanne-d'Arc, Loyola, Bayard, François-Xavier, Mélancthon, Wilberforce, Washington, Latour d'Auvergne, etc;

Alfred le Grand d'Angleterre; car né vicieux il se moralisa; né fier, il se rendit accessible à tout le monde : il protégea la science dans un temps d'ignorance, il voulut par dessus tout le bonheur et l'amélioration des hommes;

Les Gracques, car reniant leurs droits et préjugés de race privilégiée, ils voulurent affranchir le peuple;

Les califes Aboubeker et Omar, car disposant des richesses de la moitié de la terre, ils vécurent pauvres et sans faste; mieux obéis et plus puissants que les empereurs romains, que les monarques absolus de l'Asie, ils employèrent leur pouvoir au profit de la justice et de l'amélioration des malheureux;

Grégoire VII, car il réforma la papauté, les mœurs du clergé dans l'intérêt des nations chrétiennes; il prit l'autorité sur les rois au nom d'un intérêt moral; il fut le véritable chef de la république chrétienne;

Saint Louis, car il fut constamment dévoué au bonheur de son peuple; il se sacrifiait pour les masses et devint une vivante image de la Divinité ici-bas;

Le chancelier de l'Hôpital, car il resta calme au milieu des passions politiques et religieuses de son temps; désintéressé au milieu d'une cupidité générale, réclamant sans cesse la modération, quand tous ses contemporains réclamaient les supplices et le sang;

Crillon, car il fut désintéressé, alors que tout le monde poursuivait la richesse; il refusa de s'associer aux assassinats des huguenots, bien que fervent catholique; il vécut pour l'honneur, la probité, la dignité humaine, et persévéra, quoique sifflé, injurié, calomnié par les corrompus et les courtisans de l'époque; il osa toujours dire la vérité aux rois, quand tout le monde se prosternait devant eux; il employa ses revenus à secourir les malheureux, lorsque les riches de ce temps consacraient leurs richesses à vivre au sein de la débauche;

François de Sales, car il fut doux, patient, tenant peu aux choses de la terre, courageux, dédaignant les grandeurs, disant la vérité aux rois et aux peuples et se laissant guider uniquement par l'amour du bien;

L'Espagnol Gasca, car vainqueur de Pizarre et de ses complices, maître de la vie et de la fortune des vaincus, vivant au milieu des pillards, des débauchés, d'hommes cupides et cruels, il resta une pure émanation du prêtre chrétien. Il sut tenir le pouvoir d'une main ferme, pour l'intérêt universel;

Vincent de Paul, car il fut simple, dévoué, intrépide au bien, charitable au delà de toute expression, soignant les galériens, les orphelins; sa vie est une série d'actes de bonté, de courage et de dévoûment;

Fénelon, car il fut tolérant, malgré le fanatisme contemporain;

Bonchamp et Marceau, car ils furent humains à l'égard de leurs soldats et de leurs ennemis;

Alexandre de Russie, car il chercha à conquérir l'amour de ses peuples; il mit la loi au dessus de la volonté du souverain, il jeta le premier germe de la liberté en Russie, fut bienveillant et généreux à l'égard des ennemis de son pays, préféra la politique de l'humanité à la politique nationale et devint le génie de la paix;

Sont quelques-uns des *enfants des dieux*.

Le plus complet est Jésus-Christ. La variété la plus rare après Jésus-Christ est celle qui comprend les Cincinnatus et les Washington, c'est à dire la puissance qui s'annihile en faveur de la patrie.

Missions et devoirs des enfants des dieux

Ils font essentiellement partie de cette humanité souffrante et militante, qui combat sans interruption pour l'amélioration du genre humain et de l'univers.

Leur mission est d'entraîner ou de pousser vers le progrès ascendant.

Leur destinée est la souffrance morale et physique,

principalement la tristesse, souvent le découragement. Fréquemment en récompense du bien qu'ils font, ils ne recueillent que les huées et le mépris de leurs contemporains. Tel fut le sort de Jésus-Christ, tel fut aussi celui de Socrate, de Jean Hus, de Galilée, de Colomb, des missionnaires, des démocrates modernes.

Le globe entier est leur patrie. Ils sont les citoyens du monde plutôt que les citoyens d'une nation. Pour eux, la famille est moins que la cité, la cité moins qu'un peuple, un peuple moins que tout le genre humain.

Ils doivent se sacrifier, non pas à une personne, mais à une idée féconde, à une collection d'intérêts. L'*enfant des dieux* qui se dévouerait à sa famille, à son amant, à sa maîtresse, à un ami, à une individualité quelconque, lorsqu'il peut se dévouer à la façon de Lucrèce, de Curtius, de Socrate, de Jésus-Christ, d'Eustache de Saint-Pierre, de Belzunce, des voyageurs martyrs, de d'Assas, commettrait une faute.

Qu'ils fuient les applaudissements, l'approbation et les honneurs des hommes. Qu'ils ne se laissent pas décourager à la vue du mal dominant sur la terre; car le mal régnera tant qu'ils ne dirigeront pas les sociétés. Qu'ils nient le présent et le combattent. Qu'ils ne vivent pas trop dans leurs souvenirs et aspirent de préférence vers l'avenir. Que la conscience soit leur guide sans se préoccuper des anathèmes lancés contre eux. Qu'ils obéissent quand même à ce génie qui les appelle, génie que Socrate nommait son démon familier, Jeanne-d'Arc ses voix ; génie par lequel Christophe Colomb se sentait entraîné vers le nouveau monde ; génie qui a inspiré tant de voyants et de croyants. Ils sont du reste en dehors du siècle ; qu'ils ne puisent donc pas leurs règles de conduite en lui.

Si l'*enfant des dieux* est poète, il ne fera pas l'éloge des puissants ; il réservera ses chants pour consoler, encourager les déshérités, les malheureux. Il écrira des odes plutôt que des chansons, et des satires de préférence aux épigrammes. Roi, il gouvernera à l'instar des premiers califes et de Louis IX. Général d'armée, il soulagera les victimes de la guerre, tel que Bonchamp. Prêtre, il verra sans antipathie un culte rival et ne damnera personne, comme Fénelon. Écrivain, il ne vendra jamais ses pensées et ne sera point guidé par le désir du gain ; aux jouissances de la dépendance, du mercantilisme, du luxe, il préférera la médiocrité, la misère, l'indépendance, à l'imitation de nos compatriotes Anquetil-Duperron et Monteil. Philosophe, il s'attachera non pas aux mots, aux systèmes, mais à l'étude des êtres et à l'échelle mystérieuse qui les unit.

L'*enfant des dieux* doit se mettre en quarantaine parmi les hommes, vivre dans l'isolement et le recueillement une partie de sa vie. Puis chaque jour consacrer quelques instants à méditer sur ses devoirs, sur l'humanité, l'univers et Dieu, quoique la Divinité reste toujours l'indécouvert, l'indécouvrable.

Qu'il n'accorde point sa pitié au héros de roman et de drame, mais aux malheurs réels. Qu'il la réserve pour ces milliers d'êtres souffrants qui pullulent à la surface de notre planète depuis tant de milliers d'années. Qu'il ne la mette point au service d'une individualité, tandis que les masses gémissent sous la douleur. L'enfant des hommes donne sa pitié aux malheurs illustres, aux rois, aux reines, aux grands de la terre. L'enfant des dieux la donne aux délaissés, aux petits, à la ribaudaille, au peuple; car c'est sur le peuple que s'implantent toutes les souffrances.

S'il lui faut pour vivre devenir courtisan, abandonner les déshérités au profit des privilégiés, renoncer à vulgariser ses idées d'amélioration, faillir à son mandat, alors il doit se tuer. Le suicide lui est permis. La mort dont il se frappe est une anticipation de quelques années; immoler le corps, dans ce cas, est une sauvegarde, une œuvre de reversibilité surérogatoire : tandis qu'avilir l'âme par l'abandon de sa mission et de ses devoirs serait un crime et un scandale.

Les diverses religions ont placé au rang des saintes, des femmes qui ont préféré le suicide au viol. L'admiration des siècles est acquise à Cynégire, à Scévola, à d'Assas, à Bisson, à tous ces hommes d'élite qui, en face de la mort ou du déshonneur, ont dit à la mort : « Viens, sois ma fiancée. » *Enfants des dieux* imitez-les; car vous devez l'exemple.

Le fils des hommes se livre à une reine, à une femme riche comme mari ou amant, bien qu'il la méprise comme femme. Tous les jours la fille des hommes se livre à un riche vieillard, en devient l'épouse; l'Église et la société sanctionnent cette action. Or cela n'est cependant qu'une prostitution légale. En pareille occurrence, le *fils* ou la *fille des dieux* recourent au suicide plutôt que de faillir. Ils ne relèvent que de Dieu ou de la conscience.

Petits-fils des dieux

Les *petits-fils des dieux* sont ces natures supérieures qui, sans être dirigées par le devoir, le désintéressement, l'amour humanitaire, améliorent les hommes en les charmant.

Leur mission est de plaire, de jeter des fleurs et des parfums au milieu des épines de ce monde, de parler à l'imagination, au sentimeut plus qu'à la raison.

Ils naissent à toute époque et dans tous les rangs de la société, quelles que soient la race ou la nation. Néanmoins les temps primitifs les produisent en plus grand nombre. Le positivisme, les sciences exactes les empêchent de se développer.

Vous les trouvez parmi les mythologues, les poètes, les troubadours, les bardes, les trouvères, les artistes, les fabulistes, les romanciers et ces femmes aimantes ou habiles dont le souvenir nous sourit à travers les temps et l'espace.

Hésiode, Homère, Orphée, Job, Sapho, Aspasie, Phryné, Ovide, Horace, Virgile, Phidias, l'Arioste, le Dante, le Tasse, Camoëns, Milton, Ninon de Lenclos, Mozart, Rameau, Haydn, Byron, Talma, Walter Scott et tous leurs similaires, depuis Esope jusqu'à Casimir Delavigne et nos autres contemporains, sont les *petits-fils des dieux*.

Leur devoir est de révéler le poétique, le beau, de vulgariser l'esthétique. Leur destinée est de conquérir les applaudissements des hommes, d'exciter l'enthousiasme et d'enlever d'assaut les sympathies de leurs contemporains.

L'amour de la gloire est leur principal mobile.

Entourés d'un bonheur apparent, ils vivent souvent malheureux; car, sans avoir autant de force morale que l'enfant des dieux, ils sont spécialement exposés aux illusions et aux découragements.

Ils ignorent souvent les moyens d'assurer leur existence matérielle, dominés qu'ils sont par la recherche du beau à travers le domaine de l'imagination.

L'humanité entière leur doit beaucoup d'indulgence. Il faut beaucoup leur pardonner. A leur insu, ils sont souvent les propagateurs de l'erreur. Cependant il ne faut pas les chasser de notre république. Gardons-les comme des oiseaux chanteurs, sans leur laisser la direction de la société.

Ils sont aussi les citoyens de l'univers. Ils sont placés ici pour nous conserver les joies de l'esprit, l'amour du beau idéal, pour maintenir le genre humain dans les féeries de l'idéalisme.

C'est pourquoi chaque nation ne devrait pas seulement nourrir les siens sur les fonds de l'Etat; mais tous les peuples devraient se cotiser, afin de leur rendre l'existence agréable.

Quand le bien dominera sur la terre, que l'humanité sera perfectionnée, le *petit-fils des dieux* chinois d'origine sera entretenu aux frais de la Russie; le *petit-fils des dieux* né à Londres, Paris, Pétersbourg ou Florence, recevra une subvention des habitants de Pékin, New-York, la Mecque ou Lima.

Or ce sera là une légitime indemnité que le genre humain accordera *aux petits-fils des dieux*, en compensation des joies qu'ils lui procurent.

Qui de nous ne se priverait pas d'un repas par jour, pour l'offrir à Phidias, à Homère, à Cervantes, Raphaël, Mozart, Boïeldieu, à la condition de les voir peindre, sculpter encore, à la condition de les entendre encore nous chanter les chants harmonieux.

Les enfants des démons

Je désigne sous ce nom les hommes supérieurs qui, entachés d'égoïsme, n'ont pas d'autre but que de tout sacrifier à leur personnalité.

Ils sont les exploiteurs, les dévorants de l'espèce humaine; soit qu'ils se livrent à leurs passions charnelles, soit qu'ils s'abandonnent aux passions du sentiment et de l'intelligence.

Leur principal mobile est la force et la ruse.

Leur mission est de maintenir le genre humain dans les ténèbres et le mal. Ils furent nombreux en tous temps et en tous pays. Plus autrefois qu'aujourd'hui, plus chez les polythéistes que chez les chrétiens, plus chez la race brune que chez la blonde. Ils se rencontrent surtout aux époques de transformation sociale et de guerre civile.

Les familles princières et aristocratiques, les fourbes, les voleurs, les libertins, voilà les catégories humaines qui les enfantent de préférence.

La plupart des noms historiques révèlent des *enfants des démons*, Alcibiade, Sylla, Marius, Sempronie, Cléopâtre; presque tous les empereurs romains, Attila, Frédégonde, Gengis-Khan, Tamerlan, Des Adrets, Pizarre, Philippe II, Cromwell, Cagliostro, le régent d'Orléans, le cardinal Dubois, Catherine de Russie, Arnold, Foucher, Talleyrand, Walpole, Clive, Hastings, Napoléon, etc., en font partie. Presque tous ceux qui ont exercé le pouvoir religieux, militaire ou civil, depuis Sésostris jusqu'à nos jours, doivent être comptés au nombre des *enfants des démons*.

Ordinairement ils ont beaucoup d'adhérents. On peut dire même que l'universalité des hommes se met de leur côté; parce que l'égoïsme étant universel, ils retrouvent chez les fils des démons, les sentiments qu'ils ont eux-mêmes. Vivre aux dépens de son voisin, voilà l'histoire humaine. L'abattre ou le tromper, voilà ce que nous cherchons, ce qui nous rend illustres.

Jusqu'à ce jour, les *enfants des démons* ont dirigé l'humanité par les lois, la politique, la religion, les armées. Ils ont travaillé à retarder l'émancipation humaine. Ils ont combattu la liberté et l'égalité. Ils ont été le mal incarné, les adorateurs de leur personnalité, les partisans des priviléges et de l'inégalité. Leur règne durera longtemps encore. Ils seront encore, durant bien des siècles, estimés, obéis, honorés. On les représentera comme des modèles et des hommes qui méritent notre admiration.

L'enfant des démons, chef de l'État, appelle rébellion, passions mauvaises, toute aspiration du peuple vers la liberté. Il gouverne de manière à sacrifier les masses à un petit nombre de privilégiés. Ministre

des autels, il fabrique des miracles, vend des indulgences, devient un vendeur dans le temple, immole
le pauvre au riche et fulmine contre le développement de la science et de la raison. S'il est poète, il
encense les grands et injurie les malheureux, la *vile
populace*. Magistrat, il fait de la justice politique.
Citoyen, il espionne, dénonce ses amis. Il accable
d'invectives le parti vaincu. Il marche sur la main
de celui qui a la jambe cassée. Un revirement arrive-
t-il, il crie alternativement plus haut que tout autre :
Vive la monarchie! vive la république! Il se prosterne au pied du pouvoir qui s'élève, et s'éloigne du
pouvoir qui s'en va. Historien, il invoque l'histoire
pour démontrer que la misère est éternelle parmi les
hommes, que ceux qui rêvent une amélioration sont
de coupables utopistes. Philosophe, il soutient, à
l'aide de la métaphysique, que les malheureux mourant de faim sont libres et heureux, que les dépossédés sont riches, parce qu'ils ont la propriété de leurs
corps. Bref, quelle que soit sa condition sociale, l'*enfant des démons* allie la lâcheté au courage, l'hypocrisie à la candeur, un vernis d'amour humanitaire
à un mépris profond pour les hommes. Il est avant
tout son Dieu. Il fait ce que nous voyons faire par
les rois, les ministres, les grands, depuis le commencement du monde : exploitation de l'humanité et
mal. « Qu'elle périsse plutôt que je ne jouisse pas des
« honneurs de la fortune, du pouvoir. Les hommes
« doivent être châtiés, gouvernés par la ruse et la
« force. » Ou bien encore : « Mes ennemis, je les
« poursuis à outrance jusqu'à ce que je les aie ren-
« versés. Quand ils sont par terre je leur mets le

« pied sur la gorge, et je me fais un piédestal de leur
« corps (1). »

Voilà ses doctrines et ses actions.

L'*enfant des démons* exerce sur les hommes une
attraction mêlée de crainte, de respect et d'estime ;
et cela parce qu'il est naturel d'honorer ce qui fait
mal ; aussi voyez comme les grands destructeurs
d'hommes captent nos sympathies. Qui nommons-
nous illustres? Sont-ce les bienfaiteurs, l'inventeur
du premier moulin, du premier bateau, de la première rue! Non, nous ignorons leur nom. Dès notre
enfance, nous connaissons Alexandre, jeune fou qui,
pendant douze ans, mit l'Asie en cendres ; César qui
a tué quatre millions d'hommes, Gengis-Kan qui en
tua cinq millions, Tamerlan qui en tua autant, Clive
qui fit périr de faim quatre à cinq millions d'Indiens,
Bonaparte qui a tué cinq millions d'Européens pour
sa plus grande gloire personnelle. Chefs de guerre,
ministres, pirates, inventeurs de miracles, fourbes
et filous de vertus, dévorants, exploiteurs par la
force et la ruse, enfants des démons, gens doublés
d'égoïsme et de fourberies, voilà ceux que le genre
humain connaît et honore. Voilà ceux par lesquels il
s'est laissé gouverner, c'est à dire tondre et retondre.

Cependant, un jour les fils des démons finiront par
disparaître. Les enfants des dieux, aidés des petits-
fils des dieux, dirigeront le genre humain. Alors, ce
qu'on appelle maintenant utopie, sera appliqué sans
peine.

Généralement les fils des démons, des dieux, les

(1) Ces dernières paroles sont celles d'un évêque français contemporain. Il dit que suivre cette maxime c'est être logique.

petits-fils des dieux, sont revêtus d'un caractère indélébile. Ils sont, vieux, ce qu'ils étaient, jeunes. Les leçons de la vie ne les changent pas. Cromwell et Bonaparte, malgré leur expérience, auraient-ils vécu un siècle, seraient restés hypocrites et despotes. Fénelon, malgré les plus criantes injustices, serait resté doux et bienveillant, et le régent d'Orléans, corrompu, nonobstant les plus sages remontrances et les plus nobles exemples.

Lorsqu'il survient un changement subit en eux, ce n'est pas une aptitude nouvelle qui s'implante, c'est une aptitude endormie qui s'éveille.

Quelquefois ils surgissent tout à coup du milieu de la foule, sans que leurs antécédents aient révélé leur existence.

Quelquefois encore il vient des hommes qui participent à cette triple variété, mais cela est rare. Un type assez fréquent, c'est le *métis*, fils des démons et petits-fils des dieux.

Le pape Léon X en est un exemple. Bienfaisant, aimant à plaire, recherchant la gloire, amateur de la forme et de la matière, il ne croyait point à sa religion. Il riait de ce qu'il appelait la fable du Christ. Il vendait des indulgences sans croire à leur efficacité : et par la religion, exploitait fort habilement la chrétienté.

Le genre humain aux yeux de ces métis, est un troupeau qu'il faut conduire adroitement, afin d'en tirer meilleure chair et meilleure toison.

Aux yeux des enfants des démons, c'est une matière de chair et de sang qu'il faut exploiter par la ruse et la force.

Aux yeux des petits-fils des dieux, c'est une matière qu'il faut séduire et charmer.

Aux yeux des enfants des dieux, c'est une intelligence et une matière qu'il faut améliorer.

Donc, *fils des démons*, faites le mal. *Petits-fils des dieux*, charmez. *Fils des dieux*, faites le bien. En agissant ainsi, vous agirez chacun suivant votre espèce.

Les sacrificateurs

Ce sont des hommes courageux, absolus, pleins de patriotisme et poussant l'amour de l'humanité au delà des limites de la morale vulgaire. De mœurs paisibles et bienveillantes, ils ne répugnent pas cependant à verser le sang de ce qu'ils considèrent comme un ennemi ou un oppresseur.

Judith, Mucius Scévola, que ce soit mythe ou histoire, Corday, Stabs, Frédéric Sand, etc., appartiennent à cette variété. Ils ne sont point guidés par un motif de haine personnelle. Ils agissent au nom d'un intérêt supérieur. Aussi, jamais on ne les considérera comme des meurtriers ordinaires. Harmodius, Aristogiton, Brutus, Ravaillac, Clément, et autres tueurs de rois, furent des assassins. Nous voyons la vengeance, l'intérêt d'un parti, d'une caste, la folie, leur mettre le poignard à la main.

Le véritable sacrificateur accomplit son rôle sans animosité personnelle. Il ne prend point de confident ou d'inspirateur. Le calme de l'âme, la conscience le guident. Aussi, sous la robe ignominieuse des suppliciés, il est plus heureux et plus radieux, que s'il était couvert de la pourpre et du diadème des Césars.

Tant que les rois ou autres chefs des nations domineront par la force, on verra se produire des sacrificateurs. Une dixaine d'entre eux empêcheraient l'oppression de la patrie. Quelques centaines donneraient la liberté au monde. A mesure que l'humanité se perfectionnera, ils deviendront plus rares.

La tentative de Stabs, amena la paix de Vienne en intimidant Bonaparte; celle d'Orsini, a produit l'intervention française en Italie, soit la création d'une nation italienne.

Comme sous-variété de sacrificateurs, nous comprenons tous ceux qui abandonnent la vie avec joie pourvu qu'ils immolent un grand nombre de leurs ennemis. Ce sont : le soldat se jetant l'arme à la main au milieu des bataillons, Bisson se faisant sauter et entraînant à la mort soixante et dix pirates; les Grecs incendiant la poudrière de Missolonghi et mourant avec des milliers de Turcs; c'est encore Samson écrasant avec lui des milliers de Philistins.

Les sacrificateurs diffèrent essentiellement de l'enfant des dieux et du petit-fils des dieux. Chez eux la combativité est développée plus que la bienveillance universelle et l'amour du beau. Ils sont nés pour frapper et moraliser les hommes par le châtiment. L'enfant des dieux améliore l'homme par la persuasion, le petit-fils des dieux l'améliore en le charmant. L'un et l'autre ne sont jamais craints. Les sacrificateurs agissent par la crainte.

Rostopschine est le plus remarquable des sacrificateurs. Sans consulter son prince, ses compatriotes, ses propres intérêts, s'exposant à la haine de la postérité, il brûla Moscou et paralysa les forces des envahisseurs. On lui doit des statues.

Tous les autres qui attaquent un individu, lors même qu'ils auraient délivré la société d'un abominable tyran, doivent être mis à mort ; parce que sans mandat, autre que leurs propres inspirations, ils ont versé le sang humain : ensuite, parce que, s'ils sont épargnés, des assassins ordinaires voudront les imiter. Le sacrificateur est une créature d'élite et exceptionnelle. Il faut que leur nombre soit restreint.

Les condottieri

L'amour de la patrie est faible chez eux. Ils servent de la pensée et du bras toutes les nations, toutes les causes. Parcourant le monde, ils n'ont pas comme l'enfant des dieux le projet d'améliorer l'humanité. Ils sont conduits par la ruse, l'habileté, le courage et l'égoïsme. *Ubi bene, ibi patria*, voilà ce qu'ils se disent et appliquent. Ils ont des affections et des convictions de circonstance.

L'Italie est le pays d'Europe qui produit le plus d'hommes de cette espèce.

Ils ont leur utilité ; car ils tendent à faire accepter la fusion entre tous les peuples. Ils propagent la liberté humaine en montrant qu'on réussit hors du milieu ambiant originel. Si les hommes ne changeaient jamais de patrie, la liberté humaine n'avancerait pas.

Bonneval, Maurice de Saxe, Rossi, etc., font partie de cette espèce.

Les bohêmes

Le fond de leur caractère est, d'une part, la curiosité, non pas celle du penseur et du savant, laquelle cherche à sonder la nature, à s'expliquer les choses, mais cette curiosité impatiente, superficielle, qui cherche des impressions, les remplace sans but, au hasard. D'autre part, il y a chez eux l'aversion du repos et du travail sédentaire. Il faut qu'ils marchent, qu'ils voient sans cesse des objets nouveaux.

Le *bohême* appartient à tous les climats, à toutes les races, à toutes les époques. Néanmoins, il se développe de préférence dans les grandes villes et les climats chauds. L'Afrique, l'Orient, l'Espagne, Paris, Londres, en fournissent de nombreuses bandes. Gai, insouciant, mobile, il réfléchit peu. Il vit au jour le jour. La misère a sur lui peu de prise pourvu qu'il se promène çà et là.

Le *bohême* n'est pas nuisible; mais il est entièrement inutile. Il pourrait totalement disparaître sans nuisance pour la société.

Cette variété comprend le touriste, le vagabond, tous ces individus qui aiment la vie errante, pour lesquels le repos du corps, un domicile fixe, la réflexion, le travail producteur, sont un fardeau, tous ceux qui deviennent mécontents d'eux-mêmes, s'ils n'ont pas d'objets nouveaux sous les yeux.

Les ogres

Gens qui se plaisent à répandre la terreur autour d'eux. Ils ne supportent pas le courage, la dignité humaine parmi ceux qui les entourent. Afin d'avilir, intimider, ils prodiguent la mort, les supplices, les proscriptions, l'exil, quand ils sont chefs d'État : des punitions, des mauvais traitements lorsqu'ils sont chefs d'un autre ordre, depuis le ministre, le général, jusqu'au maître d'école. Ces gens-là sont souvent en colère. Ils ne supportent pas d'opposition. Celui qui le premier a dit : *Sic volo*, *sic jubeo*, *sit pro ratione voluntas*, était un ogre.

Les rois, les papes, les militaires, les professeurs, les Européens possesseurs d'esclaves, Caligula, Iwan le Terrible, Louis XI, Barnabo Visconti, Alexandre VI, etc., sont *ogres*.

Les inventeurs

Ils ont l'œil brillant et enfoncé, le front chauve et vaste, le tempérament bilioso-nerveux ; ils professent un souverain mépris envers ceux qui ne les comprennent pas, ou qui ne les admirent pas, ou qui les contredisent. Opiniâtres, ils affrontent les privations, les soucis, la misère jusqu'à l'héroïsme. Pour perfectionner leurs découvertes, ils renouvellent au besoin le sacrifice d'Abraham.

Ils sont un des nobles rejetons de l'espèce humaine. Sans eux, le progrès n'avancerait pas : nous vivrions comme aux premiers jours de l'humanité. C'est pour quoi, aidez l'*inventeur*; car il est extrêmement utile; mais évitez-le; car il vous dit dix fois ce qu'il vous a répété cent fois.

Le *chercheur de quintessence* est un inventeur avorté. Il a plus d'imagination et moins de causalité que lui. Il est dominé par la folle du logis. A l'entendre, il doit bouleverser le monde : transformer les matériaux communs en or, créer des diamants, monter à la lune, régénérer l'industrie. Lorsqu'il n'y a pas chez lui un grain de folie, il est ordinairement eunuque de l'intelligence, par manque de positivisme.

Il ne peut éjaculer la moindre découverte. Toujours il gît à côté du vrai appliqué, du positif. Ces gens ruineraient une nation si on leur accordait tout ce qu'ils demandent pour leurs expériences, leurs inventions.

Il faut les fuir et ne pas les aider; car ils sont extrêmement ennuyeux, et en les aidant on ne sert point au progrès.

Les variétés morales que nous offrent les animaux se retrouvent chez les hommes : tellement qu'on est fondé à croire que nous avons vécu sous la forme de l'animal avant d'avoir pris notre forme actuelle.

Les *dévots* procèdent du chat. Ils sont fainéants, douillets, hypocrites, gourmands. Ils ont le regard brillant et sournois des bêtes du genre félin.

Les *persécuteurs* proviennent des chiens de chasse. On leur dit : mordez, et ils mordent; déchirez, et ils déchirent. Puis ils viennent au maître demander une caresse, des éloges, la nourriture. La guerre civile qui n'est qu'une chasse d'un parti contre un autre, enfante beaucoup de persécuteurs, c'est à dire d'*hommes-chiens*.

Celui-ci dans ses amours est chien. Celui-là est oiseau.

Voyez cette Vénus que vous couvririez de mille et mille baisers. Eh bien, ce n'est qu'un *enfant des crocodiles*. Elle mange des aliments putréfiés. Les chairs faisandées ont pour elle plus d'attrait que toute autre.

Le *poète de cour* est un mélange de chien, de laquais et d'oiseau chanteur.

Le *savant* est un composé de bœuf ou d'ours, et de fourmi.

Le *voyageur* est une quantité aliquote des animaux émigrants.

L'*athée* a généralement le front développé quand il appartient aux races supérieures. Je parle de l'athée par réflexion et non de l'athée par incapacité cérébrale.

Il est ordinairement meilleur que le dévot individuellement ou collectivement; car le dévot persécute et l'athée ne le fait pas. L'athée bienfaisant est souvent au dessus du saint; car celui-ci fait le bien pour avoir une récompense dans le ciel ou par crainte de l'enfer, l'autre le fait par sympathie pour l'homme ou la nature animée. Il a plus de désintéressement absolu. Or le désintéressement absolu est une qualité des plus rares.

Les *mystificateurs* sont ceux qui par intérêt et beaucoup plus par plaisir personnel, aiment à tromper l'humanité. Ils ont un profond mépris de l'homme. Ils sont habituellement austères, réfléchis, maîtres

de leurs pensées et de leurs mouvements. Les gens
de religion, les médecins, les astrologues, les nécromanciens, les femmes galantes, sont ceux qui
les produisent principalement. Ils abondent dans
les contrées ignorantes. Nous rangeons parmi eux
nos compatriotes. Nodier, d'Eon, Bonaparte, puis
chez les étrangers, Sixte-Quint, Mesmer, Macpher-
son.

Les *conquérants* tiennent du voleur et du comédien. Ils ont la cupidité, l'amour de l'approbation. Ils
sont égoïstes, querelleurs.

Ceux qui ont conquis les applaudissements publics ont toujours quelques grains de coquinerie ; car
pour plaire il faut être un peu vicieux, Alcibiade,
Conti, Voltaire, etc., en sont la preuve.

Le *saint*, est un composé de bile, de misanthropie,
d'espérance en la vie future et de mépris des joies
terrestres. Il n'existe pas avec un corps gras, un visage rubicond, un appétit vigoureux.

Les saints de l'avenir, seront aussi les inventeurs,
tous ceux qui ont poussé l'humanité en avant. Au
lieu de représenter par des légendes religieuses, apparitions de démons, d'anges, destruction de monstres, miracles et autres aberrations de l'imagination,
le spectacle de leur vie, on dira d'eux la vérité. On
représentera leurs combats contre eux-mêmes, leurs
contemporains, la matière, leur milieu ambiant quelconque, leur martyre ou leur triomphe, leurs succès
ou leurs défaites. Ces saints seront ceux du positivisme. Ils seront entre autres, James Watt, Fulton,
Guttenberg, Desclieux, etc. Leur vie ne sera pas un
mythe ou une farce comme celle des saints de l'ima-

gination, Jean de Compostelle, Janvier, Guigno-
let, etc.

Parmi les grands écrivains du temps passé, les
plus remarquables furent constamment irrités contre
leurs contemporains. Ils doivent leur succès à la
colère ou à la misanthropie. Ceux du règne des
enfants des dieux devront leurs succès à la tranquillité, à la puissance de l'âme. Ils ne seront point irrités. Ils seront indulgents et charitables. Comme
Jésus-Christ, on les verra souvent pleurer et jamais
rire.

Les hommes de génie, jusqu'à ce jour, furent d'une
haute capacité intellectuelle et d'un misérable caractère. Ils sont un mélange d'orgueil et de bassesse.

Le *chanteur de cantiques* porte des habits longs et
mal faits. Il a une démarche pesante, un air modeste.
Sa chevelure est dans un désordre prétentieux. Il a
l'œil porté vers le ciel et l'esprit porté vers la terre ;
car il est parasite, gourmand et luxurieux. Il se
donne une physionomie humble, sainte et polie. Il
répète certains mots religieux : Doux Jésus, pain des
anges, Sauveur des âmes , Rédempteur (chrétien),
Esprit de Jéhova ! Dieu d'Israël (juif) !

Le *compositeur de cantiques* est habituellement un
mélange de libertin, de sycophante, de religieux.
Les poètes libertins comme l'Arétin, Santeuil, David,
Salomon, ont composé des cantiques.

Les écrivains religieux, soit ces individus qui ont
écrit ces millions de volumes en matière théologique, sont encore de la tribu des libertins, des ra-
geurs et des sycophantes.

Les *viveurs par l'amour* composent une tribu très

nombreuse. Femmes, elles dominent en flattant la vanité de l'homme. Hommes, ils dominent en s'adressant à la pitié de la femme. Ils sont aussi maîtres en voluptés.

Les *réformateurs*. L'histoire constate qu'ils sont nés dans les classes supérieures. Moïse, Bouddha, Zoroastre, Zorobabel, Esdras, Solon, Lycurgue, Numa, Pythagore, Manou, Confucius, Zaleucus, le Christ, Mahomet, Dunstan d'Angleterre, Grégoire VII, saint Louis, etc., vivant hors des besoins matériels dès leurs premières années, ils deviennent plus sympathiques envers les malheureux. Ils ont plus de temps pour réfléchir. Ils peuvent mieux se spiritualiser. L'individu né parmi les classes laborieuses a reçu des aptitudes héréditaires qui l'empêchent de consacrer du temps à la réflexion, à combiner des systèmes sociaux. Héréditairement il est plus égoïste.

De là je pense qu'il est indispensable au progrès du genre humain d'avoir quelques familles supérieures par hérédité. Elles pourront enfanter des *avatars*.

Au total, l'homme est un assemblage de facultés animales et humaines. Du potentat, du législateur au vagabond, cela est ainsi.

VARIÉTÉS MORALES DES PEUPLES

Lorsque Dieu créa le genre humain, il mélangea, tritura l'esprit vital des animaux qui avaient précédé l'homme, il l'ajouta à un principe vital nouveau, de sorte que l'humaine espèce, offre une ressemblance avec les animaux dont elle a une partie aliquote. Il fit néanmoins prédominer l'esprit vital du singe, du paon et du loup, comme caractères génériques et laissa se manifester l'esprit vital des autres bêtes, comme caractères spécifiques.

Dieu destina le genre humain à être massacré par les soldats, à être mystifié par les prêtres, séduit par les artistes et les poètes, à servir de pâture aux *fils des démons*, à faire rire les démons, à être racheté par l'*enfant des dieux*, les savants positivistes et les industriels.

Chaque nation présente un caractère différentiel de l'animalité et peut considérer tel ou tel animal comme son type et son frère.

Le *Français* est un coq. Comme cet oiseau il est vantard, bruyant, batailleur, vaniteux : ne peut s'éloigner de son clocher : aime à courtiser la femme d'autrui. Il forme un peuple d'adolescents, sympathique, léger de caractère et de tête, peu capable de se gouverner par la raison, demandant à ses chefs deux choses seulement, la bravoure et la représentation théâtrale. Il excelle dans toutes les œuvres de goût. C'est le meilleur cuisinier, maître de danse, professeur de maintien de tout l'univers. Spécialement né pour révolutionner le monde, il se soumet merveilleusement au despotisme d'un seul homme. Un tyran habile comme le fut Bonaparte devient un demi-dieu en France. Il peut tout faire et être assuré de l'impunité. Le fer du sacrificateur ne se lève pas contre lui. Grattez un peu la peau du Français, vous retrouverez toujours le Gaulois belliqueux, féroce spiritualiste, incapable de coloniser, de tirer une leçon de ses malheurs, prêt un jour à défier le ciel,

16

le lendemain, disposé à se prosterner devant un soldat ou un prêtre. Ami d'un certain *decorum*, il vénère
celui qui tue des milliers d'hommes sans nécessité
sur le champ de bataille et déteste celui qui, pour
sauver la patrie, en tue quelques-uns sur l'échafaud.
Il veut plaire, railler. Il devient par amour de l'égalité, l'ennemi de toute supériorité. Il cherche moins
à s'élever au niveau des supériorités, qu'à les rabais-
ser à son propre niveau. De tous les peuples, il est
le plus apte à faire des actions héroïques et des actions détestables. La critique l'exaspère, la louange
l'exalte. Il lui faut l'approbation d'autrui. Sa propre
conscience ne lui a jamais suffi. Son attribut spécifique, est d'être le professeur du goût et de la cuisine.

L'*Anglais* est un taureau. Il en a la poitrine, la
tête, les forces, l'appétit. Par tout l'univers il se promène comme dans son domaine. Dédaignant la critique, l'approbation, les attaques des faibles. Peu
agresseur, il sait partout se faire respecter, se protéger. Il inspire peu de sympathies, et cependant il
est impossible de ne pas l'estimer. Libre, fier, il est
le roi de la nature. Une bible, une femme, une hache
ou un fusil lui suffisent. Il calcule toutes ses actions,
va droit devant lui. Il est un peuple de libres penseurs et cependant singulièrement attaché à ses
anciennes coutumes. Sur toute la terre il jette les
germes de la liberté politique et religieuse. Il offre
un exemple de générosité dédaigneuse, inconnu
parmi les annales du genre humain : c'est d'accueil-
lir les proscrits de tous les pays, et de les laisser
attaquer ses propres institutions. Une loi votée, il
s'y soumet quelque ridicule qu'elle lui paraisse. Il

est le plus ennuyé, le plus taciturne, le plus fort bu-
veur, le plus accessible à la raison et à la justice, le
plus dominateur, le meilleur gouvernant de toutes
les nations. Par la forte individualité de ses enfants,
il régnera sur tout l'univers accessible à la race
blonde, et exercera l'influence sur cette autre partie
accessible aux autres races.

Le *Germain* est un ours. Comme lui, il est mala-
droit, de maussade humeur, se soumettant facilement
à l'obéissance d'un maître, pacifique et cependant
un rude lutteur quand il est attaqué. De toutes les
races humaines, c'est lui qui présente les meilleures
qualités. Il régénera le genre humain. Porté spécialement aux études métaphysiques, il s'adonnera un
jour aux sciences exactes et sera le professeur ratta-
chant le passé scientifique à l'avenir. Alors par le
doute, l'examen, la science positive, il débarrassera
l'humanité de la ténébreuse métaphysique.

L'*Italien* est un singe, un comédien, et momentanément dans ses guerres, un acteur se donnant des
allures tragiques. Bavard, superstitieux, amoureux,
rusé, il produit en abondance les mystificateurs religieux. A tout considérer, il a peu de valeur morale.
Depuis des siècles ne le voyez-vous pas incapable de
coloniser? Sa mission spéciale est de maintenir l'art
païen, les formes serviles menteuses du langage
oriental et les farces grotesques.

L'*Espagnol* est un boule-dogue, ténace, peu intelligent, cruel, peu ami du progrès social, courageux :
mais homme fidèle à sa parole et à ses affections.
Voilà le beau côté de son caractère. Qu'il perde sa
nonchalance, que son esprit s'ouvre à la science posi-

tive, qu'il brûle ses nombreux couvents et chasse sa populace de moines, il prendra un rang distingué parmi les nations. De l'Espagnol on peut faire le meilleur soldat du monde; car il est brave, sobre, infatigable et patient.

Le *Russe* est un cheval. Comme lui, il aime les plaines, se choisit un chef absolu, ne sait pas se perfectionner par ses propres ressources intellectuelles et morales, mais progresse considérablement en s'appropriant celles des autres. Il est progressiste par imitation.

L'*Arabe* est un chameau. Il en a le long col, les jambes, la patience mêlée d'irritabilité, la sobriété mêlée à la voracité, ne peut se développer complétement que dans les pays chauds et sablonneux. Comme le chameau, il est le meilleur traverseur des déserts, et comme lui, quoique soumis, très difficile à être gouverné.

APPENDICE

La plupart des enfants des dieux sont oubliés, lorsqu'ils ne sont pas persécutés. Le genre humain traite ainsi ceux qui l'améliorent. Il donne ses faveurs à ceux qui l'amusent ou le corrompent. Il adore l'*enfant des démons*, comme il adore les êtres malfaisants, le requin, le crocodile, le conquérant. Plus tard, cela changera. On refera l'histoire. Les *fils des démons* seront alors dédaignés. L'esprit du mal fut tout-puissant, parce qu'il agit en excitant là crainte des uns, la cupidité des autres. L'homme de génie est jusqu'à ce jour plutôt un *enfant des démons*. Il est cupide, lâche, égoïste ; il est grand par la pensée, et petit par le cœur. Lorsque l'humanité sera perfectionnée, les hommes de génie ressembleront à Jésus-Christ, à Wasingthon. Ils auront le courage, l'intelligence, unis au dévoûment envers le genre humain. Ils n'auront ni découragement, ni amertume. Ils seront complets à tous égards. Ils auront la franchise des actions et des paroles, au lieu de la dissimulation.

Parmi les *enfants des démons*, ceux qui se montrèrent impassibles, sans la moindre sensibilité, qui soumirent toutes leurs actions au calcul, qui furent flatteurs, menaçants, rampants et hautains à l'occasion, enfin qui méprisèrent souverainement les hommes, qui les prirent comme des chiffres, comme des instruments, ces *enfants des démons*, qui furent la plus haute expression d'un criminel égoïsme, se sont créé le plus d'admirateurs. Entre autres, on doit ranger, Malborough et Bonaparte. Jusqu'à ce jour, avec un noble caractère, l'amour de l'humanité, du désintéressement, de la franchise, avec la croyance à la bonté de la nature humaine, on n'a pas réussi à conquérir une position élevée, à gouverner les hommes.

Abeilard voulut expliquer les mystères, remplacer la foi par la raison. Bernard, l'homme de la foi, de de l'autorité, le fit condamner. Abeilard, après avoir été châtré, perdit son énergie rationaliste. Il devint ultramontain. Il fit pénitence, plaça l'autorité au dessus de la liberté, du droit d'examen. Homme viril, il fut libre penseur : mutilé, il devint l'homme de l'obéissance.

Presque tous les fondateurs de dynasties furent

des *enfants des démons* : César, Attila, Gengis-Khan,
Tamerlan, Clovis, Bonaparte, Pierre le Grand.
La plupart des gouvernants, vantés par les poètes et
les historiens, regrettés par les peuples, le furent
aussi. Ibrahim l'Aglabite, vivait au neuvième siècle
de notre ère, sur une grande étendue de l'Afrique
septentrionale. Il fut durant toute sa vie un monstre
altéré de sang et un souverain magnifique. Il tuait,
par passe-temps, ses filles, ses ministres, ses frères,
ses oncles, ses amis. Il jetait ses victimes dans des
fours, cinq ou six par jour, il les laissait mourir de
faim entre quatre murs. Il les plaisantait tantôt sur
leur maigreur, tantôt sur leur embonpoint. On lui
amena un jour, cinq cents prisonniers de guerre, de
la tribu de Néfonça. Il les fit tous placer devant lui
et s'amusa à leur percer le cœur avec une javeline.
Pierre le Grand s'amusait à décapiter ses strélitz révoltés. Plus de cent le furent de sa propre main.
Ivan IV faisait bouillir, rôtir, empaler, écorcher
ses ennemis. Après avoir massacré les habitants
de Novogorod, il railla le reste en se recommandant
à leurs prières. Il assomma son fils d'un coup de
bâton. Il fut le principal fondateur de l'empire russe
et reste un héros populaire.

Bonaparte à Longwood, ne pouvant plus tuer les
hommes, tuait à coups de fusil les animaux domestiques qui approchaient de sa demeure, chiens,
bœufs, chevreuils apprivoisés, volailles, etc. Les
fondateurs de dynasties tuent les hommes. Les gouvernants par hérédité tuent les animaux.

Les Bourbons de France et d'Espagne ont eu la
passion de la chasse. Charles III a tué pendant son

règne, cinq mille quatre cents renards et cinq cent trente-neuf loups. Commode, Caracalla, quelques autres empereurs romains, ou souverains asiatiques, les souverains de l'Europe moderne, se plaisent et se sont plu dans la destruction sans péril des animaux. Ces chasses, dites royales, ne sont, à vrai dire, rien de plus que des boucheries.

Pourquoi la domination des *enfants des démons* est-elle si universelle et si durable? Pourquoi ont-ils été toujours regrettés après leur mort, entourés de flatteurs pendant leur vie? Pourquoi sont-ils morts sans beaucoup de douleurs, toujours entourés de soins? ils furent les heureux de la terre. Il y a certainement un mystère dans la destinée de *ces enfants des démons*. Ils dominent parce qu'ils inspirent la crainte. Ils sont une loi vivante de compression. Ils font le mal eux-mêmes, pour eux seuls, et empêchent la multitude des malfaiteurs de le faire. Ils donnent une certaine sécurité aux masses. Ils sont généralement familiers avec les gens du commun, protecteurs des poètes, des artistes, des historiens, des sycophantes à titre quelconque, surtout ils sont un écho de nos propres sentiments, savoir, notre amour inné pour la destruction des êtres animés.

La physiologie morale devrait étudier les causes de leur domination universelle et durable.

Dominent-ils parce que dans la conscience publique ils ont fait plus de mal que de bien, ou parce qu'ils ont fait plus de bien que de mal? Je crois qu'ils dominent parce qu'ils firent le mal; qu'ils furent destructeurs, chasseurs puissants, tueurs devant l'éternel.

Personne n'est plus qu'un autre l'homme de la pro-

vidence. Tous sont créés pour un but obscur ou brillant. Le progressiste est possédé du désir de la perfection, le conservateur de l'amour du ralentissement
ou du passé. La différence entre eux ne consiste pas
dans le temps. Le progressiste n'est pas, comme certains philosophes le soutiennent, un jeune conservateur. Il est poussé par des appellations inconnues
vers l'avenir. Celui des siècles passés serait encore
de nos jours l'homme du progrès. Le conservateur
n'est pas non plus l'homme du vieux temps. Il déteste instinctivement tout ce qui est nouveau. Il n'est
point un vieux conservateur, il est plutôt l'homme
détestant toutes les idées de perfectibilité humaine,
il est une espèce de pessimiste.

Il est presque impossible d'être un *enfant des dieux*
lorsqu'on a du faste, car on déploie le faste pour séduire les hommes ou parce qu'on tient à leur approbation, plus qu'aux impulsions de la conscience.

Toujours les *enfants des démons* se sont enrichis,
quand ils ont employé habilement la ruse ou la force.
Simon le Magicien, Cagliostro, les pèlerins de profession, etc. Alexandre a gagné quatre milliards
équivalent à quarante milliards de notre monnaie
actuelle. Bonaparte avait six francs quand il com-
mença son rôle : en 1814, il possédait deux cent
millions de francs, et un revenu, tant liste civile que
domaine ordinaire et extraordinaire, d'environ
soixante et dix millions annuellement.

L'*enfant des démons* a l'avantage de s'enrichir et
de suivre ses passions. Ses facultés dominantes
furent la cupidité, la dissimulation, l'indifférence
pour la vie des hommes.

LIVRE DEUXIÈME

—

CHAPITRE PREMIER

LES GUERRES SOCIALES

La guerre sociale est, sur le même territoire, la réaction à main armée des opprimés contre les oppresseurs. Elle veut obtenir la participation au bonheur commun.

Partout où la société s'est constituée, on a vu des oppresseurs et des opprimés.

L'homme est porté instinctivement à user de sa supériorité envers l'homme.

L'histoire universelle nous montre chez les hommes de la même nation, les uns privilégiés, les autres déshérités.

Toutes les nations ont eu leurs guerres sociales. Ce serait une histoire instructive et philosophique, que la relation de cette lutte universelle et perpétuelle entre les opprimés et les oppresseurs.

Quinze siècles avant Jésus-Chrit, guerre sociale entre les Juifs et les Égyptiens. Elle avait duré trois siècles.

Les habitants d'Hélos, ville de la Laconie, les Messéniens vaincus, furent asservis aux Lacédémoniens peu de temps avant Lycurgue. On connaît leur sort. Bétail humain, tués par politique, tués par passe-temps, tués pour que les jeunes Spartiates s'entre-tinssent la main, tués à leur naissance si leurs traits étaient nobles ou beaux, massacrés s'ils acceptaient la liberté, torturés plus cruellement que les animaux domestiques, martyrs des méchancetés, ils s'insurgèrent plusieurs fois et toujours inutilement. Cela dura six siècles.

Les mauvais traitements que les Romains faisaient subir à leurs esclaves occasionnèrent sous la république dix guerres sociales. Les plus importantes furent celles d'Eunus et d'Athénion en Sicile, 133 et 104 avant notre ère : puis celle des gladiateurs conduits par Spartacus (74), celles des Marses et des Samnites, réclamant contre Rome leurs droits de bourgeoisie. Celle des pirates fut encore guerre sociale ; car ils étaient les opprimés s'insurgeant contre les Romains. Sous l'empire, les esclaves sans former d'armées, se révoltèrent mille et mille fois.

Or les opprimés ne réussirent qu'à se faire tuer. En Sicile, ils se mangèrent les uns les autres. Ils se suicidèrent plutôt que de se rendre. Sylla égorgea six mille Samnites prisonniers. Crassus crucifia six mille compagnons de Spartacus. Pompée détruisit les pirates. La loi condamna à mort tous les esclaves d'un maître tué, si l'on ne parvenait à connaître l'assassin. Les Romains firent dévorer les esclaves par les murènes ou les bêtes du cirque, les firent mourir lentement, afin de montrer aux convives les

convulsions de la mort. Les dames de Rome enfon-
çaient des épingles dans le sein de leurs soubrettes,
faisaient châtrer leurs pages pour en jouir sans
craindre la grossesse. Le peuple se réjouissait de
voir des milliers de gladiateurs égorgés dans le
cirque ou broyés sous la dent des lions, des tigres.
Le philosophe, l'homme de lettres, la vestale, le pontife, l'empereur aimaient le spectacle de la souffrance,
de la mort par dessus tout autre plaisir. Cela dura
cinq siècles, de Sylla à Constantin.

Durant la période gallo-romaine, les paysans de la
Gaule furent livrés à une horrible oppression. Les
officiers chargés des recouvrements du fisc, ne connaissaient, dit Lactance, « que proscriptions et con-
« fiscations; on mesurait les champs par mottes de
« terre, on comptait les pieds de vigne et les arbres.
« On inscrivait les animaux, on enregistrait les
« hommes, on n'entendait plus que le bruit des fouets
« et les cris de la torture. » Salvien nous dépeint à
peu près de la même manière les souffrances du
peuple des campagnes. L'aristocratie gauloise, imi-
tant les Romains, pillait à son tour les paysans. A
l'habitant des campagnes aboutissaient donc toutes
les souffrances, toutes les iniquités sociales.

Aussi, sous le nom de *bagaudes*, ils s'insurgèrent
plusieurs fois. 69, 269, 285, 435 après Jésus-Christ.
Ils poursuivirent à outrance les officiers impériaux.

La noblesse et la bourgeoisie gauloises s'allièrent
aux Romains et dispersèrent les *bagaudes*. Toutefois,
en Armorique, les opprimés se maintinrent indépendants. Sur le reste de la Gaule, jusqu'à la destruction de l'empire, il y eut une portion de la population

indigène vivant au milieu des forêts, des marais, pour fuir l'oppression.

Sous les Mérovingiens, la pression du fort sur le faible fut la loi générale.

Sous Charlemagne, la tyrannie des puissants fut contenue par le pouvoir central.

Mais au dixième siècle, la féodalité se constitua indépendante, brutale, sanguinaire : le paysan fut accablé de tortures. La population libre disparut des campagnes. Le sol fut possédé par quelques milliers de nobles, de prêtres. Six à sept millions d'hommes vécurent dans le servage, ne pouvant réclamer ni droits, ni allégements de souffrance.

Aussi les insurrections éclatèrent. En voici quelques-unes.

997, insurrection des paysans de Normandie. Le duc Richard envoya contre eux le comte Rodolphe, à la tête d'une nombreuse troupe de soldats : on s'empara des insurgés, on leur coupa les pieds et les mains et on les laissa pour servir d'exemple.

1134, soulèvement sur les confins de la Normandie et de la Bretagne. Les nobles s'unissent au comte Alain, tuent, dispersent et poursuivent les paysans.

Onzième siècle, insurrections des communes de Vezelay, de Laon, de Soissons, de Reims, etc.

« Les seigneurs, » disent les trouvères du douzième siècle, « ne nous font que du mal. Nous ne pouvons « avoir d'eux ni raison, ni justice. Ils ont tout, pren« nent tout, mangent tout et nous font vivre en pau« vreté et douleur. Chaque jour est pour nous un « jour de peine. Nous n'avons pas même une heure

« de paix, tant il y a de redevances, de corvées, de
« services, de prévôts, de baillis. »

Les réformes de Léon IX, de Hildebrand, de ses
successeurs, les croisades apportèrent quelque soulagement au peuple : néanmoins l'oppression du faible
par le fort se maintint sur toute l'Europe occidentale.
Ne considérons que la France.

1182, sept mille *routiers cottereaux*, c'est à dire les
opprimés, sont détruits près de Chateaudun. La noblesse et la bourgeoisie prirent comme alliés des
gens du peuple, sous le nom de *capuciés* : c'était une
confrérie portant capuchons de toile. Bientôt ces
alliés furent massacrés à leur tour par les bandes féo-
dales.

Au douzième siècle, l'esprit d'indépendance gagne
un peu de terrain. Abeilard tente une réforme philosophique. Le nombre des communes s'accroît.
Les serfs sont moins endurants. Les dominicains,
les fratricelles prêchent contre les nobles, les prélats,
et défendent le peuple. Ils furent les apôtres de
l'émancipation pendant les douzième et treizième
siècles.

1252 et 1320, insurrections des *pastoureaux*.

1318, insurrection des *blancs chaperons* à Gand.

1328, insurrection des *flagellants*.

Lorsque l'ébranlement que les croisades avaient
imprimé à l'Europe eut cessé, les abbés, les évêques,
les nobles opprimèrent le peuple plus rudement
que jamais. L'indépendance fermentait : la pression des privilégiés était la plus forte. Le quatorzième siècle fut une époque inexpiable de perfi-
dies, de cruautés, de corruption de la part des aris-

tocraties. Les souffrances du peuple furent incalculables. C'est un siècle fécond en toute espèce de
crimes, un siècle d'abominations. Aux yeux d'un politique, un siècle précurseur d'une régénération.

La noblesse corrompue, fastueuse, frivole, obtint
de Philippe IV, vers l'an 1336, une ordonnance au-
torisant la réduction de ses dettes et l'emprisonnement de ses créanciers, sous prétexte qu'il y avait
une conjuration des gens de *bas état* pour la ruiner.

Les seigneurs suppliciaient à plaisir les villa-
geois, leur enlevant bestiaux, outils, récoltes, les
réduisant à la condition de bêtes de somme, les égor-
geant sans pitié et comme passe-temps. Alors les
champs furent abandonnés. Des socs de charrue, ont
fit des armes. Cent mille *jacques* de la Picardie et de
la Champagne s'insurgèrent contre leurs tyrans et
rendirent mal pour mal.

Ils périrent comme les opprimés, leurs devanciers,
sur les champs de bataille et par les supplices (1348).

1357, des bandes d'aventuriers commandées par
l'archiprêtre Cervolles, ravagent les contrées entre
la Loire, le Rhône et Avignon.

1361, les *tard-venus*, détruisent l'armée des nobles,
à Brignais.

1365, une foule d'hommes et de femmes, sous le
nom de *béghards*, d'autres sous celui de *turlupins*,
parcourent la France, réclament l'égalité, la liberté,
et se font massacrer plutôt que de retourner au servage.

1378, ravages des *malandrins*.

1381, insurrection générale des paysans du Poi-
tou, de l'Auvergne, du Limousin. Nouveaux mas-

sacres des oppresseurs, nouvelles défaites des opprimés.

La fin de ce siècle se caractérise par la lutte universelle du peuple contre les nobles et les prêtres. Guerre contre les nobles, les prélats; abolition des priviléges; association des déshérités et des pauvres : tel fut le but des opprimés.

Maillotins à Paris, *tuchins* dans le Languedoc, *blancs chaperons* à Gand, *lollards* à Londres, le *peuple maigre* à Florence, s'insurgent contre les inégalités sociales et les malheurs qu'elles occasionnent. Quelques villes de Flandre, Bruges, Ypres, Gand, avaient donné le signal. En Angleterre, France, Italie, on les imita. De tous côtés le sang des insurgés coula par torrents. Ils refusèrent quartier. « Nos os, disaient-ils, se lèveront pour combattre nos tyrans. »

Les ossements des morts ne se levèrent pas. Les nobles, prélats, abbés, furent encore les dominateurs du peuple pendant plusieurs siècles. Le vilain fut encore taillé à merci. Il avait un corps pour souffrir et point de langue pour se plaindre. Aussi, renouvellement des insurrections jusqu'à ce que Louis XI eût abattu cette multitude de tyrans dont la France était couverte.

1413, soulèvement des *cabochiens* à Paris.

1434, soulèvement des paysans de Normandie contre la noblesse.

Jusqu'en 1444, apparitions multipliées de nouveaux routiers appelés *faux visages*, *écorcheurs*.

1461, révolte à Reims sous le nom de *mique-mac*.

Les guerres religieuses, celles de Louis XIII, de

Louis XIV, ayant comme résultat l'agrandissement ou
la défense du territoire, la découverte et la colonisation de l'Amérique, détournèrent la nation de la
guerre sociale. La royauté avait prospéré depuis
Louis XI et avait défendu le peuple. Mais, lorsque
sous Louis XV, elle eut manqué à son mandat, que
les gouvernants eurent créé le pacte de famine, que
les inégalités furent devenues plus nombreuses, plus
révoltantes, plus oppressives, attendu le développement de la civilisation, alors la guerre sociale de
1789 s'alluma avec une plus grande intensité.

Malgré l'ascendant de la royauté, les insurrections
se répétèrent souvent.

1557, soulèvements de l'Angoumois, de l'Aunis, de
la Saintonge jusqu'à Bordeaux.

1594, soulèvements de l'Agénois, du Quercy, du
Limousin.

1637, les paysans recommencent sans plus de résultat qu'antérieurement. Les nobles leur donnent le
nom de *croquants*. Au dix-septième siècle cette dénomination remplaça celle de *Jacques Bonhomme*.

1578, les *carcites*, 1630, les *cascavaux* de Provence, 1639, les *va-nu-pieds* de Normandie, 1675,
les paysans de la Bretagne, courent aux armes, pour
avoir quelque soulagement.

Les provinces qui, en France, se sont soulevées le
plus souvent sous la féodalité et la royauté, furent
celles qui supportèrent le moins facilement l'oppression gallo-romaine. L'esprit des ancêtres avait passé
aux descendants; ce sont la Bretagne, le Limousin,
la Normandie. Toujours les paysans insurgés furent
jugés criminels, parce que, disaient leurs adver-

saires, « ils ont voulu ôter la sujétion en laquelle Dieu les a ordonnés. » Par tout l'univers celui qui veut sortir de l'oppression sociale est considéré comme un scélérat.

La révolution française doit être jugée de la manière suivante :

Le peuple demanda la liberté et l'égalité civile. La royauté, le clergé, la noblesse, combattirent pour le maintien de leurs priviléges de naissance, de position, d'éducation. Le peuple fut vainqueur. Généreux, il ne se vengea point. Il se contenta de ne plus être bâtonné par ses maîtres, lorsqu'on lui eut dit : *tous les Français sont égaux devant la loi.*

Ainsi, dix-huit siècles ont passé, au milieu du sang et d'un océan de souffrances, afin d'éloigner de la France la race des oppresseurs. Et la France croit marcher à la tête de la civilisation !

Furent encore guerres sociales : l'insurrection de Saint-Dominique, car ce fut la réaction de la race noire opprimée, contre la race blanche opprimante ; les deux tentatives des *Gracques*, car ce fut l'effort des déshérités n'ayant pas un repaire contre les privilégiés regorgeant de richesses ; celle des *circoncellions* de l'Afrique au quatrième siècle ; celle des *hussites*, des *anabaptistes*, et les récentes insurrections des paysans russes, hongrois, galiciens, contre les nobles.

Seront encore guerres sociales, les révoltes des noirs contre les blancs de l'Amérique, celles des raïas contre les osmanlis, enfin tous les conflits quelconques entre les oppresseurs et les opprimés, quels qu'ils soient.

17

RÉFLEXIONS GÉNÉRALES SUR LES GUERRES SOCIALES

Les guerres sociales sont inhérentes à l'humanité.

Certains peuples sont destinés à y recourir plus que d'autres.

Elles sont constamment légitimes par leur but; car elles veulent la cessation des malheurs accumulés sur une partie aliquote du corps national ; car elles ne proviennent pas du désir d'attaquer, mais de l'impatience de souffrir ; car elles sont une réaction naturelle des opprimés contre les oppresseurs.

Les excès que les insurgés ont commis sont excusables, attendu qu'ils sont engendrés par le désespoir de souffrir fatalement depuis des siècles. Il y a là une justice rétributive.

Les oppresseurs ne concèdent rien bénévolement. La concession clôt la guerre et ne la devance pas.

Sans les guerres sociales, il n'y aurait encore que des bergers et des troupeaux, parmi les nations, même les plus civilisées.

Les insurgés réclament d'abord l'allégement de leurs souffrances : ensuite, la liberté et l'égalité. Souvent ils sont saisis de l'esprit de destruction contre leurs ennemis et contre eux-mêmes. Ils sont aveuglés par le désespoir.

Ces guerres ont pris naissance d'abord dans les campagnes. A l'avenir elles éclateront au sein des villes de l'Europe occidentale.

Les oppresseurs ont toujours injurié les opprimés qui ne voulaient plus souffrir. Ils ont prétendu que l'insurrection provenait de l'amour du pillage, de l'oisiveté, de l'envie contre les supériorités sociales, de l'esprit d'irréligion. Or ceci n'est qu'une calomnie.

En France, on appelait le bas peuple, *Jacques Bonhomme, croquant, ribaudaille, pédaille, truandaille, canaille, vile populace, gens de rien;* en Italie, *peuple maigre;* en Belgique et Hollande, *gueux de mer, gueux de terre.* Aux colonies à esclaves on nomme les noirs, *bois d'ébène.* Chez les chrétiens, les juifs furent appelés *infidèles.* Chez les musulmans, on appelle les chrétiens *raïas,* les juifs, *fils de charogne :* partout l'opprimé demandant des droits, soit humblement, soit par les armes, est qualifié de brigand, de furieux, chien enragé, scélérat, ennemi de la religion. Ses qualificateurs s'intitulent gens honnêtes.

Or, le droit, la justice humanitaires, sont du côté des victimes.

L'impartiale histoire proclame les guerres sociales un bien plutôt qu'un mal.

Elles font plus avancer la liberté et l'égalité que la conquête d'un vaste territoire.

Là où il y a deux races humaines, là où il y a chez la même race le régime des castes, la guerre sociale est indispensable pour briser les inégalités, l'oppression, pour appeler les citoyens au bonheur commun.

Toute partie du genre humain opprimée doit employer une période quelconque de combats, si elle veut obtenir une portion quelconque d'égalité, si elle veut faire diminuer son oppression.

L'homme tient à des priviléges réels et aux priviléges futiles. *Proprio motu* il ne les abandonne pas. Il faut qu'on les lui enlève fragments par fragments.

Donc, afin d'établir le droit commun, la guerre sociale est nécessaire.

La guerre sociale doit s'appeler guerre sacrée. Le but qu'elle se propose est vraiment saint; il est l'émancipation des masses. Elle est le sang d'Abel criant vengeance au ciel contre Caïn.

Les peuples qui, dans les guerres sociales, ont accompli leur période de force, pourront terminer leurs conflits sociaux, à l'aide du suffrage universel; toutefois il ne faut pas avoir une confiance aveugle dans ce moyen; car l'homme préfère instinctivement la force brutale à la raison.

Les oppresseurs sont responsables des maux commis. Les opprimés, de leur part, doivent savoir ce qu'ils veulent. Ils ne doivent pas compter sur la justice de leurs ennemis. La résignation perpétue l'oppression. L'insurrection finit par la détruire. C'est la goutte d'eau qui mine le rocher.

APPENDICE.

Les hommes qui, maintenant, en Europe occidentale, jouissent de leur liberté civile, qui ne sont plus la chose des seigneurs, qui ne sont plus un troupeau à deux pieds, doivent une reconnaissance éternelle aux *béghards*, aux *fratricelles*, aux *routiers*, aux *turlupins*, *franciscains*, *dominicains*, *jacques*, *lollards*, *vaudois*, *albigeois*, *anabaptistes*, *hussites*, *croquants*, *jacobins*, à toutes ces victimes de l'oppression, à tous ces amis de la liberté et de l'égalité, lesquels examinant les œuvres du pouvoir social, le déclarèrent méchant, ennemi du genre humain, lesquels per-

dirent la vie en le combattant. Sans eux, que seraient encore les Européens? Des bœufs, des moutons tondus, égorgés au gré d'un petit nombre de
bergers.

Les anglais Lollard, Ball, Wiklef, Straw, furent,
au quatorzième siècle, les docteurs de l'émancipation. Tyler à Londres, les chefs des *routiers* en
France, Marcel à Paris, les deux Artevelde à Gand,
en furent les chefs militaires et politiques.

Les docteurs du seizième siècle, sont Storch, Mün-
cer; les chefs militaires Mathias, Berlichingen, Jean
de Leyde. Mathias et Jean de Leyde commirent des
fautes; mais ces fautes étaient la conséquence de
souffrances longtemps comprimées. Un ouvrage qui
raconterait la vie de tous les martyrs de la liberté
européenne, depuis les premiers siècles jusqu'à nos
jours, devrait être le *vade-mecum* de tous les progressistes, devrait être couronné par l'Institut. Il
manque à l'histoire du progrès humain. Un écrivain
fils des dieux l'exécutera un jour.

CHAPITRE II

EN GUERRE, L'ARISTOCRATIE EST TOUJOURS PLUS CRUELLE QUE LA DÉMOCRATIE

Cela tient à l'essence des choses. L'aristocratie est
nécessairement plus cruelle; parce que, aux passions et aux intérêts de la guerre, se joint un antique
et instinctif mépris pour son ennemie : ribaudaille,
populace, brigands, ennemis de l'ordre et de la pro-

priété, etc. Or, que sont les aristocraties? Sur tous les pays, elles se sont servies de la religion comme moyen de domination.

Elles ont acquis leur propriété par la force ou la concussion. Elles furent immorales : parlant de la sainteté du mariage et vivant en complète promiscuité.

La démocratie, nonobstant les haines et les intérêts de la guerre, conserve quelque considération envers ses ennemis aristocrates. Instinctivement, elle est plus généreuse. Elle est guidée par une idée progressiste plus avancée. Elle ne rend pas injure pour injure.

Exemples pris seulement dans les derniers siècles :

Guillaume Caillet, chef des *jacques*, étant tombé entre les mains des seigneurs, il fut torturé. On lui plaça sur la tête un fer brûlant en signe de diadème, et lorsque les spectateurs eurent joui de ses souffrances, on le pendit.

Nous avons vu au dixième siècle, les nobles coupant les mains et les pieds des paysans.

A la révolte des lollards, les insurgés déposèrent les armes, se fiant à la bonne foi de leurs adversaires. L'aristocratie anglaise assassine leur chef Tyler par guet-apens. Alors on chasse les révoltés comme des bêtes fauves. Le roi fait promener par toute l'Angleterre des carcans garnis de fer. On y pend tous les révoltés amnistiés qu'on peut saisir. Ces lollards qui, maîtres de Londres, avaient épargné leurs ennemis, furent traités sans miséricorde.

Après la bataille de Rosebecque, la ville de Courtrai s'était soumise et avait hébergé les vainqueurs pendant quinze jours. Au départ, Charles VI et la noblesse française y mettent le feu, massacrent les hommes, vendent les femmes et les enfants. Ils voulurent se venger de la défaite de Courtrai où six mille nobles avaient péri sous les coups des vilains.

1383, Paris se rend après avoir licencié ses milices. Aussitôt que l'armée des nobles fut entrée, la la population fut livrée aux bourreaux. Charles VI et sa cour, font décapiter ou jeter à l'eau quelques centaines de bourgeois ou *gens du menu*. Ils frappent les riches d'une contribution montant à trois millions de francs de la monnaie d'alors, ce qui était pour l'époque une somme énorme.

A Châlons, Reims, Orléans, Troyes, Rouen, là où le peuple avait manifesté des signes de rébellion, la répression fut impitoyable. La noblesse s'enrichit encore des dépouilles des bourgeois et de *Jacques Bonhomme*.

1379, Montpellier s'insurge contre les exactions du duc d'Anjou, frère de Charles V. Après la soumission, le duc fait supplicier six cents bourgeois et en bannit dix-huit cents.

1383, Bergues est enlevé d'assaut par l'armée des seigneurs; tous les habitants sont exterminés.

1413, Charles VI et la noblesse acceptent l'ordonnance *Cabochienne* : quelques mois après, ils la révoquent. Ils proscrivent à perpétuité trois cents *cabochiens*. Ils les poursuivent jusqu'en Angleterre et les signalent comme les ennemis des rois.

1452, après la bataille de Rupelmonde, tous les prisonniers gantois furent pendus.

Chaque fois que l'armée des nobles s'empara d'une

place par reddition, la garnison fut passée par les armes, malgré les serments de vie sauve. Dans cette guerre contre le peuple de Gand, la noblesse commit des crimes sans nombre.

1466, Dinan se rend au duc de Bourgogne : les hommes sont enchaînés et vendus : les enfants et les femmes, mis nus et chassés à travers la campagne.

1468, les habitants de Liége sont massacrés par ce duc et sa noblesse.

Or ce que les nobles appelaient mauvaises gens de Gand, de Liége, truandaille de la Flandre, étaient des travailleurs fatigués de payer les dépenses et les débauches du duc de Bourgogne et de sa noblesse.

1525, Muncer, apôtre des anabaptistes, est livré à Ernest Mansfeld, soumis à la torture et quelques mois après, remis entre les mains du bourreau. Les princes allemands assistèrent à son supplice comme à une fête.

1535, Jean de Leyde, Knipper-Dolling, Chrestkin, chefs des insurgés de Munster furent déchirés avec des tenailles ardentes : le supplice de chacun d'eux dura une heure. Waldech, évêque souverain de Munster, avait enfermé Jean de Leyde dans une cage de fer et l'avait montré de ville en ville, comme une curiosité.

1660, lors de la restauration de Charles II, dix-sept juges de Charles Ier furent mis à mort. On poursuivit dans les deux mondes ceux d'entre eux qui s'étaient échappés. Tout ce qui fut convaincu de démocratie fut traité avec la dernière rigueur.

On pendit, on décapita les démocrates de toute condition.

Sept cents pendus furent exposés sur les routes.

Longtemps après la fronde, Louis XIV apprend qu'un ancien frondeur nommé Fargues vivait tranquillement à la campagne. Il lui fait intenter un procès rétrospectif, condamner à mort, et distribue ses biens à la famille Lamoignon.

On se rappelle avec douleur les cruautés de l'armée royale pendant la guerre des Cévennes.

La conduite de Montrevel, de Baville, fut abominable. Ils tuèrent cinquante mille individus sur l'échafaud et cinquante mille par les massacres, enfants, vieillards, adultes. L'abbé du Cayla leur arrachait la barbe et les sourcils avec des pinces rouges. Les femmes jeunes étaient violées, baptisées, puis égorgées.

Durant les luttes de l'indépendance, les soldats anglais furent bien traités chaque fois qu'ils tombèrent aux mains des Américains. Les insurgés, au contraire, étaient fusillés immédiatement, quand ils tombaient au pouvoir des Anglais. Les officiers étaient fusillés après une instruction sommaire. Les républicains, traitant avec les indigènes, stipulèrent que la hache ne serait pas levée contre les femmes et les enfants. Les royalistes, traitant avec ces tribus, convinrent d'un prix pour les chevelures d'hommes, d'enfants et de femmes américains. Bien que niée, cette stipulation est historique.

Pendant la révolution française, nos prisonniers de guerre furent traités avec cruauté par les Anglais. Ils furent logés sous des pontons, manquant d'air et d'espace. Une multitude d'entre eux mourut du typhus. Les prisonniers anglais, déposés dans les citadelles ou les prisons, furent constamment traités avec humanité. Or alors l'Angleterre représentait le principe aristocratique, la France, le principe démocratique.

Les chouans, les Vendéens furent plus impitoyables que les républicains. Souchu, Charrette, Marigny eurent la froide cruauté de Carrier. Les compagnies de Jéhu de 1797, les verdets de 1815, les chauffeurs, les représentants du principe monarchique et aristocratique, laissent loin derrière eux les terroristes rouges.

Les chouans pendaient par les pieds les républicains tombés en leur pouvoir. Ils chantaient alors une chanson que j'ai souvent entendue, dont le refrain était :

> Tu périras, maudit pataud (patriote)
> Comme un crapaud,
> Les pattes en haut.

Les paysans de l'Ouest suspendent les crapauds par les pattes de derrière, afin de prolonger leur souffrance. Ils les considéraient naguère comme très venimeux et possédant quelques attributs diaboliques.

Les patauds leur inspiraient la même aversion.

La terreur blanche a tué après le combat et la victoire, voulant se venger et piller : la rouge a tué, la victoire étant indécise, la trahison surgissant de tous côtés. Elle a tué au nom du salut public. Aussi la raison déclare les terroristes blancs des scélérats, les rouges des furieux.

A Saint-Domingue, nous étions les aristocrates par rapport aux noirs. Le général Rochambeau faisait dévorer par des chiens les prisonniers nègres. Les blancs assistaient à cette fête. Une fois nous avons asphyxié mille deux cents nègres dans un vaisseau où ils avaient été transportés comme prisonniers de guerre. Nos cruautés ont de beaucoup surpassé celles des noirs envers nous. Nous avons écrit l'histoire de l'insurrection haïtienne à notre façon.

Au retour d'Elbe, Bonaparte, se rappelant son origine démocratique, protége la personne et les propriétés des royalistes. Les Bourbons, d'origine aristocratique, organisèrent la terreur blanche, promenèrent la guillotine à travers les départements du midi. Les cours prévôtales, les cours d'assises firent feu de file sur les révolutionnaires. Les cadavres des ennemis du roi jonchèrent les routes.

Que fait le gouvernement provisoire en 1848? Il favorise la fuite de la famille déchue. Il renvoie des administrations quelques récalcitrants. Dictateur, il abolit la peine de mort. Le peuple vainqueur à Berlin, Vienne, Venise, Rome se montre généreux. A peine quelques violences sont-elles commises. L'aristocratie reprend le dessus, alors le peuple est immolé par hécatombes. La Hongrie, Vienne, Naples, Rome, furent inondées du sang des démocrates. ·

Pendant la guerre civile des États-Unis, le Nord traitait bien les prisonniers de guerre : le Sud au contraire a laissé, a fait mourir de faim quinze mille soldats du Nord dans une seule prison, celle d'Andersonville.

Cinquante mille hommes, douze mille femmes et

enfants furent noyés dans la Meuse en 1468. On les attachait deux à deux, puis on les jetait dans l'eau. Les mariages ducaux ont précédé les mariages républicains. Les insurrections de la Flandre furent produites par l'accroissement des impôts et la privation des libertés publiques. Louis de Nevers, Louis de Maële, Philippe le Hardi, Philippe le Bon, Charles le Téméraire, Charles-Quint, Philippe II, chargèrent le pays de contribution.

Rochambeau était cruel. Il brulait vifs, pendait, fusillait les nègres. Il tuait les Français qui ne lui payaient pas les sommes qu'il leur demandait.

La démocratie n'a point inventé ses crimes. Elle les a empruntés à l'aristocratie ou à la royauté. Carrier imita les Guise qui noyèrent dans la Loire mille deux cents individus. Les septembriseurs copièrent les massacres de la Saint-Barthélemy, les déistes de la révolution française, les catholiques persécuteurs des huguenots. La Convention proposant de passer la charrue sur les villes rebelles, imitait Louis XIV promenant la charrue sur Port-Royal des Champs. La monarchie emprisonna soixante mille suspects de jansénisme. Elle donna l'exemple de la violation du secret des lettres, du *maximum* imposé sur les marchandises, du cours forcé du papier-monnaie. Elle condamna à mort les financiers, confisqua leurs propriétés, celles des protestants, distribua les biens confisqués aux délateurs, aux maîtresses, aux courtisans de la cour. En France, comme ailleurs, la démocratie ne fit qu'employer envers ses ennemis la peine du talion.

Sous Louis XIV, en 1682 et années suivantes, on

traînait sur une claie les cadavres des protestants, on les jetait à la voirie. La royauté et l'aristocratie ont les premiers violenté les consciences et fait les martyrs religieux.

La démocratie ne sait pas temporiser lorsqu'elle a les armes à la main. Elle ne sait pas supporter la raillerie; car elle comprend qu'elle prête au persiflage. L'aristocratie dédaigne la raillerie, sachant que les sifflets ne l'amoindrissent pas. Elle est calme dans la discussion. Elle sait temporiser et choisir son heure. Elle est plus indulgente dans ses jugements et plus sévère lorsqu'il s'agit d'exécution.

Les martyrs de la démocratie sont inconnus. Ceux de l'aristocratie sont célébrés de toute manière. Les arts, la littérature, émanations du parasitisme aristocratique, s'empressent de glorifier tous ceux qui ont péri pour le principe aristocratique. Une disposition innée nous porte à ne jamais voir un héros chez un homme de petit état. Que d'individus plus intéressants que Louis XVI sont inconnus, parce qu'ils furent les Christs de la démocratie!

La démocratie est mobile, ennemie du passé. L'aristocratie est grave, persévérante, amie du passé et de la tradition.

Donc historiquement et universellement, l'aristocratie est plus cruelle que la démocratie. La première se venge, la seconde se défend ou attaque.

Or, rationnellement, les combattants ont le droit d'user des mêmes armes.

Donc la démocratie peut employer le talion. Elle ne le fait pas parce qu'elle est plus généreuse. Elle menace et ne frappe pas. Depuis le commencement du monde, elle fut *souffrante*. Elle tend à devenir *combattante*. Elle sera un jour *triomphante ;* car dans l'évolution humanitaire, les premiers âges du genre humain sont aristocratiques : les derniers, démocratiques.

RÉFLEXIONS SUR L'ARISTOCRATIE ET LA DÉMOCRATIE

L'aristocratie est moins exposée à des guerres civiles. Elle récompense largement ceux qui la servent. Elle punit sévèrement. Elle commande le respect plus par l'habitude de l'élégance des formes que par la raison. Elle prépare ses projets dans le silence, délibère longtemps, parle peu et agit rapidement. Elle néglige les mœurs publiques, provoque les amusements publics, développe les beaux-arts et la foi. Elle sait conserver ses conquêtes.

La démocratie est ingrate, bavarde, menaçante en paroles, généreuse. Elle ne sait ni récompenser ses amis, ni punir ses ennemis. Elle est exposée aux dissentions intestines. Elle résiste aux invasions étrangères. Elle provoque le développement de la raison, améliore les mœurs, quant à la pureté ; car par l'égalité des positions sociales, elle entrave les séductions.

Elle est turbulente et froissante. Chaque individu n'étant pas retenu par le respect des rangs, devient un juge, un censeur de votre conduite. Elle est susceptible et ne sait pas préparer ses desseins ou les voiler. Elle est le but définitif des sociétés humaines.

Les démocrates arrivés au pouvoir tombent sous

les piéges de l'aristocratie. Ils perdent souvent le sens moral et se montrent extravagants par leur vanité, leurs prétentions et leur orgueil. Dans un pays où l'aristocratie et la démocratie se font équilibre, la plupart des démocrates parvenus recherchent l'alliance des femmes de l'aristocratie.

L'aristocratie est exposée à des conspirations, la démocratie à des séditions. L'aristocratie excelle à choisir des diplomates, la démocratie à choisir des généraux. La première dans une guerre étrangère frappe ses ennemis sans les irriter : la seconde raille souvent ses ennemis vaincus. Les Anglo-Américains, toutefois, ne se moquent pas des ennemis. Ils les battent et se montrent généreux envers eux, en paroles et en actions. La démocratie, rude et souvent hargneuse dans son langage et ses manières, est cependant la seule forme de gouvernement qui ait amélioré les mœurs. Les autres formes de gouvernement sont moins ennemies qu'elle de la licence, du jeu, de la prostitution, de l'ignorance. Pour eux le peuple est un bétail : pour elle, au contraire, c'est un corps social qu'il faut améliorer. Pour eux la soumission des caractères est le plus important, pour elle, c'est la loi. Sous la république romaine, durant les quatre premiers siècles, il n'y a eu qu'un seul cas d'adultère !

Les parvenus de la démocratie sont ses plus grands ennemis. En Europe, les vrais et persévérants démocrates ne sortent pas du bas peuple. Ils sont toujours d'une naissance un peu patricienne.

CHAPITRE III

GUERRES D'ÉMIGRATION

Après les guerres sociales, les plus utiles sont les guerres d'émigration et de colonisation ; attendu qu'elles font communiquer les races humaines, les idées, les végétaux, les instruments de travail, les choses matérielles et intellectuelles, et que de cet amalgame résulte un caractère d'universalité apte à la transformation future de la terre. Sans elles, chaque production matérielle ou immatérielle resterait confinée sur le sol natal. L'antagonisme primitif se maintiendrait. L'égalité n'avancerait pas ; car les hommes ne mettraient rien en commun.

Voici quelques-uns des résultats humanitaires obtenus par elle :

Fusion des races, absorption des inférieures, marche ascensionnelle vers une race métisse universelle, nivellement des droits et devoirs des hommes, constitution rationnelle des intérêts mutuels, conquête du globe, dissémination générale des richesses spéciales à une contrée, rapports de plus en plus complets des êtres répandus sur le globe, de la mousse au géant des forêts, du vermisseau à l'homme. Donc déroulement de l'humanité, suivant une loi providentielle.

Les émigrations germaniques ont régénéré la race brune de l'Europe occidentale et méridionale, y apportant la chasteté, l'amour humanitaire, l'indépen-

dance individuelle, le respect de l'homme. Celles des
Normands enlevèrent les richesses inutiles des temples et des couvents, et les firent circuler au milieu
de l'Europe. Celles des Arabes en Sicile, Espagne et
Afrique septentrionale, outre la fusion des races ont
introduit le cotonnier, la casse, le séné, la canne à
sucre, le blé sarrasin, les moulins à vent, les tapis
de Turquie, les signaux télégraphiques, les postes,
la chimie, l'astronomie, les relations amicales entre
les combattants, le combat terminé; les échanges
commerciaux, durant la guerre. Les croisades ont
amené une connaissance plus étendue du monde
oriental, la division des propriétés, l'arithmétique,
le mûrier, le papier, l'amour des voyages, l'alcali,
l'alambic à distiller : enfin celles des Européens ont
produit d'immenses améliorations parmi le corps
social. Elles doivent transformer l'univers, par les
croisements et les productions utiles.

Les guerres sociales antiaristocratiques, politiques
ou religieuses, peuvent à la rigueur se terminer sans
combats, sans destruction d'une partie aliquote de
l'humanité. Elles peuvent devenir l'antagonisme des
intelligences. Les guerres de colonisation ne peuvent
se terminer sans combat, vu qu'elles sont le déplacement des corps, la substitution forcée d'un élément
à un autre.

Les émigrations sont ordinairement déterminées
par la faim. La maladie des pommes de terre, le
malaise de l'Europe, ont récemment envoyé vers
l'Amérique, beaucoup plus d'Européens, que le désir
de la liberté civile, politique ou religieuse. Les Normands, Germains, Arabes, Mongols et autres peu-

ples, ont émigré parce que la vie leur était difficile sur le sol natal.

L'homme ainsi que l'animal, va là où il trouve mieux à manger.

L'idée religieuse ne fut pas la cause principale des croisades. Les trois cent mille pèlerins de Pierre l'Ermite étaient des déshérités. Les croisés des autres époques étaient des débiteurs voulant fuir leurs créanciers; des assassins cherchant à éviter le châtiment; des libertins désirant posséder les Sarrasines; des clercs, prêtres, prélats, seigneurs, princes, espérant troquer une position inférieure sur le sol natal, contre une position supérieure sur le sol envahi. Au total, ils étaient des mécontents, plutôt que des hommes imbus d'idées religieuses. Si la lutte contre l'islamisme eût été le but principal, nos croisés auraient attaqué les musulmans d'Espagne, au lieu de courir vers la lointaine Asie.

Remarquons que l'amour de la propriété fait les émigrations. On a eu tort de les attribuer au désir du pillage.

Tout peuple qui ne peut vivre sur un territoire donné, a le droit de chercher sa vie sur une autre contrée. Les Aborigènes ont le droit d'interdire l'entrée de leur territoire. Dans ce cas, l'attaque de l'émigrant, la défense du premier occupant, sont aussi légitimes l'une que l'autre. Le droit supérieur de civilisation fait seul pencher la balance de la justice.

La plupart des émigrations se sont faites de l'est à l'ouest, parce que le couchant a quelque chose de plus attractif.

On évitera les guerres sociales en favorisant les émigrations. Quelquefois cela pourrait être un mal. Si les émigrations étaient fermées à l'Allemagne, le *Jacques Bonhomme* teuton, se tournerait contre son aristocratie et la culbuterait.

GUERRES RELIGIEUSES

Elles ont peu d'utilité. Elles sont peu morales; car Dieu est aussi bien adoré d'une façon que d'une autre. La raison doit les interdire, car elles provoquent de nombreuses hypocrisies. Elle ne doit approuver que celles qui veulent substituer une religion humanitaire à une religion antihumanitaire, soit le christianisme à toutes religions qui tolèrent ou pratiquent les sacrifices humains, la polygamie forcée. Les gens qui ont bataillé au nom de la Trinité, de l'autorité papale, de la grâce suffisante ou de la grâce efficace, des saints, d'un rit, d'un mystère, d'une formule, devraient être considérés comme les ennemis de la raison humaine. Les guerres religieuses entre les chrétiens furent des crimes de lèse-humanité.

DE QUELQUES AUTRES GUERRES

Les guerres privées doivent être blâmées et interdites; parce qu'elles ne servent point au progrès de l'humanité. Elles développent trop la personnalité et occasionnent un mal inutile.

Le duel entre deux individus est licite, quand il poursuit la réparation d'une offense que la loi du pays ne saurait réprimer suffisamment.

Toute nation a le droit d'effacer un monument qui rappelle une humiliation subie par elle. Les Germains auraient raison de fondre la colonne Vendôme et nous d'abattre le lion de Waterloo ; car ces monuments ont l'inconvénient d'entretenir la haine, la vengeance parmi les peuples.

Les travailleurs ont le droit de ne point tolérer d'oisifs au milieu d'eux ; car les oisifs méprisent ceux qui travaillent. Le genre humain a mis le prêtre, le soldat, le poète, au dessus de l'homme qui travaille industriellement ou commercialement. Il a tenu ce dernier en déchéance : c'est une réparation que le travailleur peut exiger.

Une génération peut forcer celle qui la suit à émigrer, s'il y a trop plein de population sur le territoire natal.

Une troupe de soldats ou de proscrits peut épouser des femmes par enlèvement ; s'ils ne peuvent se marier d'une autre manière. Les Benjamites à Scilo, les Romains, les Portugais à Goa, firent bien de prendre leurs épouses par la force : ce fut un cas de force majeure.

CHAPITRE IV

DES OPPRESSEURS

Depuis le commencement du genre humain jusqu'à nos jours et certainement jusqu'à de nombreux siècles encore, les masses sont condamnées à l'oppression.

Chez les Européens placés à la tête de la civilisation, il y a, sur deux cent cinquante millions d'habitants, trois millions de nobles et de prêtres, dix à douze millions de bourgeois vivant à l'aise. Tout le reste, pour vivre, travaille au delà de ses forces et manque des objets nécessaires à l'existence ; n'ayant pas logements, vêtement, nourriture physique et intellectuelle, auxquels tout homme a droit, eu égard aux besoins de l'esprit et du corps. En Asie, Afrique, Océanie, la proportion des malheureux est beaucoup plus forte. Sur un milliard deux cent millions d'hommes peuplant la terre, il y a quarante millions d'individus vivant à leur aise. Tout le reste est privé des choses nécessaires à l'existence.

Les oppresseurs sont cette minorité d'heureux.

Les partisans du *statu quo*, les adorateurs de la société primitive, les fauteurs du désordre, les voleurs, libertins, vagabonds, mendiants de profession, faussaires, escrocs, amis du passé, etc., sont oppresseurs. Au dessus d'eux, il y a comme chefs d'oppression, deux classes privilégiées, les nobles et les prêtres.

Ces deux classes sont inhérentes à la nature humaine. Partout vous les rencontrez. Des anciens peuples civilisés aux tribus barbares, des Indous aux Egyptiens des premiers âges, aux hordes polynésiennes du dix-neuvième siècle; chez tòutes les sociétés, vous trouverez le genre humain divisé en deux parties : les *libres*, nobles, prêtres, bourgeois, et les *non libres*, esclaves, serfs, prolétaires.

Aussi, philosophes et législateurs ont-ils cru qu'il y avait deux espèces d'hommes; la libre, destinée

au commandement, au bonheur ; la servile, réservée
à l'obéissance, à la souffrance. Or, considérant que
parmi les gens de la même nation, les uns sont heureux, les autres malheureux, quoi qu'ils fassent; on
est tenté d'admettre cette opinion.

Pour asservir l'immense multitude, deux moyens
furent employés : la force, arme du noble; la ruse,
arme du prêtre. Ceci, pour le passé, est une vérité
universelle. Toujours ces deux classes ont manœuvré
de manière à comprimer, abâtardir les masses.

Voyez les druides : ils retenaient à eux la connaissance des lois civiles et religieuses, l'enseignement. Ils ne voulaient point écrire leurs codes, crai-
gnant qu'un étranger n'en prît connaissance. Ils
étaient la tête et le cœur de la nation : les nobles
étaient les membres. Le restant, troupeau à deux
pieds, était la chose possédée.

« Fais ce que j'ordonne, pense ce que tu voudras,
ne discute pas sur la religion et la politique, le peuple doit être ignorant, tels étaient les principes formulés par les Druides. »

Ainsi firent les Mages, les prêtres égyptiens, les
brahmanes, les différents prêtres du polythéisme.
Les nobles romains, sénateurs et chevaliers, ont dévasté l'univers.

L'histoire des peuples chrétiens, sauf de minimes
exceptions, n'est qu'une douloureuse période, de
supplices, de compression, d'abrutissement imposés
aux masses. L'inquisition, les lois de sacrilége, la
proscription des sciences exactes, de l'imprimerie,
de la raison, le dogme de l'autorité, la déchéance de
l'Italie, de l'Espagne, du Portugal, de l'Irlande, de

l'Amérique méridionale, doivent être attribués au clergé catholique. Là, il fut la pensée, la noblesse son instrument.

Qui a maintenu les sacrifices humains chez le Nègre et le Polynésien? Le noble et le prêtre. Qui, à l'aide du *Tabou*, interdit aux autres les biens de la terre et se procure ces mêmes biens? Le noble et le prêtre. Qui immolait chaque année des milliers d'hommes dans les temples de Mexico? Le prêtre mexicain. Le brahmane ne proclame-t-il pas qu'attendu sa céleste origine, il est le souverain maître de toute chose créée, de tous les biens d'autrui? Appuyé sur la caste noble, il exploite cent cinquante millions d'hommes. Les marabous, associés à la noblesse par tous les pays de l'Islamisme, ne s'opposent-ils pas à l'émancipation de leur coréligionnaires?

Les éternels ennemis des réformes sociales sont donc les prêtres et les nobles. Ils le furent partout : boyards et popes en Russie, ulémas et janissaires à Constantinople, tolbas et mameluks de l'Egypte, cheiks et marabous de l'Algérie, brahmanes et kchatryas de l'Indoustan. Enfin universellement quels qu'ils fussent, les prêtres, polythéistes, sabéens, fétichistes, mazdéens, brahmanes, chrétiens, mexicains, sintistes, bonzes, bouddhistes, nobles guerriers quelconques, se sont donnés la main, ont formé la chaîne afin d'empêcher l'essor progressif de l'humanité par la liberté et la raison.

Doit-on pour cela avoir de la haine contre eux? Non, pas plus que contre une fougère ou un buisson d'épines. Ils sont oppresseurs par *fiat* providentiel. Il a fallu au genre humain des dévorants, comme

parmi l'animalité, des panthères, aigles, requins. Il
est condamné à laisser la multitude servir de pâture
à quelques hommes privilégiés. Il est condamné ; car
les masses voient leurs dévorants, fragiles mortels :
elle savent que la victoire et la force sont du côté des
gros bataillons : nonobstant, elles se laissent opprimer par une imperceptible minorité. Il y a évidemment fatalité.

Sur tout l'univers, le prêtre tient plus aux dons
offerts à la Divinité, aux cérémonies du culte, à la
discipline religieuse, qu'à la morale et à l'adoration
directe de Dieu. Cela se conçoit : les offrandes l'enrichissent, le culte et la discipline maintiennent son
influence : l'adoration directe l'amoindrit. Quant à la
morale, on transige facilement avec elle.

Le plus illustre des gallicans, Bossuet, n'eut que
des éloges à prodiguer à Louis XIV, adultère, corrupteur des mœurs publiques, Tressan, Massillon,
Rohan, attestèrent la pureté des mœurs de l'abbé
Dubois, le sacrèrent évêque. Le pape lui donna le
chapeau de cardinal. Or cet homme fut un débauché
et l'un des plus publiquement pervertis de la cour du
Régent.

Bossuet est un homme dont on méprisera un jour
le caractère. Son inimitié contre Fénelon ne fut nul-
lement chrétienne. Il vanta Henriette d'Angleterre
d'avoir été attachée à ses devoirs. Or vivant à la
cour, il savait que cette princesse avait peu de chasteté. Elle fut la maîtresse de Louis XIV, conséquemment incestueuse. Elle eut ensuite de nombreux
amants. Elle prostitua à son frère Charles II, une
fille d'honneur nommée Louise de Kéroualle. Bos-

suet appelle cela des moyens agréables de gagner Charles II à la cause de la France. Comme intelligence, l'évêque de Meaux est encore trop vanté. Son discours sur l'histoire universelle est un point de vue faux et étroit. Il ramène tous les mouvements de l'humanité au peuple juif. Il méconnaît le rôle humanitaire des Chinois, des Indous, des Américains, des Africains. Il n'a point esquissé l'histoire universelle. Au nom de l'humanité, outragée sans nécessité, il faut lui reprocher d'avoir applaudi à la révocation de l'édit de Nantes.

Que nomme-t-on sacrilége? Ce qui affaiblit l'autorité du prêtre, ce qui jette le doute à l'esprit des populations, ce qui accroît la raison par le libre examen. Lancer un poulet sacré à la mer fut, aux yeux des pontifes romains, un plus grand crime que de massacrer des populations entières. Epargner un animal ou un homme, chananéens frappés d'interdit, fut une horrible action aux yeux des prêtres hébreux. Nier l'autorité du pape, de l'inquisition, devant les prêtres catholiques, est mériter la mort. Ne pas croire à la mission prophétique de Mahomet, c'est être digne du glaive. Manger une vache, est un crime inexpiable devant le brahmane. Tuer un chat, une ibis ou tout autre animal sacré, devant les prêtres égyptiens, entraînait les vengeances célestes et la peine capitale.

Le clergé chrétien pardonne tous les méfaits, pourvu qu'on se soumette à son autorité et qu'on fasse des cadeaux aux autels.

Constantin, qui fut un criminel couronné, est prôné comme un saint, parce qu'il distribua aux églises les biens des temples païens. Clovis, fourbe et plusieurs fois assassin, est cité comme un pieux conquérant, parce qu'il dota les églises des biens des municipalités romaines. Julien, au contraire, fut représenté comme un tyran sanguinaire, parce qu'il remit aux temples païens les biens qui leur avaient été enlevés. Charles Martel, qui sauva le christianisme en Europe, fut damné pour avoir pris une portion des immenses richesses du clergé.

L'histoire de la papauté nous montre les foudres du Vatican, lancées plus souvent au profit des intérêts temporels qu'en faveur des intérêts spirituels ou moraux. Bonaparte fut excommunié pour s'être emparé de Rome et des légations. Les républicains de 1849 le furent pour avoir méconnu l'autorité temporelle du pape. Par contre, les sanfédistes sont béatifiés, nonobstant la multitude de leurs crimes.

Depuis les premiers siècles on peut reprocher équitablement au clergé son art à capter les héritages, son insatiable cupidité et le luxe de ses chefs ; son incroyable orgueil, son esprit matériel,

En Irlande, les ministres de la religion anglicane, se partagent un revenu de plus de vingt millions de francs. Ceux d'Angleterre un revenu au delà de deux cent millions, plus maisons, champs et un casuel inconnu. Beaucoup d'entre eux cumulent et se font remplacer par des vicaires à qui ils donnent deux mille francs par an.

Les archevêques et évêques anglicans sont plus payés que les grands fonctionnaires du pays : l'archevêque de Cantorbéry reçoit trois cent soixante-quinze mille, celui d'Armagh trois cent soixante-deux mille, les évêques de Londres et de Durham, chacun deux cent cinquante mille, presque tous les autres évêques ont des traitements dépassant cent cinquante mille, plus un casuel considérable, des palais et la disposition de nombreux emplois ecclésiastiques, qui leur permettent d'enrichir leurs parents et amis. Souvent plus d'un million de francs est payé annuellement à la même famille.

Souvent des paroisses de quatre cents âmes sont obligées de payer à leur ministre dix mille et douze mille annuellement.

Avant la dernière révolution italienne, quatre-vingt mille gens d'église vivaient dans le royaume de Naples, sur sept millions d'habitants : et cinquante-trois mille, dans les États romains, sur trois millions.

L'évêque catholique d'Agram, en Hongrie, a huit cent mille francs. En France, avant 1789, l'évêque de Strasbourg possédait un revenu de cinq cent mille francs ; celui de Paris, deux cent mille. Le clergé avait la moitié des terres du royaume. Il possède d'immenses richesses en Espagne et Italie malgré les recentes révolutions. Chez les Egyptiens, les prêtres avaient le tiers du sol et ne payaient aucune contribution. Dans l'Amérique méridionale, le clergé avait à peu près tout le sol. Les prêtres et les lévites chez les Hébreux vivaient splendidement aux frais de la nation. Partout enfin nous voyons les prêtres riches et bien nourris.

Or les dignitaires des religions sont les véritables pharisiens de l'Évangile. Fils de la chair plus que de l'esprit, ils sont les sectateurs du Jupiter antique,

voulant des viandes et la graisse des victimes.
Quant aux nôtres, ils méritent les reproches que leur
ont adressés les réformateurs. Rassasiés de voluptés
et d'honneurs, ils sont des oppresseurs lorsqu'ils recommandent le jeûne et les macérations, à l'homme
mourant de faim, et qu'ils lui disent : la pauvreté
vaut mieux que l'aisance.

Que dire du clergé grec? En Russie, il est composé d'ivrognes et de gens serviles jusqu'à l'infamie.
En Turquie, il s'unit aux osmanlis pour piller les
chrétiens. Le troupeau des raïas est tondu par
l'autorité ottomane et retondu par le clergé grec.
En Italie, Espagne, Portugal, Amérique méridionale,
l'homme de religion est le possesseur des plus jolies
femmes.

Il est indispensable au progrès humanitaire de
ramener le christianisme à l'Évangile, d'honorer le
prêtre chrétien, bienfaisant, tolérant, dévoué, spiritualiste, ayant l'œil et la pensée fixés au ciel, préférant le pauvre au riche, la médiocrité à l'opulence,
l'esprit à la matière. On doit l'honorer; car il est le
véritable enfant du Christ. Mais il faut repousser
ces prêtres qui violent leur mandat apostolique.

Que sont les prêtres des autres religions? Les foe
de la Chine et de la Mongolie, s'abandonnent à toute
espèce de turpitudes et de méfaits, prétendant jouir,
durant la vie terrestre, de leur apothéose. Les der-
viches, nombre d'ulémas, sont voleurs, effrénés
libertins, menteurs, hypocrites, pleins de vices et se
disent impeccables. Les brahmanes sont des fripons
et des libertins. Les bonzes sont et furent des fauteurs de désordre. Tous furent et sont les ennemis

de l'émancipation humaine par la raison et la liberté.
Ils ont aveuglé l'humanité sous un excès de foi.

Ruse et force, voilà les deux modes de gouvernement employés par les nobles et les prêtres, depuis le commencement de l'humanité jusqu'à nos jours. Ils pouvaient forcer le troupeau humain de s'améliorer; ils pouvaient employer pour le progrès le précepte *compelle eos intrare*. Ils ont préféré user de l'autorité, pour plonger le monde sous l'ignorance, l'abâtardissement et la perpétuelle enfance. Ils ont vu dans le troupeau une matière exploitable et ils en ont profité.

Au sein des sociétés civilisées, il s'incarne une nouvelle espèce d'oppresseurs, celle des capitalistes. Peut-être se réunira-t-elle aux deux autres? Peut-être les remplacera-t-elle. En tous cas, elle sera aussi égoïste.

Elle crée une espèce de sous-oppresseurs, savoir les prolétaires, lesquels ne cherchant pas ou ne pouvant devenir propriétaires, vivent au dépens de la nation soit par l'aumône, l'instruction gratuite, les hôpitaux et hospices.

Nous voyons le bien qu'ils auraient pu faire : cependant s'ils n'avaient pas existé, le genre humain aurait-il été plus heureux?

Le pouvait-il? Cette oppression universelle, n'est-elle pas un *fiat* de la Providence, au dessous de la liberté humaine? N'est-ce pas là l'évolution imposée à l'humanité?

D'ailleurs est-ce la faute des oppresseurs ou celle des opprimés. Le lièvre se laisse stupidement égorger par le furet, huit fois moins fort que lui : à qui

la faute de l'égorgement? A la victime ou au meurtrier? Lorsque le lièvre est aguerri, d'un coup de
dent il brise les reins de son adversaire. Le coq ordinaire se laisse crever les yeux par l'épervier, six
fois moins fort que lui. Il se laisse déchirer sans se
défendre. Faites-en un coq de combat, alors il se
défend et tue l'épervier.

Or celui qui pouvant éviter l'oppression la souffre,
mérite d'être opprimé. L'homme fut créé ennemi de
l'homme. S'il veut faire le bien, il faut qu'il se dé-
pouille des conditions de sa nature primitive, qu'il
lutte sans cesse contre ses penchants naturels de
force et de ruse, qu'il les remplace par la persuasion,
par la sociabilité. Maintenant qu'il connaît le passé,
il peut être frère pour l'homme au lieu d'être loup.
Qu'il veuille n'être ni oppresseur par égoisme ni opprimé par résignation et ineptie. La science positive,
la connaissance des devoirs et des droits d'un chacun, l'examen de tout ce qui l'environne le feront sortir de l'antique oppression.

CHAPITRE V

SIGNES D'OPPRESSION

Il y a plusieurs signes d'oppression.

1. Lorsque sur un territoire, il y a des races humaines différentes; car alors il y a supériorité de
l'une, conséquemment infériorité de l'autre. Ainsi
les Hébreux furent opprimés par les Égyptiens, les
Gabaonites par les Hébreux, les parias le sont par

les castes de l'Indoustan, les nègres par les blancs, les indigènes américains par les Européens, les cagots des Pyrénées par les Français et les Espagnols, enfin l'histoire universelle montre partout l'oppression s'il n'y a pas égalité de race. Les oppresseurs emploient la calomnie, les mauvais traitements contre les opprimés. Ils les tiennent à l'état de caste maudite.

2. Lorsqu'il y a de superbes monuments d'architecture, comme les pyramides, la tour de Babel (1), les grottes de Salcette et d'Elora, les pagodes de Bénarès, de Delhy, les palais de Thèbes, d'Ecbatane, de Memphis, de Persépolis, de Cuzco, de Palenque, de Mitla, des constructions pélasgiennes, des villes comme Ninive, Babylone, Rome, etc., car pour élever ces monuments, il a fallu assujettir le peuple à de rudes travaux. Que de douleurs et de fatigues ont coûté les pyramides d'Égypte, le colysée de Rome, le palais de Versailles, le canal de Maintenon, Pétersbourg, nos églises gothiques et nos châteaux féodaux.

Là où la haute architecture existe, le peuple a des cabanes de boue et de roseau. Là, soyez certains, le peuple est contraint au travail par la faim ou les coups.

L'orgueil ou l'intérêt d'un seul homme ou d'une caste, voilà le premier inspirateur de ce qu'on appelle

---

(1) D'après la description d'Hérodote et les découvertes des voyageurs modernes, on doit croire que la tour de Babel avait 200 mètres de hauteur, les pyramides d'Egypte ont 146 mètres. Sur les plaines de la Chaldée existe donc le plus haut monument élevé par les hommes.

la haute, la magnifique architecture. Les constructions de Louis XIV coûtèrent à la France 327 millions de francs, dépensés pour le caprice du souverain. 23 millions seulement furent consacrés sous son règne aux travaux d'utilité publique.

3. La mendicité nombreuse, la richesse des temples, les ministres des autels richement rétribués, les grandes inégalités sociales, les apanages considérables, listes civiles, traitements élevés, l'esprit de vol et de vagabondage, les nombreuses confréries religieuses, sont autant de signes d'oppression; car chacune de ces choses ne peut exister sans qu'une partie de la nation soit victime de la force ou de la ruse.

4. Partout où la guerre et les beaux-arts sont plus honorés que la paix et le travail utile : partout ou une partie du peuple vit dans l'oisiveté : ainsi, les Spartiates étaient nourris par les Ilotes, les Crétois par les Préciœens, les Thessaliens par les Prénestes, les Athéniens par les esclaves et les affranchis, quatre cent mille prolétaires romains par l'univers conquis et rapiné, les seigneurs de l'Europe par les serfs et les vilains, les blancs par les noirs aux colonies américaines, les Anglais par les Indous, les mameluks par les fellahs.

Or tous ces dominateurs étaient et sont gentilshommes; les dominés, plébéiens. Donc, il y a oppression lorsqu'il y a constitution d'une noblesse, car alors il y a priviléges pour les uns, ce qui établit une nuisance pour les autres, une inégalité sociale.

5. Partout ou un palais s'élève auprès d'une chaumière, car le possesseur du palais opprime tôt ou tard l'habitant de la chaumière.

Les individus ou les peuples qui ont le goût des grandes constructions méprisent l'espèce humaine ou se plaisent à détruire. Les conquérants sont constructeurs; ils savent que c'est là un moyen de dompter le *servum pecus*. Leur gouvernement détruit les classes moyennes. Il augmente le nombre des prolétaires à qui il faut donner du travail en attendant qu'on en fasse des soldats. L'ouvrier endurci à la fatigue et moins instruit est meilleure machine de guerre que le bourgeois. Les rois de Ninive, de Babylone, d'Égypte, Louis XIV, Bonaparte, Pierre de Russie, le prouvent. Les grands édifices ont servi à commettre bien des crimes. Les plaintes des victimes ne franchissent pas les murs épais. La tour de Londres, la Bastille, Vincennes, les plombs de Venise, le château des Sept-Tours, à Constantinople, les arènes romaines, appuyent notre assertion.

6. Quand les campagnes sont abandonnées au profit des villes, que la frivolité, la dissipation, l'amour des plaisirs, les dissidences religieuses, le monachisme s'emparent des populations; quand il y a polygamie, oligarchie, luxe; quand, nonobstant une civilisation avancée, les sciences morales ou religieuses sont enseignées par des symboles, car forcément alors il y a des mystifiés et des mystificateurs; lorsqu'il y a une science ésotérique, une écriture hiéroglyphique, car il y a une classe de personnages qui a intérêt à se séparer du peuple, à le maintenir sous l'ignorance et l'erreur.

7. Lorsque l'héroïsme n'est devolu qu'à certaines classes militaires ou prêtres, car cela indique que le

peuple n'est qu'un vil troupeau ; alors quand il ferait des actions héroïques, elles seraient ignorées, dédaignées. Ce fut là l'histoire de l'Europe pendant le moyen âge. Les historiens ont cité avec enthousiasme les faits du noble et de l'ecclésiastique : ils ont couvert d'un silence profond les haut-faits des vilains, lesquels pourtant ont eu maintes et maintes prouesses.

8. Lorsque les animaux domestiques sont mieux traités, mieux logés et nourris qu'une partie de la population, car cela prouve que la multitude humaine est moins estimée que les animaux.

9. Lorsqu'il y a utilité pour un grand nombre de rompre les liens de famille, soit présents, soit futurs, car cela est contre nature.

10. Enfin, concluez qu'il y a oppression quand le paupérisme va croissant, que les causes de la misère ne sont pas étudiées par le gouvernement, que le travail ne suffit pas à faire vivre le travailleur : lorsqu'il n'y a pas liberté de commerce, de réunion, de penser, d'écrire, de parler, que l'avilissement de corps et d'esprit conduit aux dignités et à la fortune et qu'il faut vendre son corps et son âme pour réussir. Or presque partout vous verrez des signes d'oppression.

CHAPITRE VI

ESCLAVAGE

L'esclavage est basé sur la force et la ruse. Rarement les hommes, *proprio motu*, ont aliéné leur liberté afin d'obtenir un sort meilleur. Presque toujours le fort et le rusé ont asservi le faible et le simple.

L'homme est une monnaie qu'on trouve utile de posséder.

Lorsque les substances monnayées étaient rares, il devint une monnaie précieuse.

Les esclaves étaient plus nombreux autrefois ; parce qu'il y avait moins de monnaie et moins de machines remplaçant les bras.

Nous pouvons engager notre liberté, parce que nous sommes libres ; mais nous n'avons pas le droit d'engager celle de nos enfants.

L'esclavage de naissance est une iniquité.

Le mépris du travail matériel est une cause active de l'esclavage.

Les loups ont le droit de dévorer bœufs et chevaux ; mais ceux-ci ont celui de tuer les loups pour ne plus en être dévorés. Or les esclaves ont pareillement le droit de se débarrasser de leurs maîtres, car c'est une force en repoussant une autre. L'humanité, la justice naturelle et rationnelle, ne furent et ne seront jamais enfreintes, quand les esclaves tueront leurs maîtres, attendu qu'il est éternellement permis de reconquérir sa liberté. De l'animal à l'homme c'est un droit inaliénable.

L'esclavage serait licite si Dieu avait mis sur le front des hommes : celui-ci est un maître, celui-là est esclave, par *fiat* de ma volonté.

On peut employer la force pour améliorer le sort des races humaines. On peut momentanément les priver de leur liberté, voulant les rendre instruments du progrès humanitaire. Mais il faut que cette pri-

vation ne soit que passagère. Il faut qu'elle soit une
éducation forcée, vers un but d'utilité supérieure.

Si les blancs asservissant les noirs avaient travaillé à les grandir socialement, à leur inculquer
l'amour du travail, la moralité, la civilisation; s'ils
avaient cherché à les rendre producteurs libres, sur
les contrées humides et chaudes, où les blancs ne
vivent que difficilement, alors cet esclavage aurait
été justifié par le but. Loin de là, ils ont voulu les
abâtardir pour mieux les gouverner. Ils sont donc
des oppresseurs contre lesquels le fer, le poison et la
torche sont permis.

L'esclavage domestique est plus humiliant que l'esclavage appliqué aux arts, à l'agriculture, au labeur
utile, car il n'y a pas l'excuse de la production, car il
sert plus spécialement au luxe, à l'oisiveté, aux voluptés des maîtres.

L'esclavage est le vol de la personne. Or, contre le
voleur toute répression de la part de la victime est
essentiellement de droit naturel. Un des torts des
théologiens catholiques est d'avoir soutenu la légitimité de l'esclavage, sous le prétexte que l'âme n'étant
pas asservie, vu sa qualité immatérielle, le corps pouvait être soumis à un possesseur, attendu sa qualité
de chose matérielle. D'ailleurs, ont-ils ajouté, les
hommes n'auront d'égalité qu'au ciel. Donc, on peut
les constituer inégaux sur la terre. Ici, ces théolo-
logiens ont renié l'Évangile et la morale chétienne.
Ils se sont rangés du côté des forts contre les faibles.

SERVAGE

Le servage dérive de la ruse et de la force. « Les serfs sont bêtes en parcs, poissons en viviers, oiseaux en cages. » La servitude s'attache à leurs os. Or ils peuvent légitimement chercher à se débarrasser de leur servitude. Ils ont les mêmes droits que les esclaves. Le possesseur de serfs ou d'esclaves n'a pas droit à une indemnité, lorsque une loi lui enlève esclaves ou serfs. La seule chose qu'il puisse réclamer, c'est de ne pas être assommé et encore non pas au nom de la justice, mais au nom de l'humanité progressiste.

POLYGAMIE

La polygamie serait licite, si elle était consentie par la femme usant de sa raison. Cela ne se pratique pas ainsi. La volonté de la femme n'est pas consultée. Il y a asservissement du sexe le plus faible, dans l'intérêt de l'homme. Avec la polygamie, il y a donc injustice émanant de la force opprimante. Or toute tentative réagissant contre la force opprimante est légitime. C'est pourquoi chez les polygames, la femme peut exercer tous sévices quelconque contre son mari, sans que la justice absolue soit enfreinte.

Nous reconnaissons, néanmoins, que la polygamie est naturelle dans les pays chauds; car il naît plus de femelles que de mâles; toutefois, il faut que l'union soit librement consentie par la femme, qu'elle fasse son choix avec entière liberté.

EUNUCHISME

L'eunuchisme est un crime énorme que l'homme commet contre son semblable, sans utilité sociale. Elle maintient et propage la polygamie, c'est à dire, l'asservissement du faible au fort. Toute société qui fait ou fait faire des eunuques, doit être traitée comme ennemie de l'humanité.

AMUSEMENTS PUBLICS

C'est un moyen d'abâtardir les hommes; car toute nation qui passe son temps à s'amuser, ne réfléchit pas, ne progresse point, n'examine pas les actes de l'autorité. Aussi, se laisse-t-elle facilement opprimer, sans demander autre chose que quelques jours de fête de plus. Quand les Grecs du bas empire se furent adonnés aux jeux du cirque, ils perdirent toute leur énergie. Courbés sous le despotisme, ils ne songèrent même pas à se plaindre. Aussi ils furent accablés, dénationalisés par les Turcs. Lorsque la populace romaine accourut avec passion aux arènes, les empereurs purent commettre impunément tous les forfaits que conçoit une âme.

Si en Europe il y avait un carnaval chaque mois, il faudrait désespérer de tout progrès, de tout esprit révolutionnaire.

La liberté doit se méfier des gouvernements qui provoquent et entretiennent les fêtes publiques. Là, le peuple ne sera jamais libre.

Doubles moutons qui formez la quatre-vingt-dix-neuvième partie de l'espèce humaine, lorsque vous dansez sur les places publiques, vos maîtres disent : « Le peuple est content, ne faisons rien de plus pour lui. » Or, doubles moutons que vous êtes, si vous tenez à danser, dansez la danse pyrrhique.

AUMÔNES ET LARGESSES

L'aumône est un actif agent d'abrutissement; les gouvernements oligarchiques et monarchiques l'ont employée avec succès. Le mendiant entretenu par le prêtre ou l'aristocrate, est servile, orgueilleux, seïde, ennemi du travail qui affranchit.

Jeter au peuple de la monnaie, du vin, des aliments, comme on le fit longtemps chez nous, à propos d'un joyeux avénement, d'un couronnement, d'une revue, c'est dégrader les hommes.

Nous ne devons jamais accepter une gratification, une faveur. Nous devons accepter un salaire pour l'échange d'un service rendu. Pauvres et sans moyens de travail, nous pouvons recevoir une assistance légale.

Le système des largesses est un mode d'exploitation. Les gouvernants distribuent par là quelques oboles, et prélèvent bientôt de nouveaux priviléges, de nouvelles sommes d'argent.

Les largesses doivent être la création des choses d'utilité publique.

CHAPITRE VII

DES GOUVERNEMENTS

Les gouvernements se sont organisés dans l'intérêt des gouvernants plus que dans celui des gouvernés. La preuve, c'est que pour gouverner on commet souvent d'abominables actions. Comme il n'y a pas de mal absolu, les gouvernés profitent quelquefois des iniquités commises.

Les gouvernements doivent leur origine à la force, à la ruse ou au consentement mutuel. Lorsqu'ils proviennent de la force, la force contre eux est légitime. Lorsqu'ils proviennent de la ruse, contre eux on peut employer la fourberie ; car le talion est un droit naturel.

Lorsqu'ils découlent du consentement mutuel, ils ont été formulés de la manière suivante, non pas toujours par codes écrits, par pacte discuté, mais en pacte gravé dans la conscience des gouvernés.

« Gouvernants, vous serez nos pères, et nous, « gouvernés, nous serons vos enfants. Nous vous « accorderons honneur, respect, obéissance, Nous « travaillerons pour vous. Nous demanderons à la « nature ses richesses. Vous n'aurez pas à vous oc- « cuper des soins de votre subsistance. Compensati- « vement, vous consacrerez votre temps et votre « intelligence à nous garantir des ennemis de l'inté- « rieur et de l'extérieur, contre les fléaux, les di- « settes, les épidémies, puis à améliorer progressi- « vement notre sort. »

Or en est-il beaucoup qui aient respecté ce contrat social? Au contraire, loin d'être des pères, ne se sont-ils pas montrés les ennemis des gouvernés? Ne les ont-ils pas considérés comme un troupeau dont ils pouvaient cueillir la toison et manger la chair?

On disait à Louis XV, lui montrant le peuple assemblé aux Tuileries : « Mon maître, tout ce peuple est à vous; » les monarques qui passent pour les meilleurs, disent, parlant des gouvernés : nos sujets, mes esclaves, ma chose sans droits et sans volonté.

Or une telle dénomination rend ces gouvernants violateurs de leur contrat; car elle implique tous les bénéfices de leur côté et rien pour l'échange de ces bénéfices.

Historiquement, la plupart des gouvernants sont des conspirateurs contre la justice et la liberté. Ils nomment ordre, la satisfaction de leurs passions. Ainsi l'ordre sous les Césars, c'était l'asservissement de tous au caprice de l'empereur; sous Louis XIV, c'était l'adulation de la personne royale, poussée jusqu'au fétichisme; sous Louis XV, d'enlever pour le Parc-aux-Cerfs les jeunes filles; pour Bonaparte, l'ordre était le servilisme de la nation entière, le droit de tailler en coupes réglées, bon an mal an, quatre-vingt mille, cent cinquante mille Français. Sous la féodalité, d'opprimer le faible et l'utile.

Les gouvernants sont d'insignes usuriers. Ils vendent à haute usure, leurs paroles, promesses, gestes, sourires. L'art de tromper est leur première qualité.

Aussi très peu de gouvernements résistent à l'esprit d'examen. C'est pourquoi l'examen est l'arme qu'ils

redoutent le plus. Ils craignent la raison, la philosophie, comme les voleurs craignent le jour, comme
les vendeurs d'indulgences craignent le positivisme.

Nous nous regardons comme le peuple le mieux
gouverné qui soit monde. Par rapport aux autres
nations, nous avons peut-être raison. Napoléon est
considéré comme un des excellents gouvernants
qu'ait eus la France. Eh bien, il nous assimilait à de
la chair à canon. Il suivait rigoureusement toutes
les conséquences de cette assimilation. Les sénateurs connaissant ses goûts, le soldaient en chair
humaine. Lui, sachant les goûts des sénateurs, les
rétribuait avec des honneurs, des terres, des écus.

Alors, les Français sacrifiés sur les champs de
bataille comme l'herbe du faucheur, s'écriaient : Vive
l'empereur! Ainsi les gladiateurs égorgés dans les
arènes romaines vociféraient *Ave, imperator, mori-
turi te salutant.*

Que sont donc les gouvernants du reste du monde,
si notre meilleur au dix-neuvième siècle, n'est devant
la raison et l'humanité, qu'un dévorant de chair humaine, un égoïste renforcé?

Le gouvernement donne à l'homme qui le détient
la puissance de mieux satisfaire ses passions. De
mieux manger, mieux boire, mieux se livrer à
l'amour; mieux satisfaire ses caprices. Reines, rois,
présidents de républiques, ministres, papes, généraux : tout ce monde-là augmente la somme de ses
jouissances et parle de son dévoûment.

C'est pourquoi on a dit et répété avec raison que
la plupart des gouvernements, par droit historique
ont rompu les premiers le pacte social : qu'ils sont

exploiteurs et que l'insurrection contre eux est un droit et un devoir permanents. Elle est la mission des progressistes.

Le principe de l'autorité jusqu'à ce jour a dirigé le genre humain. Or, attendu les malheurs qu'il a enfantés, le peu de progrès qu'il a effectué, on doit le proclamer nuisible. Les progressistes doivent désirer qu'il soit remplacé par la liberté illimitée. Il est rationnel de l'essayer et de voir ce qu'elle pourra faire ; l'anarchie est moins pernicieuse que le despotisme ; car elle permet aux individualités de se développer. Le despotisme étouffe les germes des nobles aptitudes. Il fait de l'homme un troupeau.

DE L'INÉGALITÉ

Les hommes ne naissent point égaux. Il y a des races supérieures et des inférieures. Parmi les gens de la même race, il y a de notables différences. A l'origine du genre humain, les inégalités étaient plus intenses et nombreuses qu'actuellement. Le temps les a effacées progressivement. Plus il se déroulera vers l'avenir, plus elles diminueront encore. Or l'inégalité est un mal. Le mandat des progressistes est de la combattre.

L'égalité sociale bien comprise est le remède à tous les maux du genre humain, maux venant du fait de l'homme. Pour l'obtenir, imitez la conduite du jardinier, voulant retirer des fruits d'un arbre. Il empêche les branches gourmandes de trop s'élever et d'attirer à elles toute la séve. Il force les paresseuses à grandir. Il se débarrasse des nuisibles. Arti-

ficiellement, d'un sauvageon sans ordre, sans égalité entre ses parties, il obtient un arbre à fruits. A
toutes les parties du sauvageon il impose l'égalité,
des fonctions réciproques, et de cette manière fait
mieux vivre tout l'arbre.

Qu'aucun homme ne soit donc au dessus des
autres. Qu'un seul soit le jardinier. Impôt progressif,
lois somptuaires, limites apportées au droit de propriété, suppression du droit d'abuser, préférence aux
métiers sur les beaux-arts, aux sciences sur la théologie, écoles professionnelles pour chaque profession
utile, responsabilité des fonctionnaires, propriété
acquise par le travail placée au dessus de la propriété obtenue par l'héritage, suppression du salaire
du clergé, liberté illimitée, bornée seulement par le
droit d'autrui ou les devoirs sociaux, abolition de
toute hérédité du pouvoir, aucune place inamovible,
tout emploi conféré à l'élection par suffrage universel autant que possible. Tels sont les moyens à
l'aide desquels vous obtiendrez l'égalité et les biens
qu'elle porte avec elle.

Ces moyens sont immédiatement applicables sur
une partie de l'Europe et de l'Amérique. Mûris par
la raison, ils peuvent changer le monde du tout au
tout, sans faire autant de mal qu'il s'en commet pour
maintenir une inégalité barbare.

CHAPITRE VIII

CE QUI REND LE POUVOIR LÉGITIME

Quelle que soit l'origine du pouvoir, il sera légitime, s'il a pour but l'application progressive des dogmes, égalité, fraternité, liberté, entre tous les hommes et amélioration du globe.

Qu'il prétende remonter au droit divin, qu'il dérive du droit primordial de la conquête par force ou ruse, ou du suffrage universel, son but seul le légitime.

Serait-il l'expression la plus complète du suffrage universel, le but seul le rend légitime. Entre l'alternative de laisser le dogme précité, sans application, ou de jeter le peuple à travers le désordre social ou le mal social : qu'il applique sans hésitation. Le progrès est souvent consacré par la souffrance.

Avant tout, qu'il sympathise avec les masses et qu'il compte sur elles pour l'application du progrès. Il l'atteindra, non pas par la volonté, le travail d'une seule intelligence ou d'un petit nombre d'intelligences supérieures; mais par la volonté et les efforts d'un chacun et de tous. S'il est dictateur, ce ne doit être que passagèrement.

Cela est vrai quant aux races blondes, chez lesquelles la raison et l'amour humanitaire sont plus développés. Pour les autres races, le gouvernement doit moins compter sur les efforts d'un chacun et de tous. Il doit mieux s'en rapporter à un petit

nombre de penseurs, de révélateurs, aux intelligences d'élite.

Donc l'état des races est cause de la légitimité de
tel ou tel gouvernement.

Aux nations blondes je donnerais le gouvernement démocratique : aux brunes, le monarchique :
aux jaunes, l'absolutisme, et aux noires, la dictature d'un seul, jusqu'à la création d'une race métisse.

Soulouque s'est montré meilleur politique qu'on
ne pense. Les nègres doivent être gouvernés par un
seul chef, puis par des honneurs, par des distinctions,
par une suite d'inégalités sociales, propres à exciter
chez eux la sensibilité. Un régime égalitaire est contraire à leurs penchants. Ils agiront plus par la sensibilité que par la raison.

CHAPITRE IX

DES RÉVOLUTIONS

Les révolutions sont légitimes, si elles se pro-
posent l'égalité entre tous les hommes. Elles sont
généralement douées d'un haut point de moralité;
car sans elles, l'oppression des masses se perpétue-
rait.

Les révolutions ont le droit de rabattre tout ce
qui s'élève trop. Mais leur devoir est moins de
rabattre les individus que d'élever les masses. Généralement elles améliorent le sort de la multitude.

Pour effectuer une révolution, il faut préalablement essayer plusieurs insurrections, car si l'une échoue l'autre réussit; car le sang des martyrs révolutionnaires est un engrais fécond.

La plupart des gouvernements sont l'art de faire vivre ses amis aux dépens des gouvernés et d'attribuer à ses amis une plus forte dose de jouissances et d'impeccabilité qu'au reste de la nation.

Or les révolutions ont l'avantage d'empêcher l'absorption des gouvernés ou de protester contre elle.

Elles sont morales; parce qu'elles permettent de punir révolutionnairement les crimes que la justice régulière n'atteint pas.

Le droit des révolutions est illimité. Il est d'autant plus considérable que la majorité des opprimés est plus nombreuse et que les gouvernants, depuis plus longtemps, sacrifient la majorité à la minorité.

Voici l'évolution normale des révolutions.

D'abord les opprimés demandent avec prière la diminution de leurs souffrances et la jouissance des droits naturels à l'homme.

Les gouvernants accordent par crainte ou bienveillance. Bientôt après, ils se repentent d'avoir accordé. Ils retournent vers l'ancienne exploitation. Par force ou ruse, ils veulent reprendre lèur première position. Il manquent à leurs promesses.

Alors les opprimés s'insurgent. La haine, la vengeance, le sentiment de la justice, et de leur force croissante, les animent et les guident. De là, ces éternelles réactions, la perpétuité de l'antagonisme entre les gens du passé et ceux de l'avenir.

L'histoire universelle montre que les antirévolutionnaires veulent reprendre ce qu'ils ont vendu, ou ne veulent pas livrer ce qu'ils ont vendu. Ils sont des marchands de mauvaise foi. Les révolutionnaires sont les acheteurs de la liberté, de l'égalité. Ils veulent obtenir ce qu'ils ont payé. Or tous les excès des révolutions doivent équitablement retomber au compte des antirévolutionnaires.

CHAPITRE X

COMMENT INCULQUER L'ESPRIT RÉVOLUTIONNAIRE?

Beaucoup de sciences d'une utilité secondaire, sont réduites en systèmes et enseignées publiquement. On cherche par là à les rendre d'une application facile. Or la science des révolutions est encore à l'état d'enfance : c'est elle pourtant qui offre le plus d'utilité ; car elle apprend aux hommes à sortir de leurs misères. Faire un code des révolutions, c'est remplacer une lacune parmi les œuvres de l'esprit humain. La mission des progressistes est donc de tracer un code révolutionnaire.

Pour entretenir ou produire l'esprit révolutionnaire, il faut :

1° Répandre l'instruction, la science positive ; car si le peuple est instruit, il comprend mieux les rapports des êtres entre eux, il veut progresser, il se laisse moins gouverner par la force ou la ruse, il est plus disposé à réclamer les droits et les devoirs de l'humanité, il est plus rapproché de la vérité.

2° Vulgariser la lecture de la Bible ; car ce livre vous imprime dans l'esprit, l'idée de liberté personnelle; vous rend sévère, juste, absolu. Tous les peuples lecteurs de la Bible ont su conquérir leur liberté.

Le Pentateuque, Jéhu, Judith, les Machabées, Samuel, sont les livres qu'il faut le plus spécialement recommander. Sans la Bible, l'émancipation humaine par voie révolutionnaire ne serait pas faite.

3° Critiquer le passé et le présent. Tourner les espérances vers l'avenir. Montrer aux masses le petit nombre d'hommes heureux qui vivent dans l'état actuel ou passé des sociétés humaines. Recommander aux déshérités de se demander pourquoi ils souffrent fatalement, lorsque d'autres jouissent fatalement de tous les biens de ce monde. Qu'ils se demandent si la prospérité atteint les plus dignes?

4° Quand le sol appartiendra à un petit nombre, proposez la loi agraire, non comme mesure permanente; mais comme mesure révolutionnaire et équitable. Dieu a créé la terre et nul ne doit en posséder plus que cela ne lui est nécessaire. La propriété foncière entre les mains de quelques-uns n'est pas mieux fondée que la propriété de l'air, dévolue à une minorité. D'ailleurs la propriété foncière moralise.

5° Dites que chacun peut arriver au pouvoir, aux honneurs sans distinction de naissance, car rois, princes, nobles, prêtres ne sont autre chose que des hommes et ne doivent pas être privilégiés.

6° Appuyez les idées de révolution sur un intérêt matériel, car l'intérêt moral ne suffit pas à la plupart des hommes. Insistez sur la nécessité de livrer les positions élevées de la société aux hommes nouveaux. Lorsque Jésus-Christ entreprit de régénérer le genre humain, il ne s'adressa pas aux augures, aux nobles, aux aristocrates, aux satisfaits, aux classes élevées. Il s'adressa aux malheureux, aux esclaves, aux pêcheurs, aux gens du peuple. Or ceux-ci eurent un intérêt matériel au changement. Ils élevèrent le christianisme sur les ruines du polythéisme.

7° Publiez la vie des révolutionnaires illustres, afin de faire naître le désir de les imiter. Les hommes illustres de Plutarque ont inspiré plus d'un grand homme des temps modernes. La vie des révolutionnaires, publiée à la façon de cet écrivain, produira des idées de révolution. Décrivez les batailles où le peuple a vaincu : Courtrai, Brignais, Sempach, Morgarten, Morat, Granson, les combats des Anglo-Américains contre l'Angleterre, ceux de la révolution française contre l'Europe, jusqu'en 1804. Faites connaître les tortures séculaires éprouvées par les amis de la liberté. Semez à profusion les chants révolutionnaires.

8° Appelez les citoyens indistinctement à s'occuper des affaires de l'État. Quand vous voudrez enfiévrer la nation de liberté, organisez des réunions publiques; la parole parlée exerce plus d'influence que la parole écrite. Elle enfante plus de dévoûments.

9° Conviez les arts, théâtre, poésie, peinture, musique, statuaire à propager l'esprit de fermentation progressiste.

10° Répétez sous toutes les formes les axiomes suivants :

Tous les hommes ont droit au même bonheur matériel. Il ne doit y avoir ni maître ni subalterne. Quand la majorité est malheureuse et la minorité heureuse, la première a le droit de renverser la seconde. On n'obtient pas de soulagement à ses maux par la résignation. Le superflu de l'un est un préjudice commis envers le nécessiteux. Aide-toi, le ciel t'aidera.

Les théories révolutionnaires doivent être discutées, lorsqu'on s'adresse aux penseurs. Lorsqu'on s'adresse à la multitude il suffit de lui montrer la vérité d'une manière précise; elle la comprend instinctivement.

Ne vulgarisez point ces doctrines en temps de trouble. Elles pourraient faire naître un désordre inutile. Il faut que la raison, la justice les reconnaissent applicables et bonnes préalablement dans le calme et la solitude. Ne harcelez pas les gouvernements. Il faut plutôt les abattre d'un seul coup : c'est plus humain. Les taquineries sont indignes des philosophes progressistes. Préparez l'insurrection des esprits avant celle des corps. Sondez bien le but de la révolution. Guidez-vous par le raisonnement plutôt que par le sentiment et l'imagination. Méditez longuement et exécutez rapidement. Développez le bien-être matériel, la science positive. N'oubliez pas que le progrès est impossible sans une révolution politique, industrielle, scientifique.

Si les gouvernements sont révolutionnaires comme ceux de Louis XI (1), de Richelieu, de la Conven-

---

(1) Louis XI fut un grand nivelleur; il voulut l'unité du pouvoir et du territoire, une royauté assez forte pour protéger le peuple contre les nobles. Il a rendu plus de services que tout autre souverain français.

tion, de Pierre le Grand, de Pombal en Portugal, de
Joseph II en Autriche, de Henri VIII en Angleterre,
de Struensée en Danemark, de Mahmout et d'Abdul-
Medjil à Constantinople, alors laissez-les agir. Dis-
pensez-vous de semer l'esprit révolutionnaire parmi
le peuple ; car alors un excès d'esprit révolutionnaire
pourrait se manifester et provoquer un déraillement.
Laissez les gouvernements révolutionnaires agir et
prêtez-leur votre concours.

Sans révolutions point de progrès dans l'humanité
et l'univers. Donc, soyez convaincus que les revolu-
tions sont par leur but ce qu'il y a de plus moral.
Dieu n'est-il pas le grand révolutionnaire par excellence! Voyez les cataclysmes de la nature. Toujours
ils furent un pas de plus de l'imparfait vers le plus
parfait.

Celui qui créera une méthode révolutionnaire épar-
gnera bien des malheurs aux hommes. Il sera un
bienfaiteur public. Il fera œuvre divine. Supprimez
l'esprit révolutionnaire, l'humanité reste stationnaire
comme les Chinois. Mais ne croyez pas que la révolution soit seulement l'insurrection de la pensée et
du corps contre les hommes : elle est l'insurrection
contre nos penchants, contre notre égoïsme, contre
les choses iniques ou les choses du passé.

Joseph II fut un roi philosophe. Il abolit la féodalité en Hongrie. Il voulut uniformer les races de son
empire. Il rechercha le bien. C'est pourquoi il eut
beaucoup d'ennemis, car les hommes sont ingrats.
La noblesse et le clergé lui furent hostiles. Étant
bon, il ne fut pas regretté.

CHAPITRE XI

COMMENT RÉVOLUTIONNER LE GENRE HUMAIN

En France et en Angleterre, adressez-vous à la population urbaine, car elle est plus éclairée. Elle veut la révolution pour le progrès. En Germanie, Scandinavie, Russie et Pologne, adressez-vous aux paysans, car ils sont courbés, les uns sous la féodalité, les autres sous le servage. Promettez la possession de la terre à ceux qui l'occupent à un titre quelconque, car il est juste que le sol appartienne à celui qui le cultive et le féconde. La loi agraire est légitime quand elle se propose non pas de dépouiller, mais de multiplier les propriétaires du sol. Elle ferait, seule, révolutionner l'Irlande. Toutefois, si vous trouvez la loi agraire trop révolutionnaire, constituez une rente perpétuelle due par le tenancier à l'ancien propriétaire.

En Italie, en Espagne, Portugal, adressez-vous aux nobles et aux bourgeois. Ils sont plus éclairés que le peuple. Promettez les dépouilles des églises et tâchez d'abattre l'influence du clergé catholique, car avec ce clergé le progrès est impossible ou tumultueux, exposé à des reculs.

Appelez les raïas de la Turquie à l'indépendance. Une croix grecque, savoir, bras et corps blancs, sur un fond noir, déployée sous l'influence de la Russie, quelques milliers de fusils remis aux Bulgares, aux Syriens, quelques officiers européens parmi les populations grecques, une proclamation lancée par la

Russie culbuteront l'empire ottoman. Décrétez ensuite l'abolition de la polygamie dans toute l'étendue
des États turcs. Invitez les femmes à l'émancipation
au nom de leur dignité de mères. Il faudra châtier
les Albanais à cause de leurs cruautés séculaires envers les chrétiens.

Pour renverser le brahmanisme de l'Indoustan,
les Anglais doivent appeler aux armes les populations musulmanes et leur donner la prépondérance
sociale sur les sectateurs de Brahma.

Pour révolutionner les noirs des États-Unis, il
faut que l'Angleterre débarque quelques régiments
noirs sur la Louisiane : que la France envoie quelques individus dans les États méridionaux. Quant aux
nègres des îles espagnoles, ils sont assez nombreux
pour imiter, par eux-mêmes, la conduite de leurs
frères de Saint-Domingue. Les puissances européennes doivent chercher à faire naître parmi les
noirs qui viennent à ses écoles quelque Toussaint
Louverture, car un homme de la race esclave pourra
seul exciter la révolution émancipatrice.

Les abolitionistes progressistes doivent travailler
à créer une race noire, puis blanco-noire snr l'archipel colombien, les Guyanes et le Venezuela. La sortie des trois millions de noirs anglo-américains,
pourrait se faire sans effusion de sang, si l'Europe
s'en mêlait.

L'Union anglo-américaine est intéressée à se débarrasser de sa population noire, laquelle est une
cause d'achoppement entre les États du sud et ceux
du nord. Les nations européennes ont intérêt à constituer sur le centre de l'Amérique un peuple ou des

peuples indépendants, lesquels augmenteront la production et la consommation générale.

Puis la philanthropie, la justice rétributive doivent engager les blancs à réparer leurs séculaires iniquités contre les noirs.

Du reste, bon gré malgré, cette révolution s'opérera.

La féodalité et la royauté en Germanie n'ont point encore expié leurs attentats contre la liberté des peuples et des individus. Elles ont emprisonné et fait périr de misère nombre de libres penseurs. Elles ont usé tout aussi largement que l'ancienne monarchie française des lettres de cachet. Que le sort de la Bastille arrive donc un jour aux châteaux féodaux, aux forteresses royales. 1792 et 1793 ont offert une réparation à la justice éternelle. Que la Germanie suive cet exemple. Elle a encore à punir les trahisons de la royauté en 1814 et 1848. Expiation au nom du progrès! Voilà ce que les justes doivent réclamer.

On peut aussi révolutionner l'Italie, en réveillant ses désirs d'unité, sous la domination d'un Murat; il faut que le régime constitutionnel précède le gouvernement démocratique.

Les États à esclaves de l'Union américaine, entravent les progrès de la nation. Les possesseurs d'esclaves y sont joueurs débauchés, arrogants, orgueilleux. Ils ne suivent pas d'autres lois que celles de leurs passions. C'est pourquoi il ne sera jamais mal de prêcher une croisade universelle contre eux. On peut les détruire au nom de la justice sociale et rétributive. Ils méritent le sort des blancs de Saint-

Domingue. Qu'un vengeur se lève contre eux : il sera Jehu exterminant la maison impie d'Achab. Que cela soit, si la justice, l'humanité ne leur font point affranchir leurs esclaves.

L'homme en familles ou en nations veut le gouvernement des soldats. Les démocraties n'échappent pas à cette disposition. Athènes, Rome, l'Anglo-Amérique, l'Amérique méridionale, nous le prouvent. Chaque contrée s'honore d'un conquérant. Les Égyptiens ont eu Sésostris, les Babyloniens Nabuchodonosor, les Perses Cyrus, les Grecs Alexandre, les Romains César, les Tartares Gengis-Khan et Tamerlan, les Germains Charlemagne, les Celtes-Ibériens Bonaparte, les Finnois Attila. Tous tirent vanité de ces dévastateurs, plutôt que de leurs législateurs, de leurs souverains philosophes. Nous voulons des héros exterminateurs plutôt que des héros conservateurs. Nous les appelons volontiers, le foudroyant, le terrible, le marteau, le fléau de Dieu.

RÉFLEXIONS SUR LA GUERRE UNIVERSELLE

L'antagonisme parmi les créatures animées est général. Chaque animal, chaque espèce sont dévorants par rapport à d'autres, sont dévorés par d'autres. La plupart des animaux périssent de mort violente. Or cette destruction universelle est providentielle; puisqu'elle existe de tout temps et que sans elle, nombre de créatures périraient de faim.

L'amour de la guerre n'est pas chez l'homme seulement une nécessité, c'est encore un goût, un art. Il tue pour tuer. Le jeune enfant se plaît dans les rixes entre camarades. La jeune fille, la mère, rêvent la gloire militaire pour leurs amants et leurs fils. La guerre innée chez l'homme est la passion qui raisonne le moins.

Nous sommes naturellement portés à préférer la force à la raison dans la manifestation de notre volonté.

Les races humaines ont leurs dévorants et leurs dévorés. Elles furent créées hostiles. C'est pourquoi les destructeurs ont laissé un prisme de gloire, plus grand que les conservateurs. L'humanité jusqu'à ce jour a préféré le soldat au savant.

La guerre entre les hommes est le moyen d'arriver à l'égalité. Elle absorbe ou détruit les faibles, les lâches. Alors il ne reste plus que les forts et les courageux. Elle est l'immolation du faible, au progrès.

Le progrès est nécessairement une substitution d'éléments. Il est ensuite l'effacement des êtres inutiles ou nuisibles.

Les êtres inutiles où nuisibles ne se transforment pas : ils disparaissent: Les dévorants, les oppresseurs s'éteignent successivement. Ils disparaîtront totalement à la longue. Les familles aristocratiques et royales qui, forcément sont dévorants, historiquement n'ont qu'une durée de quelques siècles. Leur destruction est conforme au but de la Providence. Elle est un progrès.

L'homme s'habitue facilement à exercer l'oppression contre son semblable. Il la regarde comme un droit inaliénable. Ainsi le droit inaliénable des Ro-

mains, fut de broyer les nations; celui des Hébreux,
de massacrer les Chananéens; celui des nobles féodaux, de battre Jacques Bonhomme et de coucher
avec sa fiancée; celui des blancs, de faire travailler
les noirs; celui des aristocrates de tous les pays,
d'avoir des priviléges. Or ils n'ont pas reconnu eux-
mêmes qu'ils étaient oppresseurs : qu'ils vivaient des
souffrances d'autrui. Ils ont trouvé harmonieux, religieux, d'attirer à eux toutes les jouissances et de
laisser aux autres, savoir, aux opprimés, aux faibles,
toutes les douleurs. Cet aveuglement dans notre
égoïsme est naturel.

Or pour reconnaître notre injustice, il faut qu'un
autre nous la fasse voir. Pour que nous l'abandon-
nions, il faut qu'on nous l'arrache. C'est pourquoi
l'histoire prouve que les opprimés ne sont sortis de
leur oppression que par l'emploi des armes, que par
des insurrections. Jamais une tyrannie, politique,
sociale, religieuse, ne s'est éteinte, sans que la guerre
l'ait culbutée ou effleurée selon le caractère des
peuples.

La guerre existera entre les races, entre les nations de la même race, entre les hommes de la même
nation, tant qu'il n'y aura pas égalité universelle.
Car si je suis plus fort ou plus rusé que mon voisin,
forcément je l'opprimerai, je lui ferai la guerre pour
le dominer; ou il me la fera pour éviter ma domination.

Aussi la paix perpétuelle entre les hommes, sans
égalité physique, intellectuelle et morale entre eux,
est un rêve, sinon une impossibilité présente.

Le mal est dominant sur la terre. Il fut imposé à

l'homme de n'arriver au bien, qu'après avoir été filtré à travers les larmes, la douleur, le sang, produits de l'action et de la réaction, de la lutte universelle.

La nature nous montre partout une régénération précédée d'une destruction : la vie ne pouvant se continuer sans qu'il y ait mort préalable. Il y a dans le monde physique, d'énormes bouleversements; c'est la loi de la nature. Tout se modifie, se transforme. Également parmi le genre humain, il doit nécessairement survenir de grandes catastrophes. Puis après elles, le calme arrive.

Les désastres, les guerres, servent tellement au déroulement de l'humanité, que les hommes ont fixé leur chronologie, leurs annales, d'après elles. Le bonheur, la tranquillité publique, ne laissent aucun souvenir.

Prenez toutes les sociétés humaines, depuis celles qui contiennent des centaines de millions, jusqu'à celles qui renferment quelques milliers d'hommes, l'empire chinois, l'empire romain, anglais, russe, etc., jusqu'à la principauté de Monaco, vous verrez que le principal lien social est la force, la crainte, l'abus de l'autorité sur les citoyens. La raison, la justice, sont impuissantes à gouverner; elles le deviendront cependant. Elles remplaceront la ruse et la force.

Jusqu'à ce jour, les conquérants, des soldats féroces, des destructeurs, Sésostris, Nabuchodonosor, Alexandre, César, les empereurs romains, Attila, Gengis-Khan, Tamerlan, Napoléon et beaucoup d'autres, ont régné parce qu'ils avaient la force, la ruse, qu'ils étaient méchants, peu soucieux de la vie humaine.

S'ils avaient craint de verser le sang, ils n'auraient pas gouverné la plus mince bourgade.

Pendant longtemps, des philosophes approuveront la guerre parce qu'elle diminue l'excès de nombre des populations. Elle les empêche de mourir de faim, et par la misère, suite des famines, de se détériorer progressivement.

Donc, l'histoire universelle du genre humain ou de la nature physique montre la puissance, l'universalité de l'antagonisme.

Rien ne se fait sans qu'il y ait des résistances brisées, substitution d'éléments. Aucune nation ne s'est constituée sans qu'il y ait eu emploi de la force brutale, guerre, antagonisme, vols, assassinats ou quelque autre acte de brigandage, que la morale, la sensibilité réprouvent.

Donc le bien ne se produit pas sans qu'il y ait mal. L'un ne va pas sans l'autre.

Le pouvoir temporel des papes lui-même est dû à l'épée des rois francs et à celle des pontifes belliqueux.

Universellement on voit que les droits réputés légitimes, ne sont rien de plus qu'une violence, qu'une série de violences que le temps à légitimées.

Portez vos regards sur ce qu'on nomme les choses les plus saintes, vous reconnaîtrez qu'elles proviennent d'un antagonisme victorieux.

Ainsi l'homme fit la guerre à l'homme comme gibier; il le mangea; ensuite comme monnaie, il le vendit; puis comme bête de somme, il le fit esclave; puis encore comme serf, il le fit travailler la matière; enfin, il use de sa supériorité sur lui, il l'exploite comme prolétaire. Or chacun de ces états sociaux fut réputé saint, émanant directement de Dieu.

Il prospère par le malheur d'autrui. Témoin les épidémies qui enrichissent les médecins, les prêtres des sociétés modernes, les droits de bris, d'aubaine, de ravage, qui enrichissaient jadis les riverains, les rois, les seigneurs féodaux; témoin, universellement, les conquêtes, les victoires, qui font passer les richesses des vaincus entre les mains des vainqueurs.

Voulez-vous connaître les forces innées de l'antagonisme? Considérez ce qui se passe sous nos yeux. A l'aide de mots, sans intérêt matériel, nous voyons les peuples s'égorger au nom de la gloire militaire. Dans la paix, dans la guerre, les hommes acceptent avec joie les fonctions de juges au criminel. D'autres recherchent avec volupté l'office de bourreau. Vous avez les inquisiteurs, les incendiaires, les destructeurs. Celui qui verse le sang, le bourreau, le soldat, le tourmenteur, n'est pas un être inexplicable. C'est une nature d'homme qui a plus développé que les autres l'éternel antagonisme existant entre les créatures diverses.

S'il est de l'espèce des Tamerlan, des Bonaparte, les nations l'appellent grand. Elles lui élèvent des statues.

Bref, tous les sentiments de la nature humaine, toutes les conditions de la nature universelle, sont constitués en antagonistes, ou peuvent se convertir en antagonistes. Plus une condition de l'esprit ou des corps est développée, plus elle provoque la guerre universelle. Le sentiment le plus général chez l'homme est le sentiment religieux : songez aux guerres qu'il a fait naître, aux dissensions qu'il occasionne. L'instinct de la conservation est naturel : or il produit tout le mal moral que nous voyons commettre.

Les épidémies morales, massacres de juifs, de dissidents politiques et religieux, de sorciers : ces renversements de toute notion de justice, si fréquents dans l'histoire de l'humanité, sont le résultat de l'antagonisme.

APPENDICE

Les épidémies sont moins injustes que la guerre. La guerre détruit souvent la partie la plus active, la mieux portante, la plus utile et quelquefois la plus innocente d'une population. Les épidémies enlèvent plutôt les nuisibles, les non-valeurs. L'individu emporté par une épidémie, l'a été par sa faute. Il a préféré la malpropreté, les débauches, l'insouciance, l'ignorance, les mauvais ou bas instincts, aux conditions contraires.

Aussi la philosophie positiviste doit peu les regretter. Elle peut les considérer comme une cause qui force l'homme de s'améliorer, de sortir un peu de son animalité naturelle. Il se prétend empoisonné par un ennemi : les conservateurs, les ennemis du progrès social, lui disent qu'il est empoisonné! Or la philosophie, doit lui dire : C'est toi même qui t'empoisonne, par la violation des lois de l'hygiène ; à toi incombe, individu ou nation, l'épidémie.

Dans toutes les épidémies d'hommes et d'animaux, il faut éviter les rassemblements, les voyages.

L'agglomération ou le voyage est un foyer, une propagation de la maladie régnante.

Dans la société humaine, actuellement la plus parfaite, quels sont les meilleurs gouvernants? Le bourreau et le maître d'école (force et instruction).

Dans une société plus avancée encore? Le maître d'école et le transporteur.

Dans une société parfaite, quand le genre humain aura atteint l'*ultimatum* du progrès? Le maître d'école et le géolier.

L'antagonisme humain pourra avantageusement être tourné contre le mal provenant de la nature, animale, végétale, ou atmosphérique. Nos ennemis alors seront les animaux nuisibles ou inutiles qu'il faudra transformer ou extirper. Nos ennemis seront aussi les miasmes, les causes physiques quelconques, qui produisent les fléaux, tels que épidémies, stérilité, épuisement du sol, etc.

L'antagonisme des temps perfectionnés pourra s'allier à l'esprit de justice.

CHAPITRE XII

AVENIR DE QUELQUES RACES, NATIONS ET CONTRÉES
POUR ARRIVER A LA FUSION UNIVERSELLE DES
HOMMES ET A LA CONQUÊTE DU GLOBE

Principes généraux. — Par l'expérience acquise et la constatation de l'harmonie générale, on prédit le mouvement des astres, de la végétation, des autres forces quelconques de la nature inanimée. Or par un procédé analogue, on peut annoncer les mouvements sociaux des peuples, la vie future de ce qui compose la nature animée. Par le passé et le présent on préjuge l'avenir.

1. Aucune terre ne doit être sans habitants.

2. Les races humaines sont créées dans un but providentiel : les unes pour une contrée, les autres pour une autre.

3. Le genre humain empruntera à l'Europe les idées de civilisation.

4. A l'aide des métis issus des races supérieures et des inférieures, il colportera, il implantera la civilisation sur tous les lieux.

5. La nature livre à l'homme des richesses répandues dans l'air, la mer et la croûte superficielle de la terre, au sein des éléments. Elle les tient en réserve, de manière à subvenir aux besoins de l'humanité. Ainsi les déserts, les lieux arides, les mers, les choses réputées jusqu'ici inutiles ou nuisibles, sont des richesses réservées, accumulées par la Providence. Un jour l'homme saura les découvrir.

6. Les croisements entre les races seront le grand agent de la civilisation universelle.

De la race nègre

La race nègre est faite pour les pays chauds, humides et peu élevés au dessus de la mer.

Elle est essentiellement agricole. Elle tient à l'habitation fixe. Elle émigre volontiers sur les différents pays intertropicaux. Elle résiste aux transpirations abondantes qui épuisent les races blanches.

Dans les climats chauds et humides, elle conserve ses facultés prolifiques et intellectuelles. Là, où les races européennes vivent à peine ou ne peuvent se reproduire, elle subit tout son développement.

Partant de ces principes et des faits accomplis en partie, je pense que les noirs occuperont un jour le Brésil, les Guyanes, le Venezuela et les Antilles.

Ils formeront à Haïti, Cuba, la Jamaïque, Porto-rico, la Trinité, une confédération insulaire, montant à trente et quelques millions d'habitants. Le reste des Antilles pourra peut-être continuer de vivre sous la direction des puissances européennes ; mais, sur les cinq îles ci-dessus nommées, la race noire sera indépendante.

Cuba, attendu sa population blanco-noire de 1,400 à 1,300 mille âmes, sera le point central de cette confédération.

Les blancs, qui actuellement aux îles espagnoles, atteignent le chiffre de 800 mille âmes, seront peu à peu absorbés par la race métisse. S'ils ne le sont pas, ils n'auront plus la préséance sociale.

Cette population, d'abord nègre, tendra peu à peu, à se transformer en métis blanco-noirs.

Dans les Guyanes, le Yucatan, le Venezuela, il se formera un peuple de noirs continentaux, venus des émigrations de la confédération anglo-américaine. Cette population conservera plus longtemps la prédominance de l'élément nègre pur. Cependant elle subira à la longue la transformation blanco-noire.

Elle formera une nation de 50 millions d'habitants.

Le Brésil sera, avant deux siècles, un vaste empire nègre. Les noirs et hommes de couleur, dès à

21

présent, y sont 4 millions d'âmes. La race européenne sera absorbée par eux ; car elle ne réussit pas à s'y développer aussi rapidement.

Les aborigènes Américains seront à peu près détruits par la nouvelle nation, depuis les bords de l'Atlantique, jusqu'aux points où la chaîne des Andes s'élève à 600 mètres au dessus du niveau de la mer ; car, à cette hauteur, la race nègre ne vit que difficilement.

Le Brésil présente une superficie de plus de 700 millions d'hectares où les nègres pourront vivre. Or, comme les climats chauds et humides sont extrêmement fertiles et que l'homme y consomme moins de denrées alimentaires qu'aux climats tempérés, on peut croire qu'il faudra moins d'un hectare pour nourrir un homme : conséquemment, que la race noire peut atteindre un jour sur cette contrée le chiffre de 800 millions d'âmes.

Au total, un milliard de noirs et de blanco-noirs vivra en Amérique.

Le Brésil est admirablement partagé sous le rapport de la navigation intérieure. L'Amazone a mille deux cents lieues de cours navigable. Un jour Quito, la Paz, Potosi, Cuzco, la chaîne orientale des Andes, communiqueront par l'Amazone et la Plata avec l'océan Atlantique. La science hydraulique fera la prospérité de l'Amérique méridionale.

Madagascar a une superficie de 50 millions environ d'hectares. Cette grande île absorbera ou attirera dans ses mouvements, ses transformations sociales, les îles voisines, Maurice, Bourbon, Séchelles, Amirantes, Comores, etc.

Elle sera civilisée par l'idée européenne ; mais à l'aide de l'élément métis océano-nègre, ou indo-nègre. Là, sa population se formera en confédération insulaire, par l'union des îles voisines. Alors il y aura à la partie australe et orientale de l'Afrique, un peuple d'Indo et d'Océano-Nègres, produisant un effectif de 60 et quelques millions d'habitants.

Les Nègres de l'Afrique continentale seront civilisés par les Européens répandus sur le littoral. Les fellalahs, peuple métis blanco-noir, seront les dominateurs de tout le Soudan. Par eux, la civilisation s'étendra jusqu'au Zaïre et jusqu'en Cafrerie.

Parmi les nations du type blanc, les peuples bruns sont ceux qui contribueront davantage à procréer les métis blanco-noirs. Les Arabes, les Espagnols, les Portugais, les Français du midi, ont beaucoup plus d'attraction vers les négresses, que les Anglais, Hollandais ou autres peuples blonds.

Il importe à la civilisation et au perfectionnement de la race noire, qu'il y ait création d'une race métisse blanco-noire.

Sans cela, elle reste une race inférieure, livrée fatalement à la domination des blancs ou des jaunes. Par cette race métisse, on obtiendra l'égalité entre les sexes, la suppression de la polygamie, attendu que la mulâtresse se conserve parfaitement comme épouse, tandis que la négresse vieillit fort vite.

Il importe à la civilisation universelle et à la conquête générale du globe par l'homme, que les contrées chaudes, basses et humides de l'Afrique et de l'Amérique, appartiennent d'abord à la race noire, puis ensuite aux métis blanco-noirs.

Avenir de l'Égypte et de ses habitants

L'Amérique centrale insulaire et continentale est appelée à produire un milliard d'hommes de la race noire sous la direction des métis européo-blanco-noirs; Madagascar à donner une autre race indo-nègre ou malaiso-nègre; l'Afrique occidentale, à créer une race de métis européo-blanco-noirs. La région du Nil a la mission d'enfanter une race blanco-asiatico-africaine.

L'Egypte est un anneau indispensable entre l'Afrique, l'Europe et l'Asie. Donc, cette terre, dans les intentions providentielles, doit être couverte d'habitants.

Or il est constaté depuis longtemps que les Européens ne s'y propagent pas générativement. De là je conclus que le peuple égyptien doit être une race métisse et principalement une race blanco-asiatico-africaine; si vous voulez arabo ou syrio-nubienne.

L'Egypte acquit jadis une splendeur colossale, sous la direction des blanco-noirs-asiatiques. Sa splendeur, pendant trois siècles, fut détruite sous la pression des pasteurs de l'Asie.

Au dix-neuvième siècle, avant notre ère, elle reconquit sa prospérité, sous Aménophis, Mœris et leurs successeurs.

Alors elle recreusa les canaux, les puits artésiens, que les pasteurs avaient bouchés. Elle couvrit le sol de monuments d'utilité publique, pyramides, lacs, canaux, puits, chaussées, temples, nécropoles, observatoires. Elle lutta contre la nature physique.

Elle vainquit la mer, le désert, et recula leurs limites.

Alors sa population blanco-asiatico-noire parvint à 7 millions d'âmes. Elle devança tous les autres peuples dans la civilisation. Elle fut leur institutrice. Puis, subissant des alternatives de prospérité et de malheur, sous la domination des Perses, des Grecs, des Romains, des Byzantins; elle s'affaissa une seconde fois, au septième siècle de l'ère chrétienne, sous l'action des pasteurs de l'Asie.

Les Mahométans arabes, syriens, turcs, mameluks, lui ont fait perdre ses conquêtes sur la nature physique. Ses puits, ses canaux, ses lacs, se sont engorgés. La mer et le désert ont recommencé sur elle leurs envahissements. Elle est retombée sous la barbarie.

Mais, cette barbarie n'est que passagère.

L'Egypte refleurira par la création d'une race métisse.

Les fellahs s'adjoindront de nouveaux frères. Les temps des Pharaons reparaîtront : non pas avec l'ésotérisme, la mythologie, les hiéroglyphes; mais avec la science vulgarisée, avec la fraternité universelle, avec la liberté et la suppression des castes.

Elle ne sera plus la mystérieuse, la théocratique Egypte; elle sera une Egypte savante, industrieuse, recommençant son antique lutte contre Typhon. Elle immobilisera les sables. Elle triplera son territoire de la vallée du Nil. Et lorsqu'elle aura acquis une population blanco-noire de 15 millions d'habitants, remontant le Nil, cette artère de la civilisation, elle ira initier l'Afrique orientale à la vie progressive.

Parmi les fellahs, il surgira un créateur de toutes ces choses, autre Aménophis et autre Mœris, issu de la race primitive.

La Nubie, l'Abyssinie participeront à ce progrès. La civilisation égyptienne, descendue jadis des hauteurs de Méroé, remontera le Nil et rendra aux descendants des Nubiens et des Abyssiniens le centuple de ce que les anciens Égyptiens ont reçu d'eux.

Les Asiatiques pur sang, tels que les pasteurs pré-pharaoniques, Arabes, Musulmans et Turcs ont été depuis quatre mille ans les détériorateurs de l'Égypte, d'où on peut conclure qu'une population métisse, blanco-noire, mieux blanco-nubienne, est indispensable à l'émergence progressiste de cette contrée.

Avenir des races aztèque et ando-péruvienne

Les indigènes de l'Amérique du type rouge-brun ont des aptitudes qui assurent la conservation de leur race. Ils ont le goût de l'agriculture, l'habitation fixe, l'amour du travail physique. Les Aztèques, les Muiscas, les Péruviens ont exécuté de grands travaux d'utilité publique. Ils peuvent donc transformer le globe. De plus, ils sont destinés par la Providence à vivre sur les terres élevées. Sur les Andes, il y a nombre de villes et villages, situés à la plus grande hauteur habitée et connue du globe. Ce sont donc des nations faites pour habiter les hauteurs, là où ne peuvent vivre les noirs, là encore où les blancs ont peine à vivre.

Les Aztèques (et je comprends sous cette dénomination les indigènes du Mexique) forment actuellement un total de quatre millions d'âmes. Ils sont plus vivaces que les Européens et beaucoup plus nombreux.

Ils absorberont l'élément européen pur et deviendront un peuple indépendant, s'inspirant toutefois de la civilisation de l'Europe.

Déjà plus nombreux qu'ils ne l'étaient à l'époque de la conquête espagnole, ils ne tarderont pas à reprendre leur ancienne splendeur. Ils formeront, eux et leur métis aztéco-européens, une population de quarante à cinquante millions d'âmes, occupant le Mexique central et le Guatemala.

Les Ando-Péruviens ou Quichuas sont répandus sur la nouvelle Grenade, l'Equateur, le Pérou, la Bolivie, le Chili. Ils vivent à des hauteurs surpassant quatre mille mètres. Plusieurs de leurs villes telles que La-Paz en Bolivie, Oruro, Puno, etc., dépassent trois mille mètres (1). Les Européens vont à peine au chiffre de quinze cent mille habitants contre quatre à cinq millions d'Ando-Péruviens. Or il est positif que la prépondérance sociale appartiendra un jour à la race indigène.

Elle emprunta sa civilisation à l'Europe. A l'aide des métis ando-européens, elle rétablira probablement l'empire des Incas. Elle formera sur la nouvelle Grenade, l'Équateur, le Pérou, la Bolivie, le Chili, une population de cent millions d'habitants. A travers les vallées orientales des Andes, elle sera voisine des nègres habitant le Brésil et le Vénézuela :

(1) Potosi, 4,160 mètres; Calamarca, 4,141; Puno, 3,911; Oruro, 3,792; la Paz, 3,049.

attendu, je le répète, qu'elle est faite pour habiter les hauteurs, tandis que les nègres sont destinés à vivre sur les terrains bas, humides et chauds.

L'empire des Incas formait, à l'invasion des Espagnols, une population de vingt millions d'habitants. Pendant leurs luttes, il perdit la moitié de sa population. Les Mexicains comptaient huit à neuf millions d'âmes. Les peuples ando-péruviens se lèveront un jour à la voix des descendants de Montézuma et des Incas. Ils conservent une haine sourde contre les Espagnols. Ils ont gardé leurs traditions indigènes. Aujourd'hui, ils refusent de faire connaître les mines et d'autres trésors cachés, à l'époque de la conquête. Sans aucun doute, ils reprendront leur ancienne civilisation. Les Espagnols sont incapables de coloniser l'Amérique méridionale. Ils sont trop exclusifs. Les peuples ando-péruviens auront nécessairement le dessus, car avec les Espagnols, il y a dépeuplement : Cuzco, Mexico, etc., sont moins peuplés que sous les dynasties aborigènes.

Le Mexique est situé à huit mille pieds au dessus de la mer.

En thèse générale, je conclus :

Que l'Amérique méridionale appartiendra à deux races.

Aux blanco-noirs pour les terres chaudes et humides et aux Ando-Européens pour les parties élevées. Les Européens pur sang seront absorbés par eux. Ils laisseront leur civilisation. Puis, noirs et indigènes américains se l'approprieront.

Quant aux Guaranis, Botocudos, Araucans et autres races indigènes, ils seront détruits sous la pression noire et ando-péruvienne. Je ne crois pas à une nation de race pampéenne et patagonne.

Les États actuels de la Plata et de l'Uruguay, avec la pointe australe du Brésil, appartiendront aux émigrants européens, mêlés à quelques débris d'indigènes. Dans cette partie de l'Amérique, il y aura un nombre d'Européens et de leurs métis, dépassant cent millions d'âmes. Les fleuves Rio de la Plata et Rio Négro seront un jour aussi peuplés que les rives du Rhin ou de la Seine. Là, se rendra le trop plein de l'Europe méridionale. Là, nos descendants verront une autre Europe. De manière que nègres, Aztèques et Ando-Péruviens soient forcés, sous la pression des Européo-Américains du sud et du nord, de marcher au milieu de la civilisation européenne, ne retournant plus à leur état social particulier et barbare.

Les Andes présentent un immense développement de chaînes élevées, sous lesquelles sont enfouies des richesses minérales innombrables.

Il y a nombre de ces mines ouvertes à des hauteurs surpassant le mont Blanc : or sur le mont Blanc les Européens ont beaucoup de peine à respirer vu la raréfaction de l'air : donc, attendu la loi d'harmonie universelle, on peut conclure qu'il y a une race créée pour utiliser ces richesses des grandes hauteurs. Or cette race est l'ando-péruvienne. A défaut d'autres considérations, celle-ci me paraîtrait suffisante, pour dire qu'il y aura en Amérique méridionale un empire ando-péruvien, puis un autre, aztéco-européen, sur les plateaux élevés du Mexique et du Guatemala.

Avenir de la race jaune

Les *Japonais* seront nécessairement contraints d'échanger des relations avec les Européens. Le canon sera le meilleur argument à leur donner, pour les décider à sortir de leur isolement. Une fois sortis de leur immobilité, ils s'étendront sur les îles Kourilles. Ils occuperont le Kamtchatka, le pourtour de la mer d'Okbosk et la partie orientale de la Sibérie. Ils seront le peuple le plus important de l'Europe et de l'Asie orientale.

Chinois. Immédiatement après les Européens blonds, les Chinois sont le peuple qui exercera la plus grande influence. Ils sont rationalistes : or la raison est la seule appelée à gouverner l'univers.

Ils comprennent que l'homme doit ici bas travailler, vivre, obéir aux lois naturelles et non point à celles de l'imagination et de la métaphysique; qu'il doit de plus créer ses semblables.

Ils sont extrêmement laborieux, économes ingénieux en agriculture, commerce et industrie.

Une fois que l'esprit d'émigration se sera emparé d'eux; ils envahiront toute la Malaisie. Ils s'allieront aux femmes indigènes des Philippes, de Bornéo, Sumatra, Java, Célèbes, Moluques. Ils créeront une race métisse plus civilisable, plus active que la race malaise et autres aborigènes de l'Océanie orientale.

Bref, toute l'Océanie orientale est destinée à être possédée par ses métis. Les Européens en seront expulsés avant trois siècles d'ici : les Hollandais seront dépossédés par les métis chino-javanais, les Espagnols par les chino-tagales.

Les Chinois insulaires parviendront, réunis aux continentaux, à un chiffre de plus d'un milliard d'habitants. Ils seront les dominateurs de l'Asie et de l'Océanie orientale.

Nécessairement les Chinois produiront un énorme bouleversement dans le monde. Ce peuple de cinq cent trente-cinq millions d'habitants, tassé, serré extrêmement sur sa terre natale, obligé de recourir à l'infanticide dans de vastes proportions, pour remédier à l'excès de sa population, amènera d'immenses changements parmi les races humaines, aussitôt qu'il aura compris l'utilité des émigrations.

Si l'esprit batailleur s'insinuait chez ce peuple, l'Océanie, l'Indoustan, seraient envahis par la force des armes. Je crois, de préférence, que les Chinois s'empareront d'une partie de l'univers par le travail, le peuplement rapide de leurs métis, la paix, la concurrence, la production à bas prix.

Européens blonds et Chinois, voilà les maîtres transformateurs du globe, ses véritables conquérants. Les blanco-noirs, les Aztéco et Ando-Européens et autres métis possibles, seront inférieurs aux Chino-Européens, lorsque ce dernier croisement se sera fait.

Sur le marché général du monde, les Chinois seront, après les Européens du nord de l'Europe et de l'Amérique, les plus terribles producteurs. Ils ont le génie de l'industrie et de l'esprit d'association. Leur crâne est un des mieux développés parmi toutes les races humaines.

Les populations indo-chinoises, ainsi les Birmans

les Anamites, les Cochinchinois, s'accroîtront moitié
plus qu'elles ne sont aujourd'hui ; mais énervées par
la chaleur du climat, elles n'auront qu'une influence
secondaire.

Les Mongols, les Mandchoux, les Tongouses, les
autres nations ou peuplades de l'Asie centrale et la
Sibérie, seront absorbés sous la double pression des
Chinois au sud, des Européens au nord, des Japonais à l'orient. Constitués à l'état de races pastorales,
ne pouvant donc modifier le sol, étant essentiellement batailleurs et destructeurs , ils ne peuvent
guère servir au progrès humanitaire, d'où j'infère
qu'ils doivent nécessairement disparaître afin de céder la place aux races supérieures.

La race jaune produira un bouleversement parmi
le genre humain. Les Japonais sont trente-quatre
millions. Courageux et intelligents ; ne peuvent-ils
pas un jour vouloir intervenir dans le monde? Les
Chinois sont à l'étroit sur leur sol natal. Ils sont à
peu près cinq cent cinquante-cinq millions, c'est à
dire ils ont plus d'un homme par hectare. Livrés aux
spoliations des mandarins, malheureux de plus en
plus, ils embrasseront le christianisme, cette religion des pauvres et des déshérités. Alors régénérés,
ils pèseront d'un poids énorme sur la balance des
destinées humaines, ils passeront du catholicisme
au protestantisme et de celui-ci au déisme dont les
sectateurs de Confucius ne sont pas éloignés. Ils
contribueront, vu leur qualité de rationalistes, à l'implantation de la vérité religieuse.

Avenir de l'Afrique septentrionale et centrale

L'avenir final de l'Afrique du nord est qu'elle appartiendra aux nations européennes, car vu l'étendue de son territoire en long ruban de terre sans largeur sur le littoral méditerranéen, elle est exposée aux invasions. Elle doit être conquise par eux.

Mais pendant plusieurs siècles encore, la sauvagerie africaine, représentée par les indigènes du Maroc méridional surtout, réagira contre les colonisations européennes et les empêchera de se développer.

Le désert et ses sables, ses vents, seront une cause qui s'opposera à l'européisement de l'Afrique, soit parce qu'il porte les indigènes à se jeter sur le littoral plus civilisé, soit parce qu'il s'oppose au peuplement des Européens.

Cependant la science triomphera de l'Afrique. Le Sahara sera couvert d'oasis, que les puits artésiens feront sortir du sol. 7 à 800 mille hectares de sables actuels seront fertilisés. Cet espace, qui contient à peine deux cent mille habitants, en aura alors quelques centaines de millions, initiés à la civilisation par les Européens. Ses habitants seront des sangs-mêlés, provenant de blancs asiatiques, de blancs européens, de blancs africains, le tout greffé sur un tronc de race nègre.

Avant ce temps-là, une grande partie de la race arabe aura disparu du Tell. Elle s'accroîtra sur les hauts plateaux méridionaux; car la race arabe est faite pour les plages sablonneuses. Elle est ailleurs hors de ses conditions naturelles.

Quant à la race indigène, c'est à dire, la race cabyle, la fille des Atlantes; sous l'idée civilisatrice européenne, elle reprendra un haut rang parmi les peuples. Elle formera l'élément dominant des peuples blancs de cette zone africaine. Elle produira, comme du temps des Romains et Carthaginois, des orateurs, des philosophes, des guerriers célèbres. Toutefois elle n'est pas destinée à vivre complétement indépendante, parce qu'elle manque d'unité nationale. Elle sera soumise au gouvernement ou tout au moins au protectorát des Européens. D'ailleurs, cette partie formée par les chaînes méridionales de l'Atlas appartient, par assimilation territoriale, à l'Europe plutôt qu'à l'Afrique.

La région des sables est essentiellement africaine et gardera son génie, son gouvernement africain, quand bien même la science européenne l'aura civilisée.

RÉSUMÉ

Combats pendant plusieurs siècl es de l'Afrique contre la personne et l'idée europénnes. Alternatives de succès et de défaites. Triomphe définitif de l'idée européenne. Assimilation à l'Europe de la zone barbaresque, depuis Benghazi jusqu'au delà de Mogador. Régénérescence de la race des Atlantes. Refoulement des Arabes sur les hauts plateaux. Indépendance des peuples sahariens. Fertilisation du Sahara. Découvertes de nouvelles richesses minérales dans le désert et le Soudan.

L'Afrique centrale sera soumise à l'influence des

fellatahs, parce qu'ils sont le peuple le plus civilisable de cette région et qu'ils sont une nation de
métis.

Le Niger servira à l'introduction des idées et des
faits européens au milieu du continent africain. Mais
l'intérieur appartiendra à la population africaine.
Les metis, à l'exception des fellatahs, seront peu
nombreux. L'Abyssinie et le Nil serviront à civiliser la partie australe de l'Afrique voisine des montagnes de la Lune. Les possessions anglaises du cap
de Bonne-Espérance la civiliseront au delà du tropique du Capricorne, au portour du grand lac Maravis.

Avenir de la race turque

Les Turcs seront chassés d'Europe, parce qu'ils
ne peuvent participer à la fraternité des peuples
chrétiens de cette partie du monde. Ils sont destinés
à former un État à l'est de la mer Caspienne, dans
le Turquestan. Là, ils s'allieront aux Turcomans, et
formeront une nation dirigée par la Russie.

Ils ont une aptitude innée au commandement;
mais ils manquent d'intelligence : cela les place nécessairement en sous ordre.

Avenir de la race grecque

Il se formera entre l'Adriatique, les Balkans, la
mer Noire et le Bosphore, le noyau de la race grecque
avec la possession de Constantinople. Les Grecs,
intelligents, belliqueux, marins, commerçants, ne

sont pas destinés à vivre sous le sabre des Turcs. Ils s'insurgeront contre leurs oppresseurs et se constitueront en nationalité.

Leur domination, toutefois, ne dépassera pas les limites de l'Asie Mineure. Smyrne sera leur capitale asiatique. Cette race est née spécialement pour la vie insulaire. Leur destinée est d'être le peuple maritime de la Méditerranée orientale.

Avenir de la race syrienne

Il doit se former un empire indigène, sur les bords de l'Euphrate et du Tigre. Une ville placée comme l'était Babylone, serait la métropole du commerce intérieur et terrestre de l'Asie. Ces contrées ne peuvent pas toujours être livrées à des dominateurs étrangers. Il faut que les descendants des Chaldéens, des Ninivites, des Babyloniens, des Palmyriens, reconquièrent leur place parmi les peuples de l'Asie et deviennent une nation indépendante. Il y a au sein de cet antique Orient, de cette région centrale entre l'Europe, l'Afrique et le reste de l'Asie, tout un avenir de prospérités. Je crois donc à la renaissance d'une Ninive ou d'une Babylone : d'autant que le Tigre et l'Euphrate qui communiquent, par leur réunion, à la mer Persique et, par leur extrémité, aux montagnes de l'Arménie, doivent nécessairement abreuver une capitale, doivent être les artères d'une nation indépendante. Cela arrivera lorsque la race syrienne aura expié les fautes qu'elle a commises contre le progrès social.

Avenir de l'Arabie et de la race arabe

Pays de sables, de pierres et de déserts : il sera toujours le siége d'une puissance belliqueuse, entreprenante, audacieuse, poëte. La race arabe, née et développée au sein d'une péninsule aride, est destinée à dominer les déserts. Elle servira de véhicule aux idées et aux marchandises nées sur les contrées séparées par les régions sablonneuses. Race supérieure, du reste, elle ne peut disparaître, étant un anneau de transition, un moyen forcé de communications entre les nations.

Comme ceux de l'Afrique, les déserts de l'Arabie seront vaincus et fertilisés par les puits artésiens. Plus de deux cent millions d'hommes y vivront. Là viendront les substances aromatiques et précieuses que les déserts fertilisés sont seuls destinés à produire.

La race arabe, essentiellement nomade, est faite, outre le moyen de communication, pour donner à l'humanité un souvenir vivant des premiers âges. Elle restera pastorale plus longtemps que toute autre. Elle sera, vu sa qualité de nomade et d'émigrante, le colporteur des échanges intellectuels et matériels entre les nations de l'Asie et de l'Afrique. Mais avant cet avenir réalisé, il faut qu'elle soit châtiée et soit forcée d'entrer dans la civilisation.

L'Arabe fut et est encore un créateur de races métisses, un intermédiaire entre le noir et le blanc de l'Asie et de l'Afrique, il fut l'intermédiaire entre le monde antique et le monde moderne. Il a montré,

par ses médecins et ses savants, la voie aux Européens, pour étudier par l'expérience plutôt que par
l'intuition. Averroès, Rhazès, Avicenne, quelques-
uns de ses astronomes, de ses chimistes, de ses voyageurs, furent de véritables rédempteurs. Il est né
providentiellement pour peupler les terres arides et
sablonneuses de l'Asie et de l'Afrique, pour initier
les polygames à la civilisation musulmane.

Toute race organisée pour la polygamie se dégra-
dera si elle veut être chrétienne, et s'améliorera si
elle est musulmane.

L'Arabe est le propagateur de l'islamisme, il est
destiné à être le précepteur, le rédempteur des noirs
de l'Afrique.

Sur les terres fertiles ou couvertes d'arbres, il est
un fléau, il le fut toujours historiquement, il le sera
encore. La civilisation doit l'en extirper, parce qu'il
est là contre la destinée providentielle.

Il est le peuple qui opposera le plus longtemps,
l'état pastoral et patriarcal aux autres formes de
civilisation.

Avenir de l'Indoustan

L'Indoustan restera pendant plusieurs siècles sous
la domination anglaise; car il ne peut être conduit
à la civilisation que sous la pression d'une grande
puissance européenne, et les Anglais ont acquis le
droit humanitaire de le diriger.

Plus tard, les métis anglo-indous auront la domination; car les Européens blonds de sang pur ne peuvent
se multiplier génerativement sur cette contrée.

La race indoue sera conservée afin de servir
d'image vivante de l'humanité primitive, dirigée,
absorbée, corrompue par les rêveries métaphysiques.
Mais elle sera rudement châtiée avant d'obtenir le
point le plus élevé de sa perfection possible.

Les Russes n'exerceront jamais parmi les affaires
de l'Inde, qu'une influence passagère. La domination anglaise ne sera jamais renversée par eux.

Aucun peuple de l'Indoustan ne pourra constituer
un grand empire. Cette contrée est destinée au joug
des étrangers. Les conquêtes des Grecs, Arabes,
Mongols, Portugais, Hollandais, Français, Anglais
le démontrent. Les Persans, les Afghans ont toujours à volonté envahi l'Indoustan. L'Angleterre n'a
pas même à redouter une Confédération indigène,
elle la brisera, comme elle a brisé celle des Mah-
rattes.

Avenir de l'Irak ou Perse

Cette contrée a produit un rédempteur, Zoroastre.
Pour cela elle a bien mérité du genre humain. Les
Perses, l'un des beaux types de la race brune, sont
appelés à prendre en Asie la supériorité sur les
Turcs. Quand la civilisation européenne les aura
transformés, bien que disciples de la Russie, ils
seront la première nation musulmane de l'Asie. Un
pays fertile, une nation douée d'intelligence et de
belles facultés morales, doivent nécessairement avoir
un rôle important parmi les peuples. La Perse sera
une des grandes routes commerciales de l'univers.
Entre l'Inde et la Caspienne, elle ne peut manquer

de prospérer. Elle s'étendra jusqu'aux possessions anglaises. Une partie du Caboul lui appartiendra. Une nouvelle Ecbatane reparaîtra.

Les causes qui ont fait sortir de terre Ecbatane, Suse et Persépolis doivent revenir sous des conditions à peu près analogues.

L'Irak sera transformé par les puits artésiens et les plantations de forêts.

Avenir de la Russie et de la Sibérie

La Russie n'est pas destinée à comprimer toujours la liberté de l'Europe. Un jour viendra où elle sera libre elle-même, autant que les nations de l'Europe occidentale.

Sa mission est d'assimiler à la civilisation européenne une multitude de races asiatiques et européennes.

Elle régnera à Samarcande. Elle fera la conquête du Turquestan et mettra la Chine en relation avec l'Europe par voie de terre.

Les mers Noire, Caspienne, d'Aral, lui appartiennent par droit géographique.

Lorsque la Russie aura acquis toute sa puissance, elle rendra navigables les fleuves du Turquestan, le Sir-Deria et l'Amou, qui se déchargent dans la mer d'Aral. Elle fera communiquer cette mer avec la Caspienne et cette dernière avec la mer Noire à l'aide d'un canal de jonction du Volga et du Don. Alors les marchandises de la Chine septentrionale, du Thibet, de l'Asie centrale, remonteront par le Danube jusqu'au centre de l'Europe.

Le Danube est l'artère de l'Europe centrale. Il faut qu'il soit canalisé, alors l'Asie touchera à la Germanie intérieure, puis à la Baltique.

Jadis, les marchandises suivaient le cours des fleuves du Turquestan, passaient dans la mer Caspienne, de là dans la mer Noire, puis en Europe.

On a cru que la mer Caspienne communiquait à l'Océan. J'admets cette communication. Elle devait avoir lieu à l'époque où la mer de Gobi existait. Toutes ces contrées de l'Asie centrale se sont élevées à l'époque du déluge de la Bible.

La Russie aura le noble rôle de triompher des déserts et de mettre en rapports permanents, l'Asie chinoise et thibétaine avec nos pays. Elle reprendra l'œuvre de la nature.

Elle aura la direction morale des peuples de l'Irak et possédera les chaînes du Caucase et de l'Arménie. Par elle, il faut que les mers du nord communiquent avec les mers centrales de l'Europe et de l'Asie.

Elle uniformisera les membres épars de la famille slave et, dans l'ouest, s'arrêtera devant la race germanique. Après des siècles d'un gouvernement absolu, elle se partagera en États confédérés comme l'est actuellement l'Amérique septentrionale.

La Sibérie contient d'immenses richesses minérales, végétales, animales. Sa température se modifiera. Elle deviendra moins froide sous l'action de la civilisation. Ses fleuves au long cours seront canalisés, ou rendus navigables d'une manière quelconque.

Cette contrée, qui comprend le quart de l'univers terrestre, ne doit pas rester inculte et inhabitée.

Une population européenne implantée par la Russie
y prospérera. Elle atteindra le chiffre de plus d'un
milliard d'âmes.

La Russie donnera le jour à de nouvelles nations.
Avant cette époque, elle réunira sous son gouvernement despotique cent cinquante à deux cent millions d'hommes. Son territoire, composé de plaines,
est réservé à une unité nationale colossale, la plus
considérable de l'univers. Vainement, Lithuaniens,
Polonais, Turcs, Finnois, nations jaunes, voudront
se séparer d'elle. Elle les absorbera et doit les absorber pour le grand progrès humanitaire. Elle sera
régénérée par la campagne, par la création d'une
clàsse de yeomen. Elle n'a pas de grandes villes et
n'étant pas soumise à une religion étrangère, pourra
mieux progresser que les États-Unis, qui ont grandes
villes et catholicisme. Elle a toutes les chances de
devenir la première nation de l'Europe, vu l'étendue
de son territoire, et son état social demeurant forcément agricole. Le commerce ne donne pas de forces
physiques aux populations : l'industrie les abâtardit
et produit capitalistes, prolétaires, forme sociale qui
est intermédiaire entre maître et serf. Il faut qu'elle
attire à elle l'élément germain, parce qu'il est plus
agriculteur, plus perfectible que l'élément slave.
Alors, peut-être, primera-t-elle les États-Unis.

Avenir de l'Autriche et de la Prusse

L'Autriche perdra l'Italie. Elle possédera les terres
formant la gauche du Danube. La mer Noire verra
un jour ses bateaux à vapeur. Par le Danube, l'Eu-

rope centrale recevra les productions de l'Asie et les
blés de la Russie méridionale.

La Hongrie ne se détachera pas complétement de
l'Autriche ; car le magyarisme est inférieur au germanisme. Ce serait un mal s'il venait à posséder la
direction sociale de l'Europe orientale. Sous peine
de mort, l'Autriche doit conserver un port sur l'Adriatique. Par cette mer elle se met en rapport avec
l'univers entier.

L'Autriche formera avec la Prusse les deux États
de l'Allemagne.

Celle-ci est le représentant du protestantisme, du
rationalisme ;

Celle-là, le représentant du catholicisme, de l'imagination.

Un seul État pour toute l'Allemagne serait un mal ;
car il y aurait des buts divergents : l'un, conséquence
du nord, l'autre, résultat de l'influence du midi.

Avenir de la race germanique

La race germanique dominera dans l'Europe centrale. Elle peuplera l'Europe méridionale et orientale, même la Sibérie. C'est sur elle que repose plus
spécialement l'amélioration théorique du genre humain, attendu qu'elle est douée plus spécialement
des facultés généralisatrices, humanitaire et de l'esprit de causalité. Quels que soient ses errements, ses
malheurs, ses retards apparents, elle contribuera
plus que toute autre race au progrès spéculatif de
l'espèce humaine. Elle est déjà en partie la mère de
l'Angleterre et conséquemment celle de l'Anglo-Amé-

rique. De la Germanie sont sorties les nations modernes, qui ont accompli l'adolescence de l'humanité.
D'elle encore sortiront et les hommes et les principes
qui doivent constituer l'âge adulte, l'époque virile de
ces mêmes nations.

Le slavisme réunira-t-il le latinisme au germanisme, comme l'espèrent les voyants russes? Non, il
est encore trop oriental. Sa mission est d'agir sur
l'Asie. L'Amérique corrigera-t-elle les émigrants vicieux, sera-t-elle débordée par eux? si elle craint la
contagion, qu'elle ferme son territoire, au nom du
droit supérieur de civilisation.

Avenir de l'Angleterre

Le Royaume-Uni est appelé à implanter par la
raison les idées progressistes éparses dans l'univers
entier. Durant plusieurs siècles encore il marchera
à la tête de la civilisation européenne. Par ses colonies répandues sur tout le globe, il initiera les peuples au progrès social. Sa population excédante de la
métropole servira à coloniser les contrées froides.
Il n'a point à redouter des cataclysmes sociaux ou
financiers. Sa raison le fera sortir à peu près tranquillement de toutes les crises.

Il a devancé les autres peuples dans les voies du
progrès physique et intellectuel. Pendant longtemps
il sera un refuge pour les proscrits de l'univers, et
l'un des premiers peuples du monde.

Les îles et les pays éloignés lui sont confiés pour
les mener à la civilisation. Il finira par entraîner et
s'annexer les péninsules scandinaves.

Avenir de la France

Le progrès, pendant plusieurs siècles, se fera en France d'une façon tumultueuse; car la France est une épée et un drapeau.

Elle est alternativement un séminaire catholique ou une caserne. Aussi la dictature d'une personne dominera encore plus d'une fois. Elle sera ballottée par l'esprit monarchique et l'esprit démocratique. En dernier lieu, celui-ci sera vainqueur. Elle préparera les voies à la colonisation de plusieurs contrées extra-européennes; mais probablement ne créera nulle part une population française : sa mission étant d'être un apôtre, un précurseur. Par ses écrivains, ses philosophes, elle initiera une partie du genre humain au progrès social, sans retirer pour elle de grands avantages et surtout sans appliquer rationnellement ses doctrines.

A mesure que le progrès humanitaire s'accomplira, elle perdra son influence; car le progrès social est le positivisme.

Or la France a de l'influence par l'idée, par ses écrivains, ses artistes, ses philosophes, plutôt que par les hommes de fait et d'application. Sa servilité, ses mesures fiscales, seront pour elle un suicide. Idolâtre, elle n'aura pas une religion épurée.

L'Angleterre, sa rivale dans le rôle de civilisateur, la dominera; car l'Angleterre est la région du positivisme, de l'application, du sentiment religieux. Elle fait moins de fausses routes.

La France ne sera que passagèrement placée à la

téte des nations. Elle subira des alternatives d'abaissement et de grandeur ; parce que tout chez elle est mobile, passionné, instantané. Elle est toujours un généreux enfant, capricieux, impatient, aimant le bruit et les combats. Son catholicisme et son amour de la guerre seront ses deux grands défauts. On pourrait la représenter sous les traits d'une coquette, laquelle donne ses enfants, son argent, sa personne à celui de ses amants qui lui dit : « Tu es la plus « belle des créatures. On en veut à ta beauté, charge- « moi de te défendre. »

La race celtique ne peut plus marcher à la tête du progrès. Oscillant entre la liberté et l'autorité, ou mieux, entre l'anarchie et le despotisme, elle rétrograde souvent. Elle n'est que révolutionnaire. Le réveil des nationalités et de leur génie spécial lui enlève son rôle de précepteur souverain. Sans influence colonisatrice, conduite par les soldats et les prêtres, les artistes, les gens du cérémonial byzantin, que peut-elle faire dans l'avenir progressiste conduit par la raison et la science positive jointe à la liberté? l'avenir appartient aux cœurs libres et aux producteurs d'utilité.

Avenir de l'Amérique septentrionale

L'Amérique du Nord est réellement la reine de l'univers. Tous les progrès de l'humanité perfectionnée y seront appliqués.

Il y vivra plus d'un milliard d'hommes, tous égaux, libres, rationnels, religieux, travailleurs, servant d'exemple au reste des humains.

Trois confédérations déterminées par la configuration du sol, s'y donneront la main ; et, selon toute
probabilité, y vivront tranquilles, sans guerre, sans
conflit matériel.

Les pays situés au dessus des lacs, le Canada et
îles voisines, formeront une nation indépendante,
avec élément français, mais prédominance de l'élément britannique.

Entre les montagnes Rocheuses et la mer Pacifique, sur le territoire des Californies et de l'Orégon,
une seconde nation, fille de l'union anglo-américaine, surgira.

Entre les rivages de l'Atlantique, le golfe du
Mexique et les montagnes Rocheuses, l'union anglo-
américaine continuera son développement. Les États
du midi batailleront pendant quelque temps contre
ceux du nord, mais ils finiront par se laisser dominer,
attendu qu'ils leur sont inférieurs en moralité, activité, égalité. Les nègres seront émancipés de gré ou
de force.

Alors cette vaste contrée, uniformisée par le cours
du Mississipi et des rivières adjacentes ou con-
fluentes, fera régner tous les principes les plus parfaits, les plus hamanitaires de l'Évangile. Le reste de
l'univers prendra modèle sur elle. Elle deviendra la
première le paradis terrestre de l'avenir, la réalisation de ces temps de bonheur que les voyants ont
annoncés. Mais qu'elle surveille l'élément irlandais
et catholique, car il peut retarder la marche de la
civilisation. Qu'elle ne lui laisse jamais prendre la
direction sociale.

L'Anglo-Amérique deviendra la nouvelle Jérusalem des voyants, des temps anciens et modernes, si elle évite l'influence du soldat, du prêtre, de l'artiste, du bureaucrate, si elle se laisse gouverner par les quakers et les puritains. Qu'elle lise la Bible, tous les biblistes sont les amis de la liberté. Qu'elle laisse l'Imitation de Jésus-Christ aux races ibériennes et celtiques, celles-ci veulent un maître.

Avenir de l'Océanie

Une fille de l'Angleterre se développera sur l'Australie, la Nouvelle-Zélande, la Nouvelle-Guinée. Ces contrées sont destinées à être habitées par les Anglais, vu leur qualité de peuple insulaire.

Des centaines de millions d'Anglais occuperont cet antipode de l'Europe. Cela doit être, parce que la race blonde, la plus parfaite du genre humain, doit être placée comme un instituteur aux deux extrémités de l'univers, afin de le pousser vers la civilisation. Les indigènes océaniens disparaîtront et feront place à la jeune Angleterre. Lorsque l'Australie aura deux à trois millions d'habitants, elle se déclarera indépendante. La Nouvelle-Zélande l'imitera quelques vingtaines d'années après, puis viendra le tour de la Nouvelle-Guinée. Trois filles de l'Angleterre apparaîtront donc en Océanie australe.

Avenir des Juifs, Italiens, Espagnols et Portugais

Les Juifs pourront peut-être former une nation indépendante quelque part en Orient. Ils ne seront pas un peuple agricole. Ils sont nés pour les opérations financières et pour le cosmopolitisme. La Palestine doit être pays neutre, car trois religions se la disputent.

Les Juifs ont eu une mission particulière : celle de vulgariser dans l'univers les idées de monothéisme. Voilà pourquoi il furent créés cosmopolites. Cette mission intellectuelle et sociale est plus réelle que celle de constituer un jour une nation indépendante en Asie. Ils ont eu l'immense avantage d'attendre l'arrivée d'un messie devant réparer tous les maux que font les hommes. Ils ont eu aussi la haute mission de dégager Dieu de la matière, de le représenter comme un juge sévère, équitable, punissant les méchants de cette terre et récompensant les bons, mieux vaut peut-être cette doctrine d'une rétribution équitable sur cette terre, que celle des punitions ou récompenses dans l'autre vie.

Ce petit peuple a eu, par sa Bible, la plus grande influence connue sur l'humanité. Aucun peuple ne l'égale comme marqué d'une mission providentielle.

Les Italiens auront beaucoup de peine à devenir rationalistes, à constituer une unité nationale, à se débarrasser de leur idolâtrie catholique. Ils sont dominés par l'imagination. Ils sont nés pour propager les arts. Ils n'auront qu'une influence minime sur la transformation physique du globe.

Les Espagnols et les Portugais deviendront une nation puissante. En Europe, ils auront une population de cinquante à soixante millions d'habitants. Ils s'empareront du Maroc. Ils sont nés pour faire la race métisse blanco-noire, laquelle doit occuper et cultiver les contrées chaudes, basses et humides de l'Amérique et de l'Afrique.

APPENDICE.

Les sables opposent un obstacle redoutable à la transformation du globe. Il ne faut pas les jeter dans la mer, car bientôt après, les vagues les rapportent sur le rivage et de là les vents les ramènent aux lieux d'où ils étaient partis.

Ainsi on ne fait par l'immersion que suspendre momentanément leur influence sans la détruire.

Pour les dompter il faut les convertir en grès.

Qu'on obtienne des sources au milieu des sables : on y fera venir une végétation herbacée. Peu à peu une couche végétale les couvrira d'humus. Sous cette couche, ils se condenseront, ils s'agglutineront et à la suite des temps ils se durciront et formeront des pierres de construction ou seront enfouis sous le sol.

FIN DU TOME PREMIER

TABLE DES MATIÈRES

LIVRE PREMIER

CHAPITRE PREMIER

CHAPITRE II

CHAPITRE III

PREMIÈRE CRÉATION

CHAPITRE XVI

CHAPITRE XVII

CHAPITRE XVIII

CHAPITRE XIX

LIVRE DEUXIÈME

CHAPITRE PREMIER

CHAPITRE II

CHAPITRE III

CHAPITRE XII

FIN DE LA TABLE DU TOME PREMIER

DICTIONNAIRE HISTORIQUE

DES

PEINTRES

DE TOUTES LES ÉCOLES

DEPUIS L'ORIGINE DE LA PEINTURE JUSQU'À NOS JOURS

PAR

ADOLPHE SIRET

DEUXIÈME ÉDITION, REVUE ET AUGMENTÉE

Un fort volume gr. in-8° à 2 colonnes. — Prix : 30 fr.

Bruxelles. — Typ. de A. Lacroix, Verboeckhoven et Cie, rue Royale, 3, impasse du Parc.

DE

L'HUMANITÉ

PAR

LE DOCTEUR BODICHON

TOME SECOND

BRUXELLES

A. LACROIX, VERBOECKHOVEN ET Cⁱᵉ, ÉDITEURS

RUE ROYALE, 3, IMPASSE DU PARC

MÊME MAISON A LIVOURNE ET A LEIPZIG

1866

DE

L'HUMANITÉ

Bruxelles. — Typ. A. LACROIX, VERBOECKHOVEN et Cⁱᵉ, rue Royale, 3, impasse du Parc

DE

L'HUMANITÉ

PAR

LE DOCTEUR BODICHON

TOME SECOND

BRUXELLES

A. LACROIX, VERBOECKHOVEN ET Cie, ÉDITEURS
RUE ROYALE, 3, IMPASSE DU PARC
MÊME MAISON A LIVOURNE ET A LEIPZIG

—

1866
Droits de traduction et de reproduction réservés

DE L'HUMANITÉ

—

LIVRE TROISIÈME

—

CHAPITRE PREMIER

DES RELIGIONS

Les religions sont de création humaine, comme les langues, la morale, la législation, les sciences, etc.

Aucune n'est absolument vraie. Chacune d'elles est une manifestation intellectuelle, morale et physique, d'une variété humaine. Chaque race a sa religion.

L'homme ne choisit pas sa religion. Il naît sous tel milieu ambiant qui la lui impose. Celui qui, en Europe, est un fervent chrétien serait un ardent sectateur de Bouddha, de Zoroastre ou de Brahma, s'il était Thibétain, Persan, Indou; car, attendu son organisation morale et physique, Asiatique, il aurait admis comme vrai ce qu'Européen il repousse dédaigneusement.

Sur cent mille individus il y en a un qui choisit sa religion, tous les autres la reçoivent ou de la race ou du milieu ambiant.

Avec l'état actuel du genre humain, une religion

ne peut être universelle. Pour qu'elle le devienne il faut que les nations, par des croisements répétés, aient perdu leur type primitif et ne soient plus qu'un vaste amalgame de métis.

Jusqu'à ce jour les religions ont eu leurs démarcations géographiques. Celle de Confucius est comprise dans les limites de l'empire chinois. Celle de Brahma, entre l'Indus et le Brahmapoutra. Celle de Bouddha, entre l'Indus, le Thibet et la Sibérie. Le mazdéisme entre l'Afghanistan et les mers Caspienne et d'Aral. Le protestantisme appartient aux contrées septentrionales de l'Europe et de l'Amérique. Le catholicisme aux régions méridionales. L'islamisme aux terres chaudes et sèches. Enfin le territoire démarqué, démarque aussi telle ou telle religion.

Les religions dépendent du climat et de la race.

L'Indou nonchalant, habitant un pays chaud et humide, répugne au mouvement : c'est pourquoi il admet l'anéantissement de son être comme étant le souverain bonheur.

L'Arabe voluptueux, vu son organisation éminemment amoureuse, regarde comme bonheur suprême la possession éternelle, sans fatigue, de houris toujours vierges.

Vivant au milieu des sables arides, il veut en paradis des fruits exquis, des eaux vives, de verdoyants ombrages.

L'Européen, moins voluptueux, admet comme bonheur par excellence la contemplation de Dieu et repousse toute idée de rapports charnels. Des hymnes et des prières, voilà sa vie paradisiaque.

Les peuples guerriers rêvent pour l'autre monde

des combats sans fin. Les forts mangeurs, comme le furent les Scandinaves et les Germains, espèrent des banquets interminables. Les chasseurs espèrent retrouver leurs instruments et animaux de chasse. Les amateurs de chevaux d'y monter leur cheval favori.

Bref, nous voyons chaque race se faire des dogmes, des espérances célestes, un culte, une religion enfin, suivant le milieu ambiant où elle se trouve.

Il y a des religions meilleures les unes que les autres, c'est à dire, renfermant plus d'éléments de perfectionnement social. Au dessus d'elles marche le christianisme, puis vient la doctrine des lettrés, puis le bouddhisme, l'islamisme, le mosaïsme, le magisme. Le brahmanisme, au point de vue social, leur est de beaucoup inférieur, car il partage les hommes en castes infranchissables et affaiblit les liens de la fraternité et de la liberté humaines.

Une meilleure religion a le droit de se substituer à une religion moins bonne. Le christianisme, l'islamisme peuvent employer le glaive, pour supplanter celles qui pratiquent les sacrifices humains.

La religion ne pourra jamais être enlevée à l'humanité. Le sentiment religieux est aussi naturel à l'homme que l'instinct de la reproduction, que le besoin de manger et de dormir. Il dépend de l'organisation physique.

C'est pourquoi ceux qui ont cru pouvoir détruire la religion ont commis la plus insigne folie qu'on puisse imaginer. Autant vaudrait chercher à extirper du genre humain le besoin de boire. La religion sera donc aussi durable que le genre humain.

L'idée religieuse ira se perfectionnant de plus en plus, suivant l'accroissement des lumières.

A toutes les époques les prêtres ont crié impiété! parce que les religions se transformaient. Or cette transformation était un progrès. L'idée de la Divinité s'épurait davantage. Le Dieu des premiers hommes était la personnification des passions brutales de l'humanité : Dieu fort, Dieu colère, terrible, à la voix éclatante, au corps immense, Dieu libertin, voleur ou adultère, etc.

L'humanité n'a pas besoin d'une religion nouvelle. L'Évangile bien compris suffit à tous les progrès possibles. Il deviendra un jour le code de l'humanité. Pour cela il faut qu'il soit livré à l'interprétation d'un chacun et qu'on applique la résultante de cette interprétation. Car c'est dans l'ensemble formé d'un chacun, que gît l'esprit de Dieu.

Oui, il y aura un jour un nouveau christianisme, non pas par l'arrivée d'un nouveau Christ, mais par une autre interprétation de l'Évangile. L'interprétation sera rationnelle. On rejettera les mystères et les miracles. Il restera la morale évangélique, basée sur l'égalité, la liberté et la fraternité parmi le genre humain.

Le christianisme, par sa morale, est la religion éternelle. Né avec les races supérieures blanches, il fut longtemps relégué dans les temples de l'ancienne Égypte et dans la conscience de quelques philosophes. Avant Jésus-Christ il ne comptait que des initiés. Il était caché derrière le sanctuaire. Le fils de Marie, qui avait étudié chez les thérapeutes et les esséniens, qui probablement connaissait le sys-

tème religieux de Bouddha, des brahmanes et de
Zoroastre, résuma toutes les notions éparses à l'état
ésotérique : il enseigna publiquement sur les rues et
les places.

. Il annonçait ouvertement la bonne nouvelle, que
d'autres révélateurs avant lui avaient tenue soustraite aux investigations des profanes.

Jésus est supérieur aux autres inventeurs de religion; parce qu'il laisse une plus grande part à la
liberté humaine. Il n'assujettit pas la raison à la foi.
Il ne dit pas comme Moïse, Zoroastre, Manou, Numa,
Mahomet, que Dieu lui a remis le livre des croyances.
Il ne prescrit point une multitude de prières, de cé-
cémonies, de salutations, de sacrifices, d'ablutions,
comme l'ont fait ses autres collègues. Pour lui, tout
est dans l'amour de Dieu et la charité! Il ne fut pas
comme eux persécuteur après avoir été persécuté.
Il pardonne à ses ennemis et, mourant, il prie pour
eux. Ses dogmes, sa morale, son culte, offrent donc
une plus large part à l'indépendance individuelle. Il
ne tient point à la forme ni à la formule. Sa religion
est donc plus universelle, plus philosophique que
celle des autres. Voilà une des causes de sa supériorité comme rédempteur religieux. Le christianisme a indiqué le travail comme une épreuve, un
devoir, une expiation. Il a proclamé la grandeur de
la pauvreté, le dévoûment, l'humilité, le sacrifice de
soi, comme lien social, la grâce comme chaîne naturelle de l'homme à Dieu, les richesses comme obstacle au salut. Il s'est propagé à l'aide des femmes.
Clotilde, Berthe, Olga ont contribué à la conversion
des Francs, Saxons, Russes. Les femmes n'aban-

donnèrent pas Jésus, délaissé par ses disciples. C'est par elles que le prêtre chrétien exerce encore le plus d'influence sur les familles; par elles qu'il agit sur les peuples barbares.

Le christianisme a répandu de nouveaux principes. et de nouveaux sentiments au sein de l'humanité. L'égalité, la liberté, la fraternité universelle, le renoncement, la consolation aux affligés, l'exaltation des malheureux, la délivrance des captifs, la fusion entre tous les hommes, enfants du même Dieu et devant, selon leur mérite, conquérir le même ciel : au total une philosophie supérieure, plus sociale que toutes les autres.

Comparez le chrétien résigné, remerciant Dieu des maux qu'il lui envoie, priant pour ses bourreaux et ses ennemis, comparez-le aux philosophes de l'antiquité, à Job, Cicéron, Ovide, aux Grecs, aux Romains, aux hommes des autres religions, se lamentant, lançant des imprécations contre leur destinée, invoquant les dieux vengeurs contre leurs ennemis : à qui donnerez-vous la préférence? Assurément ce sera au chrétien. Socrate lui-même, qui approcha le plus des vertus chrétiennes, mourut résigné, calme; mais ne pria point pour ses meurtriers.

Le christianisme a relevé l'humanité. A lui donc la préférence comme l'*ultimatum* de la perfectibilité humaine, comme étant aussi la religion la plus philosophique et la plus naturelle.

Toutefois aucune religion n'a fait couler autant de sang que lui. Aucune n'a plus bouleversé le monde. Il a causé la mort de plus de 30 millions d'hommes, soit comme persécutés soit comme persécuteurs. Les croisades, les massacres des juifs, des albigeois, huit cents ans de combat en Espagne, les guerres religieuses de l'Europe, formeraient un lac immense de sang humain.

Le christianisme parle avec ostentation du courage de ses martyrs. Il cite parmi eux des noms de vierges, d'enfants, de mères, de pères.

Or si on comptait les victimes que le prêtre chrétien a immolées, on aurait un martyrologe plus long que le martyrologe chrétien.

Depuis Hypatie, Jeanne d'Arc, jusqu'en 1852, des milliers d'individus de toutes conditions sociales, enfants, jeunes vierges, adultes, vieillards, êtres dignes d'admiration comme Hypatie, Jeanne, Savonarole, Jean Huss, ou de pitié comme les sorcières et les aliénés, sont morts torturés par le prêtre chrétien.

L'empire de Byzance, la France, l'Allemagne, l'Angleterre, on peut dire toutes les nations chrétiennes, à l'exception de l'Anglo-Amérique et de la Russie, présentent une longue série de massacres des dissidents religieux.

La philosophie se demande pourquoi cette religion qui recommande si souvent la tolérance, le pardon des injures, la paix, la douceur de la colombe jointe à la prudence du serpent, qui charge ses apôtres d'être des agneaux parmi des loups dévorants, comment a-t-elle pu se détourner de son origine, au point d'être devenue une énergique cause de destruction de l'espèce humaine?

A cela on peut répondre : le christianisme a incul-

qué aux hommes une foi plus profonde. Il a organisé les sociétés modernes. Il s'est infusé dans les
législations et les mœurs. Il s'est mêlé à tous les
intérêts : conséquemment, il a dû enfanter plus de
passions que les autres religions. Il a plus souvent
servi de prétexte.

Malgré les excès auxquels il a donné naissance, il
a cependant produit plus de bien que de mal. Les
peuples de l'Europe et de l'Amérique lui doivent leur
état social.

Ses conciles, composés d'hommes de toutes les
races, ont préparé le genre humain à une fusion et
à une solidarité générale.

Choisissant ses ministres à travers tous les rangs
de la société, souvent aux plus bas échelons, il a
plus largement affranchi l'humanité de la fatalité
héréditaire, que les Indous, les Égyptiens, les polythéistes de la Grèce et du reste de l'Europe, lesquels
prenaient les ministres de leurs autels parmi les
castes privilégiées.

La liberté et l'égalité, indépendamment du dogme
et par la pratique seulement, lui doivent donc plus
qu'aux autres systèmes religieux.

Les couvents étaient des républiques électives. Le
pape, chef élu de la république universelle, gouvernait par l'idée morale. Ce fut là un immense progrès?

Le christianisme a réhabilité le faible, l'enfant, la
femme, l'animal utile. Il a moralisé l'humanité en
combattant la polygamie, le concubinat, l'inégalité
des sexes.

Il a donc semé la connaissance des véritables rapports des êtres entre eux. Sa discipline sauvegarda

les animaux contre la voracité de nos aïeux. L'agriculture a prospéré sous ses ailes; car il défendit ces
immenses hétacombes de bœufs, de moutons, de
chevaux, que faisaient les dévots de la Palestine, de
l'Asie Mineure, de la Grèce, de l'Italie, de la Scy-
thie, etc.

Les religions exercent et exerceront toujours une
forte influence sur les hommes, parce qu'elles les
poussent vers le monde inconnu. Elles leur implantent des espérances d'avenir. Elles leur parlent
d'un état de choses mystérieux plus attrayant que la
réalité.

Tous les biens de cette terre, puissance de pensée
ou de force matérielle, fortune, honneurs, plaisirs
des sens ou de l'esprit, sont constamment entremêlés
et souvent couronnés de blasement.

Or le monde inconnu laisse toujours des désirs à
satisfaire, et, ne devenant pas réalité, est affranchi
du blasement.

Aussi les mystificateurs ont-ils avantageusement
tiré parti de cette disposition de l'homme. Ils lui ont
enlevé les biens certains de cette vie, lui présentant
l'appât des biens impérissables et incertains du
monde inconnu. Eux-mêmes, quoique préconisant la
vanité des biens périssables, se sont entourés
d'honneurs, de puissance, de joies terrestres, de
biens parfaitement certains, préférant *un tiens à
deux tu auras*.

C'est là l'histoire des corps de prêtres. Ils ont expliqué l'humanité à leur profit. Accordant des rémis-
sions, des indulgences, des brevets d'impeccabilité
future, des talismans de toute epèce, ils se sont

enrichis eux-mêmes appauvrissant ceux qui croyaient à leurs paroles.

Malgré les fautes des prêtres, l'humanité pendant bien des siècles encore, ne pourra se passer d'eux. Il y aura des personnes qui auront besoin de se faire expliquer les mystères de ce monde inconnu. Manquant de sentiment religieux relevé et de causalité, elles s'abandonneront à la dévotion et souvent se trouveront heureuses de croire sur parole d'autrui.

Les religions qui admettent des récompenses et des punitions futures sont utiles, parce qu'elles sont une consolation pour les repentants sincères et un remords, un trouble, pour les criminels. Ces gouvernants qui torturent les gouvernés, ces papes, ces évêques, avides, corrompus, haineux, orgueilleux, ces dévorants par la ruse et la force, ces hypocrites, ces filous de vertus, tremblent quelquefois d'être punis de leurs forfaits.

Ils craignent ces punitions futures dont ils menacent le peuple qui ne donne rien aux autels.

Or, s'il y a une justice céleste au delà du tombeau ; elle doit surtout sévir contre ces juges qui violent la justice et contre ces prêtres qui violent la religion naturelle et les lois de la morale universelle.

La religion doit s'attacher à s'implanter par la raison plutôt que par la foi ; car celle-ci ouvre la porte aux captations et à l'erreur.

La plus parfaite sera celle qui dédaignera les mystères, les symboles, les initiations secrètes, qui présentera ses dogmes, sans allégorie, sans voile, sans formes, ni sanctuaires, sans rits ou paroles sacramentelles; celle qui, s'appuyant, sur la raison, ne craindra pas les regards et provoquera la discussion.

Les brahmes, qui cachent avec soin leurs doctrines et leurs livres, les parsis et tous les autres sectaires quelconques, qui redoutent la discussion et la lumière, nos francs-maçons qui s'entourent d'emblèmes et d'initiations, sont des fraudeurs ou des dupes des fraudeurs. Il y a encore chez eux un désir d'exploiter l'humanité. Toute doctrine ésotérique est peu fraternelle et même antisociale.

La tolérance sociale vaut-elle mieux que l'esprit de propagande ? Non, la tolérance n'attire pas d'adeptes. Le prosélytisme va les chercher. Il est donc préférable. Sans la propagande exaltée des chrétiens, l'humanité n'aurait pas été régénérée : chacun serait resté avec sa croyance. Les idées de liberté, de fraternité et d'égalité ne se seraient pas introduites.

L'esprit de prosélytisme, je le répète encore, scientifique, religieux, moral, est un des sentiments qui a fait le plus avancer le genre humain. C'est un sentiment d'un ordre supérieur. Il provient de l'amour du bien, de la fraternité et de la solidarité universelle.

Le fanatisme est préférable à l'indifférence ; car l'indifférence est une inertie, un égoïsme : le fanatisme est une action.

Les cultes sont un moyen de salaire pour les prêtres. Quoique naturels à l'homme, je crois qu'ils sont devenus plus nuisibles qu'utiles. Ils ont surpris l'humanité par les yeux et l'habitude. Ils l'ont matérialisée et ont diminué le sentiment supérieur religieux, c'est à dire l'élévation de la pensée vers le

Créateur. Ils ont développé la dévotion, c'est à dire les pratiques extérieures. Les prêtres sont principalement responsables de cette extension forcée des cultes. Ils y ont vu leurs intérêts plutôt que ceux de la religion.

La science des pratiques du culte constitue la connaissance des prêtres plus que la science de la morale. Les actes extérieurs donnent la confiance, les actes intérieurs n'en donnent que rarement, au moins quant à la généralité des hommes.

Deux mobiles poussent le prêtre : le désir de vivre sans travail physique et celui d'améliorer le sort des hommes.

L'espoir des récompenses futures n'est pas aussi puissant que ces deux mobiles, chez la plupart des gens de religion.

Le prêtre veut dominer les gouvernements, sous le prétexte de sauver les âmes. Or, au fond de cette ambition, il y a autant d'égoïsme que de bienveillance.

Les dévots, individus ou peuples, sont un mélange de foi, de malveillance, de passions basses, d'hypocrisie, d'antisociabilité et de faiblesse intellectuelle.

La dévotion s'allie ordinairement à l'esprit de libertinage : nos femmes galantes, adultères, nos vieux céladons, l'Italie, l'Espagne, l'Amérique méridionale, l'Indoustan, le prouvent.

La crainte, le remords sont une des causes de la dévotion.

La dévotion ne rend pas les hommes meilleurs : au contraire, elle leur fait négliger les lois de la morale, pour l'observance d'une pratique sans valeur. Elle remplit leur cœur de fiel. Elle les porte à considérer comme impies ceux qui n'agissent pas comme eux.

La dévotion s'allie parfaitement à la friponnerie et à la cupidité.

Les dévots sont un des mauvais éléments de l'humanité. Ce sont eux qui toujours sont les impudents fabricants de miracles, de fraudes, de médisances, de calomnies pieuses.

Les dévots du paganisme athénien empoisonnèrent Socrate.

Les dévots du judaïsme ont crucifié Jésus-Christ, et les dévots chrétiens ont massacré par millions ce qu'ils nommaient hérétiques, païens, sorciers. Les musulmans ont suivi cet exemple.

Les siècles les plus dépravés chez nous furent ceux où la dévotion enveloppa les mœurs : témoin le règne des derniers Valois et les temps des croisades. Tout peuple dévot est cruel.

L'esprit de libertinage s'adapte auxiliairement à la dévotion : parce que, outre le remords et la crainte, l'amour satisfait, vu l'exaltation ou l'affaiblissement du système nerveux, porte à la merveillosité, domaine des religions, à la contemplation du monde inconnu.

Mahomet avouait que lorsqu'il s'était repu d'amour, il était plus enclin à l'adoration de Dieu. Plusieurs sectes chrétiennes ont recommandé l'amour charnel avant la prière ou les autres cérémonies religieuses. Quelques-unes actuellement suivent cette recommandation.

Physiologiquement, nous reconnaissons que la

prostration qui accompagne l'amour satisfait, outre le bien-être momentané, prédispose l'esprit à la merveillosité. L'aiguillon de la chair vous rend impatient, irritable, peu apte à la méditation religieuse. C'est pourquoi nos dévots ont voulu ou le satisfaire comme les *adamites* et autres, ou le dompter comme les anachorètes.

Les saiuts, les zélateurs de toutes les religions, de toutes les époques, qu'ils soient ou protestants d'Édimbourg, ou catholiques de Rome et Madrid, ou Indous de Bénarès et de Delhy, ou musulmans de Damas, du Caire, de Riad, sont toujours des hypocrites de langage, de mœurs, des libertins, des individus cruels, animés par dessus tout de la haine du prochain. Ce sont eux qui ont si délicieusement torturé ces multitudes d'hérétiques et de sorciers. Eux et les inquisiteurs méritent de recevoir la peine du talion. Sans injustice, je crois qu'on peut leur infliger les supplices qu'ils ont infligés. Ils n'existent plus peut-être comme descendance directe de leurs pères charnels; mais ils existent comme descendance spirituelle. Tu approuves les supplices des hérétiques et des sorciers, zélateurs du dix-neuvième siècle! Donc tu es aussi coupable que les zélateurs qui ont torturé tant de victimes depuis deux mille ans. Tu es homme de la même tribu morale. Tu es le propagateur de doctrines antihumaines, par la parole ou les écrits. Voilà le crime matériel.

Les lois qui prétendent punir les offenses faites à la Divinité, à toute époque, furent des attentats contre la raison et l'humanité. Comment savoir si Dieu est injurié?

Tout individu, tout peuple, toute secte qui, pour une prétendue offense envers la Divinité, a demandé des peines corporelles, depuis l'emprisonnement, les coups, jusqu'au dernier supplice, est digne de la peine du talion.

L'injure contre la religion doit être punie civilement comme trouble apporté à la volonté d'autrui. Rationnellement, elle ne doit être qu'une excommunication. En écrits ou en paroles, il n'y a pas d'injures contre les religions.

Le culte des images est une idolâtrie. Il dégrade l'homme et donne une fausse opinion de la Divinité et des mystères du monde inconnu. Plus un peuple se livrera au culte des images, plus il sera immoral et abâtardi intellectuellement. Le catholicisme et l'Église grecque sont une transition entre le paganisme et une forme de culte plus parfaite, que le christianisme verra sortir de son sein. La raison ne doit point approuver le christianisme d'avoir maintenu le culte de la forme, pour sauver l'art antique. Car l'esprit vaut mieux que la matière. Or, par la forme, il a maintenu la superstition.

Le culte des saints est aussi une erreur. Dieu n'est point un roi écoutant plus favorablement l'un que l'autre et voulant se faire représenter l'un ou l'autre, par un courtisan en faveur, par un intercesseur, un introducteur. Or les prières faites aux saints ne les considèrent pas autrement que comme des intercesseurs, des courtiers.

Les saints véritables, c'est à dire les hommes de dévoûment et d'intelligence doivent être cités à l'admiration des siècles ; mais les canoniser, leur attri-

buer une apothéose, est une œuvre de servilisme.
Les rapprocher du Dieu inconditionnel et colossale-
ment grand, les faire courtisans ou ministres de ce
Dieu, est aberration de l'intelligence. L'autorité pon-
tificale, par ses canonisations, ressemble à ce sénat
romain qui décernait l'apothéose aux tyrans ou aux
puissants. Elle annonce que Dieu a une cour céleste, classée par ordre et rang comme la cour d'un
empereur ou d'un roi. C'est la répétition de la noblesse
terrestre.

La raison doit donc repousser cette doctrine d'une
cour et de saints plus ou moins puissants devant
l'Éternel; car c'est juger des choses du monde inconnu, par les choses du monde connu. C'est l'amour
de l'inégalité.

Les religions veulent-elles le progrès des sciences?
Non. Jusqu'à ce jour les prêtres, interprètes des religions, ont combattu les sciences. Ils n'ont approuvé
que celles qui leur étaient favorables. Toute science
physique ou mathématique, accroissant la causalité,
la raison, permettant de sonder la nature, de connaître les œuvres de la Divinité, leur a porté om-
brage. La science enlève l'autorité de la tradition
religieuse. Elle est donc un ennemi; car elle positivise l'homme de plus en plus. C'est pourquoi les
prêtres ont persécuté les savants.

Les prêtres chrétiens ont souvent recommandé
l'ignorance, la sachant mère de la superstition et
cause de la captation.

Aucune des sciences exactes qui sont actuellement
des bienfaits sociaux, n'a passé sans avoir souffert
leur persécution.

Ils ont proscrit la géographie, l'astronomie, l'anatomie, l'imprimerie, la vaccine. Ils n'ont pas compris que la science révélait Dieu mieux que les paroles, et que plus l'homme a de science plus il est réellement capable d'admirer la puissance infinie du Créateur. Mais la science tend à rendre chaque homme prêtre lui-même : voilà pourquoi ils l'ont maudite.

Le dédain qui frappera les évêques catholiques, les riches évêques anglicans ou grecs sera œuvre méritoire. En France il faut les considérer comme de simples citoyens et supprimer cette convention concordale d'appel *comme d'abus*.

Quand ils sèment, dans leurs mandements ou sermons, la haine et le trouble entre les classes des citoyens, pourquoi l'État ne les poursuit-il pas comme perturbateurs du repos public?

Les évêques sont les pharisiens de l'Évangile. Ils portent des vêtements enrichis de pierreries. Ils ont de somptueux équipages. Ils veulent qu'on les appelle *Monseigneur, Votre Grâce, Votre Grandeur*. Vous les voyez presque toujours s'allier aux grands contre le peuple.

Le catholicisme actuel rendra difficile ou impossible le gouvernement démocratique, témoin la Pologne, Venise, l'Amérique méridionale, la France. Il veut l'alliance du trône et de l'autel, puis, le prêtre arbitre des actes moraux du genre humain. Au cœur de ce parti vous rencontrez encore l'esprit des inquisiteurs et des brûleurs de sorciers. Il distribue des armes bénites lors des guerres civiles. Il appelle les supplices sur ses non adhérents. Voyez ses principaux journaux, vous y retrouverez la haine et le fanatisme du moyen âge et des auteurs de la Saint-Barthélemy.

Le catholicisme, tel qu'il est compris actuellement, ne croit pas à la perfectibilité de l'homme. Il ne cherche point la prospérité matérielle des peuples; regardant notre vie terrestre comme la moins importante de notre existence. Aussi, partout chez les nations avancées, il engendre la misère. Il a eu le tort de trop préconiser la pauvreté. Il a de cette manière, provoqué l'oisiveté. Les rois de France lavaient les pieds, le jeudi saint, à douze pauvres. Ils auraient mieux fait de les laver à douze laboureurs. Les notables des villes de l'Europe servaient à table un certain nombre de pauvres. Cela engendrait la vanité et l'orgueil parmi les indigents fainéants. Cela aussi ressemblait beaucoup aux saturnales de l'antiquité. La chaire catholique fut un moyen de corruption et de persécution. Les prédicateurs français devinrent les bourreaux des protestants. Ils s'opposèrent souvent au progrès des sciences philosophiques et médicales.

Les plus grands libertins de l'univers sont nés parmi les peuples catholiques. L'Arétin, Sade, surpassent tout ce que les autres religions ont vu en fait de libertinage d'esprit. On peut adresser le même reproche aux théologiens catholiques. La continence, le célibat recommandés par cette religion, ont perverti chez eux le sens génital. Les protestants, les grecs, les arméniens et autres chrétiens, chez lesquels le mariage est permis, sont beaucoup plus chastes en écrits. Pétrone, Lucius, Apulée, ne se complurent pas à redire des obscénités, comme Béroalde de Verville, l'Arétin, Chorier et Sade.

Les catholiques furent aussi dévastateurs que les Vandales et les musulmans. Les croisés ont brûlé une magnifique bibliothèque à Antioche; les papes et les évêques ont brûlé les œuvres littéraires des anciens. Les Espagnols ont cherché à anéantir les antiquités nationales au Pérou, au Chili, au Mexique. L'évêque Summaraga entassa, sur la place publique de Teztuco, les peintures, les tableaux, les manuscrits et autres objets concernant la littérature et l'art des Mexicains, puis les incendia. Beaucoup d'autres faits analogues peuvent être reprochés au catholicisme.

Le pape Grégoire détruisit les ouvrages de Tite-Live, le cardinal Ximenès les manuscrits arabes de Grenade.

Toutefois, le catholicisme renferme une idée souveraine de fusion universelle. Il met l'union de ses adhérents au dessus des questions de nationalité. Le protestantisme, concentrant davantage les diverses nationalités, prépare moins la fraternité humaine; cette fraternité fondée sur des doctrines communes et la sympathie. Or lequel est le meilleur lien social, la sympathie ou l'intérêt matériel? Historiquement, les intérêts spirituels passionnent davantage, mais retiennent moins les populations que les intérêts positifs. Ceux-ci sont moins mobiles, moins transitoires.

Le dogme catholique est plus universel que tout autre. Les socialistes, les réformateurs modernes, à leur insu, l'admettent. Ils veulent un grand prêtre de l'humanité, une vierge mère, comme auguste Comte, ou un père supérieur, une mère supérieure,

comme les saints-simoniens. Les mots changent;
l'idée est la même. Ils veulent un pape et une
Marie.

Les alternatives d'orgies et de débauches, comme
on les voit pendant le carnaval et le carême catholiques, s'opposent à la moralisation des peuples qui
suivent cette religion. La théocratie universelle du
pape est le fait d'une ambition temporelle. Elle est
impossible, quelque génie qu'y déploient de nouveaux
Grégoire VII et Innocent III; car chaque individu
doit avoir sa religion et l'aura. Le catholicisme
actuel est la prédominance de la foi. Le christianisme de Jésus était la charité universelle. Or charité vaut mieux que la foi; car celle-ci ne fait aucun
bien. Au contraire, elle prête à l'erreur et, socialement, à l'intolérance. Le catholicisme a très souvent
considéré le doute comme une impiété et la vérité
physique comme un blasphème. Cinq mille jésuites
actuellement, tous énergiques et intelligents, se
mettant au dessus des questions de famille et de nations, sont les champions du catholicisme ennemi de
la liberté politique et morale.

Le catholicisme, socialement et politiquement, est
la religion de l'unité, de la centralisation, de l'autorité. Le protestantisme est la religion de la liberté,
de la décentralisation, le libre choix des gouvernants.

Le catholicisme a fait beaucoup d'emprunts au
panthéisme romain. Il lui a pris son panthéon. Le
collége des cardinaux a remplacé le collége des pontifes. Les cathédrales ont été bâties sur les empla-
cements des anciens temples. Les prêtres de Cybèle

étaient un corps de religieux mendiants comme les franciscains. A l'exception de leur mutilation, ils avaient toute la malpropreté, la gourmandise, l'esprit de mystification dont les ordres catholiques ont de tout temps donné la preuve.

Le catholicisme est dangereux, parce qu'admettant l'infaillibilité de l'Église, il sanctionne tous les crimes que l'Église a commis, tels que l'institution de l'inquisition. Il propage l'esprit d'oisiveté et la mendicité. Il néglige la propreté corporelle. Il a singulièrement contribué à la propagation des maladies de peau et de la syphilis, cette dernière, en prohibant la propreté sexuelle, les maladies de peau en prohibant l'usage des bains publics, si nombreux chez les païens du monde grec et romain, les juifs, les musulmans, les Indous, les anciens Égyptiens, la plupart des peuples, passés ou présents, ont eu une hygiène génitale bien supérieure à celle des peuples catholiques passés ou présents.

L'islamisme a l'avantage de supprimer les intermédiaires entre l'homme et Dieu. Tout musulman peut faire son salut sans avoir besoin de prêtre. Il préconise l'état de famille et n'encourage pas la multiplicité des couvents des deux sexes. Or les couvents, dans toutes les religions, ou de l'Inde, du Japon, de la Chine, ou de l'Europe, deviennent un fléau social, par leur sectarisme, lequel diminue les liens de fraternité parmi les hommes ; leur vie sans travail utile, ce qui les fait vivre aux dépens des producteurs ; puis leur stérilité en fait de peuplement. Beaucoup de couvents fondés comme éléments de progrès social deviennent rapidement un principe de mal plus que toute autre institution, émanée d'un *enfant des dieux*, le couvent devient une maison des *enfants des démons*.

Les disputes religieuses sont aussi un fléau humain. Elles aigrissent le caractère, sont interminables, car ce qu'elles soutiennent est incontestable. Elles damnent leurs adversaires dans l'autre monde et de là sont portées à les détruire sans pitié sur cette terre. Faire souffrir un damné, l'exterminer, est un œuvre méritoire, puisqu'on supprime un ennemi de la Divinité.

La supériorité des nations chrétiennes n'est point due à la religion. Elle dépend entièrement d'une supériorité de race. Rome païenne fut la première des nations, parce qu'elle provenait d'un mélange de races supérieures aux races contemporaines. Les Russes, Anglais, Germains, Français, Anglo-Américains domineraient l'univers, quand même ils deviendraient athées ou païens.

Le protestantisme a rendu un service incalculable au progrès humanitaire, par la promulgation du libre examen.

C'est lui qui le premier a créé les gouvernements constitutionnels et démocratiques modernes. A ce titre, il faut le préférer au catholicisme.

Si le catholicisme ne revient pas à l'élection des évêques par les prêtres, à la suppression du salaire de tout ministre quelconque par l'État, à la suppression de l'autorité temporelle du pape, sonnez la charge contre lui. Alors vous rendrez un aussi important service humanitaire que Guttenberg, Luther ou Newton.

Outre l'appui que le catholicisme a constamment prêté au pouvoir absolu, ce qui est un crime social contre la liberté, il faut encore éternellement lui reprocher la cruauté froide, hypocrite, savante qu'il a développée par ses tribunaux d'inquisition.

Jamais les polythéistes ne firent des lois aussi abominables contre les dissidents.

Questions préparatoires par l'eau et le feu, tortures physiques et morales avant la mort, confiscation des biens, solidarité s'étendant jusqu'aux enfants en bas âge, dénonciations établies sous le toit de la famille, peines contre la pensée, supplices infligés comme fêtes publiques : tout cela, approuvé durant plusieurs siècles et approuvé encore par les catholiques modernes, constitue un grave reproche contre cette religion.

Plus de trois cent mille personnes furent victimes de l'inquisition en Espagne.

Trente-quatre mille et quelques cents furent brûlées vives, dix-huit mille et quelques cents périrent dans les prisons après avoir été torturées ou attendant la torture, deux cent quatre-vingt-onze mille et quelques cents furent condamnées aux galères ou à l'exil. Quatre millions de Maures furent expulsés d'Espagne. Sous le règne de Philippe II, modèle du roi inquisiteur, cinquante mille protestants périrent sur l'échafaud en Hollande et huit cent mille juifs furent chassés d'Espagne.

En France, en Portugal, dans l'Indoustan et l'Amérique méridionale, l'Italie, la Sicile, l'inquisition fit chaque année de nombreuses victimes pendant le quinzième et le seizième siècles. Elle avait commencé au treizième siècle contre les albigeois du Languedoc.

Le catholicisme a besoin d'un concile général. Il importe de savoir s'il peut marcher avec la liberté ou s'il veut rester encore sous les errements du passé. Il est probable qu'il combattra encore le développement de la raison. Aussi sa réformation sera un bienfait désiré par tous les progressistes. Rome et le pouvoir temporel des papes et des évêques sont un mal dont l'humanité a intérêt à se débarrasser. Les dogmes de foi aveugle, d'autorité, de compression, d'alliance avec le trône et l'aristocratie contre le peuple; la hiérarchie temporelle, le culte pompeux, les traditions et les errements du passé rendront longtemps le catholicisme ennemi du progrès social et de l'égalité.

Le catholicisme convient aux peuples enfants, aux peuples dont l'imagination est plus développée que la raison. Il a abâtardi l'Irlande, la Pologne, l'Italie, l'Espagne, le Portugal, l'Amérique méridionale.

Exaltant le principe de l'autorité, enlevant le libre arbitre, instituant des communautés de fainéants des deux sexes, il crée ainsi de nombreux parasites, mine la richesse nationale par ses nombreuses fêtes et le numéraire employé à son culte.

Il est socialement et rationnellement un acheminement de la barbarie au protestantisme, ou mieux au déisme chrétien.

Il est l'évolution qui, en religion, transformera l'imagination des peuples en rationalisme protestant et celui-ci les amènera au déisme unitaire.

Il serait profitable à la liberté et à la raison hu-

maine, les dogmes chrétiens étant inculqués d'après
l'Évangile primitf, de laisser chaque individu en tirer
les conséquences sociales et les règles de sa conduite morale. Il serait désirable que chacun eût son
culte, car la religion étant déterminée par le milieu
ambiant d'un chacun, elle doit être laissée à l'interprétation de ce chacun. Personne ne peut dire à autrui : « Tu dois adorer Dieu de telle manière. » Dieu
ayant donné à chaque homme une organisation différente, a voulu qu'il l'adorât suivant cette organisation différentielle.

Que tout homme soit donc son prêtre, son confes-
seur, son directeur. L'humanité y gagnera.

Les religions meurent comme les empires. Leur
durée moyenne historiquement est de deux à trois
mille ans. Alors après cet intervalle, ou elles disparaissent ou elles se transforment, bien que conservant le même nom.

Le judaïsme depuis trente-cinq siècles a subi
trois transformations. De Moïse au retour de la
captivité de Babylone, de cette époque à la dispersion des juifs du deuxième siècle de notre ère aux
temps actuels. Maintenant il élabore une quatrième
forme.

Le christianisme n'est plus celui des premiers
siècles. Vers deux cents ans d'ici, il éprouvera certainement de radicales modifications. Le catholicisme ou rejettera son idolâtrie et sa discipline, une
partie de ses dogmes, ou sera culbuté par l'accroissement progressive de la raison.

Les climats très froids s'opposent aux manifestations du sentiment religieux, car l'homme luttant à

chaque instant contre la nature ambiante, n'a point le temps de songer au monde inconnu.

Les climats chauds développent ce sentiment, parce que l'homme y a beaucoup de loisirs et que la chaleur accroît la sensibilité, l'idéalité religieuse, les rêveries vers le monde inconnu. Brahma, Confucius, Zoroastre, Bouddha, Jésus-Christ, Mahomet, Moïse, sont nés, eux et leurs systèmes, sur les contrées chaudes.

Les prophètes, les illuminés, les visionnaires, les extatiques, les tempéraments éminemment propres à l'enfantement des religions, ne viennent pas des pays froids.

Irritabilité nerveuse, régime végétal, oisiveté, imagination, chaleur, recueillement, contemplation, tels sont les principaux moteurs des religions. Joignez à cela un tempérament bilieux et organiquement porté à la mélancolie et à la bienveillance.

Les religions les plus éloignées par le temps, l'espace, les races, les dogmes, le culte, ont nécessairement toutes un fond commun et de nombreuses ressemblances. Révélations, miracles, incarnations, combats des bons esprits contre les mauvais, enlèvements au ciel d'hommes saints, naissance d'un dieu au sein d'une vierge, conversations, discussions d'hommes avec la Divinité, hommes écrivant des livres par ordre de Dieu, Thoth l'Égyptien, Moïse, Jean, Manou, etc., intervention d'êtres intermédiaires, démons, anges, génies, messagers et ministres; adoration en des lieux qui entraînent l'esprit au recueillement, temples élevés à demi obscurs, hauteurs, montagnes, souterrains, forêts, îles battues des flots et des vents, association forcée de l'idée de l'immensité ou du mystère de la nature comparée à la faiblesse de l'homme, jeûnes, macérations, prières, exaltant la sensibilité et produisant la merveillosité; menaces, promesses d'une protection spéciale.

Partout vous découvrez en elles, d'intimes ressemblances.

Se sont-elles emprunté mutuellement quelque partie de leur liturgie ou de leurs dogmes? Non. Elles se ressemblent sans s'être connues. Elles se ressemblent parce qu'elles sont une conception de l'homme et que l'homme blond, brun, cuivré, jaune, rouge, noir, a une nature organique commune.

Les religions qui se rapprochent le plus sont le mazdéisme, le bouddhisme et le christianisme. Le polythéisme de la Grèce nous a laissé ses statues, son culte de la forme, quelques-uns de ses dogmes et de ses mystères, et même aussi ses ordres religieux.

Les cyniques sont les pères spirituels des capucins. Les pythagoriciens, les pères des carmes et des bénédictins. Remarquons que les cyniques et les capucins ont eu peu de femmes parmi eux; parce que ces deux ordres sont sans pudeur et dédaigneux de la personne corporelle. Les pythagoriciennes et les carmélites furent nombreuses par la raison inverse.

SOUS QUELLES CONDITIONS LES RELIGIONS EXERCENT-ELLES LE PLUS D'EMPIRE?

Lorsqu'il y a des époques de calamités sociales, contre lesquelles l'homme est impuissant. Alors instinctivement, espérant le bonheur, il se détache de la terre et se tourne vers le monde inconnu. Les malades, ceux qui n'ont plus la libre fonction de leurs organes, qui voient les joies du monde hors de leurs atteintes; les individus attaqués de maladies du foie, les mélancoliques, les victimes de chagrins profonds, les blasés d'esprit et de corps, les malheureux quelconques, sont entraînés naturellement vers les idées religieuses; non pas toujours parce qu'il y a affaiblissement de leur être intellectuel et moral; mais parce qu'il est naturel de rechercher un inconnu consolateur, lorsque tout vous manque. Le fond de l'influence des religions est l'impérieux besoin de l'espérance. Quand on n'a plus d'espoir sur la terre, on espère en la vie au delà du tombeau.

Le malheur rend la religion puissante : le bonheur l'atténue; car il positivise, il rend matérielle l'humanité. Les joies de la terre sont les ennemis des religions.

Indépendamment du besoin de changement inhérent à l'humanité, l'ardeur religieuse s'éteint par la faute des prêtres. Hommes de la tradition et du passé, ils se refusent aux transformations que réclame la progression ascendante de l'humanité; alors ils sont délaissés eux et leurs doctrines; parce qu'ils ne représentent plus le progrès.

Le clergé français fut cause de l'incrédulité du dix-huitième siècle. Si les prêtres de l'Italie étaient moins cupides, moins ignorants, moins immoraux, les Italiens n'auraient pas désiré la destruction de la papauté comme un bonheur. Rome ne serait pas devenue incrédule. La papauté ruinera le catholicisme.

Chaque fois que vous verrez le sentiment religieux s'éteindre : concluez que la religion dominante n'est plus en harmonie avec les besoins de ce siècle.

Chaque fois, au contraire, que vous verrez ce sentiment se réveiller : concluez qu'il y a abandon du passé au profit de l'avenir. L'humanité ne rétrograde pas, quoi qu'on fasse.

Il y a besoin de réforme, lorsque les ministres des autels sont moins savants, moins humains, moins utiles que les hommes qu'ils étaient chargés de guider; lorsqu'ils connaissent moins que les autres hommes les rapports rationnels des êtres entre eux; lorsqu'enfin ils ne savent plus choisir entre le bien et le mal. A ces signes d'infériorité, vous reconnaîtrez que les religions, vu les lois harmoniques providentielles, doivent se transformer.

Les religions sont devenues entre les mains des prêtres le roman de nos relations entre Dieu et le monde inconnu. Chaque écrivain religieux a ajouté ses inventions à celles de ses devanciers : de là les légendes, les faits miraculeux, et l'édifice religieux.

Les créateurs de religion sont inventeurs au même titre que les autres inventeurs dans les sciences, les arts et l'industrie. Celui qui inventa la poudre à canon, la vapeur, l'imprimerie, le tissage des étoffes, une chose quelconque utile à l'humanité, était inspiré de Dieu, comme Moïse, etc.

Les hommes par reconnaissance ou fourberie, ont déifié les inventeurs. Or ces révélateurs étaient des hommes supérieurs : mais ils n'étaient pas Dieu. Dieu étant demeuré indécouvert et indécouvrable.

Chaque inventeur de religion s'est cru un messie et a prétendu avoir des communications avec la Di vinité et ses ministres.

Manou, Minos, Moïse, Zoroastre, Bouddha, Zaleucus, Numa, Manco-Capac, Zamolxis, Jésus-Christ, Mahomet, Bochica, etc.

Ils furent des illuminés, croyant, à la longue, à la réalité de leurs hallucinations. Leur tempérament et leur milieu ambiant les prédisposaient à l'extase, voilà la cause de leurs hallucinations ; puis instinctivement, ils croyaient fermement à leur mission : voilà pourquoi ils ont travaillé à implanter leurs doctrines. Comme causes finales, ils furent des messies, c'est à dire, des hommes envoyés par Dieu pour éclairer l'humanité.

Les hommes ont attribué aux révélateurs une origine royale. Ainsi Moïse fut adopté par la fille de Pharaon, Zoroastre était fils d'un roi, Vichnou, lors de sa huitième incarnation, naquit de Vasudeva et de Devaci. Les Incas descendaient de Manco-Capac, fils du soleil, Jésus-Christ, de David, Mahomet, des souverains d'une tribu arabe. On a voulu accorder aux révélateurs une naissance, une enfance extraordinaire. Or il suffit de dire qu'ils étaient révélateurs sans entourer leur nom d'aucun autre éclat.

Les religions sont utiles quand elles offrent un but d'amélioration morale, une consolation, et inculquent la charité universelle. Elles sont nuisibles, quand elles repoussent la raison, et prétendent diriger l'humanité par la foi seulement; qu'elles recommandent des pratiques ridicules et l'isolement des sectaires.

Elles ont entraîné l'humanité vers une fausse direction.

Si au lieu de faire un article de foi des choses mystérieuses, de la révélation corporelle, des miracles ; si au lieu de faire intervenir l'autorité de Dieu elles avaient laissé à l'homme le droit d'examen. Si elles avaient remplacé le principe de l'autorité par la liberté illimitée de la pensée : si la raison au lieu de la foi, avait été prise comme base de la moralité : je crois que le genre humain se serait perfectionné davantage.

Si elles n'avaient enseigné que ce qui est reconnu véritable par le sens et la raison : si les théologiens avaient été plutôt physiciens que métaphysiciens ; ils seraient devenus meilleurs moralistes. Écoutant les inspirations de leur conscience seule, ils auraient découvert la vraie religion, c'est à dire, la naturelle. La vraie, la naturelle, est celle qui est positive, qui a pour but l'utilité et la fraternité universelle.

La foi changera ; car la raison humaine change selon les siècles. Les variations individuelles de la foi sont une cause de force intellectuelle pour les rationalistes. Politiquement et socialement, les variations sont un bien ; car elles suppriment l'intolérance et le fanatisme.

• Les religions sont inhérentes à l'humanité passée et actuelle. Elles ont l'espèce d'utilité que leur reconnaissait Bonaparte. Elles sont, disait-il, une inoculation, qui en satisfaisant notre amour pour le merveilleux, nous garantit des charlatans.

Les possesseurs de reliques ont gagné d'immenses sommes d'argent à toutes les époques et chez tous les peuples. Dent de Boudha, couronne d'épines, os ou vêtements de saints. La dévotion est une forme de l'amour, le dépit s'en mêle quelquefois. La confession a été plus nuisible qu'utile. Dans les pays catholiques, les confesseurs furent les dictateurs des rois et des peuples. Beau, Lamornaïni, La Chaise, Tellier, ont gouverné l'Autriche et la France. Les autres confesseurs ont gouverné l'Italie, la Pologne, l'Espagne, le Portugal, la Bavière.

L'extase implante les religions en faisant croire aux miracles; c'est à dire à des phénomènes naturels, mais inconnus.

Les légendes ont proclamé saints les ouvriers habiles qui améliorent le sort des peuples. Éloi en France, Dunstan en Angleterre; dans l'antiquité on les proclamait demi-dieux.

Toutes les religions auraient pu se réduire aux axiomes suivants :

« Fais aux autres ce que tu voudrais qui te fût fait.

« Ne sachant pas d'où tu viens, où tu vas, amé-
« liore ton sort ici-bas, par la connaissance des
« véritables rapports des êtres entre eux, et de toi
« avec le Créateur. Les bonnes œuvres et le travail,
« sont les prières.

« Mieux vaut étudier les œuvres de Dieu, leurs
« rapports et leurs causes finales, mieux vaut con-
« templer la souveraine puissance de Dieu, la variété
« de ses attributs souverains, que de se livrer à
« toute cérémonie quelconque du culte. La médita-
« tion sur Dieu et ses œuvres est la vraie prière de

« tout homme qui a l'esprit de religion et de causa-
« lité.

« Il n'y a rien de surnaturel dans le milieu am-
« biant de l'humanité. Ainsi rejette tout ce qui est
« miraculeux, tout ce qui est contre les lois phy-
« siques ou mathématiques établies.

« Ne crois que ce que ta raison basée sur l'expé-
« rience te démontre croyable.

« Tous les faits venant de l'idéalité et de la mer-
« veillosité peuvent être des erreurs. Fais le bien à
« tontes les créatures utiles. Travaille, transforme
« la terre en mieux progressif, puis repose-toi sur
« la justice et la puissance de la Divinité, l'indécou-
« verte, l'indécouvrable. »

Ce que nous appelons vérités religieuses ne sont
point des vérités absolues : néanmoins, il faut porter
nos investigations sur toutes les choses ressortissant aux religions : non pas pour y trouver une solution satisfaisant notre raison ; mais parce qu'une
telle étude grandit notre intelligence, et tend à nous
rendre meilleur par l'amoindrissement de notre personnalité.

Donc occupez-vous souvent des religions. Étudiez-
les, creusez-les de mille manières. Quand bien même
le doute sortirait, vous n'en acquerrez que plus de
moralité.

Si vous combattez les religions, ayez le désir de
les ramener à la raison. La foi est la tendance morale de l'humanité enfant. La raison est la tendance
morale de l'humanité adulte. Donc, espérez que la
raison dominera les religions et les uniformera.

Le jésuitisme est une émanation de la race brune.

Il nie la liberté, met son institut au dessus de tout et veut dominer par le principe de l'autorité. La plupart des généraux de cet ordre furent Espagnols ou Italiens, peuples où le génie de la liberté individuelle a peu d'influence. Les jésuites font la propagande à l'aide du sentiment, des plaisirs. Ils s'adressent aux femmes et aux enfants. Ils ne parlent point à la raison. Ils la méprisent. Ils n'ont jamais maltraité les populations indigènes de l'Amérique ou de l'Asie. Ils ne sont dangereux qu'au confessionnal des rois et des maîtresses des rois. Dans le nord et l'occident de l'Europe, je crois qu'ils ont fait plus de mal que de bien.

Ils ne parviendront jamais à établir le lien fraternel entre les différents peuples, car la sympathie, la communauté des sentiments et des pratiques religieuses, les intérêts spirituels, que promulgent les jésuites et le catholicisme, n'attachent pas fortement les populations. L'homme est plus matière qu'esprit. Les intérêts matériels, le commerce, les voies de communication, opéreront beaucoup mieux cette fusion chrétienne. Au moyen âge, l'Europe était catholique : or la guerre internationale ou intestine était universelle. Actuellement trois branches du christianisme partagent l'Europe; mais les voies de communications rapprochent les capitales les unes des autres : la guerre internationale n'est plus qu'un accident transitoire.

L'esprit religieux est-il une cause de prospérité nationale? Les succès que les différents peuples ont obtenus, sont-ils en rapport avec leur piété? Une société qui se gouvernerait par la raison seule serait-elle plus heureuse que celles qui font entrer la religion dans leur gouvernement? La solution de ces questions appartiennent à l'avenir. D'après le passé et le présent, nous devons penser qu'une société ne peut guère se constituer sans l'élément religieux. Nous voyons partout les prêtres former les premiers éléments des sociétés. Ils sont partout les initiateurs, ainsi, premiers poètes, législateurs, historiens, physiciens, naturalistes, médecins, architectes, cosmographes, géographes, etc. La foi un jour changera. Elle ne s'occupera point du monde invisible. Elle n'agira que sur les choses visibles et contrôlables. Alors les prêtres perdront leur influence.

CONCLUSIONS

Les inventeurs de religion sont *des enfants des dieux*. Ils sont des rédempteurs souvent illuminés, se trompant dans leurs prétendues communications avec la Divinité, mais ils sont de bonne foi.

Les prêtres, les dévots, les gens qui font un métier de la religion, pris en masse sont *les enfants des démons*.

Presque toujours les adhérents à une religion nouvelle ou à une secte ont été calomniés.

Toujours une religion nouvelle ou une secte est un progrès, au moins un progrès momentané, parce que cette religion ou cette secte correspond à un besoin de l'humanité. Elle rend l'homme meilleur et plus heureux.

La philosophie doit rejeter le mot renégat. Tout être humain a le droit de changer de religion, par le fait qu'il a le libre arbitre. Il peut être successive-

ment chrétien ou juif avec toutes les sectes de ces
religions, musulman, boudhiste, indou, mazdéen,
sans manquer à la probité morale. S'il est de bonne
foi, s'il étudie consciencieusement la religion qu'il
adopte, il peut en changer aussitôt qu'il a une conviction sincère.

Généralement les persécutions pour obtenir des
conversions sont inutiles. Toujours elles sont le plus
grand crime commis contre le prochain.

Les missionnaires sont utiles seulement au point
de vue philanthropique, quand par exemple ils suppriment les infanticides, les sacrifices humains,
quand ils établissent la civilisation au milieu de la
barbarie.

Changer un musulman en chrétien, un catholique
en protestant et *vice versa*, convertir un Chinois, un
Japonais, un juif, tout religionnaire quelconque
d'une religion sociale, consacrée par quelques siècles
de durée, est un attentat contre le prochain.

Dieu a destiné chaque race humaine à avoir sa
religion spéciale. Il y aura une religion universelle
quand le genre humain sera composé de métis.

Les missionnaires sont des hommes de dévoûment,
sectaires à l'esprit étroit et au cœur généreux. Il
faut se méfier de leurs paroles, car ils sont passionnés
ou portés à l'illusion.

Il est impossible à nombre de races humaines de
devenir chrétiennes.

Il est possible à presque toutes de devenir musulmanes.

Les plus avancées dans le rationalisme deviendront quakers, ou juifs, ou sociniens.

Les religions ne réussiront jamais à appliquer le dogme de la fraternité universelle, l'amélioration du sol, la conversion de la terre en paradis terrestre, à effectuer la perfectibilité dont l'homme est susceptible. Cela se fera par la science positive, la liberté, les croisements.

Les livres religieux, prétendus inspirés par Dieu, dictés par Dieu et écrits par l'homme, ne sont pas plus vrais, ne sont pas moins vrais les uns que les autres. Ils sont le recueil des traditions, des sentiments, des tendances. Ils sont le reflet des races humaines. La Bible, la théogonie d'Hésiode, les poèmes d'Orphée, les vedas, les traditions scandinaves, des Chinois ou des sectateurs de Zoroastre, le Zend-Avesta, la Bible, l'Évangile, le Coran, sont tous des livres spéciaux, écrits par une race spéciale. Une race les a pensés, un homme ou quelques hommes les ont écrits.

Si quelqu'un vous dit : Dieu m'est apparu, il m'a envoyé un ange, il m'a chargé de vous bénir, maudire, absoudre, de prier pour vous; je suis son ministre, son vicaire, son ambassadeur, il m'écoute mieux que vous : ne croyez pas ce quelqu'un : car il est un trompé ou un trompeur.

Le prêtre doit être un professeur de morale. Hors de là, il est un amuseur quand il n'est pas un ennemi du progrès futur.

Si les trésors donnés aux prêtres et au culte avaient été consacrés à l'instruction scientifique, aux voies de communication, l'humanité serait plus avancée.

Puisqu'il y a tant de religions différentes, laissez

chacun libre de choisir la sienne, et de prouver qu'elle vaut mieux que celle d'autrui.

Jamais de violence, morale ou physique. Tolérance universelle.

.

Les peuples catholiques depuis cent ans progressent moins que les peuples protestants ou grecs

L'Italie produit des papes plus que toute la catholicité. Elle est le cœur et la tête du catholicisme. Or, depuis mille ans, elle a été incapable de défendre son indépendance nationale et de créer des colonies. Païenne, elle avait peuplé le monde connu de ses colonies et avait eu le premier rôle politique dans l'humanité.

L'Espagne est tombée au dessous de ce qu'elle était à l'époque où musulmans et chrétiens formaient sa population. Elle n'a plus ses villes savantes et commerçantes, comme le furent Grenade et Cordoue.

L'Amérique méridionale se débat dans des révolutions, meurtres, pillages, circulaires.

La France a perdu son empire colonial. Le Canada et pays voisins prospèrent, depuis qu'ils ne sont plus soumis à la France. Les Français-Canadiens, en 1763, avaient une population de 73,000 habitants. Sans émigrations, par le fait d'être soumis à l'Angleterre, ils montent à un chiffre excédant un million. Ils ont prospéré aussitôt que leur gouvernement a passé aux mains des protestants.

La Prusse était un petit peuple il y a cent ans.

Maintenant, elle est une nation de premier ordre,
avec près de vingt millions d'habitants.

La Russie étend ses conquêtes et sa population.
Elle peuple les déserts et les convertit en terres fertiles. Elle forme une nation de soixante-quinze millions d'âmes. Or, il y a cent cinquante ans, elle était
une nation barbare.

L'Angleterre couvre le monde de colonies. Elle
prépare l'existence de jeunes nations indépendantes
en Australie et Nouvelle-Zélande, comme elle a préparé l'Amérique du Nord. Elle est une pépinière de
nations.

L'Amérique du Nord, protestante, par ses États
de la Nouvelle-Angleterre, protestante, par son état
social, attire à elle les capitaux et les bras de l'Europe. L'Irlandais, qui, dans son pays natal, est un
individu au dessous de la plupart des Européens, à
la troisième génération née en Amérique, devient
aussi intelligent et moral que tout autre Européen.
Il a perdu son catholicisme. Il reste catholique sans
être gouverné par le prêtre.

La Pologne catholique est tombée. Protestante ou
grecque, elle peut s'élever.

En Europe, là, où il y a sur le même territoire,
le même gouvernement, les deux cultes, la même
population; toujours la commune, le village protestants, sont en moralité, propreté, instruction, progrès universel, au dessus de la commune et du village catholiques. Cette différence se remarque même
d'une rue à une autre, d'une maison à une autre.

Pourquoi cette infériorité? Parce que le prêtre
catholique gouverne les âmes et par suite les corps.

Or tout gouvernant prêtre dirige l'humanité par des traditions, c'est le passé. Il est forcément un conservateur. Comme prêtre catholique, obéissant aux doctrines de Rome, il doit rendre ses fidèles, comme un troupeau dont il reste le berger, et par cela, il leur enlève l'énergie morale, qui pousse l'homme à se perfectionner par l'instruction, le bien-être matériel. Le catholicisme, par ses fêtes, ses couvents, ses nombreuses prières de chaque jour et ses diverses cérémonies, par consommation du temps ou habitudes d'oisiveté diminue la production sociale.

Mon royaume n'est pas de ce monde, le salut d'une âme vaut mieux que la prospérité ou la conquête d'un empire. Voilà des axiomes catholiques ennemis du progrès.

Les nations catholiques peuvent se croire aussi heureuses que les nations protestantes.

Leurs missionnaires valent les missionnaires protestants, leur clergé représenté par celui de la France et de la Belgique, vaut bien le clergé anglican; cependant, prises en bloc, les nations catholiques sont beaucoup inférieures aux protestantes. La philosophie est forcée de le reconnaître.

Le quakerisme est la forme la plus complète du sentiment religieux, parce qu'il n'admet pas d'intermédiaire entre l'homme et Dieu.

CHAPITRE II

D'OU PROVIENNENT LE MYTHE, L'ALLÉGORIE, LA SYMBOLIQUE

L'ésotérisme, l'esprit de mystification, la méfiance envers la raison humaine, l'idéalité, la merveillosité, l'ignorance des faits naturels, la disposition spéciale à personnifier ses sensations et à considérer les êtres ou les idées sous l'aspect anthropomorphique, tels sont les pères du mythe, de l'allégorie, du symbole.

Cette manifestation du génie humain est commune à toutes les races. Cependant les hommes du type brun l'ont plus développée que les autres. Aussi nous voyons les Indous, les Égyptiens, les Hébreux, les Chaldéens, les Assyriens, les Grecs, les Italiens et autres nations brunes, faire connaître leurs doctrines en théodicée, cosmogonie, anthropologie, histoire naturelle, religion et morale, par le mythe, l'allégorie, le symbole.

Ils agissent ainsi, parce qu'ils ont l'imagination dominant la raison : parce qu'ils redoutent la vérité nue et qu'ils ont peu d'esprit de fraternité.

Les hommes supérieurs parmi eux, les inventeurs de doctrines, par mépris pour la foule, par crainte de l'opinion publique, n'ont point appelé les masses à eux par l'exposition publique de leurs doctrines. Ils les ont tenues éloignées. Ils ne se sont ouverts qu'à un petit nombre d'adeptes. Ils les ont séduites par l'imagination.

EXPLICATION DE QUELQUES MYTHES PAIENS, BIBLIQUES, CHRÉTIENS

La mythologie est, au fond, l'histoire emblématique des croyances. C'est l'histoire masquée, philosophique, religieuse, de l'humanité.

La vie des dieux du paganisme est la personnification des passions, avec des particularités suivant les différents pays.

Pour les peuples de l'Orient, de la Grèce et de l'Égypte, les combats des dieux de l'Olympe et des Titans, fils de la terre, rappelaient les derniers cataclysmes que la terre a éprouvés. Destruction de l'Atlantide, changement du Sahara et du Gobi, de mers en déserts, soulèvements de l'Europe méridionale, etc.

Phaëton incendiant les forêts, desséchant les rivières et précipité dans le Pô, rappelle l'incendie qui jadis détruisit les forêts de la Gaule méridionale, depuis les Pyrénées jusqu'au delà de la chaîne alpine.

Le premier dieu qui régna d'après le système égyptien, fut Vulcain, dieu du feu. C'est l'histoire de notre planète. Les Égyptiens versés en connaissances géologiques avaient reconnu que la première époque de la terre fut l'époque ignée (1).

Chez les Grecs, le partage du globe entre Jupiter, Neptune, Pluton, indique les trois grandes

----

(1) Ce Dieu était le ministre du grand Être, le Dieu supérieur, incréé, invisible.

phases de la formation de la terre : le feu, l'eau et l'atmosphère.

La lutte répétée entre Typhon et Osiris est celle des sables du Sahara contre la vallée du Nil. Envahissement et recul selon la barbarie où la civilisation domine; telle est d'ailleurs la marche du Sahara, non seulement sur l'Égypte, mais sur toutes les contrées avoisinant le désert.

Les mariages des dieux et des femmes, des déesses et des hommes, indiquent les croisements qui se sont faits dès l'origine, entre les différentes races composant l'humanité : blonds, bruns, noirs, etc.

Les métamorphoses des hommes en animaux, plantes, minéraux, sont une punition, une récompense, ou quelquefois une allégorie des faits de la vie humaine.

Ainsi Lycaon devient loup, Actéon cerf, Galanthis belette, Atalante lionne, Hippomène, son mari, lion : voilà la punition des fautes volontaires ou involontaires.

Philémon est changé en chêne, Baucis sa femme en tilleul : métamorphose en êtres qui ne souffrent pas. Voilà la récompense de ce couple, pour son hospitalité envers Mercure et Jupiter.

Les filles de Piérus défient les muses et les injurient : elles sont changées en pies, oiseaux babillards et querelleurs : c'est une allégorie concernant les chanteurs vaincus par leurs rivaux. De tout temps, l'artiste inférieur gazouille ses prétendus succès, à qui veut l'entendre. Il devient une pie humaine.

Narcisse, épris de sa beauté, meurt de langueur.

Leçon donnée aux gens dévorés d'amour-propre, effet de la vanité.

Les métamorphoses avaient comme but de représenter l'unité de la nature, les forces plastiques et l'esprit vital.

L'hydre de Lerne, tuée par Hercule, est un marais rempli de serpents et desséché. Les sept têtes renaissaient, si on ne les coupait pas à la fois. Hercule d'un seul coup les abat, c'est à dire, desséchant à la fois tout le marais, il fait périr tous les serpents.

Rhammsinite joue aux dés avec Cérès la déesse des récoltes : il gagne et perd alternativement : cela indique que le règne de ce prince fut entremêlé d'années d'abondance et d'années de disette.

Mestra se change en bœufs, en chevaux : se vend afin de nourrir son père continuellement affamé : C'est l'indication des sacrifices que fait une nation affligée de la famine.

Les dieux, les hommes, les animaux, les minéraux, passant à travers toutes les formes diverses de la matière, montraient que tous les êtres créés ont des points de parenté, sont solidaires.

S'agit-il de morale, d'économie, d'histoire humaine ?

La leçon est présentée sous le mythe.

Ainsi les dieux voyageant sous un visage humain et punissant les crimes ou le refus de l'hospitalité, forçaient à respecter les étrangers. Ce mythe était un passeport et une carte de sûreté pour tous les voyageurs. On devait craindre, faisant injure à un étranger, d'offenser un dieu déguisé.

Pour qu'on ne détruisît pas sans nécessité les bois,

les forêts, les arbres à haute tige ; on inventa les faunes, les dryades, les hamadryades, lesquels punissaient les destructeurs d'arbres.

Les naïades empêchaient qu'on ne troublât l'eau des ruisseaux et des fontaines.

Pyrrha et Deucalion font naître des hommes, en jetant des cailloux : cela signifie la grossièreté des premiers indigènes de la Thessalie.

Par toutes les contrées, vous avez des exemples de dieux, de satyres, poursuivant les nymphes ou les simples mortelles.

C'est l'histoire des relations des sexes entre eux, aux premiers âges de chaque nation. Le plus fort s'accouplait de gré ou de force, à la façon des animaux. L'amour moral, l'affection, n'existaient point alors. Le désir seul et la force déterminaient les mariages.

Les amours de Pasiphaë, de Borée, des dieux ou des hommes pour les animaux, sont encore comme autrefois l'expression d'un fait journalier parmi la race humaine.

Junon poursuit avec acharnement les maîtresses de Jupiter et leurs enfants, Hercule, Persée, etc. Ne voyons-nous pas la femme puissante agir ainsi à l'égard des maîtresses et des bâtards de son mari?

Les querelles entre Jupiter et Junon sont nos journalières querelles de ménage. Les malheurs conjugaux de Vulcain qui font rire tous les dieux, se renouvellent parmi les hommes.

Égérie inspirant Numa, indique l'influence des femmes d'élite sur les chefs des nations : c'est Aspasie inspirant Périclès, Agnès Sorel inspirant Charles VII, Clotilde dirigeant Clovis, etc.

Souvent maint législateur, maint inventeur ont acquis et force de jugement et à-propos, en prenant une femme supérieure pour conseillère.

Le rajeunissement d'Eson indique l'influence d'un régime thérapeutique ou hygiénique. Combien d'individus vieillis sous la syphilis, le virus dartreux ou rhumatismal, ont rajeuni par la science médicale?

Le sort des inventeurs est représenté par le mythe de Prométhée et de Perdix.

Berthold Schwartz, Galilée, Salomon de Caus, Guttenberg, Beausoleil, Christophe Colomb, les frères Chappe, etc., furent persécutés par l'autorité ou leurs rivaux.

Que Salomon de Caus ait été enfermé à Bicêtre ou non, je prends ici son aventure comme mythe. Toujours est-il que les inventeurs de morale, de science, d'industrie, furent persécutés. Palissy, Hargrave, Arkwright, etc.

Une tradition universelle admet que les inventeurs périssent victimes de leurs inventions. Impunément on ne fait pas exécuter un progrès à l'humanité, soit dans l'ordre moral, soit dans l'ordre matériel. La haine et l'envie, voilà le vautour qui s'acharne sur eux.

Arachnée, habile ouvrière, appartenant à une famille de travailleurs, préfère son talent à celui de Minerve. Elle a le tort d'être aussi adroite tisseuse que la déesse. Pour cela elle est frappée et métamorphosée en araignée.

C'est la destinée du travailleur, de la plèbe devant l'aristocratie.

Esculape a rendu la vie à Hippolyte : Jupiter pour cela le foudroie : c'est ce qui vous est arrivé, bienfaiteurs de l'humanité, les représentants de Dieu vous ont excommuniés, vous ont maudits, comme ayant empiété sur le pouvoir céleste.

Aglaure, dévorée par l'envie, est métamorphosée en rocher.

On dit avec raison que l'envie vous dessèche. Ce mythe est donc d'une vérité parfaite.

Orphée et Amphion représentent l'influence de l'harmonie sur les mœurs. Le jésuites, au Paraguay et dans quelques autres localités de l'Amérique, ont renouvelé sur les indigènes les faits attribués à ces premiers musiciens. Des tribus charmées par la musique religieuse ont construit des villages, se sont fixées au sol, se sont civilisées.

Nous pourrions indiquer le sens moral, historique, social de tous les mythes du paganisme. Il suffit de reproduire ceux-là et de redire que le mythe est l'emblème d'une vérité ou d'une opinion.

Les Grecs, plus idéalistes que les autres nations du type brun, nos initiateurs plus directs à l'antiquité, nous ont fourni un plus grand nombre de faits mythologiques : néanmoins les autres peuples de ce type, les Hébreux, les premiers chrétiens qui étaient asiatiques et bruns, ont contribué à augmenter notre cortége mythologique, à couvrir du symbole de l'allégorie, les faits, les doctrines, les opinions.

MYTHES BIBLIQUES

La femme formée d'une côte d'Adam, veut dire l'union intime des deux sexes, avec supériorité de l'homme.

Le serpent séduit Ève. Étant peu parleur, il eut plus de succès que n'en aurait eu un oiseau ou autre animal babillard. Il glisse, il rampe, il avance inaperçu.

Cela veut dire, que pour se rendre maître de la volonté de la femme, il faut peu lui parler et la laisser parler à son aise. Il faut être insinuant, réservé, ne point se démasquer.

Le fruit de l'arbre de la science, qui l'a fait accoucher avec douleur, est un mode universel. La femme sauvage ou agreste accouche sans peine : celle dont l'intelligence est développée n'enfante qu'avec douleur.

Noë, sa famille, les animaux sauvés dans l'arche, sont le souvenir du déluge lors de l'engloutissement de l'Atlantide. Quelques familles qui s'étaient réfugiées sur les montagnes, furent épargnées et conservèrent le culte d'un Dieu unique.

Caïn, agriculteur, tue Abel, pasteur : c'est la domination des nations agricoles sur les pastorales.

Le mariage des fils de Dieu avec les filles des hommes, est le croisement entre la race adamique et les autres races, la tendance de la race inférieure à épouser des femmes de la race supérieure.

Babel est l'observatoire que les Chaldéens avaient élevé pour étudier l'astronomie. La confusion des langues, puis, la dispersion des peuples lors de la construction de cette tour, indiquent la difficulté naturelle d'avoir un accord commun.

Les anges apparaissant aux hommes, jetant des promesses à Sara, des remèdes à Tobie, des ordres à Gédéon, etc., sont les bienfaiteurs inconnus, médecins ambulants, philosophes pérégrinant, qui en échange de l'hospitalité reçue, donnaient des conseils, faisaient le bien. Dans les âges primitifs, les relations entre les hommes étaient rares : quelques individus voyageurs servaient aux communications entre les peuples. C'est encore là ce qui se passe partout où les communications ne sont pas régulières et fréquentes. L'étranger est écouté avec docilité. On suit ses conseils.

Les anges de la Bible étaient des colporteurs de bienfaisance et de civilisation.

La destruction de Sodome et de Gomorrhe est le souvenir embelli d'un fait naturel. La femme de Lot changée en statue de sel est une menace contre les curieux qui s'arrêtent pour voir un cataclysme. C'est Pline étouffé par les cendres, pour s'être trop approché du Vésuve : c'est Empédocle tombant dans le cratère, voulant voir l'intérieur du volcan. La femme de Lot, c'est la curiosité ou le manque de diligence puni; fait journalier que nous voyons lors de nos émeutes, incendies, inondations.

Le sacrifice d'Abraham est le fanatisme du peuple juif, son dévoûment opiniâtre aux idées religieuses.

La nouvelle alliance de Dieu avec Noë est l'indication du nouveau mode de saisons, qui eut lieu après le déluge.

II.   4

Les miracles de Moïse sont des mythes sous lesquels on rappelait aux Hébreux les circonstances qui avaient précédé la sortie d'Egypte.

Les hébreux étaient assujettis à de rudes travaux. On les forçait de creuser des canaux, d'élever des chaussées, de faire des murailes. Aux yeux des Égyptiens, ils étaient à l'état de caste proscrite. Or l'Égypte alors était puissante. Mais survint une année pleine de calamités. Une température trop longtemps humide et trop chargée d'électricité ravagea la contrée par des pestes et des épizooties. Les Égyptiens affaiblis laissèrent partir les Juifs.

Voilà le fait rationnel, historique et dénué de toute idée miraculeuse.

Première plaie : eau du fleuve changée *en sang*. Traduisez ce mythe par inondation avec des eaux chargées de terres rougeâtres. Cela s'est souvent remarqué.

Deuxième plaie : *grenouilles*. Cela doit être. L'inondation laisse après elle au sein des flaques d'eau, une grande quantité de ces animaux. L'inondation, cette année, fut plus considérable : donc plus de grenouilles que précédemment.

Troisième plaie : *poux*. C'est à dire, naissance de ces insectes parasites attaquant l'homme et les animaux; puces, punaises, etc.

Quatrième plaie : *mélange d'insectes*. C'est à dire, multiplication de toutes espèces d'animaux parasites, qui viennent constamment à l'époque de l'année où la température est chaude et humide. Maringouins, moustiques, mouches, puces, punaises, kakerlaques, etc., et autres suceurs de l'homme et des animaux.

Cinquième plaie : *mortalité des bestiaux*. Cela devait arriver nécessairement : l'atmosphère n'ayant plus ses conditions ordinaires.

Sixième plaie : *ulcères, pustules*, autrement *peste*, arrivant à cause de l'insalubrité anormale.

Septième plaie : *grêle*. On n'avait pas coutume d'en voir en Égypte. Cette année était exceptionnelle. L'électricité y fut abondante. Donc, orages extraordinaires.

Huitième plaie : *sauterelles*. L'humidité et la chaleur les firent naître.

Neuvième plaie : *ténèbres*. L'atmosphère fut couverte de brouillards, résultat de l'humidité et de l'évaporation.

Dixième plaie, enfin : *mortalité des nouveaux nés*, c'est à dire des enfants. Lorsque des maladie épidémiques se manifestent, elles atteignent en plus grand nombre les enfants. Cette mortalité dont parle la Bible fut, probablement, une épidémie de fièvre ou de dyssenterie. Les familles égyptiennes avaient beaucoup souffert : la misère dut atteindre de préférence les enfants. C'est la loi générale des épidémies.

Les Juifs évitèrent ces fléaux, parce qu'ils habitaient la province de Gessen : tandis que les plaies ci-relatées s'étendirent le long de la vallée, sur les bords du Nil.

Le passage de la mer Rouge s'explique par la connaissance de la marée descendante. Moïse élevé dans les temples de l'Égypte, puis, lors de sa fuite, ayant habité les côtes de la mer Rouge, connaissait

parfaitement ce phénomène naturel. Il l'utilisa à son
profit.

Historiquement la sortie de l'Égypte se fit sous le
règne de Sésostris. Ce prince ne s'y opposa point.
Car les Juifs pouvaient à cette époque compromettre
la sécurité du pays, en s'alliant aux nombreux prisonniers de guerre que Sésostris avait ramenés de
ses conquêtes. On n'avait plus besoin de cette foule
de travailleurs étrangers.

Moïse prit la route de la mer Rouge ; parce qu'une
muraille fermait l'Égypte orientale, de Péluse à Hé-
liopolis. S'enfonçant dans le désert de Sinaï, il était
hors des routes suivies par les Asiatiques, qui fré-
quentaient l'Égypte, soit en armée, soit en caravanes.

Arrivons aux mythes rappelant les incidents après
le passage.

Les eaux de Mara étaient amères : les Juifs ne
pouvaient pas les boire : Moïse par l'ordre de Dieu,
y jeta certains bois : elles devinrent douces. C'est ce
que font les Arabes de l'Asie ou de l'Afrique. Pour
corriger l'amertume des eaux, ils déposent certaines
espèces de plantes. Ceux de l'Algérie se servent du
lentisque. J'ai plus d'une fois bu des eaux où le lentisque a séjourné. Leur amertume est moins sensible.

Les cailles furent une émigration de ces animaux,
qui, fatigués, ne purent faire usage de leurs ailes et
se laissèrent prendre à la main : comme cela se voit
quelquefois, lors du passage de ces oiseaux,

La manne était une espèce de champignons poussant rapidement. Une nuit suffit quelquefois à leur

croissance. Nous avons cette espèce sur ce que nous appelons le petit désert algérien.

Le rocher de Horeb frappé par la verge de Moïse devenant une fontaine veut dire que Moïse, naturaliste, géologue, fontainier, sut, par le déplacement d'un rocher, donner de l'eau à son peuple. Les chefs de caravane, à travers le Sahara, font tous les jours de ces miracles. Ils découvrent l'eau où nous ne pouvons la soupçonner.

Balaam entendant parler son âne et voyant l'ange du seigneur, c'est le cri que la conscience vous envoie, lorsque vous voulez faire une action mauvaise.

Josué arrêtant le soleil rappelle un jour de victoire, lequel se rattache à quelque phénomène sidéral, tel qu'une aurore boréale.

Quant à la pluie de pierres tombant sur les ennemis des Juifs, ce n'est qu'une pluie d'aréolythes. La science a reconnu qu'il était tombé de ces bolides jusqu'à 240,000 en peu de temps à Boston.

On a reconnu qu'il y a une coïncidence notable entre les aurores boréales et les chutes d'aréolythes.

Le mythe de Samson veut dire qu'il ne faut jamais confier un secret de guerre à la femme étrangère; car elle s'en sert contre vous-même. Il avait ensuite pour but d'éloigner les Juifs de l'alliance avec les femmes des Gentils, leur montrant Samson trahi par sa maîtresse.

Les apparitions de Dieu à Moïse et aux autres prophètes sont le symbole d'une illumination de l'esprit. Elles venaient dans des lieux écartés, après le recueillement.

L'esprit de Dieu qui dirige tel ou tel personnage

et qui le rend victorieux, l'ange qui accompagne Tobie, rappellent la prédestination de quelques individus, ou même de tel ou tel peuple.

Les mythes du polythéisme et du monothéisme ont
entre eux de nombreux points de rapprochement.

Les anges des Hébreux sont les demi-dieux ou les
dieux secondaires des Gentils. Les uns et les autres
sont les intermédiaires du grand Être, du Jéhova
israélite et du grand Dieu inconnu des Grecs et des
Italiens, qui tira la matière du chaos et imprima la
vie à toutes choses.

Au fond, le polythéisme n'est que la représentation sensible des attributs de la Divinité, des notions
abstraites. Il prit une plus grande extension chez
les peuples vu leur imagination plus poétique, plus
imagée. Mais sous ces formes multiples de la Divinité on ne doit voir qu'un monothéisme.

Les grands génies du monde antique, sauvegardés
par l'ésotérisme, laissaient à la foule le polythéisme
et ne reconnaissaient qu'un seul Dieu incorporel,
indivisible, incréé.

Les grands génies du monde chrétien, n'osant pas
se cacher sous l'ésotérisme, croient aux images, aux
intermédiaires, aux formes multiples de la Divinité,
à un Dieu formant trois personnes distinctes.

MYTHES CHRÉTIENS

Le péché originel, le mythe de la chute de l'homme,
sont le symbole de cette destinée fatale, invincible,
mystérieuse qui presse les membres du genre humain. Il est cette destruction providentielle de notre

liberté dans nos aspirations vers le bonheur. Une partie de nos passions, de nos misères morales et physiques nous est imposée par l'hérédité. Sommes-nous causes des maladies organiques, des vices que nous communiquent nos parents? Non , car nous n'existions pas et n'avons pas demandé à naître : cependant nous souffrons par un motif supérieur à notre volonté.

Voilà cette fatalité héréditaire que représente le péché originel et non une punition infligée à tous les hommes à cause d'une faute commise par le premier père.

La résurrection de Jésus-Christ est le symbole de cette régénération de l'humanité, sous l'influence de la doctrine évangélique. Ces principes nouveaux : *aimez-vous les uns les autres, tous les hommes sont frères, pardonnez les offenses*, etc., au lieu de cet antagonisme des sociétés antiques, au lieu de cette exploitation légitimée de l'homme par l'homme, ont imprimé à l'humanité un caractère nouveau, une nouvelle vie, ont opéré une résurrection spirituelle et morale. L'humanité croupissait sous la fatalité, sous l'hostilité mutuelle, l'Évangile apportant aux hommes une nouvelle existence en a fait des ressuscités.

L'expulsion des démons est un mythe indiquant que l'Évangile, les passions destructives ont été extirpées. Le désespoir, la haine , l'abus des plaisirs sensuels, etc.

La multiplication des pains, à l'aide de laquelle cinq mille personnes sont rassasiées, rappelle l'éloquence onctueuse de Jésus-Christ, si grande que ses auditeurs oubliaient le boire et le manger. Les célèbres orateurs ont, de tout temps, fait de tels miracles sur leurs auditeurs.

L'assomption de Marie est la réhabilitation de la femme, mère et épouse, laquelle avant le christianisme était considérée comme un agent de volupté ou une officine d'enfants. Lui attribuer le rôle de mère de Dieu, c'est relever dans sa personne tout le sexe féminin.

L'Eucharistie est le symbole de l'égalité entre tous les hommes. La communion est donnée au roi, à l'homme du peuple, à la femme, à l'enfant : c'est l'indice de la nourriture intellectuelle offerte à tous.

La guérison des aveugles veut dire que le Christ a montré à ses contemporains des vérités qu'ils n'avaient pas vues avant lui, que sans lui ils ne pouvaient voir, car il était envoyé de Dieu, l'initiateur, le révélateur.

La guérison des sourds, des malades, veut dire aussi que ce révélateur a proclamé des doctrines qu'on n'avait pas entendues jusqu'alors : qu'il a guéri l'âme de certains Juifs ou Gentils qui doutaient ou n'avaient aucune croyance.

Chaque miracle de Jésus-Christ est un mythe sous lequel on déguise, pour plaire à l'esprit oriental, pour mieux frapper l'imagination, un fait physique ordinaire, une idée morale ou une doctrine.

Lorsque des faits sont contre l'ordre physique des choses, qu'ils sont contraires à ce que notre raison nous démontre, les admettre à la lettre c'est commettre une faute.

Il faut les considérer comme un mythe, un sym-

bole ou une allégorie. Il ne faut pas oublier que l'excès de l'imagination est un caractère spécifique des
hommes de race brune et que la religion naturelle,
la seule qui soit vraie, a été masquée sous une mythologie outrée.

La vérité morale abstraite, jusqu'à ce jour, n'a pas
eu le pouvoir de frapper, de guider, de moraliser les
masses.

Viendra un temps où la vérité positive sera montrée aux hommes et les dirigera. Alors plus d'ésotérisme, car il n'y aura plus de méfiance envers la raison humaine. Il n'y aura plus de crainte de signaler
la vérité.

Les mythologies ont un fond commun parce qu'elles
expriment des sentiments, des doctrines communs à
tous les peuples.

L'âne parle à Balaam. Xanthe, cheval d'Achille,
parle à son maître. Un chameau parle à Mahomet.
La femme de Lot est changée en sel. Battus, le berger, est métamorphosé en rocher par Mercure. La-
zare, Hippolyte, ressuscitent. Hénoch, Elie, Marie,
Ganymède, sont enlevés au ciel, etc.

Noé l'Hébreu, Xisuthros le Chaldéen, Satyavvrata
l'Indou, Deucalion le Grec, s'embarquent sur des
navires et se sauvent du déluge : ce sont quelques
marins de ces contrées, qui ont évité la mort lors
de l'engloutissement de l'Atlantide. Chaque pays a
sa tradition d'un déluge local. On la trouve presque
partout.

Idoménée sacrifie son fils, Jephté et Agamemnon
leur fille. Une biche est substituée à Iphigénie, un
bélier à Isaac. Les archanges, les amschaspands, les

bons génies, les anges gardiens, représentent les nobles penchants de l'humanité.

La colombe figure dans les principales religions. Elle avertit Noé de la fin du déluge. Elle apporte à Mahomet l'ordre de Dieu. Elle est l'oiseau de l'Esprit saint chez les chrétiens. Or elle est l'animal le plus anciennement domestifié. La colombe est monogame, bon époux, bon père, douée d'une grande fécondité : ses qualités l'ont fait choisir comme oiseau religieux plutôt que les gallinacés, vantards, batailleurs, polygames et mauvais pères.

Diane était vierge, Cérès chaste, indices des qualités qu'il faut pour être chasseur ou agriculteur.

Cham et ses enfants, gens grossiers et privés de prudence, sont asservis à Sem et à Japhet, plus intelligent et plus moraux.

La mort d'Héli indique l'expiation des juges qui ne savent pas empêcher ou punir les coupables : les fautes d'autrui deviennent les leurs.

Le triomphe de la nouvelle Jérusalem sur la Babylone antique est celui de la vie morale sur la vie voluptueuse et consacrée aux divers plaisirs des sens.

Pâris tue Achille avec une flèche, David tue Goliath avec une fronde ; voilà la supériorité de l'arme de jet sur l'arme blanche, l'arme de main.

Jupiter épouse Junon sa sœur, Osiris sa sœur Isis, Abraham sa sœur Sara. Aux premiers temps de l'humanité, les familles primitives agissaient ainsi. Les frères épousaient leurs sœurs, croyant conserver la pureté du sang.

Il suffit de citer ces exemples pour montrer la resremblance des diverses mythologies.

La Trinité est un mythe commun aux nations du type brun. Cette idée d'un Dieu en trois personnes est naturelle. Elle dérive de l'idée de famille. Elle signifie la vie qui se continue et se propage. Osiris, Isis et Horus forment la trinité égyptienne. Brahma, Vichnou, Siwa, la trinité indoue. Jupiter, Neptune, Pluton, la trinité grecque et italienne. Le Père, le Fils, le Saint-Esprit, la trinité chrétienne.

Au fond, le mythe de la trinité veut dire la puissance, la création, la continuation de la vie, attributs essentiels de la Divinité : la puissance mâle et femelle et le produit de cette double force.

La résurrection est le retour de l'esprit vital à son unité originelle, et la mort, le retour de la matière à ses variétés primordiales. Cette phase s'accomplit à travers des transformations infinies.

La Trinité chrétienne est encore le Père, c'est à dire la collection des attributs divins ; le Fils, c'est à dire l'action, la partie matérielle ; le Saint-Esprit ou l'intelligence, le principe pensant, le fluide vital invisible animant les êtres.

Dieu est dans tout l'univers. Il est aussi intense dans chaque parcelle que dans le tout : dans aucun lieu plus que dans un autre. Il n'a point de centre, point d'extrémités.

Quelle est la vie la plus intime avec Dieu? Ce n'est pas l'ascétisme, l'anachorétisme. C'est plutôt le contact multiplié avec les êtres, la bienfaisance universelle. Le missionnaire approche plus Dieu que l'anachorète et le savant positif, plus que le missionnaire.

L'incarnation de la Divinité est aussi l'apparition

des bienfaiteurs de l'humanité la venue *des enfants des dieux*.

CHAPITRE III

MÉTAPHYSIQUE

Dieu nous a donné la raison pour nous guider. Ce qu'elle rejette ne peut être une obligation de croyance. La foi philosophique admet les faits probables ou prouvés par l'exploration des sens. La foi religieuse admet, au contraire, souvent ce que la raison repousse, ce que l'expérience n'a jamais sanctionné. Elle place son principe de certitude au dessus de la raison. La foi religieuse est quelquefois un vice, une faiblesse de l'intelligence.

Dieu est le grand être incréé, invisible, indivisible, comprenant tout en lui-même, communiquant à tout. Éternel principe de toutes choses faites ou futures, il est celui qui est l'indécouvert, l'indécouvrable, l'immuable, l'identique à soi-même, l'inconditionnel.

Il est la cause première de toutes choses.

Il agit par lui-même et toujours librement. Sa puissance créatrice est infinie, incommensurable. Ce qu'il a créé il pouvait le créer sous d'autres conditions de formes, de rapport, d'essence. Il peut faire vivre des êtres, un monde, au milieu d'une atmosphère de plomb fondu.

La Matière est la manifestation sous laquelle Dieu a voulu montrer une partie de ses attributs. Elle n'est pas indépendante de lui. Au contraire, il en dispose en souverain maître. Elle est coéternelle avec Dieu, considérée dans son essence et variable dans ses formes.

La matière est une émanation de Dieu, qui la pénètre et lui fournit les attributs qui nous frappent.

RÉVÉLATION

Dieu ne s'est point révélé à l'homme ou aux autres créatures de ce monde, sous une forme quelconque. Il n'y a ni révélation directe, ni révélation transmise. Il n'a point enseigné aux hommes les sciences, la morale, le langage. Il les a pourvus d'organes et d'intelligence, à l'aide desquels ils peuvent apprendre toutes ces choses.

S'il y avait eu révélation, elle serait uniforme universellement. Dieu, par la révélation hébraïque, n'aurait pas imposé des lois, et par la chrétienne, des lois différentes. Il n'aurait pas dit par Moïse : « Tu rendras coup pour coup, dent pour dent; » et par Jésus-Christ : « Si on te frappe sur une joue, présente l'autre joue. Prie pour ceux qui te maudissent, etc. » Il n'aurait pas autorisé la polygamie chez les Juifs, l'interdisant aux chrétiens.

Dieu, étant immuable, n'a pas défendu, à une époque et à des peuples, ce qu'il a permis à d'autres. Or cette révélation corporelle, directe ou transmise, fait de Dieu un être changeant. Donc elle attaque un des attributs de Dieu. Donc elle n'existe pas. D'ailleurs selon les peuples et les contrées, elle est contradictoire.

Dieu se révèle en inspirant certains hommes; en leur communiquant invisiblement quelques vérités perçues directement par eux-mêmes; en les revêtant de tel mandat; en les choisissant plus spécialement.

Cette révélation existe. Elle est la révélation naturelle. Elle est caractérisée intrinsèquement par la pression constante, invisible, de la Divinité sur le genre humain universellement, et sur quelques hommes particulièrement. Elle se manifeste par le génie progressif de l'humanité.

Chaque époque, chaque race, ont eu et auront cette révélation naturelle, cette pression universelle et particulière de la Divinité.

Les premiers révélateurs furent médecins, prêtres, théologiens. A l'avenir les révélateurs seront les savants, les inventeurs, tous ceux qui découvrent une vérité de l'ordre naturel, qui font comprendre les véritables rapports des êtres entre eux.

MIRACLES

Aucun miracle n'est démontré authentiquement par l'histoire. Tous sont rejetés par la raison. Chaque religion prétend avoir eu les siens dont elle fait une obligation de croyance. Or comme les religions sont contradictoires, il résulte que si les miracles qui les ont consacrées avaient eu lieu, ils seraient pour les hommes une cause d'erreur. Ils me feraient croire, dans l'Indoustan, ce qu'ils me défendent de croire en France.

Les miracles, étant le renversement de l'ordre établi, font de Dieu un être changeant, cherchant par des signes visibles à capter l'esprit des hommes. Or cela altère l'idée de l'immuabilité divine. Donc rationnellement ils n'existent pas.

Si Dieu faisait un miracle, alors il reconnaîtrait qu'il peut mieux faire que ce qu'il a fait. Donc il aurait une perfection à acquérir. Donc il ne serait pas parfait.

Or Dieu est souverainement parfait de toute éternité.

Donc il faut rejeter l'idée de miracles quelconques, puisqu'elle entraîne celle de l'imperfection de Dieu.

Ceux qui admettent le miracle ont peu médité sur la grandeur immuable de la Divinité. Ils ont eu une aberration de jugement, quand ils ont été de bonne foi.

Dire qu'un miracle manifeste la puissance du Créateur, rend les hommes croyants, est encore un faux jugement. Une chose que nous ne comprenons pas ne nous frappe point : or nous ne pouvons comprendre un miracle.

Plus les peuples sont ignorants, plus les miracles sont nombreux. Une foule de miracles, réputés tels à une époque, sont reconnus postérieurement comme des faits purement naturels

Ils s'accomplissent toujours, ou devant des hommes ignorants, ou devant des hommes disposés à croire au merveilleux, par leur organisation ou les conditions diverses de leur milieu ambiant.

Le miracle est fils de l'orgueil et de la superstition.

L'orgueil nous porte à croire que Dieu veut, pour

nous, renverser l'ordre qu'il a établi, qu'il nous protége plus spécialement que les autres humains. La
superstition nous incite à croire ce qui est contre la
raison, contre les choses existant de tout temps.

Le *credo quia absurdum* est une prédisposition
inhérente à l'humanité passée et présente.

Or rationnellement un miracle réel doit nous
rendre incrédules parce qu'il détruirait l'idée d'une
Divinité parfaite, et bouleverserait notre raison.

Dieu peut opérer des miracles, car il est souverainement puissant; mais il n'en a point opéré. Il n'a
point confié à des hommes le pouvoir de bouleverser l'ordre de la nature, de séparer les eaux des mers,
des fleuves, de ressusciter les morts, etc.

Les prêtres et les poètes ont propagé la croyance
aux miracles; parce qu'ils sont croyants eux-mêmes,
c'est à dire, prédisposés, par métier ou organisation,
à la religiosité et à la merveillosité : ou encore,
parce qu'ils sont mystificateurs, aimant, pour un
intérêt quelconque, à exploiter la crédulité humaine.

INCARNATION

Croire que Dieu est entré dans le corps d'une
plante, d'un animal, d'un homme et, à cet être matériel, a communiqué des aptitudes, des attributs divins, est rapetisser l'idée d'un grand être souverainement sage.

Plus les religions sont primitives, plus facilement
elles adoptent les incarnations.

Les dieux du polythéisme antique avaient pris la

forme, tantôt d'un taureau, d'un cygne; tantôt celle d'un arbre, d'un poisson, d'un serpent, d'un singe.

Vichnou a eu neuf incarnations. Il en aura une dixième, celle du cheval blanc. Bouddha en a eu quatre. A la mort du grand Lama, l'esprit de Bouddha, qui l'animait comme tous ses prédécesseurs, passe immédiatement dans le corps du successeur, homme ou enfant.

Toutes les religions comptent des incarnations.

Or si la Divinité s'est incarnée pour les Indous, les chrétiens, les Égyptiens, les bouddhistes, les Mexicains, et autres, elle a dérogé à son immuabilité et à sa sagesse éternelles; car sous ces formes corporelles, elle s'est abaissée, avilie au niveau de la matière.

S'il n'y a eu qu'une incarnation, laquelle est la véritable? Quelle nation est préférée aux autres? Tous les hommes ne sont-ils pas fils de Dieu?

La doctrine de l'incarnation a cela de bon, qu'elle relève l'homme à ses propres yeux, lui montrant que le Créateur a voulu participer aux conditions des créatures. Avec le polythéisme, le brahmanisme, elle engage l'homme à ne pas maltraiter les animaux; puisque Dieu, à une époque quelconque, a daigné habiter leur corps. Elle tend à sanctifier les différents objets de la création.

Elle a pu être utile pour empêcher l'homme d'abuser de la nature. Elle est consolante; mais elle n'est pas fondée sur la raison.

Lorsque l'homme, sous l'influence du temps, aura développé sa raison, il rejettera toute incarnation quelconque, comme atténuant chez lui la grandeur infinie de la Divinité.

Avant la création de ce monde, Dieu, existant de toute éternité, ne s'était point incarné, n'avait pas revêtu une forme corporelle. Or cette création n'a pu changer Dieu, car il est immuable et inconditionnel. Si au contraire on admet l'incarnation pour l'homme de cette planète, il faut l'admettre également pour les autres êtres des autres mondes, antérieurs ou postérieurs à celui-ci, s'ils sont habités par des hommes; car pourquoi serions-nous les seuls privilégiés?

La vraie incarnation est l'esprit religieux dont Dieu pénètre telle ou telle race. Ainsi par le brahmanisme, l'esprit religieux s'est fait chair avec l'organisation des castes et le panthéisme; par le mazdéisme, l'esprit religieux s'est fait chair avec le dualisme; par le christianisme, il a revêtu la plus haute charité et la plus haute sagesse, dans le déisme.

L'incarnation est donc la manifestation faite homme, de telle forme religieuse.

COMMENT SE RÉVÈLE DIEU

Dieu est toujours resté indécouvert, indécouvrable aux sens de l'homme. Il lui a révélé une partie de ses attributs par la création. L'harmonie merveilleuse, qui règne dans toutes et chaque partie de l'univers, de la fougère aux astres, du moucheron à l'homme, atteste la bonté, la grandeur, la sagesse éternelles, incommensurables, du Créateur. Étudiez les infiniment petits ou les infiniment grands parmi les créatures, vous serez forcément convaincus de l'existence de la Divinité. Elle pénètre tout et cependant est hors de tout. Elle dirige tout, quoiqu'en dehors de tout, c'est à dire, que ses œuvres sont souverainement libres.

Pour mieux percevoir la Divinité, employez l'étude de la nature. Le naturaliste sera le véritable théologien des temps futurs. Dédaignez le mysticisme, l'ascétisme. Bossuet, Fénelon, les Pères de l'Église avaient certainement une idée moins exacte de la Divinité, que Galilée, Newton, Buffon, Linnée.

Les hommes qui prétendent s'approcher de Dieu, le mieux connaître en négligeant la nature, qui pensent étudier Dieu en eux, par l'isolement, les jeûnes, les macérations, sans contrôle du doigt et de l'œil, sans la science, par intuition, par la lumière intérieure ; les illuminés, les ascètes, les mystiques, les anachorètes, sont plus exposés que les savants à prendre de fausses notions touchant la Divinité.

La perception de la Divinité se développe en raison directe du développement des sciences et de la civilisation. Dans vingt siècles, les hommes connaîtront mieux Dieu que nous, parce que la révélation, par pression divine et connaissance des œuvres de Dieu, se sera accrue.

Les races inférieures n'ont point d'idées rationnelles sur la Divinité. Bien qu'elles soient soumises à la pression divine comme toutes les autres, elles ignorent Dieu et n'en acquièrent pas de notions progressives, d'une génération à une autre. Elles n'ont point de causalité.

Les races supérieures, aux premiers âges de la civilisation, se représentent la Divinité par l'anthropomorphisme, le naturalisme. Elles en font un être similaire aux créatures. Elles le croient susceptible, de fatigue, de colère, de repentir, de passions charnelles. Elles se le figurent à l'image de l'homme, le plus ordinairement. Mais à mesure que les sciences s'établissent, que l'intelligence grandit, elles le matérialisent moins.

Un chrétien croirait blasphémer s'il disait que Dieu, comme le Jupiter des Grecs, s'est changé en taureau, en cygne, pour séduire une femme. Un chétien instruit n'oserait dire, à l'instar de Moïse, que Dieu se repent d'avoir fait telle ou telle chose, ou d'avoir reconnu que ses créatures, mers, lumière, astres, animaux, étaient bien créés.

Dieu, ayant la prescience, n'acquiert pas d'expérience. De prime abord il atteint l'*ultimatum* du mieux. Il ne peut se fatiguer, être jaloux, colère, ergoteur, aimant les sacrifices de fruits, d'animaux ou d'hommes. Dieu ne progresse pas.

Attribuer à Dieu une passion humaine, quelque chose d'humain en corps ou en esprit, par suite des siècles, sera tenu comme absurdité ou blasphème; car c'est corporifier un être invisible : c'est assimiler l'infini au fini, l'indécouvert au connu, le parfait aux misérables créatures de la terre.

Au lieu d'étudier la théologie telle qu'elle est faite maintenant, fondée sur la foi, sur l'ignorance des choses de la nature, sur une révélation corporelle quelconque, sur le témoignage des hommes, sur les traditions et les coutumes, étudiez-la dans la nature. La connaissance des œuvres de Dieu est la véritable théologie. L'harmonie de l'univers, voilà la révélation!

La parole divine qui vous vient sans intermédiaire, sans interprète, c'est la sagesse admirable qui se produit dans chaque œuvre du Créateur. La fourmi, la baleine, le végétal, les astres, cet univers et son harmonie, voilà vos prophètes! Ils vous révèlent mieux la Divinité que Moïse, Platon, Zoroastre, Bossuet et Fénelon.

Le naturalisme est la religion des sociétés primitives. Le symbolisme est celle des philosophes. Lorsque le genre humain aura acquis son développement complet, le théisme sera la religion générale; car seul il est conforme à la raison et présente une idée supérieure de la Divinité. Ce sera la vraie révélation.

ENSEIGNEMENT DIVIN

Dieu n'a point enseigné corporellement les religions, les lois civiles, politiques ou morales, les sciences et quoi que ce soit. S'il l'eût fait, son enseignement serait uniforme et ne laisserait aucun doute. Il n'aurait pas commandé, à une époque, ce qu'il a défendu postérieurement.

Les lois divines ne sont point imposées par Dieu parlant lui-même : elles viennent de l'homme directement. Elles sont l'expression des sentiments, des idées que l'homme a touchant la Divinité. C'est pourquoi elles varient selon la race, le caractère des peuples.

Dévorer son ennemi est pour les uns une loi divine. Pour les autres, maudire ses ennemis en est une encore. Pour celui-ci, c'est d'aimer Dieu par dessus tout et son prochain comme soi-même. Pour celui-là c'est de ne jamais écraser un insecte immonde.

Cette divergence allant du crime et du ridicule aux bonnes actions, de l'extermination des Chananéens, des massacres des albigeois, vaudois, camisards, de l'inquisition, du massacre ou de la conversion des idolâtres (islamisme), jusqu'aux œuvres de la philanthropie moderne, prouve que l'homme seul s'est imposé ces lois. Il a mis en jeu son caractère, ses aptitudes, ses passions, puis agissant sous leur impulsion, il a prétendu suivre les lois de Dieu.

Or toutes ces lois sont conditionnelles et humaines. Elles dépendent du milieu ambiant dans lequel sont plongés les hommes.

Prenant les choses dans le sens absolu de la Providence, on pourrait dire que toute œuvre, toute loi est divine, parce qu'elle ne se fait que par la volonté de Dieu. La vipère qui vous mord, les lois de sang d'un tyran, la torture, l'inquisition, la guerre, les maladies, sont des lois divinés. Or ce n'est pas cela que les hommes ont voulu dire par les mots lois divines. Ils ont voulu faire intervenir Dieu directement; mais, par le fait, ils ont mis sur son compte les perceptions et sensations qu'ils avaient eux-mêmes.

Evidemment, il n'y a pas de lois divines, c'est à dire dictées par Dieu à l'homme. Il y a des lois naturelles, c'est à dire qui découlent des rapports que Dieu a établis entre les êtres. Ainsi, la mort, la vie, le repos, le mouvement, l'affinité, l'attraction, les lois morales, sont divines dans le sens seulement que Dieu les a créées *proprio motu* et a voulu qu'elles fussent ainsi. Elles sont divines, parce que seulement elles viennent de Dieu sans intermédiaire.

Repoussez donc ces mots lois divines ; car étant muables, contradictoires, ridicules, haineuses, quelquefois étant des lois d'amour humanitaire, de dévoûment universel, elles amoindrissent l'idée que nous devons avoir de la Divinité.

PROVIDENCE

La Providence se sent plutôt qu'elle ne s'explique. Si on la définit, elle est la pression constante, éternelle, universelle, de la Divinité sur l'univers. Se la figurer par l'absolu, c'est entrer à travers les mystères. Ainsi l'existence du mal considéré absolument altère l'idée de la bonté divine. La prescience de Dieu altère l'idée de la liberté humaine et devient fatalisme.

On doit se la représenter par cette action invisible, incompréhensible, en ses modes et ses fins, qui conduit l'univers.

On ne peut la définir dans ses détails, dire, par exemple, où s'arrête son action, où commence l'action de l'homme usant de sa liberté, etc. Elle est, en action, l'événement au dessus de la volonté humaine.

L'attraction, l'affinité, la vie, les grandes lois régissant la nature sont un *fiat* de la Providence. Le hasard, l'imprévu, l'accident, le renversement, de l'ordre, nous paraissent tels, parce que nous ignorons les lois immuables sous lesquelles ils s'accomplissent.

Or toutes les choses de ce monde, mouvement,

actions, vie et forme des êtres, sont providentielles ; c'est à dire, qu'elles accomplissent leurs évolutions d'après un plan que Dieu a tracé de toute éternité.

Restons convaincus que l'irrégularité, le désordre apparents de l'ordre moral et physique sont une régularité que les hommes ne connaissent point encore et que Dieu a décrétée de toute éternité.

La Providence est pour moi l'intervention constante et universelle de Dieu dans l'universalité des choses. Pénétrant toute chose faite, il dirige tout, la dent du serpent venimeux, l'ouragan, Néron, saint Vincent de Paul, le bras de l'assassin : laissant à chacun des êtres animaux, une dose de liberté ou de fatalité dont il se réserve le contrôle ; mais qui sera toujours un mystère.

L'hérédité, le milieu ambiant dans lequel on s'est développé, la sympathie, l'antipathie, sont autant d'obstacles à la liberté humaine. Au moral, la liberté humaine est donc restreinte, autant et peut-être plus qu'elle ne l'est au physique.

A mesure que l'humanité acquerra de la volonté en dominant progressivement les lois de l'animalité primitive, la liberté morale et la liberté physique, s'accroîtront. Un jour, on peut l'espérer, l'homme sera libre. Il pourra choisir entre le bien et le mal. Actuellement il ne le peut guère ou ne le peut pas. Il y a des aptitudes héréditaires. Plus tard il y aura des aptitudes universelles, par suite des croisements, et cela constituera sa liberté morale.

Un navire est entraîné par un courant vers un point inconnu : chaque homme de l'équipage peut se conduire, s'agiter, suivant les limites déterminées

par le navire : il est soumis invinciblement au navire, au milieu ambiant, au courant. Or la liberté
de l'homme est l'équipage : le navire est le milieu
ambiant, l'univers : le courant, est la Providence.

DEVANT DIEU, Y A-T-IL DE BONNES ET DE MAUVAISES ACTIONS

Les actions de l'homme n'offensent pas Dieu. Elles
ne peuvent même l'offenser; car l'homme est trop
infime auprès du Créateur; car Dieu, attendu sa
prescience, n'a pas créé des êtres qui l'offenseraient
un jour. Une offense est une action quelconque
contre l'offensé; or l'homme ne peut exercer une
action quelconque contre le souverain dominateur.

D'ailleurs en quoi consiste l'offense envers Dieu?
Ce qui est ici péché, est là-bas une œuvre surérogatoire. Épargner un Chananéen fut un péché capital
pour l'Israélite. Se venger de son ennemi en est un
pour le chrétien. Or, devant Dieu, être immuable,
inconditionnel, ce qui fut bien en Asie, ne peut être
mal en Europe. Or, si les actions offensaient Dieu,
l'homme à chaque instant serait exposé à l'offenser,
faisant, à une époque, ce qu'il ne devait pas faire à
une autre.

Nous ne savons pas, du reste, si les actions, blâmées, réprouvées par la morale universelle, ne sont
pas faites sous une influence providentielle (permission ou influence, pour moi c'est la même chose).

Donc nous ne pouvons constater que devant Dieu
telle action soit une offense.

Quand j'ai dit que des nations, des races, des

hommes sont punis à cause de leurs œuvres; je ne prétends pas qu'ils le soient pour avoir offensé Dieu. Ils sont rejetés, comprimés, exterminés, comme hostiles à la loi du progrès. Or il n'est pas démontré qu'ils le soient comme coupables envers Dieu : moustiques, loups, bêtes malfaisantes quelconques, disparaîtront devant le progrès. Leur destruction est un bien. Hommes et animaux peuvent même être punis dans l'autre monde. Mais s'ils le sont, ce ne sera pas pour avoir offensé Dieu. Ce sera pour avoir librement violé les lois harmonieuses de Dieu. Requins, crocodiles, tyrans, gens que l'humanité regarde comme des héros, tous devant le Créateur, ne sont qu'une faible poussière.

Les actions humaines n'engagent pas Dieu à agir. Les religions qui admettent que les actions de l'homme provoquent des inondations, des tremblements de terre, font de la Divinité un être changeant et passionné. Elles attribuent à l'humanité une influence que la raison doit repousser.

Dire que Dieu a fait une alliance perpétuelle avec l'homme, est rétrécir l'idée que nous devons avoir de la souveraine puissance. Qu'est le genre humain? Un misérable vermisseau par rapport à l'univers.

On ne fait alliance qu'avec une puissance. Or tout l'univers n'est pas une puissance devant Dieu.

Il n'y a point de peuple élu plus aimé de Dieu. Parmi les nations, il est des individus ayant reçu une mission supérieure. Les plus illustres, les plus puissants, ne sont pas plus devant Dieu, que les plus misérables. Moïse, Charlemagne, Grégoire VII, Keppler, Milton, Raphaël, les Anglais, les Hébreux, les

Chinois, sont devant Dieu de simples et infimes créatures, tout aussi bien que la mouche, l'idiot, le papouen, le singe.

Dire que Dieu a fait alliance avec l'homme, est un blasphème : ou mieux une absurdité.

PRIÈRES

Les prières n'ont point d'influence sur la volonté de Dieu. Admettre qu'il se laisse toucher par elles, qu'il a envoyé ou arrêté des fléaux à cause d'elles, qu'elles obtiennent de lui le salut, la fortune, la vie, etc., c'est attaquer sa prescience et son immuabilité. Ce que Dieu a décidé, le fut de toute éternité. Or une prière ne peut changer sa décision,

Dans les occasions où les uns demandent une chose, les autres le contraire, si la prière a de l'influence, alors qu'elle est contradictoire, elle place Dieu entre deux tiraillements.

Cette idée me paraît absurde. Elle diminue la grandeur divine devant notre esprit.

Les prières seraient bonnes si elles se bornaient à demander ce qui est utile à l'humanité ou à l'individu : mais comme elles ont souvent pour objet des biens personnels et quelquefois nuisibles aux autres hommes ; comme elles demandent à faire sortir de la situation que Dieu a arrêtée, elles sont fréquemment une espèce de blasphème, une protestation contre la Providence.

Les théologiens, prétendant que les prières ont de l'influence sur Dieu, ont attribué au grand être un caractère d'homme. Ils supposent qu'il se décide d'après telle raison qu'on lui présente, d'après tels mots, telles intentions qu'on lui adresse. Cela est évidemment de l'anthropomorphisme.

Au point de vue de la morale, la prière doit être maintenue comme une aspiration naturelle de la terre vers le ciel, comme une consolation réelle de l'homme, comme acte religieux, jusqu'à la connaissance parfaite des droits et des devoirs de l'humanité. Mais elle ne devrait être qu'une adoration mentale, ou un acte de reconnaissance de la créature vers le Créateur : jamais s'appliquer à demander une faveur quelconque; parce qu'alors elle diminue l'idée que nous devons avoir de l'immutabilité de Dieu, de sa bonté, de sa justice.

La meilleure prière, la prière utile par elle-même, c'est le travail, l'étude.

OFFRANDES, DONS, SACRIFICES

Ne font rien sur la Divinité. Ne peuvent lui être ni agréables ni désagréables. Croire que Dieu est satisfait de recevoir des fruits, des vêtements, des victimes animales ou humaines, est le matérialiser. C'est le qualifier humainement.

Si cela avait de l'action sur la Divinité, toute matière quelconque pourrait servir de dons et de sacrifice. Or l'idée seule d'employer toute matière quelconque, choque le sens moral. S'il y a une matière privilégiée, qu'elle est-elle? Elle a dû être toujours la même; car Dieu est immuable.

La matière offerte en dons a changé selon les pays et les époques. Aux Hébreux Dieu a demandé des colombes, le corps des agneaux, des taureaux, les prémices des moissons, et aux chrétiens il n'a rien demandé de ces choses. Loin de là, il ne veut pas qu'on verse le sang en son honneur. Donc cela nous le peint comme un être changeant, capricieux : conséquemment amoindrit l'idée d'un être infiniment sage.

Dieu est invisible, impénétrable, pénétrant tout, impalpable, maître de tout; or la matière ne peut agir sur un être impalpable. Ce qu'il possède, ce dont il est le souverain maître, lui étant offert, ne peut lui être agréable.

CULTE

Quel qu'il soit, le culte n'a point d'autorité auprès de Dieu. Le Très-Haut n'est pas mieux adoré d'une façon que d'une autre. Croire remplir un devoir envers lui, lui plaire par des jeûnes, des lustrations, des prières, des cantiques, en retenant un nombre indéterminé de respirations, en sautant, dansant, se jetant à genoux, courant, mangeant tel ou tel mets, de telle ou telle manière : c'est encore là le personnifier. C'est le soumettre à des coutumes, à des formes. Or Dieu est inconditionnel.

DES ÊTRES INTERMÉDIAIRES

Anges, démons, izeds, devs, cabires, dioscures, ases, péris, fées, loups-garoux, et tous autres êtres intermédiaires, invisibles aux hommes, peuvent rigoureusement aussi bien exister que ne pas exister;

car rien d'authentique n'atteste leur existence ou leur non-existence.

Cependant il est plus rationnel d'admettre qu'ils n'existent pas. Dieu pouvant tout, n'a pas besoin de ministres pour exécuter sa volonté : ainsi point d'ange de la mort ou de la vie, point de gardiens chargés de diriger, de diables chargés de tenter et de punir, point de *logos* chargé du monde matériel, d'un esprit chargé des intelligences.

L'idée d'un principe du mal combattant éternellement le principe du bien, d'Ormudz et d'Ahriman, d'êtres tutélaires et d'êtres ennemis des créatures rapetisse la notion que nous devons avoir de la Divinité. La doctrine des Pères de l'Église attribuant le mal à l'œuvre du diable et de ses acolytes, celle de Zoroastre l'attribuant à Ahriman et à ses partisans, toutes les religions quelconques qui admettent l'existence de ces deux principes hostiles, soit à peu près égaux, soit plus faibles l'un que l'aute, le diable frappant Job, trompant les saints de toutes les religions, leur jouant de mauvais tours, l'idée d'un principe du mal coexistant avec Dieu ou par sa permission, atténuent l'idée que nous devons avoir touchant la sagesse et la puissance divines.

Ce que nous appelons mal est conforme à un plan immuable du Créateur. Cela nous paraît une désharmonie, une irrégularité : mais dans l'ensemble de la création ce ne peut être qu'un bien, car attendu l'influence de la Providence, rationnellement le souverain bien ou ce qui nous paraît tel, est peut-être pour d'autres le souverain mal, est peut-être intrinsèquement le souverain mal et *vice-versa.*

Avec l'état actuel de la raison humaine, je pense qu'il est plus rationnel de rejeter que d'admettre l'existence des êtres intermédiaires, anges, démons, etc. On doit croire que le ministre de Dieu sur cette terre est l'homme agissant vers tel but, par pression spéciale de la Providence. L'un est appelé par un *fiat* divin à faire des découvertes physiques, l'autre des découvertes religieuses, celui-ci à telle fonction, celui-là à telle autre ; tous convergeant à leur insu vers un but que Dieu se propose.

VISIONS, APPARITIONS, FANTOMES, VOIX

Dieu indécouvert, indécouvrable ne s'est pas plus montré autrefois qu'aujourd'hui : il est toujours resté invisible au yeux de l'homme, toujours impalpable.

Les apparitions d'anges, de démons, d'hommes morts n'ont jamais eu lieu, car elles sont contre l'ordre de la nature. Elles sont des hallucinations. Elles viennent ordinairement à la suite de jeûnes, de macérations, d'un régime physique ou d'une organisation particulière, enfin d'une condition quelconque qui prédispose au merveilleux. Aussi, on ne les a jamais constatées au milieu d'une foule jouissant de toutes ses facultés, ou d'individus jouissant de leurs facultés. Les ténèbres, l'isolement, la crainte, l'espérance, l'exaltation, le remords, un état maladif, un milieu ambiant quelconque qui jette du trouble sur les sens et l'intelligence, voilà ce qui les produit.

On pourrait y croire, si en plein jour, des hommes de diverses religions, de diverses professions et organisations physiques, de diverses nations se trou-

vant réunis et non prédisposés, voyaient, palpaient
le même fantôme, soit Bonaparte ou tout autre personnage venant, leur parlant de l'autre monde, enfin
ne laissant rien à la captation ou à l'incrédulité. Si
des apparitions semblables se faisaient, on devrait y
croire comme nous croyons aux objets physiques.
Tant qu'elles seront telles que les donnent les religions, la raison doit les repousser.

Les voix mystérieuses que beaucoup d'individus
ont cru entendre n'ont jamais existé. Les paroles
adressées à Paul, à Augustin, à Jeanne d'Arc, à Pascal, enfin aux hommes de n'importe quelles régions
ou conditions diverses, étaient des hallucinations.
Ces voix dépendaient de l'état particulier des personnes. Elles provenaient des impulsions organiques,
et quelquefois ce prestige fut la cause première d'un
grand nombre de belles actions. Elles étaient une
émanation de la conscience. Les paroles adressées à
Paul et Augustin étaient les remords qu'ils avaient
de leur conduite. Sourds alors, ils auraient cependant cru entendre, car ces hallucinations venaient
des impressions intérieures organiques.

Le démon de Socrate, les apparitions de saints, de
Jésus-Christ, de Dieu à Mahomet, etc., sont de cette
catégorie. Les hommes, suivant leurs inspirations,
ont cru de bonne foi être dirigés par une divinité
corporelle.

Quant aux pressentiments, aux révélations sans
intermédiaire visible : comme ces phénomènes qui
vous indiquent à travers l'espace la mort d'une personne ou l'existence d'un corps quelconque, ils
tiennent au magnétisme.

Aucun être n'existe sans une influence quelconque sur un autre. Il s'opère entre eux une transmutation invisible avec réaction mutuelle de l'un sur l'autre.

Les sympathies, les antipathies innées tiennent à cette transmutation, à cette transmission de molécules invisibles.

Cette réaction moléculaire est un principe de connaissance des choses. Elle est pour ainsi dire une prescience. Elle n'est pas encore expliquée. Elle est hors des limites que nous attribuons à nos sens, principes de nos connaissances, mais elle est purement physique quoique insuffisamment comprise.

Il n'y a dans tous ces phénomènes, ni êtres intermédiaires, anges, démons, génies bons ou mauvais, œuvre satanique ou angélique. Il y a fait physique déterminé par des émanations coporelles.

Par le magnétisme les sens et les sensations sont transportés du cerveau sur les plexus nerveux de l'abdomen : d'où résulte la suspension de la volonté, des mouvements et des sensations chez le magnétisé. Le magnétisé perçoit les sensations de ceux avec lesquels il est en contact. Il juge l'avenir par le passé et le présent. Les passes amènent sur un point du corps le fluide odylique : les contre-passes, le reportent sur le cerveau.

DE L'AME

L'âme ou le principe vital existe chez les êtres animés. On ne connaît pas son essence. On ne sait pas si elle est une émanation de la Divinité, si elle est d'une essence analogue à la Divinité ou différente.

Elle est immortelle comme la matière. Elle est corporelle forcément, car rien n'existe sans corps, éthé-
réen, gazeux ou tout ce que vous voudrez. Elle peut
changer de forme sans pouvoir être anéantie. Le
nihilisme que Bouddha promet aux justes est impossible rationnellement. L'âme peut certainement perdre
son individualité, être divisée, décomposée, de manière à ne plus être identique à elle-même ; mais,
certainement, il est impossible de l'anéantir, au
moins d'après notre intellect.

Excepté l'anéantissement absolu qui est impossible, toutes les théories, toutes les idées sur les
âmes peuvent être fausses. Nous ne savons pas avec
certitude ce qu'est l'esprit vital, ce qu'il fut, ce qu'il
sera.

L'âme humaine est-elle semblable ou différente de
celle des bêtes? A-t-elle existé réellement sous un état
de somnolence? N'y en a-t-il qu'un certain nombre de
créées, repassant successivement à travers les corps
divers ou, au contraire, repassant toujours dans les
corps de la même espèce, ou bien parcourant tous les
degrés de l'animalité ou de l'espèce humaine seulement? Le nombre en est-il illimité? Attend-elle la
naissance pour occuper le corps? L'occupe-t-elle à
l'instant de la conception? Attend-elle la décomposition cadavérique pour sortir, ou sort-elle aussitôt que
la tête est coupée? Va-t-elle animer d'autres existences suivant un cercle de formes parfaites ou im-
parfaites alternativement, comme moyen de récompense ou de punition, ou va-t-elle animer des corps
de plus en plus parfaits, quoi qu'elle ait fait? Est-elle
une collection d'âmes animales, et l'âme des animaux

est-elle un millième, un millionnième, une partie aliquote quelconque de l'âme humaine? Si l'âme humaine se multiplie en raison des corps, il doit y en
avoir quelques milliers de milliards, car on peut
compter qu'il naît quatre milliards d'hommes par
siècle. Alors que devient, où se loge cette immense
multitude d'âmes? Ont-elles un séjour particulier? ou
parcourent-elles le monde en flâneurs, errant de climats en climats. d'astres en astres, au gré de leurs
désirs? Vivent-elles avec leurs ascendants? S'inté-
ressent-elles du haut de leur séjour à leurs descendants? Les prières qu'on leur adresse ont-elles de
l'influence?

Au résumé, en matière d'âmes et de choses que les
sens ne vérifient pas par l'expérience, tout est mystère.

L'émersion et l'immersion des âmes est encore le
grand et insoluble problème qui a occupé et occupera les penseurs.

Chacun de nous, plus heureux, plus instruit, meilleur que nos ancêtres, est-il l'accumulation des
âmes de ces ancêtres? L'homme de génie est-il l'accumulation des autres hommes ayant vécu antérieurement?

MÉTEMPSYCOSE

Ne doit point être le retour de l'âme dans les corps
inférieurs au corps humain, car ce serait aller du
plus parfait au moins parfait. Ne doit point être celle
du brahmanisme et de Pythagore, car ce serait attaquer la justice divine en consacrant la fatalité des

conditions sur la terre. Doit être une ascension,
attendu la marche progressive des êtres de l'imparfait au parfait. Comme passé de l'âme, la métempsycose peut être vraie. L'esprit vital de l'homme,
avant d'habiter le corps, a pu occuper successivement tous les degrés dc l'animalité. Comme avenir,
elle me paraît fausse, à moins qu'elle ne soit une punition ou une récompense des démérites ou mérites
de cette vie. Probablement notre âme vivifiera après
nous le corps d'une créature plus parfaite que nous.
Elle ira de clarté en clarté supérieure.

AU DELA DE CE MONDE Y A-T-IL VIE?

Puisque les âmes sont immortelles et ne peuvent
être anéanties, même étant matérielles ; elles doivent
avoir nécessairement une existence quelconque. A
Dieu seul appartient le droit d'organiser cette vie
future. Nous ne pouvons nous la figurer rationnellement. Nous pouvons seulement affirmer qu'il est impossible qu'il n'y ait pas une autre vie, soit que l'âme
se refonde dans l'océan des âmes, soit quelle conserve son individualité ou une partie aliquote de son
individualité.

AU DELA DE CE MONDE Y A-T-IL RÉCOMPENSE OU PUNITION?

La doctrine des récompenses ou punitions futures
est le plus actif agent de bien et le plus puissant
frein du mal, que les hommes aient pu inventer. Il
est bon, humainement, de croire et de propager cette

doctrine. Or rationnellement, c'est à dire par l'expérience du doigt et de l'œil, principe unique de la raison, sommes-nous certains quelle soit vraie? Les idées que nous avons de la justice nous font penser qu'il y aura punition ou récompense. Nous l'espérons ou nous le craignons. Or ce sentiment est purement humain : conséquemment, il peut être une chimère. Nous ne connaissons pas la dose de liberté ou de fatalité qui a dirigé nos actions. Ce que nous avons cru sincèrement être vertu est peut-être un vice insigne. Donc, puisque tout est doute, nous devons, tout en faisant le bien et évitant le mal que notre raison nous indique, ne rien affirmer, et nous en rapporter à Dieu quant aux récompenses et punitions futures.

Si les scélérats ou les vertueux que nous avons connus sortaient du tombeau et venaient prouver à nos sens qu'ils sont punis ou récompensés là-bas, alors il nous faudrait croire à la vérité des récompenses et punitions futures. Jusqu'alors le doute rationnel est ce qu'il y a de plus sage (1).

LES ÊTRES DE CETTE VIE SE RETROUVENT-ILS DANS L'AUTRE AVEC DES RAPPORTS IDENTIQUES? AINSI LES PÈRES RETROUVENT-ILS LEURS ENFANTS? LES ÉPOUX SE RETROUVENT-ILS? LES MAITRES RETROUVENT-ILS LEURS DOMESTIQUES? BREF, LES RAPPORTS DE CETTE VIE SE REPRODUISENT-ILS?

Les hommes de toutes les époques et races ont es-

(1) De là, nécessité des punitions sur la terre. De là, nécessité d'organiser la société de manière à ce que tout mal ne puisse éviter son châtiment, toute vertu sa récompense.

péré retrouver dans l'autre vie les êtres auxquels
ils avaient voué des affections: Or cette espérance
peut être mal fondée. Notre corps et notre milieu
ambiant constituent seuls notre être moral. En
l'autre monde nous n'aurons plus ces mêmes corps
et milieu ambiant. Donc notre être moral sera différent de ce qu'il est aujourd'hui. Ainsi les rapports
qui nous semblent désirables peuvent bien ne pas
du tout exciter nos désirs là-bas. Ils peuvent même
n'être ici qu'une illusion. Donc, sans injustice, Dieu
peut nous faire vivre sans le moindre souvenir des
choses de cette vie.

Les âmes, probablement, n'ont pas de sexe. Elles
n'auront donc pas besoin de rapports de famille. Les
houris de Mahomet sont une folie. Si les âmes ont
des corps, ces corps, différents de ceux de ce monde,
nous communiqueront des besoins et des sentiments
différents de ceux que nous avons ici.

Si l'âme est replongée au milieu de l'océan des
âmes, refondue à travers la masse de l'esprit vital,
comme les corps qui se décomposent en gaz, elle
perdra sa personnalité, comme ces corps perdent la
leur dans la matière gazeuse. Or il est possible, pour
ne pas dire probable, que la personnalité après la
mort soit détruite ; car si elle persévérait, les inégalités de cette terre, les conditions d'enfants, de domestiques, de sujets, de rois, de femmes, de maris, se
maintiendraient: Cependant, nous voyons physiquement que l'égalité est complète devant la mort. Les
inégaux sont égaux par la décomposition cadavérique.

Si l'âme est absorbée par la Divinité, cela lui suffit :
Dieu suppléera à tout.

La croyance de se retrouver au delà du tombeau, est consolante. Elle est naturelle et légitime. Elle n'est pas pour cela démontrée par la raison rigoureuse. Elle limite d'abord la puissance de Dieu à nos idées, et perpétue une personnalité inégale. Elle juge les choses au point de vue humain.

Le plus sage est donc de reconnaître que le mode de notre vie future est un mystère : de nous résigner au sort qui nous attend, pleins de confiance dans la bonté de Dieu.

Quant à moi, je trouve qu'établir des rencontres, des dialogues entre les morts aux Champs Élysées ou à tout autre endroit, conserver aux morts leur identité de cette vie, est un jeu de l'esprit, propre à tourner en farces les mystères de la vie future.

PRÉDESTINATION

Il y a évidemment des hommes plus heureux ou malheureux les uns que les autres quoi qu'ils fassent, et tout à fait indépendamment de leur volonté.

Cela est un mystère de la Providence. Nous ne savons pas pourquoi celui-ci a le bonheur, celui-là le malheur. Nous devons penser que ce malheur ou ce bonheur n'est qu'accidentel. Il est une phase de notre existence; mais il ne peut être un malheur éternel. Les uns, dit-on, sont prédestinés aux joies célestes, les autres à des souffrances, et cela éternellement : or, cette idée attaque la bonté de Dieu. Le *Très Bon* n'a pu créer des êtres pour les rendre éternellement malheureux, surtout ayant la prescience.

La prédestination, la faveur divine, existent comme faits de cette vie. Prises dans le sens du salut éternel, elles doivent être rejetées par la raison. La doctrine des élus et des damnés éternellement, par prédestination, par grâce divine, donne une fausse notion de la Divinité, fait douter de sa justice. D'ailleurs, vertueux et vicieux, saints et impies aux yeux des hommes, le sont-ils aux yeux de Dieu? N'accomplissent-ils pas un rôle que Dieu leur a tracé? Sont-ils plus méritants les uns que les autres? Crotale et agneau, bœuf et panthère, ne sont-ils pas des créatures de Dieu, vivant chacun selon sa loi.

Nous tous, êtres malheureux ou heureux, avons-nous demandé à naître? Avons-nous un mérite indépendamment de notre milieu ambiant fatal?

RÉDEMPTION. INTERCESSION

Ces deux mots entraînent nécessairement l'idée de fatalité. Quel mérite pourraient avoir les hommes à ce qu'un autre les eût sauvés, sans qu'ils aient été directement les auteurs de leur salut?

L'intercession des saints place entre Dieu et le genre humain quelques hommes en qualité de courtiers. Or pourquoi la créature aurait-elle besoin d'un interprète entre son Créateur et elle? Si elle mérite ou démérite, ce doit être par elle-même. Elle doit en supporter la responsabilité. Avant que la rédemption eût lieu, les hommes ne pouvaient donc être sauvés? Avec l'intercession d'un protecteur, je pourrais éviter une punition?

La doctrine de la rédemption vaut mieux que le

fatalisme de l'antiquité. Cependant elle n'est pas mieux fondée sur la raison. Elle est plus consolante.

La bénédiction des hommes n'a point d'efficacité. Elle est une valeur de convention idéale. Dieu n'a remis à nul homme le droit de bénir ou celui de maudire.

Sur quel principe est fondée l'idée d'une action expiatoire? Ce n'est pas certainement sur la raison. La victime expiatoire ne doit être que le pécheur et non un étranger à la faute.

Ces doctrines doivent être repoussées par la raison, à moins qu'on ne reconnaisse l'autocratie de la fatalité.

MALÉDICTION

Elle rend les enfants responsables des fautes des pères. Elle atteint les innocents. Ceux que nous appelons maudits sont des êtres destinés à telle mission, à telle dose de malheurs, pour un motif mystérieux, impénétrable, mais non pas pour les punir des fautes de leurs pères.

Si la malédiction est une punition, elle ne peut être juste qu'avec la métempsycose; car alors les âmes souffriraient pour expier des fautes antérieures. Les coupables alors seraient punis à cause de leurs fautes personnelles.

Les races maudites seraient expliquées. La malédiction serait une justice, si les âmes d'une génération éteinte repassaient dans le corps d'une génération suivante. Alors il y aurait légitime expiation.

Croire que les noirs, descendants de Chanaan, sont maudits à cause de leur père, est attaquer la justice de Dieu.

SURÉROGATION

Les œuvres surérogatoires n'existent pas avec la liberté humaine. Elles sont une fatalité. Elles travaillent pour des oisifs. Si devant Dieu il y a des confectionneurs de bonnes œuvres, il n'y aura pas de mérite à un homme de s'être sauvé ou de ne pas avoir été puni à cause de la surérogation de son voisin. Chaque pécheur pourrait donc entretenir un saint, chargé de reverser sur lui, pécheur, le surplus des bonnes œuvres.

Les temps et les pays qui ont eu beaucoup de saints auraient donc plus de chances de salut, que ceux qui n'ont point eu ces saints? Les œuvres sanctifiantes par d'autres que par soi n'existent pas sans rentrer sous la fatalité.

PROPHÈTES

Dieu n'a jamais dévoilé l'avenir à certains hommes par des apparitions, des paroles, des signes quelconques. Il ne leur a point dit ce qu'il voulait faire, ce qu'il fallait faire.

Les prophètes sont des ascètes, des individus hypocondriaques, intelligents, habitués à la méditation, et à considérer les phénomènes du monde moral. Ils sont des espèces d'astronomes annonçant tel fait particulier; par la même méthode d'observation qui permet aux astronomes physiques, de prédire une marée, une éclipse. Quelques hommes, par influence magnétique, par transmutation moléculaire, peuvent connaître des faits contemporains à travers l'espace. Or ce n'est pas là une prophétie : c'est un fait purement naturel.

Chaque race, chaque religion a ses prophètes, s'exprimant d'après le génie particulier de la race et de la religion. Leur caractère organique détermine leur genre de prophéties.

S'ils sont chagrins et hypocondriaques, ils annoncent des punitions, des malheurs. S'ils sont bienveillants, ils annoncent d'heureuses nouvelles. L'homme prophète est un individu dont l'imagination et la religiosité sont plus développées que la causalité. Il est souvent l'explicateur de la doctrine ésotérique.

La connaissance de l'avenir ressortit à la prescience divine, et Dieu ne la communique pas. La destruction de Babylone, des peuples, des empires, l'annonce d'un rédempteur, la venue de Jésus-Christ, prédites longtemps avant le fait accompli, sont le résultat de jugements purement humains, agissant sur des signes physiques et non par communication corporelle de la Divinité.

Dieu a remis plus de clairvoyance aux prophètes qu'aux autres hommes : toutefois il les laisse agir par leur seule intelligence humaine.

S'il avait voulu créer un prophète réel, c'est à dire, recevant communication de l'avenir ; ce serait pour convaincre les hommes. Alors au lieu d'un prophète parlant un langage mystique et à double sens, il aurait choisi quelqu'un parlant nettement, de manière à chasser le doute. A quoi servent les prophètes? A annoncer la volonté divine. Or quel avantage les hommes retirent-ils si les prophètes ne s'expriment pas assez clairement pour persuader?

Parmi ceux qui font le métier de prophètes, il y a quelquefois d'habiles mystificateurs. Le plus souvent ils sont des hommes recueillis, voulant le bien, supérieurs à leurs contemporains par l'imagination. Tantôt tribuns du peuple; d'autrefois historiens, censeurs ou rapsodes. Les nations leur doivent du respect; car ils ne sont pas les hommes du présent : ils sont des réformateurs, et si quelquefois ils sont conservateurs, le plus souvent ils portent les espérances humaines vers un avenir meilleur.

Le métier de saint, de prophète ressemble à toute autre profession. Il lui faut un apprentissage, consistant en prières, jeunes, macérations, isolement. Les saints et les prophètes n'auraient jamais été ni saints ni prophètes, si chaque jour ils avaient bu deux litres de vin et mangé un kilo de viande ou de poisson. Le régime a exercé beaucoup d'influence sur leur profession.

Il y a des êtres privilégiés qui font des choses merveilleuses : guérissant les maladies, par exemple, par le dégagement du fluide magnétique. Beaucoup d'affections nerveuses sont ainsi enlevées radicalement. Or il n'y a pas là renversement des lois de la nature, il y a emploi de moyens humains, inconnus ou peu connus.

DIVINATION

N'existe pas comme illumination directe et personnelle de la Divinité. Elle est un moyen de fraude, de captation, de gouvernement, que les hommes ont employé de tout temps. Dieu n'a pas dévoilé l'avenir par le vol d'un oiseau, la pousse d'une plante, les entrailles d'une victime.

La foi aux augures est fondée sur la corrélation mystérieuse qui lie tous les êtres entre eux. Ce qu'il y a de vrai dans la divination tient à la connaissance de cette corrélation. En principe, elle existe comme fait magnétique, savoir : transmutation des molécules, des émanations d'un corps à un autre. Comme les prophéties, les pressentiments, elle est un phénomène simplement naturel et n'est pas plus une révélation de Dieu que du diable.

DU MAL

Le mal est le développement outré de la personnalité, l'absorption des créatures par une autre, l'égoïsme. Il n'est pas le produit d'un mauvais principe, ainsi que beaucoup d'hommes le pensent. Il ne peut y avoir de rival du Dieu souverainement puissant. Le mal est une harmonie au point de vue providentiel. Il nous paraît une désharmonie, parce que nous jugeons les choses au point de vue humain. Or intrinsèquement, il est peut-être coexistant nécessairement avec le souverain bien. Nous ne pouvons le définir absolument, pas plus que nous ne définissons le bien absolument. Toutefois, dans l'application, ce

que notre conscience éclairée par la raison nous
montre être mal doit être rejeté, sans que nous puis-
sions prétendre rigoureusement que ce mal en soit
un intrinsèquement. Il est un mal pour les dévorés
de devenir la proie des dévorants. Or cette destruction n'est-elle pas autre chose qu'un mal relatif et
non point un mal absolu, puisque les dévorants, se
nourrissant de proie, obéissent à leur mission ?

TENTATION

Nous nommons tentation, le combat entre notre
volonté, nos désirs et notre conscience. Or elle est
en nous-mêmes. Elle ne provient pas d'un être étranger, soit de ce que nous appelons diable. La tentation est une désharmonie accidentelle parmi les lois
harmoniques qui nous gouvernent. Qu'un homme
soit organisé de manière à comprendre clairement les
véritables rapports, les droits et les devoirs qui lient
les êtres entre eux, qui les enchaînent au Créateur,
il n'éprouvera pas de tentations. Il ne desirera que ce
qui sera conforme à cette harmonie de rapports. Alors
point de lutte entre sa conscience et ses désirs. Car,
redisons-le, l'esprit tentateur est l'antagonisme de
l'homme contre lui-même. Moins l'organisation de
l'homme est harmonique, plus la tentation est forte.

MÉTAPHYSIQUE

La métaphysique, c'est à dire, ce qui est au dessus
de notre nature, ne peut être une science ; car nous
ne pouvons contrôler ce qu'elle avance. Aussi, on

devrait remplacer ce mot par ceux de *monde inconnu*.
On fera nombre de théorie sur elle, sans acquérir la
certitude de son existence.

Cependant, malgré l'obscurité qui pénètre la métaphysique, son étude est utile. Elle grandit l'intelligence. Elle est d'ailleurs parfaitement naturelle :
attendu que forcément nous avons intérêt à savoir,
ou du moins à nous figurer ce que nous avons été,
ce que nous serons, dans quel milieu ambiant nous
nous trouverons au delà de cette vie.

Toutes les idées que nous nous faisons du monde
inconnu, invisible, impalpable, correspondent à des
besoins de la nature humaine.

Or cette correspondance, quoique existant chez
nous, n'affirme pas pour cela l'existence d'un monde
inconnu, ni essentiellement, ni relativement.

Nous avons tous ici des espérances naturelles,
c'est à dire conformes à l'harmonie humaine : ainsi
désir du bonheur, etc.; cependant la plupart d'entre
nous n'atteignent jamais ce bonheur rêvé et possible.

Or il pourrait en être ainsi touchant le monde inconnu. Toutes les notions, pressentiments, idées
quelconques que nous en avons, peuvent n'être
qu'une simple conception de notre esprit, un désir
irréalisable, un jeu de notre imagination.

Tant que nos sens, dirigés, corrigés par l'expérience, ne nous auront point signalé le monde
inconnu : nous ne pourrons affirmer son existence
rationnellement.

La foi seule nous le révèle. Or est-il sage de croire
à des choses dont nos sens ne nous prouvent pas
l'existence.

CHAPITRE IV

IDÉOLOGIE

Toutes les idées sans exception sont des images de corps ou des souvenirs de sensations (temps, éternité sont des souvenirs).

Aucune idée n'existe, si elle n'est la représentation d'un corps quelconque, soit vraiment existant, soit simplement conception de notre esprit : ou si elle n'est le souvenir d'une sensation de joie ou de douleur ou d'une sensation quelconque.

Ainsi Dieu, âme, le monde inconnu quelconque, mentionné par la métaphysique, ne peuvent se concevoir humainement, qu'autant que nous les revêtons d'une forme corporelle, gazeuse, éthéréenne, etc; toute idée de bonheur, de tristesse, de joie, de malheur, n'est qu'un souvenir d'une sensation analogue déjà éprouvée, ou une sensation elle-même.

Toutes les idées viennent de nos organes physiques.

Tel groupe d'organes supprimé ou absent supprime aussi les idées qui se rattachent à ce groupe d'organes. Ainsi la suppression ou l'absence des organes générateurs enlève les idées tenant à la génération.

Sans œil on ne peut percevoir les couleurs, et sans odorat les odeurs.

La médecine et la physiologie constatent journellement que nos idées métaphysiques dépendent de

l'état particulier de la substance cérébrale, du crâne
et des viscères.

Toutes les idées sans exception viennent donc de
nos sens.

Les plus complètes, les supérieures, constituant
l'inégalité entre les hommes et formant les variétés,
viennent uniquement de ce que les organes perce-
vant ces idées, sont plus complets, sont supérieurs,
sont différents des organes des autres hommes. Le
génie d'un Bonaparte, d'un Cuvier, d'un Humboldt,
n'aurait jamais pu exister avec le corps d'un indigène australien.

Les idées immatérielles, types divins des choses,
principes de nos connaissances hors de nos sens, le
sens interne, l'instinct rationnel, étrangers à nos
sens, n'existent pas.

Tant vaut le corps, tant vaut l'âme.

Ce que nous appelons immatériel, métaphysique, est toujours une image plus ou moins vraie
d'un corps physique ou un souvenir plus ou moins
certain d'une sensation ou d'une série de sensations : lesquels images ou souvenir, nous ne par-
venons pas à caractériser, faute d'une notion précise.

En d'autres termes, les idées métaphysiques,
immatérielles, existent en notre esprit, par impuis-
sance de nos sens. Nous nous les figurons difficilement : alors nous les classons comme se trouvant au
dessus de notre nature. Que notre conception soit
augmentée, ces idées se corporifieront.

Les idées innées sont celles que nous acquérons
plus facilement, attendu une aptitude spéciale, pro-

venant d'une organisation spéciale. Elles ne naissent pas avec nous indépendamment des sens.

Les idées abstraites, de vertu, d'éternité, d'infini, de beau idéal, de vice, d'humanité, de temps, d'espace, sont forcément des images de corps imparfaitement perçues par nous, ou des souvenirs de sensations, imparfaitement fixés en nous.

La sensibilité et la mémoire sont les deux principales sources de nos connaissances. Par la sensibilité, les organes entrent en fonction, se font, se représentent des images, éprouvent des sensations. Par la mémoire, on accumule les images et les sensations et les souvenirs des sensations les uns sur les autres.

L'intelligence, entendement des philosophes, est la résultante de la sensibilité et de la mémoire.

La science quelconque, théologique, métaphysique, morale, politique, physique, idéaliste à un degré quelconque, n'est qu'une accumulation d'images ou de souvenirs de sensations.

Le principe vital, l'âme, n'enfante pas les idées. Sans le sens, il n'en crée pas. Ce principe vital est plus ou moins intense dans les organes. Il les anime, les vivifie et les rend aptes à former des idées. Son intensité différente constitue des variétés entre les hommes.

L'intensité du principe vital jusqu'à ce jour a échappé à la pondération humaine. Nous ne pouvons guère l'apprécier par l'examen physique des sens. Cette intensité est donc une cause de variété, d'inégalité, entre les hommes.

Ce qu'on appelle joies de l'âme sont des images

simples ou multiples, sont des sensations simples ou multiples, avec lesquelles on se complaît. Les souffrances de l'âme sont des sensations ou images tristes.

Les idées simples sont la représentation d'une seule image, ou d'une seule sensation, comme doigt, brûlure.

Les idées complexes sont la représentation de plusieurs images ou sensations, comme ville, forêt.

Le raisonnement est l'art de grouper les images ou sensations, dans la pensée exprimée.

Le jugement est l'art, la faculté d'allier les images et sensations à d'autres, d'aller d'une série à une autre série.

L'éloquence est la faculté de faire naître chez autrui des images et des sensations semblables ou analogues à celles qu'on a.

L'intuition est une perception prise sur notre masse d'images et de souvenirs.

L'instinct, le sentiment, l'intelligence, donnent l'impulsion à nos actes. La raison les compare et nous dirige d'après la résultante de la comparaison.

Le principe vital, l'âme, inclus dans les sens, ne peut sans eux se manifester. Le principe vital le plus énergique est annihilé dans ses manifestations extérieures, est annihilé en lui-même, quand le cerveau est comprimé.

Les instincts et les sentiments se ressemblent par leur principe. Ils viennent également de notre organisation. Les instincts s'appliquent particulièrement à la conservation de l'individu : les sentiments aux relations extérieures.

L'intelligence est la faculté de grouper, de se représenter, d'inventer des images, de saisir leur similitude, leur différence et leurs divers rapports entre elles. Le géologue intelligent est celui qui se représente, exprime mieux, les images, les transformations que la terre a subies. Le naturaliste intelligent est celui qui se représente mieux, exprime mieux, le nombre, les rapports des êtres.

Le spirituel de l'homme n'est jamais identique à lui-même, absolument parlant; car nos organes changent avec le temps : conséquemment ce spirituel qui est produit par les sens doit changer. Or c'est ce que nous voyons de l'enfance à la vieillesse.

Les conditions accidentelles, climats et nourriture, changent aussi ce spirituel, cet être moral; puis les organes sont modifiés par le milieu ambiant.

La volonté est la faculté de vivre sous l'impression prolongée de nos sensations ou des images des corps. C'est encore la faculté d'éloigner de nous ces sensations ou ces images.

L'attention est la faculté de considérer les images des corps, leurs rapports entre nous et eux, leurs rapports entre eux; est aussi la faculté d'étudier nos sensations ou les sensations des autres êtres.

L'étude du moi est insuffisante pour nous faire parvenir à la connaissance des êtres. Par l'étude du moi, on ne connaît pas les objets extérieurs, minéraux, végétaux, animaux, gaz. On ne les connaît pas, quand on est enfant, malade, aliéné. On a beaucoup trop exagéré l'importance du moi personnel, du *connais-toi, toi-même. Cogito ergo sum*, est faux, si vous manquez des objets extérieurs pour vous montrer que vous pensez et que vous existez,

La pensée humaine ne doit pas avoir d'autres contre-poids que l'expérience.

LA CERTITUDE

Le témoignage des hommes, l'assentiment universel, ne sont pas des motifs de certitude; car témoignage et assentiment varient selon les temps, les races et le milieu ambiant. Tous les peuples ont certifié les miracles; cependant jamais les miracles n'ont eu lieu.

L'assentiment est produit par une communauté de mœurs ou de race. Les mœurs et les origines différentes sont une cause de dissentiment. Les Chinois ou les nègres n'auront pas la même opinion que les Européens sur le même objet. Il n'est donc point un motif de certitude.

L'analogie n'est pas non plus un motif de certitude, car nous ne connaissons pas exactement les rapports des êtres entre eux, fondement de l'analogie.

La certitude n'existe que dans les choses physiques et mathématiques, là où les sens ont pu s'appliquer, et ont pu, par l'expérience, corriger, redresser leurs observations.

Le sens moral, l'instinct rationnel, ce qu'on appelle vérités nécessaires, primitives, monades, ne sont pas un motif de certitude; car tout cela varie d'après le milieu ambiant.

La conviction intime, celle pour laquelle on livre

sa vie, n'est pas plus que toutes les autres conditions morales, intuition, conscience, instinct physique ou moral, un principe de certitude. Les
hommes se font tuer pour un fétiche qu'ils croient
Dieu. Or il est certain que ce fétiche n'est pas la Divinité.

Bref, la certitude n'existe que si les sens s'appliquent à des objets tangibles. Nous sommes moins
rapidement sûrs de l'existence de Dieu que de l'existence de la matière. Celle-ci nous frappe, nous im-
pressionne malgré nous, l'existence de Dieu ne frappant pas nos sens, rigoureusement parlant, nous
paraît moins certaine. Pour concevoir Dieu, il faut
un effort plus compliqué de l'intelligence.

LA VÉRITÉ

La vérité est ce dont les sens, agissant expérimen-
talement, démontrent l'existence.

La vérité physique et mathématique est éternelle,
universelle. Ainsi jamais un homme n'a vécu sans
tête, et toujours deux et deux font quatre.

La vérité physique a moins de martyrs que l'idée
religieuse, cependant elle en compte un grand
nombre. Rappelons-nous que Virgile, au huitième
siècle, fut tué pour avoir soutenu qu'il existait un
monde antipode; que durant le moyen âge on brû-
lait comme nécromanciens ceux qui écrivaient les
langues orientales; que les trois premiers impri-
meurs venus de Paris, Géring, Crantz, Friburger,
furent condamnés au bûcher, comme auteurs d'œuvres diaboliques. Les chimistes, les physiciens, les

astronomes, les anatomistes furent plus d'une fois
immolés par les savants ou les ignorants, leurs contemporains.

Mais quelle que soit la mort, il est faux de dire qu'on
meurt pour Dieu. Le martyr meurt pour sa foi, mais
non pas pour la Divinité, car les causes opposées
comptent leurs martyrs, or Dieu est un. Donc ces
mots « mort au service de Dieu » n'ont point de portée
rationnelle.

Pourquoi l'homme ne saisit-il pas la vérité physique
de prime abord? Pourquoi les physiciens, les voyageurs, les naturalistes et tous ceux qui explorent,
meuvent la matière quelconque, se trompent-ils si
fréquemment? Parce qu'ils voient avec leurs idées
acquises. Pour saisir la vérité, il faudrait être dans
le doute. Or le doute philosophique n'appartient qu'à
un petit nombre.

La vérité morale, c'est à dire religieuse, philosophique, quelle qu'elle soit, si elle est hors de sens,
est relative. En religion, sentiments, ce qui est vrai
pour l'un est faux pour l'autre.

L'histoire de l'humanité nous montre le jour rejetant comme erreur ce que la veille avait admis comme
vérité, et le lendemain repoussant à son tour ce que
le jour avait reconnu vérité.

La vérité morale existe en Dieu. Or Dieu ne se
manifeste pas d'une manière apparente : alors il ne
nous montre pas la vérité. Il nous en jette seulement
quelques parcelles.

Elle est probablement répandue parmi tous les systèmes politiques, moraux, religieux, philosophiques,
scientifiques. Néanmoins aucun ne l'a entièrement.

La plupart des vérités, même physiques, ont passé par l'erreur, avant d'être reconnues vérités. Ainsi erreurs en géographie, géologie, astronomie, avant que les sens aient constaté les vérités de ces sciences. Pour que la vérité soit, il faut que l'erreur lui ait donné sa consécration.

Toute vérité considérée quant à ses rapports extérieurs s'implante lentement et soulève des haines, est repoussée avec violence.

Les sages, les grands, les savants, les hommes qu'on nomme supérieurs, sont souvent ceux qui la rejettent le plus opiniâtrément.

L'histoire ne nous prouve-t-elle pas que le christianisme, les sciences physiques, l'imprimerie, la vaccine, la chimie, la liberté de commerce, de conscience, la vapeur, la fraternité, l'égalité entre les hommes, enfin toutes vérités furent repoussées, maudites par les chefs des hommes.

Une vérité une fois découverte ne meurt plus. Elle peut quelquefois sommeiller. Elle est ensevelie quelquefois sous l'erreur, mais elle n'est pas détruite. Toujours il naît parmi les hommes quelques individus qui la déterrent et la vulgarisent.

La démolition d'anciennes forteresses, les terrassements des chemins de fer, le creusement des canaux, ont de nos jours exhumé des plantes dont les germes étaient enfouis depuis des siècles. Des plantes qui avaient disparu depuis longtemps sont sorties avec une nouvelle vigueur. Or il en est ainsi de la vérité. Ensevelie, comprimée momentanément, elle ressuscite un jour plus puissante et plus belle. Dieu un jour la laissera conquérir par le genre humain, vérité morale comme vérité physique.

Quant aux formes sociales, celle qui approche le plus de la vérité morale, est le quakérisme. C'est chez les quakers que l'on rencontre le sentiment religieux le plus vrai, uni à la raison. Ils ont mieux compris que les autres hommes notre mission sur la terre et nos véritables rapports entre nous, Dieu et les créatures : ayant supprimé les intermédiaires entre la créature et le créateur, le salaire du culte, la hiérarchie sacerdotale : affirmant l'égalité entre les hommes et la liberté de conscience : rejetant le luxe, les serments, la guerre, les dissipations : adorant Dieu en esprit et en vérité.

L'ERREUR

L'erreur jusqu'à ce jour a inspiré de grandes choses. Paul croit entendre une voix sur le chemin de Damas. Augustin s'imagine entendre une voix qui lui dit : *Prends et lis*. Colomb recherchant l'Inde, découvre l'Amérique. Les Swédenborgistes croyant à l'existence de la nouvelle Jérusalem à l'intérieur de l'Afrique ont exploré ce continent et leur erreur est devenue un progrès pour le commerce, la géographie, la civilisation. Si on faisait l'histoire des découvertes et du progrès, on verrait que le faux, le hasard, ont autant conduit l'humanité à la vérité que la vérité elle-même. L'homme est un être qui s'agite, mais que Dieu mène vers des fins à nous inconnues. C'est pourquoi il faut être indulgent pour l'erreur, car elle peut quelquefois arriver à une vérité importante.

CHAPITRE V

ESTHÉTIQUE

Le beau absolu est une émanation de Dieu. Or Dieu ne s'étant pas manifesté à l'homme, nous ne pouvons savoir en quoi consiste cette émanation caractérisant le beau absolu.

Le beau n'est pas éternel, Dieu seul l'étant.

Le beau est essentiellement relatif. Le beau moral, intellectuel, physique, d'une race, d'une nation, d'une époque, n'existe pas pour une autre race, époque ou nation.

Le beau moral militaire pour l'Européen est d'affronter les balles, les projectiles divers, la mort sous toutes ses faces, sans dévier de son rang, sans se cacher. Le beau du même genre pour l'Indien est d'affronter la mort en se cachant, en faisant à son ennemi le plus de mal possible, prenant la fuite rapidement quand il n'est pas le plus fort. Ce sera encore pour le guerrier indien torturé par son ennemi de prodiguer des injures à ses adversaires. Pour l'Européen, au contraire, ce sera de mourir sans proférer une invective contre ses ennemis.

Le beau intellectuel a les mêmes variétés. Ce qui émeut l'Européen ne produit aucune émotion chez l'Asiatique ou l'Américain. La scène du chien d'Ulysse est un des plus beaux morceaux de poésie connue. Elle nous émeut profondément. Or elle ne produit rien sur une foule d'hommes.

Viendra un jour où les plus belles pages de l'*Iliade*, de la *Jérusalem délivrée*, de *Notre-Dame de Paris*, ou un tableau de Raphaël, une statue de Praxitèle ou de Canova, ne produiront sur les hommes aucun effet. Et cela parce que l'homme est essentiellement un être ondulant. Rappelons-nous que les tragédies qui ont tant fait couler de larmes à une époque, à un autre temps, n'ont pas excité la moindre attention.

Donc il est vrai de dire que le beau est relatif, c'est à dire qu'il est varié, transitoire et n'a rien d'universel ni d'éternel. Il est de convention.

Le beau, autant que l'homme peut l'atteindre, n'existe qu'avec le vrai. Tout ce que les sens ne voient pas, tout ce qui n'existe pas dans la nature, ne peuvent jamais être le beau. Ainsi, Job argumentant contre Dieu en personne, les dieux de la mythologie antique ou contemporaine, le monstre cornu de la Phèdre, le Satan de Milton, le Manfred de Byron, le Méphistophélès de Goethe, toutes ces créations de fantaisie, toute cette fantasmagorie, sont éloignés du beau réel. Ils n'ont qu'un beau de circonstance, un beau enfantin, mais non le beau rationnel, existant réellement.

On regarde les beaux-arts comme l'apanage de la civilisation : ils sont ordinairement le résultat de l'inégalité sociale, de l'immoralité, des fausses perceptions quant aux productions de la nature. Il est prouvé historiquement qu'ils s'allient intimement à une excessive dégradation morale, parce qu'ils accroissent l'imagination aux dépens de la causalité. Or le défaut de causalité est la cause la plus active de la détérioration morale.

Lorsque les beaux-arts ont fleuri, on a vu régner
les adultères, les assassinats, les meurtres, les empoisonnements, la superstition, les débauches et tous
les actes émanant d'une personnalité outrée, du caprice, de la fantaisie, de l'imagination.

Les derniers temps de la république romaine, les
premiers siècles de l'empire, les Sforza à Milan, les
Médicis à Florence et à Rome, les Borgia, les nobles
vénitiens, les Stuarts, les derniers Valois, montrent
que l'influence des arts est funeste.

Ils privent le peuple de sa raison, l'habituent
aux plaisirs, le matérialisent, le détournent de sa
mission progressiste et le prédisposent à l'oppression.

C'est pourquoi tout peuple adonné aux beaux-arts
ne peut être libre et raisonnable.

La poésie coïncide avec une extrême cruauté dans
les mœurs, les lois civiles et religieuses : témoin
les temps des prophètes hébreux, des poètes grecs et
romains, le siècle de Louis XIV, avec ses tortures
des inculpés, ses persécutions des protestants, les
supplices infligés aux sorciers, aux sacrilèges; témoin les inquisiteurs italiens et espagnols. Le poète
a vécu jusqu'à ce jour au milieu des tyrans et des
débauchés. Il a été inspiré par le mépris envers
les gens du commerce et l'affection envers les méchants puissants.

On peut affirmer, grandes épopées, grands poètes
chez tous les peuples, depuis les Indous, Grecs,
druides, Romains, jusqu'à nos jours, révèlent un
état social inique.

Il faudrait au nom de la morale publique détruire

ou du moins enlever des musées publics les portraits, les statues, les tableaux représentant les maîtresses des rois, les favoris. Il faudrait juger ces
individus dont la vie fut un scandale, comme les
anciens Égyptiens jugeaient leurs rois morts. Puis
condamner leur mémoire à l'oubli.

Il est honteux d'avoir dans les musées publics, le
portrait des Montespan, des Fontange, des Pompa-
dour, des Dubarry et autres individualités de cette
espèce.

Jusqu'à ce jour les beaux-arts ont plutôt servi à la
démoralisation qu'à la moralisation des peuples. Ils
ont eu le tort de vivre sous le patronage des grands.
Pour se relever, il faut qu'ils s'attachent à ne reproduire rien que les scènes qui puissent rappeler aux
hommes la vertu, le dévoûment, le travail, la vérité
matérielle, le beau réel, en un mot, et non le fantasque, telles que sont la plupart des scènes mythologiques, les apparitions de Dieu, les miracles, les
faits des anges, des démons, enfin, toutes ces choses
du monde invisible et inconnu.

Supposez qu'on ait dans les musées les portraits de
tous les hommes qui ont grandi l'humanité, qu'on
possède des tableaux représentant le travail vulgaire, le bon, le juste sous toutes les formes, que ces
tableaux soient l'expression en chaque chose, du
beau idéal : direz-vous que nos musées ne seraient
pas beaucoup plus utiles, beaucoup plus moralisa-
teurs qu'ils ne le furent, qu'ils ne le sont.

Appliquez cette transformation aux théâtres, aux
romans, à la poésie, à l'architecture, enfin à tout ce
comprend le domaine des beaux-arts, alors vous

aurez dans les arts un agent multiple de progrès social. Alors, aux yeux de la philosophie humanitaire, ils seront réhabilités.

En architecture, nous n'avons pas dépassé les anciens.

En poésie, nous n'avons rien qui soit comparable à la Bible, à l'Iliade, à l'Odyssée, au grand poème des Indous. En sculpture, rien n'est au dessus des statues de Praxitèle, de l'Apollon du Belvédère, des œuvres de Phidias.

Dans ces trois manifestations de l'esprit humain, on peut croire que l'humanité a atteint sa plus haute période. L'imagination seule pouvait en faire les frais. La science, la causalité pouvaient y être étrangères.

La musique fera des progrès incessants, car elle a pour auxiliaires indispensables la physique et les mathématiques, qui sont des sciences certaines et émanées de la causalité.

J'espère que l'art un jour ne sera plus fantasque, métaphysicien, mythologue. Il s'appliquera au monde réel, soit moral, soit physique. La poésie, au lieu de forêts enchantées, d'apparitions surnaturelles, de miracles, de monstres, chantera les beautés de la nature, depuis l'insecte jusqu'aux astres : depuis l'embryogénie des êtres jusqu'à leur développement le plus complet.

La peinture ne représentera pas un Cupidon ailé, ou un Mercure, ou une péri, ou Satan, ou un ange; mais un Cynégyre, un Curtius, un Spartacus, un d'Assas, une Jeanne d'Arc ou une Charlotte Corday. Puis, la sculpture dédaignera ces hermaphrodites, ces satyres, ces pans, ces archanges ou dieux quelconques, fronçant le sourcil, menaçant du doigt ou lançant la foudre.

Le paysage, la peinture pittoresque, la reproduction des objets inanimés, ou des plantes et des animaux, est une émanation de la race blonde. Les peuples bruns, Égyptiens, Grecs, Romains, ont cherché à peindre l'homme et ses passions, l'amour sous toutes les formes, les poses théâtrales, du soldat, du prêtre, de l'acteur, de préférence aux scènes de la nature, prises en dehors de l'homme. Ces peuples ont une disposition innée à l'anthropomorphisme, au beal idéal fait homme.

La musique est de tous les arts celui qui exerce le plus d'influence. Elle agit sur l'homme et les animaux. Elle agit sur une grande multitude, parce qu'elle a pour principe les sons, autrement dit, une modification des corps, laquelle s'irradie à travers l'atmosphère.

Elle agit malgré la volonté, car, par l'ébranlement de l'air, elle percute les cavités splanchniques, siége des passions de l'homme et des animaux. Elle provoque à l'amour et aux diverses affections. Les musiciens de profession ou de sentiment ont plus besoin d'amour d'amitié, d'encouragement, sont généralement plus expansifs que les individus livrés à d'autres professions.

La sculpture est plus vraie que la peinture, car elle représente des formes réelles ; tandis que la peinture représente des formes apparentes, rendues réelles à l'œil par l'emploi varié des couleurs. Lorsque l'humanité sera plus perfectionnée, on préférera la statuaire à tous les arts excepté la musique.

Les plus belles productions de l'art sont généralement les sujets religieux. L'art jusqu'à ce jour n'a
pas aimé la réalité! Il préfère l'idéalité, qui accroît
l'admiration par la surprise et par la difficulté du
contrôle. A l'avenir, il reproduira le vrai, le contrôlable moral ou physique.

Les anciens n'étaient pas paysagistes. Ils représentaient les belles formes de la nature animale,
lesquelles réveillaient leurs penchants voluptueux.
Les admirateurs de la nature végétale sont ordinairement portés à la mélancolie ou au spiritua-
lisme.

CHAPITRE VI

AXIOMES ET MAXIMES RECONNUS PAR LA RAISON PURE

Dieu est le *Grand Être*, incréé, éternel, invisible,
incompréhensible, indécouvert, parfait en tout, toujours identique à soi-même, inconditionnel, immuable dans l'infini, cause première et immanente
de toutes choses.

Il n'est pas resté immobile dans la contemplation
de lui-même. Il est éternellement destructeur et
créateur.

Il ne s'est jamais montré corporellement à l'homme,
ne lui a jamais corporellement fait connaître sa volonté, par des révélations, incarnations, paroles,
formes quelconques, miracles, apparitions.

Il est plutôt juste que bon. Il est souverain maître
de la matière.

Les actions des hommes et de toutes les créatures, ne peuvent exercer la moindre influence sur lui. Il ne peut être offensé, irrité, glorifié, fléchi : étant souverainement parfait et identique à soi-même.

Il révèle une partie de ses attributs à l'homme par les œuvres de la nature.

Il exerce une pression constante et progressive sur l'humanité.

Il se manifeste de plus en plus à l'homme, à mesure que les sciences permettent à celui-ci de comprendre les œuvres divines.

Étant identique à soi-même, il ne maudit pas, il ne bénit pas, il ne pardonne pas. Il gouverne. Il n'a pas de préférence pour tel ou tel être, ou étant souverainement puissant, il ne charge personne de pardonner, de maudire, de parler, de gouverner, d'agir d'une manière quelconque en son nom. Il dirige tout par lui-même. L'univers entier n'est que son instrument. Pas une pensée ne vient, pas un instinct, pas une feuille ne tombe ou ne naît, pas une goutte d'eau ne remue, enfin, pas un mouvement quelconque des esprits et des corps ne se produit parmi l'universalité des êtres, depuis la pierre jusqu'à la substance cosmique, sans que Dieu le veuille, le voie, le dirige.

La Providence est l'action mystérieuse de Dieu sur les créatures.

Les manifestations de la Divinité, aussi grandes, aussi variées que l'infini, n'enlèvent rien à la puissance divine.

MATIÈRE

La matière est une émanation de Dieu, comme les cheveux, les ongles sont une émanation de l'homme.

Elle est la substance sous laquelle Dieu s'est manifesté. Sans elle on ne concevrait pas la manifestation divine. Elle est un rayonnement de la Divinité.

Hors de cet univers, elle peut avoir des formes, une essence, des attributs, entièrement différents de ceux que nous lui connaissons : ainsi, à quelques millions de myriamètres de la planète *Uranus*, la vie peut exister au milieu d'une atmosphère de plomb en ébullition.

Le centre de notre univers est le soleil : or, nous ignorons où est le centre de l'univers universel : c'est à dire de tout ce qui fut créé.

Les puissances de la matière, ainsi le cosmique, l'attraction, le mouvement, les forces centripète et centrifuge, l'électricité, le magnétisme, ne lui appartiennent pas essentiellement. Tout cela est un mode que Dieu a établi, est une faculté dont il l'a gratifiée.

La matière est continuellement transformée d'après les lois fixées d'avance et de toute éternité par la volonté du Créateur.

Les lois qui régissent la matière ont un mode, une variété, une durée incalculables; mais elles ne seront pas éternelles. Tout ce qui est matière, fluide, gaz, solide, cosmique, électricité, lumière, gravitation, mouvement connu ou inconnu des astres, est, fut et sera transformé, Dieu seul étant identique à soi-même, immuable.

On ne sait pas si la matière, dès son origine, a reçu la mission de produire le développement complet de l'homme, et tout progrès quelconque, par des lois immuables, ou si Dieu intervient directement à chaque nouvelle transformation.

Lorsqu'elle est soumise au principe vital, elle devient : 1° mouvement, 2° sensation, 3° pensée, 4° conscience, 5° harmonie et citoyenne de l'univers, citoyenneté caractérisée par l'amélioration de toutes les créatures.

MÉTAPHYSIQUE

Nous ignorons, ce que furent, sont et seront les êtres.

Nous ne savons pas si l'âme est un être existant hors du corps; si elle est une collection de pensées et d'aptitudes; si elle est constituée par la vie ou si au contraire elle donne la vie; si sa personnalité existe après la mort; si elle est punie ou récompensée; si nous retrouvons, au delà du tombeau, les êtres qui nous furent chers pendant cette vie. Enfin, tout est douteux quant à ce qui concerne la destinée des êtres humains ou autres créatures au delà du monde visible.

L'âme du monde n'est pas un être existant par soi. C'est la collection des attributs que Dieu a confiés aux créatures.

Les lois divines sont celles que Dieu a imposées directement à la matière, ainsi, vie, mort, mouvement, végétation, progrès, lutte, antagonisme entre les êtres, organisation des créatures.

Le panthéisme est faux quand il attribue à la matière une puissance divine et qu'il rend les actions de Dieu nécessaires en raison même des perfections divines. Cependant il est utile, parce qu'il affaiblit l'anthropomorphisme. Il détruit l'idée d'un Dieu éprouvant des passions humaines, et grandit l'idée que nous devons avoir de la Divinité.

La métaphysique et la théologie ne donnent aucune connaissance positive. Tout ce qu'elles établissent peut ne pas exister. Les anges, les démons, les âmes, paradis, enfer, enfin tout ce monde des esprits, peut ne pas exister et n'être pas autre chose qu'une conception, ou même une hallucination de notre intelligence.

Le véritable théologien et métaphysicien est le naturaliste.

Les êtres, quels qu'ils soient, quels qu'ils puissent exister, individuellement et universellement, ne sont qu'une manifestation du fini dans l'infini.

MORALE

Il n'y a pas de mal essentiel; car si le mal était essentiel, il existerait sans Dieu ou malgré Dieu. Or Dieu est unique et souverainement puissant. Le mal n'est pas absolu. Il n'est que relatif. Il existe au profit d'une harmonie supérieure, pour un but que Dieu s'est réservé de toute éternité. Ainsi, les cataclysmes, les fléaux, les malheurs qui frappent les créatures, sont un mal pour ceux qui les éprouvent : pour l'ensemble des êtres créés ou à créer, ils ne sont pas un mal.

L'idée du mal naît de l'idée de la souffrance.

La vertu est en soi l'imitation de la Divinité.

Or comme la Divinité est demeurée invisible, inconnue, il résulte que la vertu ne peut être définie ni indiquée. L'homme vertueux diffère selon les pays et les temps. Toutefois, il est probable qu'elle consiste dans la bienveillance et la bienfaisance universelles.

L'expiation doit consister dans ·l'excédant des bonnes œuvres dépendant de la bienfaisance universelle. Elle n'a aucune valeur quand elle consiste dans la pénitence, le remords, les abstinences, jeûnes, prières, lustrations, libations, sacrifices, offrandes quelconques du pécheur.

L'expiation n'est valable que lorsqu'elle est faite par le pécheur lui-même. Expier pour le compte d'autrui ne peut aller à la justice divine.

Nous ne savons pas ce que Dieu veut de nous. Nous ne pouvons que le présumer.

L'homme n'est pas libre quant à ses fins finales. Il subit plutôt sa destinée qu'il ne se la fait. Il dépend du milieu ambiant sous lequel il est né. Il est conduit par Dieu quant à ses destinées.

Rien ne prouve que les êtres éprouvent la destinée qui leur convient le mieux individuellement. Il est certain qu'ils ont un sort déterminé par Dieu, pour un plus grand bien général.

L'assentiment général, les traditions, la conscience, ne sont point un motif de certitude absolue. Ils ne sont qu'une règle de conduite.

Les corps ne sont ni purs ni impurs. Relativement ils sont insalubres ou répugnants, La matière n'a point d'action morale. Ses aspects ne sont que des transformations.

La vérité en religion, théodicée, morale, organisation des sociétés humaines est relative. En physique et mathématique, elle est absolue. Ainsi toujours deux et deux ont fait quatre et jamais un homme n'a vécu sans tête.

Nous ne savons pas en quoi doit consister l'amour de Dieu, chacun se faisant un Dieu à sa façon.

Le laid, le criminel sont ce que nous ne comprenons pas.

Nous trouvons un crapaud plus laid qu'un colibri : or, en eux-mêmes ils sont tout aussi beaux, tout aussi parfaits l'un que l'autre; car leur race se continue; car au fond, ils sont créés pour une mission qu'ils accomplissent. Le méchant accomplit également un mandat dicté par la Providence. Le tigre, le requin, le serpent venimeux, ne sont ni vicieux, ni méchants essentiellement.

Le vertueux et le criminel reçoivent sur cette terre les bienfaits de la Divinité. Entre eux il n'y a point de différence vis-à-vis de Dieu. Ils sont l'un et l'autre ses créatures, ses enfants, ses outils plutôt.

Nous ne savons pas indubitablement en quoi consiste le bien absolu. Rien ne peut s'affirmer hors du monde physique, excepté Dieu.

RELIGIONS

Les religions sont des inventions humaines. Elles sont une émanation et un reflet des aptitudes des races humaines.

Les inventeurs de religion sont inspirés par Dieu, au même titre que tous les autres inventeurs en physique, morale, esthétique. Elles se ressemblent toutes par un fond commun.

Elles se transforment comme toutes les choses émanant des créatures.

Les diverses cérémonies religieuses n'ont aucune influence sur la Divinité; car sans cela Dieu ne serait pas identique à soi-même.

Elles peuvent être utiles en diminuant la personnalité de l'homme.

La foi religieuse, agissant sur les mystères, est contraire à la raison.

La vie la plus sainte, la plus conforme aux idées que nous nous faisons du devoir social peut être une vie entachée de fautes contre le mandat que Dieu nous a confié.

L'adoration, le culte des saints, anges, intermédiaires quelconques entre nous et Dieu, sont une erreur attentatoire aux perfections divines; car Dieu n'a besoin ni de ministres, ni de courtisans. Il dirige tout. Tout se meut et vit en lui et par lui.

Les libres penseurs n'ont pas de culte. En face des merveilles de la nature, ils adorent mentalement la Divinité. Leurs autels sont indistinctement les objets de la création. Leur morale est la bienfaisance universelle éclairée par la raison. Leur prière est l'étude qui grandit l'humanité ou les améliore eux-mêmes. Leur sacrifice expiatoire est le travail, poussé jusqu'à la fatigue, pour découvrir la vérité. Leur martyre est de souffrir pour la vérité, lorsqu'elle a été découverte.

CATÉCHISME DU LIBRE PENSEUR

L'homme est un être borné par l'esprit et le corps : donc il ne peut comprendre Dieu qui est l'infini. Il peut se le figurer, par les perfections qu'il en conçoit.

Dieu est omniprésent : conséquemment, autant dans une parcelle que dans tout l'univers. Ainsi il n'y a pas de lieu profane, plus saint, moins saint qu'un autre. Donc rejetez toute idée de temple, d'autel, **de** sacrilége, de séjour quelconque particulier, de Dieu, dans ou sous une forme matérielle.

Dieu est tout-puissant : conséquemment, il n'a pas besoin de ministres, d'aides. Donc rejetez toute idée d'anges, de démons, de prophètes, de prêtres, de médiateurs, entre l'homme et Dieu. Tous les êtres concevables peuvent exister. Ils n'aident pas Dieu. Ils ne sont et ne peuvent être que ses outils.

Dieu est inchangeable : conséquemment, prières, sacrifices, sacrements, actes de tout l'univers et de ses habitants, individuellement ou collectivement, ne sont rien pour lui, ne peuvent ni l'irriter, ni lui plaire.

Dieu est indécouvert, *indécouvrable* : conséquemment, rejetez toute idée d'incarnation, d'apparition, de révélation corporelle de lui aux êtres de cette terre. Donc personne n'a le droit de bénir, de maudire, de blâmer, de pardonner au nom de Dieu, de faire quoi que ce soit en son nom. Pape, grand lama, grand-prêtre de l'humanité, saints et individus quelconques ne peuvent être ses vicaires, ses représen-

tants. Les idées ne peuvent représenter l'incréé.
Adorez Dieu d'après votre conscience, sans prétendre qu'un mode d'adoration, de culte, ait été insti-
tué par Dieu ou par son ordre.

L'homme se fait un Dieu à son image. Il lui
attribue ses propres passions. Ainsi il est d'après le
caractère d'un chacun, cruel, impitoyable, aimant le
repos, indifférent ou actif, dévorant ses ennemis, etc.
Cet anthropomorphisme a produit tous les malheurs,
que le sentiment religieux a versés sur l'humanité.
Les prêtres ont propagé cette idée naturelle à l'homme
(de l'anthropomorphisme). Ç'a été et c'est leur métier.
Ils se sont crus et se sont déclarés ambassadeurs,
courtiers de Dieu, et par la ruse, la force, ont imposé
leur mission. Tout le mal commis, depuis l'origine
de l'humanité en matière de religion, le fut par cette
conviction : *j'agis pour Dieu, j'agis par l'ordre de Dieu.*

Or l'homme agit pour suivre ses passions malfaisantes ou bienfaisantes. Il agit par lui-même, jamais
par l'ordre de l'indécouvert, de l'indécouvrable, de
l'incompris, de l'incompréhensible.

Le mot déicide constitue l'une des plus grandes
absurdités, que la déraison humaine ait pu inventer.
Elle place l'homme au dessus du créateur. Tant que
ce mot sera employé, l'homme n'aura qu'une idée
ridicule de Dieu.

Tout mode quelconque d'eucharistie, d'incorporation avec Dieu, d'absorption en Dieu est erreur.
L'imparfait ne peut pas s'incorporer au parfait. Si
la créature s'incorpore à Dieu, elle est Dieu.

La conséquence logique d'une eucharistie quelconque est la croyance au panthéisme.

Rejetez-la, car Dieu est distinct de la matière. Les créatures sont matière distincte de Dieu.

Chaque race et même chaque peuple a espéré ou espère un rédempteur. Les Égyptiens, Horus ; les juifs, un Messie ; les chrétiens, le règne de Jésus ; les Mazdéens, celui d'Ormudz ; les Indous, celui de Vichnou ; les Germains et Scandinaves, celui de Thor ; les Mexicains, celui de Quetzalcoatl.

CHAPITRE VII

DES DROITS RATIONNELS DE L'HUMANITÉ

Les droits rationnels dérivent des lois primordiales des êtres. Ils sont la raison même et imprescriptibles.

Les autres droits quels qu'ils soient, l'international, l'administratif, le social, tout ce qui est compris dans le domaine du droit positif, ne sont que des conventions entre les hommes. Ils naissent, vivent, meurent comme les conditions qui les ont enfantés.

Chaque droit a pour limites un autre droit ou bien un devoir.

Les devoirs sont : devoirs envers la Divinité, envers ses semblables, envers la nature entière.

La liberté de pensée, de conscience, de culte à l'intérieur du domicile est de droit absolu. Aucun devoir, aucun autre droit ne le bornent. Étant libre, je peux juger, penser, adorer Dieu comme bon me semble. Que je sois quaker, trembleur, adamite, etc., à l'intérieur de mon domicile, je ne nuis à personne.

Les droits de la conscience sont au dessus de tous les autres droits. Tout individu a le droit de se faire messie, apôtre, législateur, de prendre les fonctions sociales, depuis celle de sacristain jusqu'à celle de souverain pontife, depuis celle de soldat jusqu'à celle d'autocrate. D'excommunier, de promettre le ciel, de menacer de l'enfer, de détruire son oppresseur; enfin d'exercer tout droit quelconque, pourvu qu'il soit limité par le droit naturel et rationnel des autres êtres, depuis l'homme jusqu'à l'insecte.

Le droit de la conscience doit être spécialement respecté : parce que sa destruction nous prive, sur cette terre, d'un droit inhérent à l'homme, et de nos espérances de conquérir le ciel comme nous l'entendons. C'est entraver la complète expansion de nos mouvements du corps et de nos élans de l'âme.

Tout individu excommunié a le droit d'excommunier son excommunicateur.

La peine du talion est essentiellement rationnelle. L'assassin de deux, de trois personnes, etc., doit souffrir physiquement l'équivalent de deux, de trois morts, etc. Le talion, dans ce cas, doit être transféré à la société et non à l'individu.

Tout homme a le droit de travailler, de commercer, de manifester sa pensée.

Les femmes ont le droit de participer à toutes les fonctions sociales : soit d'être pape, cardinal, roi, empereur, juge, etc. Devant la raison il n'y a pas de sexe. Il y a capacité seulement (1).

(1) Mesdames Bodichon, Bridell, Grote, Cobbe, Bessie Parke, Isa Craig, Garret et autres Anglaises, qui demandent pour les femmes

Toutes les religions doivent être tolérées. Aucune ne doit être plus protégée que l'autre. Une religion d'État est une oppression contre celles qui ne le sont pas.

La souveraineté est la collection des volontés nationales. Elle ne peut s'aliéner que durant la vie de ceux qui ont stipulé. Elle n'engage pas les générations futures. Elle s'allie à la délégation inconditionnelle; car si le peuple est souverain, il peut charger quelqu'un de faire ce qu'il ne peut ou ne veut pas faire lui-même.

L'élection par le peuple entraîne nécessairement le droit de destitution par lui.

L'hérédité du pouvoir, l'inamovibilité des emplois sont contraires à la souveraineté des peuples; car elles lient, elles obligent les générations futures.

Le meilleur état social est celui qui, sur une surface donnée, fait vivre le plus grand nombre d'hommes se perfectionnant progressivement au moral et au physique.

La société a le droit de faire ou de laisser mourir

le droit d'entrée aux universités, d'y prendre leur diplôme de médecin, d'avocat, ou d'être électeur, quand elles remplissent les mêmes conditions que l'homme, sont dans le droit rationnel. Si les femmes ne réussissent pas dans les professions jusqu'alors dévolues au sexe masculin, au moins la loi et les usages ne doivent pas les frapper d'incapacité préalable. Laissez-les essayer.

Il n'y a ni droits d'homme, d'enfant ou de femme, il y a un droit inaliénable, identique, ressortissant indistinctement à tout être humain.

Les Anglo-Américains, plus justes et plus pratiques que les Européens, laissent les femmes devenir fonctionnaires publics, prêtres, médecins, etc.

tout ce qui lui coûte plus qu'il ne lui rend. Sans ce droit, elle serait détruite ou pourrait être détruite. Elle a le droit de mettre à prix la tête des malfaiteurs, assassins ou incendiaires. Elle doit avoir pour cela un budget spécial. Ce serait une dépense publique des plus utiles.

Une majorité peut employer l'émigration forcée lorsqu'il y a trop plein de population; car il vaut mieux que la minorité souffre, que de laisser la majorité souffrir.

La majorité peut exiger obéissance dans tout ce qui tient au domaine social. Elle n'a aucun droit sur la pensée, la conscience, le culte à l'intérieur, le commerce, le travail, non nuisibles.

Tout individu, toute collection d'individus ont le droit d'aller vivre où bon leur semble. Le droit d'émigration n'a pas de limites. Mais le peuple chez lequel on émigre peut interdire l'immigration, attendu que les nouveaux colons n'ont pas contribué à constituer la patrie sur laquelle ils veulent s'établir.

Nul n'a le droit à l'assistance publique s'il ne peut rendre ou ne rend pas l'équivalent de ce qu'il a reçu, car la société ne vit qu'autant qu'elle se compose d'un mutuel échange de services, passés, présents ou futurs.

Ni l'individu, ni une collection d'individus ne sont infaillibles. La prétendue infaillibilité de l'Église est antirationnelle : tout ce qui est homme est susceptible d'erreur. Dieu seul ne se trompe pas.

Le droit de grâce n'est pas fondé sur la raison. Si la punition est juste la grâce ne doit pas exister. Si elle est injuste un autre jugement doit la réformer.

Socialement la grâce des coupables serait permise s'ils faisaient à l'avenir plus de bien que de mal.

Les parents n'ont pas droit de vie ou de mort sur leurs enfants, attendu qu'ils ne sont pas créateurs mais de simples agents de création. La naissance des êtres arrive sans la volonté entière des parents.

Tout individu est fondé à préférer sa vie à celle d'autrui.

Un homme n'a pas le droit d'imposer le sacrifice de la vie à autrui. Une collection d'individus peut imposer ce sacrifice pour le salut commun.

Tout condamné a le droit de défendre sa vie même contre le bourreau.

Il est licite de violer le serment imposé, d'opposer la ruse à la force.

Le prisonnier et l'esclave ont toujours le droit de recouvrer leur liberté.

Le suicide est licite quand personne n'est attaché invinciblement à votre existence.

Tout individu, toute collection d'individus a le droit de fumer opium, tabac, de s'enivrer, de faire la débauche jusqu'à se détruire. Chinois, peaux-rouges, races ou individus barbares ou civilisés ne doivent point être empêchés de courir à leur mort pas suite de leurs passions. Rationnellement le suicide est licite. Socialement et politiquement si tous les non-valeurs, les inutiles, les nuisibles pouvaient se tuer la société y gagnerait, le nombre des bons augmenterait.

Le droit rationnel est, dans l'état actuel du genre humain, de diminuer toutes les chances de vie, de longévité, de procréation, tout ce qui est malfaiteur ou inutile et de s'occuper uniquement de multiplier les bons et les utiles.

Le droit rationnel n'autorise pas de créer ou propager les êtres nuisibles tels que serpents venimeux, requins, crocodiles, chiens enragés, familles de malfaiteurs, êtres quelconques qui, à peu près nécessairement, doivent devenir les dévorants des bons, doivent faire des victimes.

Le droit international est de laisser vivre chaque peuple selon son propre génie, pourvu qu'il marche progressivement vers la fusion universelle.

Nul n'a le droit de supprimer, d'atténuer la liberté de la presse ; parce que la presse est la nourriture de l'intelligence. Or personne ne doit m'interdire ma nourriture, même celle qui pourrait me nuire.

Le droit de guerre est de tuer ou de mettre hors de combat les combattants. Il ne permet pas de tuer les prisonniers, les soldats désarmés, les femmes, les enfants, les non combattants.

Le droit des vainqueurs en guerre civile est d'exiler les chefs du parti vaincu. Les emprisonner, les déporter, les condamner par jugement à des peines quelconques, les soumettre au travail forcé hors de la métropole ou sur la métropole est une iniquité, est un retour vers l'antique barbarie. Tout parti politique qui agit consciencieusement est honorable. Une défaite ne constitue pas un tort aux yeux de la raison.

Chacun a le droit de chercher à faire prévaloir son opinion.

Le droit d'aînesse, l'imposition d'une profession sont antirationnels.

Le droit au travail serait rationnel, si la société imposait une profession à chaque individu.

Remplacez-le par droit de choisir une profession, avec toutes les chances de réussite et de non-réussite.

A chacun selon ses besoins est antirationnel, car les besoins sont désordonnés.

La rémunération du travail doit être débattue contradictoirement entre le soldant et le salarié. Il est antirationnel de l'établir égale pour un chacun, car elle détruit l'émulation, si le plus laborieux ou le plus adroit n'est pas mieux rémunéré que le fainéant et le mal habile.

La raison veut que le travail soit payé d'après son utilité.

La taxe des pauvres est une iniquité. Elle ne doit pas être légiférée. Elle doit être librement consentie au nom de la charité.

Tels sont les principaux droits rationnels de l'humanité. Ici nous les considérons au point de vue rigoureux. Dans l'application ils sont modifiés par le devoir ou par d'autres droits. La raison suprême est de savoir équilibrer les droits et les devoirs, de manière à ce que l'homme qui est à la fois un être individuel et un être collectif, puisse développer les deux phases de son existence.

CHAPITRE VIII

ÉVOLUTIONS DU GENRE HUMAIN

Le genre humain, a dit Auguste Comte, est d'abord théologien, puis métaphysicien et enfin positif. Depuis la découverte de l'attraction, aucune vérité plus générale n'avait été énoncée. Elle comprend tous les mouvements progressifs de l'humanité. A cette proposition nous en ajouterons quelques autres qui nous semblent accompagner, indiquer l'évolution normale de l'epèce humaine.

Au premier âge du genre humain, l'homme ne croit pas à l'immortalité de l'âme. Au deuxième il croit l'âme immortelle et personnelle, au troisième, c'est à dire lorsque l'humanité a acquis tous ses développements, il fait rentrer l'âme dans la substance universelle, il croit qu'elle retourne à Dieu dont elle est émanée.

Premier âge, le commerce se fait de voisin à voisin et par troc de denrées. Au deuxième, il se fait de peuples à peuples amis, par métaux monnayés. Au troisième, il s'universalise et se fait à l'aide du papier monnaie.

Premier âge, polygamie, les femmes étant des bêtes de somme. Deuxième, polygamie, avec infériorité légale des femmes : celles-ci étant officines à enfant et instruments de volupté. Troisième, monogamie, mariage libre, égalité légale et sociale entre les époux.

Premier âge, hostilité contre voisins de la même race, peu d'alliés. Deuxième, hostilité contre l'étranger, accroissement des alliés. Troisième, fraternité universelle.

Premier âge, réunion d'une famille, état patriarchal. Deuxième, agglomération des familles de la même race, vivant sous les mêmes lois, état de la tribu ou de la nation. Troisième, union de toutes les nations.

Premier âge, répression abandonnée à l'offensé ou à sa famille. Deuxième, loi pénale sévère envers l'esclave, le serf, le plébéien; indulgente envers l'aristocratie. Troisième, égalité de tous devant la peine.

Premier âge, mépris du travail physique. Deuxième, alliance du travail physique aux arts, à la guerre, à la poésie, à la religion. Troisième, prédominance du travail physique, de l'utilisme, mépris de l'oisiveté.

Premier âge, l'homme n'est qu'un outil. Deuxième âge, une collection d'outils. Troisième âge, un ingénieur. Exemple : flotter à l'aide des bras ou des jambes, galère, pyroscaphe.

Premier âge, poésie orale. Deuxième, chroniques, légendes. Troisième, histoire.

Premier âge, poésie héroïque et lyrique. Deuxième, poésie épique, fable, satyre. Troisième, littérature sous toutes les formes.

Premier âge, écriture hiéroglyphique ou représentation figurée des objets ou idées. Deuxième, écriture hiératique ou représentation conventionnelle. Troisième, écriture phonique ou représentation des sons de la voix humaine.

Premier âge, armoiries sur le corps. Deuxième, boucliers, armes, figures d'hommes, d'animaux, couronnes portées publiquement pour apparaître extérieurement. Troisième, armoiries peu apparentes et conservées dans le domicile.

Premier âge, religion s'adressant à l'imagination. Deuxième, religion s'adressant aux sens. Troisième, religion s'adressant à la raison : ou encore, premier âge, crainte ; deuxième, doute, examen ; troisième, indifférence dans tout ce qui ressortit à la religion.

Premier âge, sol en commun. Deuxième, sol n'appartenant qu'à un petit nombre de privilégiés. Troisième, sol appartenant à un grand nombre.

Premier âge, l'agréable l'emporte. Deuxième âge, mélange de l'utile et de l'agréable. Troisième âge, prédominance de l'utile. Aussi on voit chez toutes les nations la musique commençant les réunions d'hommes. Plus tard, les intérêts et les plaisirs gouvernent. Dans les époques perfectionnées, les intérêts et la raison sont les plus actifs liens des sociétés.

Au premier âge, l'homme emploie le bois, la pierre, les os, pour ses outils ou arts. Au deuxième, le bronze ou le cuivre, au troisième, le fer.

Au premier âge, le révélateur est théologien. Au deuxième, il est poète. Au troisième, il est physicien.

Au premier âge, les professions libérales sont errantes. Au second, elles le sont moins. Au troisième, elles sont sédentaires.

L'homme invente d'abord ce qui l'amuse : plus tard il invente ce qui lui est utile. L'instrument de mu-

sique fut découvert avant la charrue. Les Grecs
avaient de magnifiques statues, et ils ne connaissaient point l'étrier ni les moulins à vent. Les joueurs
de flûte, de tambourin, d'échecs, les canards de Vau-
canson, la jeune pianiste de Drooz, exigent autant
de génie que l'emploi de l'électricité, de la vapeur,
cependant ces inventions précédèrent d'un demi-
siècle la découverte des bateaux à vapeur et de la
télégraphie électrique.

A mesure que le genre humain vieillit, il approche
davantage de la vérité physique, morale et religieuse.

Il n'est pas donné à toutes les races d'accomplir
les trois évolutions de l'humanité. Les unes s'arrêtent à la première, les autres à la seconde. La race
blonde accomplira la troisième.

Le progrès n'est pas une idée lancée par un inventeur ou par une race, et allant d'une variété humaine à une autre. Il n'est pas une greffe ni une succession de greffes placées sur le même tronc. Il est
la collection de toutes les aptitudes des races. Une
seule race ne peut l'effectuer.

L'homme de l'époque de pierre a été, historiquement et peut-être universellement, remplacé par
l'homme de l'époque de bronze, et celui-ci par
l'homme de l'époque de fer.

Collectivement le genre humain actuel a succédé
aux hommes qui tuaient leurs ennemis et les insul-
taient, lesquels tuaient leurs ennemis et les man-
geaient. En d'autres termes : premier âge, cani-
balisme ; deuxième âge, tuerie avec insulte ; troisième
âge, tuerie.

L'évolution humaine a été la destruction des races animales ou végétales depuis la dernière transformation de la terre et non la création de races nouvelles.

Les animaux et végétaux de l'Europe ont plus de vitalité, par intensité ou quantité du principe vital que ceux des autres pays. Ils les supplantent lorsqu'ils sont en contact, comme nous le voyons en Amérique, Australie, Nouvelle-Zélande. Sibérie. Les philosophes positivistes pensent que les germes des êtres européens, dans les temps antéhistoriques, ont subi plus de révolutions que ceux des autres pays, et voilà pourquoi ils leur sont supérieurs. Ici je constate leur supériorité et leur condition de dévorants des inférieurs, c'est une évolution naturelle ou providentielle si on le préfère.

CHAPITRE IX

LE PROGRÈS

Le progrès est prouvé par l'anatomie qui montre une continuité d'êtres de plus en plus complets, se développant du simple au composé; par la géologie qui montre que les cataclysmes ont perfectionné notre planète.

Le progrès, par rapport au genre humain considéré comme race, est la multiplication des types supérieurs, l'absorption des inférieurs, la marche progressive des peuples vers l'égalité et l'effacement graduel des inégalités.

Par rapport aux gouvernements c'est l'avénement de la démocratie au pouvoir : c'est à dire tout le peuple se gouvernant lui-même.

Par rapport aux institutions sociales, c'est l'amélioration croissante des classes les plus pauvres et les plus nombreuses. C'est une loi pénale moins cruelle. L'affranchissement de la femme, de l'esclave, du prolétaire. L'unification des personnes, des droits et des devoirs. C'est l'accès vers l'unité humaine, se manifestant par l'égalité sociale; savoir : l'égalité de caractère physique intellectuel et moral.

Dans les connaissances humaines, c'est l'accumulation des dogmes et des découvertes augmentant le bonheur social et y faisant participer une foule croissant toujours.

Dans la communication de la pensée, c'est la substitution de la parole écrite à la parole parlée.

Dans les rapports des hommes avec les êtres, c'est la connaissance de plus en plus complète de tout ce qui compose l'univers. Sciences mieux empreintes de causalité, accroissement du positivisme. C'est la connaissance du globe, son amélioration, son parcours plus rapide. Rapports de communication avec le plus grand nombre d'êtres. Remplacement des êtres inutiles par les êtres utiles. Diminution de l'antagonisme primitif. Harmonie universelle.

Dans les rapports de l'homme à Dieu, c'est la diminution successive de l'anthropomorphisme, l'adoration directe, sans prêtres, sans symboles. La religion du cœur, l'emportant sur la religion du culte. La représentation mentale de la Divinité, se dégageant progressivement de la matière, corps et passions.

C'est la recherche de la Divinité par ses œuvres : ainsi, les êtres qui composent cet univers, étudiés par l'observation, l'expérience, par la science positive, et non étudiés par l'intuition, la foi.

C'est la vie active, l'exploration des sens et de la raison, plutôt que l'ascétisme, l'illuminisme, la contemplation. C'est enfin, le remplacement des théologiens métaphysiciens par les théologiens physiciens et naturalistes.

Le progrès défini par ses manifestations et attributs généraux, est l'immolation des choses et des êtres de la veille, aux choses et aux êtres du lendemain.

COMMENT LE PROGRÈS PROCÈDE-T-IL

Par une négation du passé et du présent, au profit d'une affirmation de l'avenir. Rarement il s'applique sans qu'il y ait violence ; car il est obligé de détruire les droits consacrés par l'usage. Ainsi, la suppression des priviléges nuit aux privilégiés. L'abolition de l'exploitation de l'homme par l'homme nuit aux exploitants. C'est pourquoi ceux qui jouissent des droits acquis légitimement ou non résistent. C'est pourquoi, il faut les contraindre jusqu'à les briser.

D'après l'histoire humaine et naturelle, le progrès s'est effectué par des cataclysmes, de brusques mouvements, plutôt que par de lentes et de graduelles transformations.

Immolation des êtres de la veille à ceux du lendemain lors de la formation successive du globe, lors de l'apparition successive de ses habitants, et lorsque

les rapports de ses habitants s'établissent les uns
avec les autres. Ainsi insectivores et insectes, carnivores et frugivores, homme et animaux de tout
genre. Les monstres dévorants antédiluviens, remplacés par des êtres moins dévorants. Les dévorants actuels diminuant tous les jours. Les monstres
de l'ordre moral, tyrans, criminels, dévorants quelconques, étant moins nombreux aujourd'hui qu'aux
premiers âges et tendant de plus en plus à disparaître.

SIGNES DU PROGRÈS

Lorsqu'il survient de grandes agitations parmi
les esprits : que les peuples se livrent au criticisme,
dédaignant le passé et le présent et se portant vers
l'avenir.

Quand bien même il y aurait extermination
d'hommes sans but apparent, soyez sûrs que l'humanité est dans l'enfantement d'une idée progressive :
que le progrès est mis au creuset et qu'il va sortir
sous une forme quelconque.

Donc ne désespérez pas, quand apparaissent ces
temps de troubles, que la sensibilité appelle temps
d'abomination. Dites au contraire, le temps est
proche où le progrès va venir. Sachez que les pays
les plus fertiles sont exposés aux orages, et qu'on
n'obtient rien sans la souffrance.

Les époques de progrès se caractérisent souvent
par des découvertes faites à la fois par des hommes
et sur des pays différents dans le monde physique et
moral. La découverte de l'Amérique est contempo-

raine de la réformation de Luther, du système de
Copernic et de l'emploi en Europe de la poudre à
canon. L'application de la vapeur à la navigation,
est voisine des idées d'émancipation intellectuelle et
morale de l'Europe. Les idées révolutionnaires et
régénératrices de 1848 verront éclore, avant peu,
quelque importante découverte scientifique ou industrielle; car tout se lie, s'enchaîne au sein de l'humanité.

L'application des facultés de l'homme aux sciences
positives, l'accroissement des richesses mobilières,
la diminution du pouvoir du chef de famille, du chef
de l'État, du prêtre; les communications plus rapides
d'un point du globe à l'autre, l'égalité des nations et
des sexes, la prolongation du terme moyen de la vie
humaine, la diminution des maladies, l'excédant des
productions par rapport aux consommations, sont à
la fois des signes et des causes du progrès.

Le progrès découle-t-il des lois fatales et immuables de notre nature physique et morale? Est-il
soumis à une loi constante ou à des lois accidentelles? Se fait-il par les efforts du genre humain, par
l'emploi du libre arbitre, ou se fait-il sans que le genre
humain soit autre chose qu'un instrument, accom-
plissant son mouvement fatalement, tel qu'une
montre faite et montée pour aller tant d'heures.

Le progrès s'accomplirait-il malgré la volonté de
l'homme, par lois organiques, providentielles, supérieures à l'humanité, comme le progrès dans les créations sidérales, lesquelles se transforment en mieux,
progressent sans l'influence de l'homme? L'homme
n'est-il qu'une mécanique, agissant malgré lui?

Peut on prédire la marche du progrès, comme on prédit une éclipse, une marée, une comète? Oui. Le progrès est ascendant. Il n'a pas la succession circulaire admise par les philosophes grecs et égyptiens. Il peut quelquefois rétrograder sur une contrée; mais cela dure peu, et il s'accroît en même temps sur d'autres contrées.

La marche du progrès peut être révélée à certains hommes par l'étude du monde moral. L'astronomie révèle les phénomènes sidéraux de l'avenir à quelques hommes. L'astronome moral existe comme l'astronome physique. Il est le voyant. Ainsi Jésus-Christ a-t-il annoncé qu'il n'y aurait plus qu'un troupeau et un seul pasteur, c'est à dire, unité humaine de race et de but.

Les idées et les faits constituant un progrès, ne sont point admis parmi les hommes, sans avoir subi la consécration de la lutte. Le christianisme, l'imprimerie, la vapeur, la vaccine, les machines, la liberté du travail, de la conscience, de la presse, du commerce, la démocratie moderne, tout ce qui grandit l'humanité, augmente son bonheur et son intelligence, fut d'abord repoussé par de fortes majorités.

Pourquoi cela? Parce que le progrès, quel qu'il soit, froisse constamment des intérêts de corps ou d'esprit. Il est une substitution d'éléments.

Les révélateurs du progrès sont plus malheureux qu'heureux. Ils sont ordinairement dédaignés de leur vivant, lorsque les hommes ne leur infligent pas une mort violente. Depuis l'origine des sociétés, on a exercé des cruautés, des méfaits sans nombre à l'égard des progressistes. Pourquoi cela? Parce que

ces révélateurs, ces porte-progrès, sont eux-mêmes
tourmenteurs. Le bien ne peut se faire sans produire
un mal, une nuisance, envers ceux qui vivent du
mal. Cela est universel chez l'homme, la nature animale ou végétale. Tout progrès quelconque est immolation d'êtres ou de choses.

Quelle est parmi les hommes la cause la plus
énergique du progrès? Est-ce l'intérêt personnel se
manifestant par l'amour du bien-être, de la gloire?
Est-ce le désir d'être utile aux autres? Est-ce le raisonnement ou le hasard? La volonté raisonnée ou
l'impulsion instinctive? Je ne sais à quelle cause
accorder la préférence. Il est certain cependant que
le hasard est pour beaucoup parmi les inventions
progressistes.

Les limites du progrès sont inconnues. En statuaire, peinture, on ne pourra point dépasser Phidias, Raphaël, l'Apollon du Belvédère, la Vénus de
Milo. Probablement en poésie, l'esprit humain ne
s'élèvera pas au dessus d'Homère. Les arts sont
l'attribut des peuples enfants. Ils ont en quelques
points atteint leur *summum* de perfection. Quant aux
sciences physiques, sociales et morales, elles ont des
limites indéfinies, c'est à dire, que rien de ce qui
s'est passé ne peut faire augurer là où elles s'arrêteront.

Jusqu'à présent, l'organisation des sociétés est
restée au dessous de ce que comprend l'intelligence
humaine. Nous concevons la meilleure société possible, meilleure encore qu'elle ne l'est. Or il arrivera
un jour que tout progrès concevable sera appliqué;
car il est rationnel de croire que Dieu nous laissera

exécuter tout ce que nous concevons. Donc, progressistes, ne vous laissez point arrêter par les bornes idéales du progrès : nous ne savons pas où elles sont. Si vous concevez un progrès tôt ou tard, il sera appliqué par vous ou d'autres, peu importe! Il le sera par le genre humain.

QUELLE EST LA FORME DU GOUVERNEMENT LE PLUS APTE A PRODUIRE LE PROGRÈS

La forme monarchique ou oligarchique fait progresser les arts, les belles-lettres, un peu les sciences ; parce que artistes, littérateurs en immense majorité, savants assez nombreux, attendu leurs penchants innés, veulent la protection des supérieurs. Au fond de leur caractère, il y a du parasitisme et de l'aristocratie, jointe au mépris et à la crainte du peuple. Le désir de se distinguer du commun, de conquérir une inégalité de plus, de se rapprocher des grands, est un mobile puissant. Or le gouvernement monarchique ou oligarchique leur garantit l'exercice de ces penchants. Les arts et les belles-lettres ont progressé quand il s'est rencontré un monarque qui a développé ces penchants innés des artistes et des littérateurs.

Le siècle d'Auguste, avant lui, le siècle de Périclès, d'Alexandre, puis le siècle de Léon X, de Louis XIV, prouvent ce que j'avance.

Le gouvernement démocratique fait progresser les institutions sociales. Il appelle chacun à donner son avis, à exercer son influence. Il provoque des réunions d'hommes, il discute les principes organiques des sociétés. Or le plus souvent, c'est du sein de la foule assemblée pour un but quelconque que sortent les inspirations généreuses, les idées de dévoûment et de renoncement. C'est de la discussion que jaillit la lumière. La voix du peuple quant aux questions sociales est le meilleur *criterium*. Le progrès humanitaire, étant l'égalité entre les hommes, ne peut s'effectuer entièrement que par le gouvernement démocratique. Les autres gouvernements, par leur principe même, sont conduits à rejeter l'égalité.

Donc, si vous voulez les arts et les belles-lettres, prenez la monarchie ou l'oligarchie : vous aurez des inégalités entre les hommes, des historiographes, des artistes courtisans, des panégyristes, vivant aux dépens du monarque ou des grands et soldant leurs bienfaits en éloges. Si vous voulez le progrès humanitaire : prenez le gouvernement démocratique. Amenez l'égalité parmi les mœurs. Faites naître la critique, l'examen, l'esprit philosophique, qui remet tout en question, qui remonte à l'origine des choses, qui procède par voie expérimentale. Poussez vers l'inconnu plutôt que de demeurer *in statu quo*. Alors le progrès répondra à vos efforts. Il dira : « me voici ! »

Devant tout homme juste, la recherche et la vulgarisation du progrès est un devoir de réversibilité. Nos pères ont souffert pour améliorer notre sort actuel : nous devons donc améliorer le sort de nos enfants, au prix de nos souffrances.

Ce que les hommes nomment ordre, paix, tranquillité, est le plus souvent une odieuse injustice, un désordre organisé ; car c'est le bonheur d'un petit nombre et le malheur d'une multitude. Donc, il est juste de tirer nos enfants de cet ordre, de cette paix, qui ne sont que le mal régularisé.

A l'avenir, la paix aura certainement d'autres caractères.

Celle du passé et du présent est une halte du genre humain aux milieu des inégalités et des tyrannies sociales.

Donc, avisez à la surmonter.

QUELLES SONT LES CHOSES NUISIBLES AU PROGRÈS?

Le fatalisme; car il détruit toute activité, toute initiative et n'admet pas que l'homme puisse, par ses œuvres, acquérir le bonheur, améliorer sa position.

Le mysticisme, l'ascétisme, la contemplation; car faisant consister le bonheur et le devoir en des rêveries dites métaphysiques, et désignant comme but de l'homme la prise de possession d'un bonheur en paradis, ils empêchent l'activité humaine de s'attacher aux choses de la terre. Ils font quitter le positif, le contrôlable, pour l'incertain, l'invérifiable.

Le mysticisme et l'illuminisme attribuent des communications personnelles avec la Divinité, flattent l'orgueil et la vanité. Ils créent un monde invisible et font vivre sous l'illusion constante. La contemplation sans contrôle physique a fourvoyé la philosophie sociale, politique et religieuse de l'Indoustan. Si les brahmanes avaient été physiciens, chimistes, naturalistes par l'examen des sens, ils n'auraient pas construit leur échafaudage de déraison et d'iniquité.

C'est pourquoi, ascètes, illuminés, mystiques de

toutes les époques et nations, ont moins servi le
genre humain que l'étourneau qui a porté, d'un lieu
sur un autre, le noyau d'une olive et par cela même
a planté un olivier. Toutes ces catégories de rêveurs
ont été moins utiles au progrès que les oiseaux cacheurs, pie, corneille, geai, lesquels plantent des
arbres en cachant les graines.

Le doute; car il détruit l'espérance, cause d'activité.

L'athéisme; car admettant le hasard comme principe des choses, il empêche l'intervention humaine.

L'éclectisme; car il est par lui-même une négation
et non une méthode. Il manque de la détermination
expérimentale ou intuitive. Il vient d'un affaissement
de l'esprit, d'une fatigue, d'une hésitation entre deux
antagonistes, plutôt que d'un choix volontaire. Il est
un abâtardissement de l'intelligence, un sommeil
intellectuel plutôt qu'une activité de l'âme. Il est
essentiellement une stagnation.

La métaphysique et la théologie; car n'étant pas
fondées sur des connaissances réelles, elles ne
peuvent déterminer les rapports des êtres entre
eux et la Divinité. D'où il suit qu'elles jettent
l'humanité à travers la vague. Elles engendrent la
superstition, augmentent l'imagination au détriment
du jugement et détruisent ainsi les facultés de causalité. Elles sont une source d'erreurs.

La foi trop vive; car elle supprime le libre examen
et empêche la connaissance des modes et des principes des êtres, la connaissance de leurs rapports;
car d'ailleurs elle affirme sans vérification physique.

La symbolique; car elle ne présente pas à chacun

des idées nettes, saisissables de l'essence et des modes
des choses. Elle facilite la mystification. Elle tend à
devenir secte mystérieuse, à être ésotérique, à placer
la vérité sous le boisseau, si toutefois elle a la vérité.

Le symbole est rarement l'expression de la vérité.
Il exprime une vérité conventionnelle et non réelle.
Ainsi la symbolique donne l'agneau comme signe
d'innocence, le pélican, comme signe de dévoûment :
or le pélican n'est pas plus dévoué que le corbeau, le
vautour ou l'aigle. L'agneau n'est pas plus innocent
que le chevreau, le petit de l'ânesse, de l'éléphant ou
du cochon. En application, le symbole que vous
admettez ici comme désignant une idée naturelle ou
religieuse ne représentera pas les mêmes idées ailleurs. Si l'agneau, pour les chrétiens, est le symbole
de l'innocence, pour les nègres il sera le symbole de
la stupidité. Pour eux, le noir est le signe de la
pureté. Pour nous, c'est le blanc. Mieux vaut donc la
vérité sans symbole, sans enveloppe.

L'astrologie judiciaire ; car les astres ne sont point
créés à notre intention. Ils font partie d'un tout dont
nous sommes nous-mêmes une fraction. Ils ne sont
pas plus pour nous qu'ils ne le sont pour les autres
êtres, animaux, minéraux ou végétaux.

Aucun d'eux n'est favorable ou défavorable, jaloux,
méchant, possédé ou animé de sentiments humains.

La philosophie numérique ; car elle est puérilité.
Lorsqu'elle était symbolique de la géométrie et des
idées morales, elle était science ésotérique. Lorsque
ses adeptes ont prétendu donner une valeur aux
chiffres eux-mêmes, exemples ; 3 grands dieux,
3 grâces, 3 parques, 3 furies, elle fut puérile ou une

mystification. Avec la numérique symbolique, 1 est l'essence ; 2, la génération, la dualité des éléments ; 3, la perfection ; 4, les carrés, la solidité ; 5, composé de triangles, le cercle, l'éternité ; 6, le cube ; 7, le repos ; 8, quatre parties semblables, l'égalité ; 9, la vie humaine, le chiffre étant multiplié par lui-même ; 10, multiple de 1, Dieu, la puissance.

La cabale ; car elle est une des insignes folies de l'esprit humain. Les savants de l'Indoustan, de la Chaldée, de l'Égypte, de la Judée, ont pensé que les noms étaient mystérieux et puissants par eux-mêmes. Pour renverser l'ordre de la nature, séparer les eaux d'un fleuve, brûler un arbre sans feu, exterminer hommes et animaux, il suffit de prononcer ces noms.

Les Pères de l'Église, les Arabes, les savants du moyen âge ont admis cette croyance. Or cela n'est qu'une hallucination.

Prétendre qu'un nom est saint, puissant, mystérieux, qu'il fut confié secrètement par Dieu à tel ou tel homme, est une superstition ridicule.

Adonaï est un nom que le Seigneur défendit à Moïse de révéler au peuple. *Tetragrammaton* était un autre nom de Dieu qu'on ne devait pas prononcer hors du temple. Les thalmudistes ont cru que Jésus-Christ opérait ses miracles en prononçant le nom de Jéhovah, d'une certaine manière.

Croire que les noms sont malheureux ou heureux : que celui de Nemours prédispose à devenir grand capitaine : celui de Julie à être dissolue : celui de Jeanne à être malheureuse, est encore une opinion cabalistique.

Toutes ces erreurs du raisonnement prouvent que

les hommes sont prédisposés à croire ce qui est absurde, étrange, impossible.

Quant à la philosophie numérique, je crois que l'influence attribuée au chiffre sept vient de nos cinq sens, auxquels on ajouterait la voix et la génération. Nos idées et plusieurs systèmes procèdent sans doute de l'examen de notre corps. Sans aucun doute notre système décimal dérive primitivement de l'habitude de compter sur nos dix doigts.

La misère ; car elle enlève l'énergie de l'homme et le rend un cadavre animé.

L'excès de bien-être ; car il le matérialise, lui fait tout sacrifier au présent, s'oppose à ce qu'il recherche l'inconnu.

L'ignorance ; car elle rapproche l'homme de l'animal et l'animal ne progresse pas.

Le désir de l'approbation ; car il empêche l'homme d'être neuf, initiateur. Il le ramène sous la routine. Il entrave son expansion.

Le respect de la tradition ; car il vous fait vivre sous le milieu ambiant du passé.

L'étude permanente de l'antiquité ; car elle fait mépriser le présent et l'avenir.

QUELS SONT LES HOMMES DE PROGRÈS ?

La plupart des hommes qui, matériellement ou intellectuellement, ont fait avancer le genre humain, étaient des utopistes pour leur époque, des gens que les contemporains ont traités de fous. Cela est naturel : ils étaient, vu leur qualité de progressistes, les champions de l'avenir et de l'inconnu : les conservateurs, champions du passé et du présent, voyaient en eux des ennemis.

Souvent ils n'étaient pas les hommes les plus complets : c'est à dire ils n'avaient pas la collection universelle des facultés qui ornent l'espèce humaine. Ils avaient une faculté dominante. Ils excellaient sur un point et étaient faibles sur d'autres. L'histoire nous montre souvent ces porte-progrès en mathématiques, histoire naturelle ou toute autre science, merveilleux outils dans une spécialité, et d'une faiblesse insigne sur toutes les autres sciences.

L'individu a moins d'influence sur le progrès que le génie collectif : l'individu est déterminé par le milieu ambiant qu'il ne fait pas, mais qui est fait par d'autres.

Ainsi chaque progrès est plutôt l'œuvre d'une époque, d'un ensemble d'êtres, que d'un seul.

QUELLES SONT LES CHOSES UTILES AU PROGRÈS

Les besoins du corps et de l'esprit, car ils obligent l'homme à travailler pour les obtenir.

Les sciences physiques, parce qu'elles développent la causalité. Seules, elles peuvent révéler Dieu, les êtres, la matière. Elles jugent par les faits observés et non par l'imagination.

La liberté, parce qu'elle laisse chacun suivre son impulsion et qu'elle ajoute des forces à l'individu.

L'association libre des corps et des intelligences, parce qu'elle réunit les efforts.

La confiance aux forces de l'humanité, parce qu'elle rejette le *statu quo*, augmente la puissance

de l'homme et paralyse les effets du découragement.

L'analogie scientifique, parce que les effets semblables proviennent de causes semblables. L'analogie
de l'imagination n'a que des apparences trompeuses.

La croyance à une autre vie et aux récompenses
futures, parce que c'est un mobile vers les œuvres de
bien.

L'esprit de présélytisme, parce que sans lui le
progrès effectué ne se propagerait pas.

Être mécontent de sa position sans découragement, car c'est une invitation à de nouveaux efforts.

La curiosité, les voyages, parce qu'ils ajoutent de
nouvelles découvertes.

L'examen rigoureux des opinions antécédemment
reçues, l'idée du devoir, le désir du bien-être matériel, l'amour de la gloire, suivant l'espèce des révélateurs, sont des causes déterminantes du progrès.

L'opposition, le changement des saisons sont encore des causes de progrès; car ils modifient l'intelligence diversement et donnent la prévoyance, puis
la réflexion.

L'étude de la nature est la cause la plus efficiente,
parce qu'elle fait comprendre à l'homme la grandeur
de l'univers et lui fournit une source inépuisable de
forces nouvelles. Corps solides, liquides, gazeux,
animaux, végétaux, morts ou vivants : tout cela
entre les mains de l'homme, vient se transformer en
agents de progrès.

EN QUOI CONSISTE LE PROGRÈS AUQUEL L'HUMANITÉ PEUT ARRIVER AVEC L'UNIVERS ACTUEL?

La circonférence du progrès est illimitée. Je ne prétends donc pas qu'elle ne dépassera jamais les limites que je lui assigne; mais n'en concevant point une plus vaste, je décris ici mon *ultimatum* du progrès.

Par l'œuvre des croisements (1), il y aura un jour une race métisse composant tout le genre humain. Unité de manifestations physiques, intellectuelles et morales. But commun, entente cordiale, égalité, fraternité entre tous les hommes.

Disparition de tous les oppresseurs de l'humanité. Extinction des êtres inutiles ou nuisibles à l'homme. Lions, punaises, moustiques, mancenilliers, requins, crocodiles, animaux ou végétaux venimeux. Abolition de toute douleur physique ou morale, à l'aide d'agents physiques.

Plus d'antagonisme matériel entre les hommes.

(1) Sans croisements, la fraternité s'applique difficilement, on peut même dire qu'elle est impossible; car les aptitudes originelles des races sont une cause perpétuelle et constante d'antagonisme. Sans croisements, le genre humain reste composé d'hommes blonds, bruns, jaunes, noirs, etc. Or ces formes physiques différentes constituent à elles seules un motif de répulsion. Pour qu'il y ait égalité et fraternité, il faut unité de manifestations physiques et intellectuelles, or les croisements pourront seuls établir cette unité. Je prétends donc qu'ils sont la cause la plus énergique du progrès social.

Par eux, vous obtiendrez une refonte du genre humain dans l'égalité. Sans eux, l'inégalité, cause de tout le mal, se maintient.

Égalité entre les sexes. Liberté illimitée de la pensée, de la parole écrite ou parlée. La force ne sera plus qu'une persuasion morale, une volonté de majorité. Les paroles, les pensées ne pourront plus être coupables. Le mouvement des corps seul le pourra devenir.

L'homme se connaîtra lui-même, connaîtra le globe, les êtres qui l'habitent, les transformations que l'univers a supportées. Physiologie spéciale et générale seront connues de chaque homme.

Aucune vérité ne sera mystérieuse. Toute vérité, religieuse, naturelle, philosophique, sera reproduite par elle-même sans symboles, sans mythes, sans signes hiéroglyphiques.

La propriété et les richesses réparties par proportions à peu près égales, seront les instruments du travail et de l'intelligence. Plus de mendicité, de fainéantise, de prolétariat, de vices quelconques, obstacles au progrès social. Toutes les passions humaines seront un moyen de perfection.

L'attraction vers le bien sera le mobile des actions humaines.

La morale naturelle sera enseignée. La Divinité sera glorifiée dans ses œuvres et non par ces cultes trompeurs ou ridicules que nous avons.

Plus d'intermédiaires entre l'homme et Dieu. Les prêtres au lieu d'être comme aujourd'hui, comme autrefois, des courtiers entre le ciel et la terre, seront seulement des hommes appelés à parler des choses divines par vocation spéciale.

Le positivisme dominera en tout et partout. La connaissance du monde extérieur sera complète.

La science ne sera plus une accumulation de noms et de phrases, mais l'accumulation des faits avérés. L'homme sera un ingénieur. Le travail sera fait par des machines. L'animal sera l'adjudant de l'homme. Alors épuration progressive du principe vital.

Toute la terre cultivable sera cultivée. La croûte superficielle du globe sera améliorée. Vingt milliards d'hommes habiteront la terre convertie en un vaste parterre. Peu de villes populeuses, mais une multitude de villages. Tout sera donné à l'utilité, rien à l'inutilité. Le travail modificateur de la nature physique sera mis au dessus de tout autre. Les arts seront restreints, considérés comme de simples distractions et tenus sous un rang inférieur. Accumulation de faits observés physiquement, constituant les sciences. Plus de maladies épidémiques au dessus de la puissance de l'homme. Elles pourront être prévues et détournées. Moins de fléaux, tels qu'inondations, incendies, orages, etc.

Le beau sera la concision. Toute image sera nette. Toute doctrine, toute science seront formulées par axiome. Le plus ignorant en saura autant sur toutes choses que nos savants actuels du premier ordre. L'arbre de la science sera une occasion de bien. La raison gouvernera le monde.

Alors, après tant de douloureuses épreuves, après tant de tyrannies de l'homme contre lui-même, de l'homme contre l'homme, de l'homme contre les créatures diverses, des créatures diverses contre l'homme : après tant de seculaires et de douloureuses épreuves, le genre humain, devenu semblable *aux dieux*, étant lui-même formé *d'enfants des dieux*, jouira de son paradis terrestre.

Or ce progrès peut se conquérir par la volonté et le travail. Il suffit pour cela que l'homme éclaire ses sentiments, son être intellectuel, physique et moral par la raison et le positivisme et qu'il développe les germes de bien que le Créateur lui a confiés.

Afin d'opérer cette conquête, il n'y a pas besoin de cataclysme. Le globe peut rester ce qu'il est, sans nouvel astre, sans nouvel animal ou végétal, sans modification des éléments existants, sans nouveau sens donné à l'homme. Il suffit d'accumuler le progrès, d'ajouter la découverte du jour à celle de la veille.

Le progrès disparaîtra-t-il de l'humanité, sous la pression des hommes? Non. Il n'y a plus de légions de barbares. Le progrès a sillonné le globe. La race slave elle-même, la race jaune, ne pourraient plus le faire rétrograder, quand même elles le voudraient. *Les enfants des démons* seront impuissants contre *les enfants des dieux*. Toutefois, le progrès pourra être détruit par un cataclysme de notre planète, cataclysme qui réduirait le genre humain à un petit nombre de couples.

Il faut lier le présent au passé, au bénéfice de l'avenir, et à l'imitation de la nature, ne rien perdre de ce qui s'est fait. Il faudra de nouvelles définitions de Dieu, de l'univers, de l'homme, de nouvelles formules. A mesure que le progrès s'accomplit, le sentiment remplace la sensation, l'influence du savant, de l'industriel, remplace celle du théologien, du poète, du soldat.

Le progrès ne sera plus qu'une rivalité en créations d'utilités générales. Il sera la lutte contre la nature avec la faculté croissante de dominer l'univers. La charité, la science, la raison, sanctifieront le genre humain. Elles provoqueront moins de dévoûments irréfléchis que la religion, mais elles les feront plus utiles.

LIVRE QUATRIÈME

—

CHAPITRE PREMIER

ÉTHIQUE

Décrire les passions, les instincts, les sentiments, les aptitudes, tout ce qui compose le moral de l'homme, serait entreprendre une encyclopédie. C'est pourquoi nous ne parlerons que des plus importants par leur universalité ou leur intensité.

De l'Amour. L'immense majorité des humains songent à l'amour les trois quarts de leur vie.

Quels que soient la condition sociale, le tempérament, les autres passions, et milieu ambiant quelconque, l'immense majorité a préféré idéalement, au moins une fois, la possession d'un être humain à la possession de tous les biens de ce monde et du monde futur. L'ambitieux, l'avare, l'ascète, le chercheur de problèmes mathématiques ou physiques, le ministre des autels, etc., ont eu une fois au moins, le désir de tout sacrifier, à la possession d'un corps de femme.

Les vierges, les femmes ont eu le désir de tout donner pour la possession d'un corps d'homme.

C'est la passion qui nous fait faire le plus de sottises parce qu'elle est un besoin impérieux. Or qu'un besoin ne soit point satisfait, vous perdez l'équilibre de vos facultés physiques, intellectuelles et morales.

L'amoureux voit, entend, parmi les corps de la nature, l'objet de son amour. Dans l'eau transparente de la fontaine ou du lac, sur les vagues du ruisseau, du fleuve ou de la mer, au milieu des nuages, il voit la forme qu'il adore. Le bruit du vent lui en rappelle la voix. Quelquefois, s'il est éloigné, il parle aux oiseaux, aux corps mobiles, à la feuille ou la fleur qui se détachent, à l'onde fugitive et les charge d'une mission d'amour : portez mes paroles à ***, dites lui que je l'adore.

Rationnellement tout cela est hallucination. Or hallucination est maladie. Si l'amour n'était pas une maladie, l'être raisonnable en rougirait. Si on reproduisait fidèlement ce que nous avons dit et pensé, quand nous étions amoureux, homme ou femme, tous, nous baisserions la tête, ne pouvant croire que nous avons fait tant de choses ridicules, humiliantes.

Aussi, c'est peut-être autant par amour-propre que par pudeur, que l'amour veut de la discrétion et du mystère. Pour procréer on veut le mystère : pour tuer on veut la publicité. L'amour demande l'alcôve, la guerre demande le plein champ et la lumière.

Les poètes l'ont symbolisé par des ailes; car il vient et disparaît promptement; puis par les traits d'un enfant aveugle; car il est imprévoyant, jovial, imprudent. Il ne sait pas se conduire.

L'amour platonique, l'amour divin, n'existent pas sans l'organe sexuel.

Les saints se créent un idéal féminin. Ils adorent la Vierge. Instinctivement ils la considèrent comme leur épouse.

Les saintes se forment un idéal masculin.

Thérèse et les autres femmes de cette variété se pâmaient en songeant à leur époux Jésus. Elles n'auraient point aimé la Vierge, comme elles aimaient le Christ. Malgré elles et à leur insu, elles obéissaient à l'influence de leur sexe.

Pour le commun des humains, un idéal d'amour se mêle aux pensées et aux actions les plus secrètes. Je ne dis pas que cet idéal soit l'inspirateur de beaucoup de nos actes et pensées : mais il est certainement leur compagnon. L'homme se créera un idéal de douceur, de grâce, d'aménité; la femme s'en créera un, de force, de courage, d'énergie.

Tout individu que vous voyez atteint d'amour mystique, platonique, respectueux, qui s'inonde de bonheur à la pression d'une main, sous l'action d'un baiser, à l'idée d'un souvenir, d'une image, n'éprouverait aucune de ces émotions, s'il était né eunuque.

L'amour s'accroît et réagit par le contact des épidermes et la pression mutuelle : voilà pourquoi les amoureux voudraient être comme des bêtes à mille pattes, afin de presser entre leurs mille bras l'objet aimé.

L'amour se mêle à tout, aux religions, aux lois, à la politique. Il fut souvent la cause première d'événements importants.

Levez les yeux autour de vous : vous verrez par-

tout l'amour bouleverser des existences et s'intro-
duire partout comme le rat et le furet.

Le mystique, le platonique, n'ont aucune valeur
sociale. Le physique est le seul utile; car, n'en dé-
plaise aux amoureux mystiques, aux platoniques,
pour obtenir des résultats humanitaires, en amour
comme en guerre, il faut s'aborder intimement.

L'amour est la source de la sociabilité parmi les
hómmes. Donnez-nous des amours intermittents,
nous retombons sous la sauvagerie. Nous sommes
par notre qualité d'êtres humains, des intelligences
et des corps asservis à l'amour. Nous avons beau
planer parmi les plus hauts problèmes du monde physique et moral, nous restons des animaux plus ou
moins dominés par l'appareil génital.

L'amour constant est excessivement rare. Il est
très peu de femmes qui, durant le cours de leur existence, n'aient pas eu plus d'un homme. Je parle des
femmes des villes ou de la société bourgeoise, noble
ou artisane.

Si quelques amoureux sont restés constants et
fidèles charnellement; il n'en est pas qui n'aient eu
un désir de changement. Il en est peu, qui même
pendant les embrassements mutuels, n'aient désiré
troquer l'objet embrassé, contre un objet qu'on n'a
point possédé.

Voulez-vous connaître le sort des amants? Con-
templez un cours d'eau. Là, vous voyez des corpuscules venir de différentes directions. Les uns s'ac-
crochent brusquement ou lentement, se disjoignent
pour s'accrocher encore et s'incorporer. Les autres
s'évitent, se fuient, avant de s'être unis. Celui-ci s'ag-

glomère et s'écarte immédiatement; celui-là touche son voisin par une faible partie de son corps. Tous suivent le cours de l'eau, disparaissent, puis, sont remplacés par d'autres, lesquels parcourent les mêmes phases.

Affinité durable, incorporation, dualité profonde ou superficielle, superposition de plusieurs corpuscules, répulsion, rapide ou lente, etc. Telles sont les lois générales des esprits et des corps amoureux.

Pour apprécier l'influence de l'amour multiple, calculez ce que deviendrait la société, si chaque homme n'avait jamais aimé qu'une seule femme, et si chaque femme en avait fait autant. La société serait monotone, le commerce, l'industrie, la littérature, éprouveraient un singulier changement, si la monoandrie et la monogamie, étaient observées rigoureusement. L'amour multiple est donc une cause active de la sociabilité.

Il n'y a point de préceptes généraux à prescrire touchant les diverses espèces d'amours. D'après le caractère d'un chacun il faut les amours fugitifs à celui-ci, les sérieux à celui-là, les physiques à cet autre, les platoniques à Pierre, le mariage à Louis, le célibat à Jean.

Néanmoins le besoin de changement est le fait dominant de l'amour. Aussi les serments d'une fidélité inviolable font rire le philosophe.

Vous êtes toujours le premier amant que les femmes ont eu : c'est pour vous seul qu'elles ont manqué à leurs devoirs. Après vous, vous disent-elles : « elles n'en auront jamais d'autre. »

La nature a moins cherché le bonheur des individus que la procréation de l'espèce. C'est pourquoi elle a entouré l'amour d'inquiétudes, de jalousies, désirs, regrets, espérances, toutes passions auxiliaires et propres à imprimer une énergie fécondante.

Aussi les peines d'amour ne sont guère à plaindre, car elles existent spécialement en vue d'une meilleure procréation.

Si on regrette un amour perdu au point de se tuer de désespoir, c'est qu'au fond on croit qu'on ne rencontrera plus un semblable amour. Si l'on montrait à qui perd son amant ou sa maîtresse, un remplaçant identique au remplacé, alors il n'y aurait plus de chagrin.

Les individus qui, involontairement, se sont privés d'amour par profession ou système, ont maudit plus d'une fois la ligne de conduite qu'ils avaient embrassée. La sagesse existe moins par volonté intérieure que par les obstacles qui vous empêchent de sortir de la sagesse.

L'influence de l'amour sur la vie est considérable. Satisfait, il vous porte à la bienveillance, à la joie, aux affections tendres. Non satisfait, il vous rend irritable, atrabilaire, souvent inexorable. Il cause des hallucinations, des sensations de diables succubes et incubes, et tout ce cortége d'aberrations sensoriales qu'éprouvèrent les cénobites, les sorciers, les saints.

L'amour doit occuper l'économiste. Il est un élément de la prospérité des nations. Les femmes de Corinthe firent affluer dans cette ville les voyageurs et l'argent de la Grèce et de l'Asie Mineure. Une grande partie de la contribution de guerre frappée sur la France en 1815, nous revint par l'amour de nos grisettes, bourgeoises et nobles dames. Il était juste que la grâce reprît ce que la force avait enlevé.

La dépravation de l'amour vient de la timidité, de l'abus et d'un vice d'organisation, lequel nous fait rechercher chez notre sexe quelques attributs du sexe contraire, et de la répulsion contre les sécrétions et odeur du sexe opposé. Il est spécial aux races brunes. Les amours crétois, lesbien, furent chantés par les poètes et approuvés par les législateurs.

Beaucoup d'amours commencent par le platonisme et finissent par le cynisme.

La pureté et la' chasteté de l'esprit existent rarement avec une continence absolue. La continence absolue perturbe l'intelligence et vous fait miroiter des images obscènes. Cet état de l'esprit est plutôt déterminé par l'amour physique satisfait qui ne laisse pas le temps aux désirs de se perturber.

Les amours sont rarement sincères. Pourquoi? Parce qu'ils rêvent un idéal et qu'ils ne le trouvent pas. Je crois que s'il le rencontraient ils seraient plus véridiques.

La plupart des discordes entre époux viennent d'un amour qui n'est pas satisfait. Les infidélités des femmes ont lieu moins par attrait organique que par désir du lucre, dépit, désœuvrement, vengeance, curiosité, coquetterie, ambition, etc.

Beaucoup d'épouses ont ou un amant protecteur des époux, ou un jeune homme protégé du mari. La plupart des jeunes amants sont conduits par les ma-

ris à leurs femmes. Le mari est un être essentiellement aveugle, quoique jaloux et quelquefois fort
intelligent en matière maritale.

Le plus puissant génie du monde sera mystifié par
sa femme, laquelle sera d'une intelligence commune.

Les femmes de mérite ont inspiré plus de passions
que les hommes de mérite. Cléopâtre, Ninon, Ro-
land, etc., le prouvent. Cela démontre que les
hommes sont plus amoureux que les femmes.

La nature a voulu que le mari eût une confiance
invincible dans sa paternité. Il se plaît souvent à
trouver des ressemblances entre sa progéniture et
lui, lorsque parmi ses enfants il y a des bruns et des
blonds, lorsque l'œil le moins clairvoyant reconnaît
qu'il n'est que père putatif.

Apprenez par cœur l'*Art d'aimer* et le *Remède
d'amour* d'Ovide. Depuis deux mille ans ces livres
n'ont point de rivaux.

De plus, quand l'amour vous obsédera, supposez
par la pensée que votre objet aimé est mort, putréfié
et qu'en cet état il est placé auprès de vous. Cette
image qui va au devant de l'avenir suffira pour vous
guérir, car ce qu'on aime c'est l'être physique avec
belle peau et belle chair. Un laideron ne peut être
aimé : on peut l'estimer seulement.

L'ambition, l'avarice, les mathématiques, la diète,
le travail forcé, quelques médicaments, l'ivrognerie,
l'usage de l'opium, du hachich, l'inconstance, les
voyages, l'étude des sciences naturelles, la destruction des lettres, portraits, souvenirs quelconques
diminuent l'amour. L'oisiveté, la solitude, la poésie,
les beaux-arts, la botanique, la guerre, le vin, le

café, quelques médicaments, la chaleur sèche, le vent des déserts sablonneux, la couleur verte, le gazon, les bois ombragés, les clairs de lune portent à l'amour.

Résistez le plus longtemps que vous pourrez, sans aller au point de laisser votre intelligence et vos sentiments se vicier par l'excès de la continence. L'amour amollit le caractère. Si vous voulez avoir pour le reste de votre vie une puissante énergie morale, demeurez sage jusqu'à vingt-cinq ans. Vous serez beaucoup plus maître de vous. Vous prendrez l'amour comme un hors d'œuvre.

Éloignez vos yeux et votre esprit des scènes d'amour. Elles excitent plus la passion que la vue d'un mets ou du jeu n'excite la passion du gourmand et du joueur. La morale devrait les proscrire.

Rejetez aussi ces mots amour divin, épouse du Christ, car c'est une alliance hypocrite ou imprudente de la religion et de la volupté. Si le Christ était vieux, laid, l'amour mystique serait moins dangereux; mais il est un jeune homme beau, tendre, mélange de frère et de père, cela le rend un idéal plus physique et moral.

Ces anges bouffis qui entourent les saintes du christianisme ne sont que des Cupidons. L'austérité chrétienne a failli en les permettant. Mieux vaudrait les faire entourer par des anges vieillards à barbe blanche, parce qu'il n'y aurait alors que l'idée morale dégagée de toute sensualité.

La symbolique fut cause des faux sentiments qui concernent l'amour, elle l'a tantôt représenté sous les traits d'un enfant ailé ou d'une déesse traînée par des colombes ou, comme font les Indous, sous les traits d'un enfant chevauchant sur un beau perroquet, portant flèches en tiges de lis et comme corde d'arc une ligne d'abeilles. Cela présente seulement le côté gracieux de l'amour, non sa réalité.

Le satyriasis et la nymphomanie, ces destructeurs de l'honneur des individus et des familles, peuvent être soulagés par l'amour au lit, car alors il se développe une espèce d'endosmose et d'exosmose, double fonction naturelle.

Les jeûnes, les macérations, les autres modes d'amour sont inefficaces et souvent excitateurs. Les physiologistes moralistes ne doivent pas l'oublier.

Le sage sans fortune et sans moyen de s'enrichir, ne prendra ni femme, ni maîtresse, car celle-ci le quittera pour une pièce d'or : celle-là, maudira constamment le jour où elle lui fut unie maritalement. S'il a besoin d'affection qu'il s'attache à un chien barbet. Ce dernier ne viendra pas lui dire : « Pourquoi m'as tu pris, puisque tu ne pouvais ni bien me vêtir, ni me procurer une bonne chère et un bon gîte. » Il ne le quittera pas. Il ne lui adressera point de reproche. Il se montrera heureux d'une caresse et reconnaissant de partager le pain sec de son ami.

Vous donc, philosophes ruinés, par esprit de justice et pour avoir la tranquillité intérieure, préférez un barbet à la femme. Vous, femmes, vous avez plutôt besoin d'amour humain, car vous n'avez pas les distractions de l'homme : et sans l'amour ou d'un mari, d'un amant ou d'un enfant, vous culbutez à travers l'amour dépravé des animaux, perroquets, chats, chiens, serins, etc. Vous dégradez de plus en plus vos sentiments et votre intelligence.

Rejetez les manières galantes : elles sont le commencement du libertinage : puis elles habituent les femmes à se considérer plutôt comme des enfants, comme des joujoux, que comme des êtres raisonnables.

Une joie que vous évitez en amour est une peine que vous vous épargnez pour l'avenir.

Détruisez l'amour sérieux et malheureux par les amours faciles et répétés, le mouvement, le vin, la gaîté.

Sachez que presque toujours les absents ont tort, et que l'amour est personnifié par des ailes.

Vouer un culte pendant toute sa vie à un être décédé est de l'excès sentimental. Un amant mourant qui impose l'obligation de lui rester fidèle fait une action injuste, car le mort ne doit plus préoccuper qui que ce soit.

Quoi que vous fassiez, vous ne rencontrerez pas votre idéal d'amour.

La constance n'est souvent que la crainte de ne pas rencontrer un semblable amour.

Les amoureux de tempérament aiment moins la personne que l'amour en lui-même. La personne n'est pour eux qu'un instrument de volupté.

L'amour de la personne est d'une espèce plus relevée. Il est partie intégrante d'un être double. L'autre amour n'est qu'un accident.

Dans les amours même le plus complétement désintéressés, l'homme est obligé de donner ou cadeau, ou argent. Quand bien même la femme serait

plus riche que son amant, elle trouve que l'amour
gratuit est sans valeur. De la princesse à la couturière cela se voit. Les prêtres seuls sont exceptés.
Les femmes aiment, quand elles les ont pour amant,
à leur donner argent ou cadeaux de tout genre. Il
est probable qu'elles consentent volontiers à payer
l'amour du prêtre, parce qu'elles s'imaginent qu'elles
font une offrande à Dieu, si elles se montrent généreuses envers son ministre. Il est possible aussi que
le caractère spécial du prêtre y soit pour quelque
chose. Ordinairement l'homme de Dieu a un peu le
caractère de la vieille fille.

La prostitution est l'exploitation de l'amour. Elle
est inhérente à la nature humaine. Elle est universelle. On aura beau faire, on ne la supprimera pas
totalement, car il y aura constamment des individus
qui auront le mariage en aversion, et qui cependant
auront besoin d'amour. D'ailleurs, on vit de tous les
sentiments ou passions, de la guerre, de la religion,
de l'esprit d'imitation. L'amour doit donc faire vivre
ses ministres.

Si les théologiens ont représenté l'homme comme
étant tombé de l'innocence au péché par les incita-
tions de la femme, c'est qu'ils ont reconnu que
l'homme éprouve un certain regret, suite de la prostration, après s'être livré à l'acte amoureux.

En amour nous sommes beaucoup plus matière
que sentiment. Les grandes passions furent déterminées par les plaisirs physiques.

La femme, sur les contrées du nord, est plus
femme. Au midi elle est plus femelle.

Celle qui exercera la plus forte influence, la femme

libre des saint-simoniens, se trouvera plutôt au sein des pays chauds que sous les brumes des pays froids. Elle réunira mieux la volupté physique à la volupté sentimentale. Elle saura la faire partager. Ce sera une femme brune comme étaient Cléopâtre, Zénobie. L'Orient ou l'Afrique septentrionale la produira.

Les qualités morales de la femme exercent moins d'influence sur le cœur de l'homme, que les qualités physiques qui se rattachent plus ou moins à la volupté matérielle.

Les plus beaux génies parmi les hommes auraient-ils pu aimer les plus grands génies parmi les femmes? Il est probable que non; car dans l'amour il y a toujours une personnalité qui en absorbe une autre. Il n'y a point d'égalité parfaite. Il y a constamment l'un des deux amoureux qui a plus de dévoûment que l'autre et qui est l'exploité.

Deux génies ne s'aimeraient guère, parce que leurs sens s'exciteraient peu mutuellement; tandis qu'un sot ou une sotte, savent souvent donner au génie l'excitation des sens.

La femme passionnée est plus malheureuse que l'homme, car elle trouve plus que lui de nombreuses barrières jetées devant elle par les mœurs de la société. Un homme peut s'abandonner à sa passion sans être déconsidéré. Il aura cent maîtresses avouées, sans perdre de sa réputation. Une femme qui aura eu publiquement cent amants passera pour un monstre d'impudicité.

Vous ferez rarement des folies amoureuses, si vous calculez combien d'autres jouissances vous pouvez vous procurer avec ce que vous dépensez en

amour. Que la femme se demande : « Combien aurai-
« je de robes ou de rubans avec la somme que me
« coûte annuellement mon amant? » Que l'homme
se dise, amateur de bon vin : « Combien ma maî-
« tresse vaut-elle de bouteilles? » Le fumeur :
« Combien vaut-elle de pipes de tabac? » L'amateur
d'antiquités : « Combien vaut-elle de médailles, de
« camées, de vases étrusques? »

Alors, avec une telle habitude de comparaison,
les folies amoureuses n'existent plus. Employez cette
méthode amoureuse des deux sexes, vous y trouverez
de l'avantage.

Les gens qui ont produit les plus violentes passions étaient plus vicieux que vertueux, plus rusés
que sincères. Si on se montrait tel qu'on est, l'amour
aurait bientôt disparu. Si tous nos sentiments, nos
pensées, se découvraient comme des objets à travers
un bocal de verre, les personnes qui nous ont le plus
aimé, nous lanceraient peut-être la pierre.

L'amour fut représenté aussi sous les attributs de
l'archer : en effet, il frappe de loin, par œillades,
gestes, émanations magnétiques.

L'amoureux a toujours de délicieuses visions.

Les amants qui se croient nés pour vivre et mourir
ensemble commettent une aberration de jugement.
Ils méconnaissent l'inconstance humaine. L'immense
majorité passe de l'adoration à l'oubli, puis à l'indifférence, quand elle n'arrive pas au dégoût réci-
proque.

Les béats ont eu beaucoup de maîtresses en esprit :
les béates beaucoup d'amants au même titre.

L'amour de la femme pour le prêtre est le sentiment que les physiologistes ont le moins étudié. Le ministre des autels est l'homme que les femmes préfèrent. Après lui vient le poëte, puis le militaire. Quant à l'homme positif, au mathématicien, géomètre, physicien, etc., elles le dédaignent habituellement.

Elles aiment le prêtre parce qu'il est discret, qu'il est revêtu d'un caractère mystérieux, que par lui elles espèrent devenir mères spirituelles des fidèles, et recevoir des faveurs accordées par la Divinité à son ministre. L'amour entre la femme et le prêtre existera toujours. Jérôme et Paule, Fortunat et Radegonde, Fauchet et Calon, un grand nombre d'autres que nous pourrions citer, nous le prouvent.

Les bûchers d'Urbain Grandier, de Gaufridy, de Boulle, en France, ceux d'une multitude d'autres prêtres, en Europe, pendant tout le moyen âge, furent allumés par l'amour hiérophantique. Les religieuses aimaient ces prêtres, elles combattaient cet amour, et ne pouvant le vaincre, elles se crurent ensorcelées.

Thérèse, Marie Alacoque, les saints quelconques, qu'on voit livrés à l'extase, sont des tempéraments extrêmement voluptueux. Les extases prétendues divines sont une sensualité prolongée et raffinée. Lorsque les extatiques dépeignent leurs sensations, nous voyons, dans cette description, la volupté physique masquée d'une enveloppe spirituelle, les amours de cette espèce sont durables, parce qu'ils n'offrent point de désenchantement. L'influence des femmes en politique est funeste. Le mythe et l'histoire nous le disent. Ève, Hélène, Cléopâtre, la fille de Julien, Diane de Poitiers, Henriette-Marie d'Angleterre,

Marie-Antoinette, Dalila, Cassandre, Clytemnestre occasionnèrent à leurs maris ou amants de nombreux malheurs. Pour une Aspasie vous trouverez cent Dubarry. L'amour fit la prospérité de Venise. Sans les Tapadas, Lima ne serait qu'une petite ville. Les habitants des campagnes vont résider dans les cités, parce que l'amour y est plus facile.

Chaque contrée a eu et a ses villes d'amour. La Chaldée, Babylone; l'Égypte, Bubaste; la Grèce, Corinthe; l'Italie, Capoue, Venise; la France, Paris; l'Espagne, Cadix; l'Allemagne, Baden; l'Amérique méridionale, Lima; l'Amérique du nord, la Nouvelle Orléans. Chaque ville a son quartier et sa rue.

La description des effets de l'amour par Sapho est une des plus complètes. « Il est le rival des dieux, « le jeune homme qui, assis devant toi, contemple « ton visage, entend ta douce voix résonner à son « oreille. Tu souris et mon sein se soulève et mon « cœur défaille, et la force me manque. Je le regarde « et mes lèvres qui frémissent restent muettes, ma « langue s'attache à mon palais, une flamme subite « parcourt mon cœur ému. Mes yeux fixes se cou- « vrent d'un nuage, des bruits confus murmurent et « bourdonnent autour de moi. Une sueur froide « tombe de mes membres et couvre mon front pâ- « lissant. Ils frissonnent agités et convulsifs, et pâle, « inanimée, sans couleur, sans souffle, sans vie, je « tombe, je me meurs. »

Les Grecs ne donnèrent point d'influence à la femme. Les Romains lui confiaient l'intérieur de la maison. Les blonds seuls lui ont accordé l'influence politique.

Il y a toujours dans l'amour un peu d'exagération, sous la pensée exprimée, et un peu de ruse, de savoir-faire.

L'amour est modifié par la race et le territoire. En Espagne il est voluptueux, passionné en Italie, vaniteux en France, mystique en Allemagne, décent en Angleterre, furieux en Afrique, contre nature en Asie et en Turquie. Enfin c'est un Protée aux mille visages.

Le platonique est une émanation de la race blonde. Il n'existe pas ou peu chez les autres races.

A tout prendre, l'amour est une drogue de la pire espèce. Il est plutôt un présent de l'enfer que du ciel. Il donne la rage aux chiens, loups, renards. L'épilepsie aux serins, la maigreur à l'ours et au cerf, le désespoir à l'homme.

ESPRIT DE MENDICITÉ. Cette disposition de l'âme est universelle. Sur cent hommes il y en a un tout au plus qui n'est pas porté à mendier. Il y a mendicité toutes les fois qu'on demande un service gratuit. Le mendiant n'est pas seulement celui qui vit d'aumônes, c'est tout individu qui demande augmentation de liste civile, dotations, traitement au delà du nécessaire. L'empereur, le roi, le président de république, le ministre d'État, tous ceux qui demandent à la nation une augmentation de solde, sont mendiants à aussi bon titre que le gueux qui vous réclame cinq centimes.

Les religions ont contribué à développer cette tendance naturelle, en recommandant l'aumône comme un devoir. En cela elles ont eu une aberra-tion de charité. La formule moderne *rien pour rien*,

tout travail utile doit avoir sa récompense, l'axiome de
saint Paul *qui ne travaille pas ne doit pas manger*,
sont beaucoup plus rationnels, plus conformes à la
dignité humaine, que ce précepte, *donne à celui qui te
demande*.

La mendicité prend sa source dans l'esprit d'oisiveté et dans le manque de respect de soi-même.
C'est la passion la plus abjecte. Elle est au dessous
de la prostitution ; car celle-ci est un service payé.

Tolérer la mendicité de profession, des ordres
mendiants sous une forme quelconque, appeler
quelqu'un bon mendiant, honnête mendiant, lorsqu'il
peut gagner sa vie par le travail, c'est commettre
une faute capitale.

L'esprit de mendicité et la mendicité en action ne
seront que très difficilement extirpés de l'humanité.
Car l'homme est composé d'un amalgame de paon,
de singe et de mendiant. Tant qu'il y aura des mendiants, la société ne sera pas parfaite.

La mendicité fut organisée en France à partir du
dix-septième siècle. Les mendiants avaient de nombreux priviléges. Ils élisaient un roi. Ils se nommaient : les *matingreux*, qui pâlissent ; les *sabouleux*,
qui écument ; les *franc-mitous*, qui tremblent ; les
hubins, qui sont fort enragés ; les *riffodés*, qui sont
ruinés par incendie.

LE JEU. Par son intensité et son universalité,
l'amour du jeu est la passion qui occupe le troisième
rang. Elle dérive d'un excès de l'acquisivité et de
l'amour-propre ; car le gain constitue une véritable
supériorité aux yeux du joueur. Elle a individuellement plus d'intensité que l'amour et la mendicité.

Un joueur joue quelquefois, ayant un pied dans la tombe. Les gouvernements qui entretiennent cette passion par des loteries et autres jeux publics sont corrupteurs de la morale.

IVROGNERIE. Elle est déterminée par un besoin d'excitation digestive et cérébrale au physique : puis au moral, par le désir de réagir contre les réalités de la 'vie. Les peuples barbares sont prédisposés à l'ivrognerie, au vin, à l'opium, au chanvre ou autre substance alcoolique ou narcotique. Cette passion a tué plus d'hommes que la guerre. Le travail modéré, le bien-être matériel, l'orgueil, sont ses antidotes.

VANITÉ. Désir d'attirer l'attention, de paraître. Elle provient d'un excès de l'approbativité. Elle engendre une multitude d'actions ridicules, depuis le tatouage du sauvage jusqu'à l'excentricité des individus appartenant aux nations civilisées. Cette passion est l'indice des petites époques et des petits caractères. Le positivisme et l'orgueil la neutralisent.

L'ENVIE est le mécontentement, le dépit qu'on éprouve à la vue du bien d'autrui. Elle est activée par un faux emploi de l'instinct de conservation, lequel vous porte à croire que le bonheur des autres diminue le vôtre, et par la vanité, laquelle vous montre que le possesseur de tel bien attire l'attention sur lui. Cette passion enfante la médisance, la calomnie, l'esprit frondeur, la misanthropie. Elle rend l'homme malheureux. Elle est l'apanage de l'âge mûr. La jeunesse l'éprouve avec moins d'intensité. La gaîté, la raison, la résignation, l'amour, la bonne chère, le mouvement la combattent avantageusement.

L'HYPOCRISIE est l'habitude de masquer son caractère, ses vues, ses sentiments sous l'enveloppe étrangère. Elle naît de l'instinct outré de la conservation et de la circonspection. Cette aptitude de l'âme, s'allie à l'ambition politique et à la religiosité. Bonaparte, Cromwell, Sixte-Quint, une foule d'autres religionnaires ou hommes d'État célèbres, nous le prouvent. Ses antidotes sont la sincérité et l'égalité sociale appliquée. Jusqu'à ce jour, elle fut l'un des meilleurs moyens de parvenir aux honneurs.

L'AMBITION est le désir du pouvoir en lui-même. L'acquisivité, la vanité, l'amour de la gloire, la philogéniture l'accroissent. Elle s'unit à l'hypocrisie, à la ruse, à l'égoïsme. Ses antidotes sont la bienveillance et le désintéressement.

L'AVARICE est le désir d'entasser des richesses mobilières ou monétaires. Elle provient d'un excès de prévoyance et d'acquisivité. L'avare est ordinairement d'un caractère énergique. Socialement il est plus utile que le prodigue, quoiqu'il plaise moins.

La FLATTERIE révèle une âme basse ou cupide. Elle dérive de l'instinct de conservation, de l'approbativité, de l'ambition et du manque de courage. Elle est un moyen dangereux employé par les habiles. Elle constitue un énergique moyen de réussite. Car les hommes veulent qu'on les flatte, qu'ici on aboye avec les chiens, là qu'on hurle avec les loups.

Ses plus forts antidotes sont l'orgueil et la sincérité.

La HAINE est le mal qu'on désire à autrui. Cette passion n'est pas essentielle. Elle est engendrée par quelque autre : soit, l'ambition, l'orgueil, la vanité, l'envie. Quelquefois elle prend sa source dans un amour exagéré de la justice.

L'ESPRIT DE NIVELLEMENT vient autant de la haine contre les supériorités sociales que de l'amour pour les classes avilies. Il s'unit à un violent désir de justice.

L'ESPÉRANCE dérive de la foi, de la superstition, de la vanité, du défaut de causalité. C'est le sentiment le plus durable de tous ceux qui composent le moral humain.

La CURIOSITÉ est enfantée par le désir de voir, de sentir et de raconter.

L'ESPRIT POÉTIQUE vient de l'idéalité et de la merveillosité.

L'ESPRIT THÉATRAL, du désir de la popularité et de la vanité.

L'ESPRIT DE BOUFFONNERIE, du désir de plaire, de l'ironie et d'un médiocre souci de sa dignité personnelle.

La SCULPTURE, de l'instinct d'imitation et de l'idéalité.

La SUPERSTITION, de l'instinct de conservation, de la religiosité et de la merveillosité.

La CRAINTE, de la circonspection et de l'instinct trop prononcé de la conservation.

La COLÈRE, de la sensibilité et de l'orgueil.

L'IRONIE est fille de l'orgueil et de la combativité.

L'ÉGOISME est fils de l'orgueil et de l'instinct outré de sa propre conservation.

La VENGEANCE est fille de l'orgueil, de la colère, de la personnalité. Elle s'adapte au sentiment religieux. Les sociétés les plus inexorables sont celles qui se sont constituées théocratiquement.

La CRUAUTÉ est une inclination qui porte l'homme à faire souffrir et à assister au spectacle de la souffrance. Le pouvoir illimité et les institutions aristocratiques ou théocratiques la développent.

L'INDIFFÉRENCE est un amalgame de fermeté, d'insensibilité et d'égoïsme.

Le SARCASME est un métis de l'orgueil et du mépris envers autrui.

La TIMIDITÉ est un métis de l'instinct de la conservation, de la dignité personnelle, de l'amour-propre, de l'ignorance du milieu ambiant.

L'HUMILITÉ, LE REMORDS, viennent du manque de causalité. L'humilité s'allie souvent à un orgueil excessif.

L'AMOUR DE LA GUERRE, DES RIXES, DES PROCÈS vient de la combativité.

LA CRAINTE DE L'INCONNU est une des premières causes de la crainte de la mort. *Le cosmopolitisme* vient du manque de l'amour des lieux et de l'esprit philosophique. Les cosmopolites sont toujours de forts caractères.

L'INSTINCT DE COMMUNIQUER ses pensées se joint à l'amour de la propagande, au désir de l'approbation. C'est un besoin moral. Un secret, une douleur pèsent moins quand on les a fait connaître. La confession des fautes est basée sur la connaissance de ce besoin.

Les passions ou aptitudes décrites ci-dessus sont communes à la généralité des hommes. Les suivantes n'appartiennent qu'au petit nombre, aux natures d'élite. Elles sont les passions d'harmonie.

La première d'entre elles est la *causalité*, c'est à dire la connaissance des rapports des êtres entre eux. Elle peut, à la rigueur, suppléer à toutes. Ensuite vient la *bienveillance* universelle envers les créatures sensibles. Puis le désintéressement, la sincérité, le courage, le prosélytisme mêlé de tolérance, l'amour de la propriété, de la famille, du travail, de l'agriculture, la prévoyance, la tempérance, l'esprit d'égalité et de liberté, l'esprit d'association, le respect de soi-même.

Elles sont une cause de progrès social.

Les passions, aptitudes, sentiments, viennent de près ou de loin de l'organisation physique. L'hérédité est leur principal facteur, le milieu ambiant, l'imitation viennent ensuite.

Les passions sont excitées par des causes multiples agissant sur l'homme : ainsi les arts, les théâtres portent à l'amour varié, inconstant; les maladies du cœur, à la colère et au découragement; celles de l'estomac, à l'aigreur contre le siècle; celles du foie à la tristesse, la sensibilité morale et physique est une cause de souffrances.

L'individu le plus malheureux est celui qui pourrait lire toutes les pensées et connaître toutes les actions de ses contemporains.

Il verrait peu de bon et un immense excès de mal.

La démocratie enfante l'envie et le nivellement. L'aristocratie enfante l'orgueil et la hiérarchie. La profession religieuse enfante la fraude, la haine, le mépris, l'amour de la tradition.

A mesure que le genre humain se perfectionne,

les facultés d'harmonie prennent la suprématie sur les autres.

Toutes ont leurs antagonistes et leurs auxiliaires.

Pour améliorer les hommes il faut, comme nous l'avons souvent redit, étouffer les mauvaises tendances par les croisements à l'aide des gens de bonne race, puis par l'opposition des passions harmoniques contre celles qui sont perturbatrices.

CHAPITRE II

MAXIMES DE MORALE SPÉCIALE

ÉCRIVAINS, dites la vérité avant tout, proposez-vous d'abord d'instruire et d'améliorer les hommes ; le désir de gloire, d'argent, d'honneurs, ne doit venir qu'en dernier lieu. Écrivez, non pas pour vivre, mais pour communiquer vos pensées ; ayez une profession autre que celle d'écrivain, à laquelle vous demanderez le pain du corps. Imitez Vico qui donnait des leçons de latin, Spinosa fabriquant des verres d'optique, J.-J. Rousseau copiant de la musique. Ils furent plus indépendants, plus honorables, que tous ces écrivains vendeurs de leurs ouvrages ou grassement rétribués par les puissances temporelles.

PRÊTRES, rattachez la religion à la raison, cherchez à grandir l'homme en développant sa foi rationnelle, parlez-lui plutôt morale que mystère, évitez de le séduire par la pompe de vos cérémonies et par la superstition. S'il se soumet à votre parole, usez de sa soumission pour éclairer son intelligence, pour diriger son cœur vers la bienveillance universelle et ses actions vers la bienfaisance et la fraternité; ne le dégradez pas en lui inspirant l'humilité envers les hommes, rendez-le humble devant la puissance de Dieu : jamais devant les hommes.

DÉVOTS, ayez moins de fiel, moins de médisance envers le prochain.

PHILOSOPHES, soyez moins obscurs dans vos écrits, ayez moins de mépris envers le vulgaire, moins de souplesse envers les puissances. Soyez moins enfants devant vos femmes ou vos maîtresses, moins excentriques dans votre conduite. Il ne vous suffit pas de combattre l'erreur et les préjugés, il faut les remplacer par la vérité. Vulgarisez les principes de la raison pure.

RATIONALISTES, si vous rejetez les religions établies, que ce ne soit pas par passion, que ce soit par raison, supériorité de morale; celui qui repousse l'idée d'un Dieu vengeur, pour se livrer à ses passions, est un être perverti et un faux sage. La morale éclairée, la religion naturelle, la philosophie, ne vont pas les unes sans les autres.

DÉMOCRATES, qui représentez le gouvernement normal des sociétés, tâchez de faire régner vos idées par la paix; c'est le moyen le plus certain de les voir se progager et se maintenir.

Méfiez-vous des intrigues et des trahisons; car la plupart des chefs ont intérêt à vous trahir et à vous tromper. C'est là l'histoire de la démocratie en Europe.

Ne vous laissez point décourager par les cris de haine et les calomnies qu'on lance de toutes parts contre vous.

C'est la loi humaine d'être injurié pour le bien qu'on fait.

ARTISTES, POÈTES, représentez les sentiments généreux et non les aberrations de sentiments ou les passions perturbatrices. Relevez la dignité du travail physique, cherchez dans les scènes de la vie commune les motifs de vos compositions. La guerre et la religion ont jadis inspiré les beaux-arts : maintenant le travail et le vrai matériel doivent les inspirer.

SAVANTS, portez vos recherches sur le positif. La métaphysique, l'ontologie, la théodicée et toutes ces sciences dérivées des âges primitifs, tout ce qui éloigne du contrôle des sens, doit être par vous mis à l'écart.

FONCTIONNAIRES, proposez-vous l'amélioration physique, intellectuelle et morale du plus grand nombre. Plus vous êtes élevés en puissance, moins vous devez avoir d'égoïsme, plus vous vous devez aux autres. N'imitez point les pharisiens, lesquels prenaient pour eux l'huile et la graisse de la terre, laissant le sable à leurs administrés. Ne craignez pas de déraciner la mauvaise herbe, les assassins, incendiaires, les concussionnaires, etc.

CHEFS DE L'ÉTAT, entourez-vous, non pas d'intrigants et de flatteurs, comme le sont les hommes qui vous environnent habituellement. Choisissez la capacité et la moralité, de quelque part qu'elles viennent. Le mérite honnête est souvent caché, tâchez de le découvrir. Au lieu d'espions chargés de vous transmettre ce qu'on dit de vous, ayez des *missi* occupés de trouver la vertu et l'intelligence ; faites qu'aucun

crime ne soit impuni, aucune bonne action sans récompense. Alors les administrés auront foi en vous,
ils pourront vous nommer les pères de la patrie.

PEUPLES, ayez moins de foi et de soumission
envers vos gouvernements, car plus vous êtes paisibles et maniables, plus ils vous enlèvent chair et
toison. Ne les considérez que comme vos délégués,
vos commis à temps, moyennant salaire. Habituez-
vous à vous gouverner vous-mêmes directement.

En révolutions, apprenez à savoir sur quoi et sur
qui vous devez porter la main.

Évitez toute soumission même volontaire. Ne cédez
jamais vos droits à qui que ce soit.

Chassez les flatteurs, car ils vous corrompent par
la louange. Au fond de leur cœur, ils vous méprisent.
Ils vous regardent comme des enfants, qu'il faut
flatter pour les tromper et pour ensuite mieux les
conduire.

Ne chargez pas les hommes d'exercer une autorité
que vous leur aurez imposée, ne faites ni roi, ni président, ni ministre par force; car alors vous les
autorisez à vous trahir; personne, moralement et
socialement, ne devant faire ce que sa conscience
rejette.

Si la masse de vos concitoyens n'a pas les premiers
besoins de la vie couverts, si elle est exploitée par
une minorité d'heureux, alors employez la guerre
sociale plutôt que la guerre étrangère. Néanmoins,
il ne faut point que les non-possesseurs vivent aux
dépens de ceux qui possèdent, il faut que la richesse
enlevée aux classes exploitantes serve à multiplier
les moyens de travail. Les vraies conquêtes sont

moins celles qu'on fait sur tel peuple ou tel parti
intérieur, que celles qu'on opère sur l'antique barbarie. La conquête véritable est la transformation
sociale, qui accroît le nombre des heureux, des
égaux, en diminuant le nombre des privilégiés.

Que chaque capitale ait un temple dédié au Dieu
créateur et incompréhensible, puis aux bienfaiteurs
de l'humanité, de tous les pays et de tous les temps.
Sous les voûtes de ce temple conservez leurs portraits. Les inspirations que ce culte de la bienfaisance universelle vous fera naître vaudront mieux
que les inspirations que suscitent chez vous les cultes
actuels ; votre moralité y gagnera.

Honorez les bienfaiteurs, vouez un oubli profond
à tous ceux qui ont retardé les progrès du genre humain, à tous ceux qui veulent transformer l'homme
en automate, qui veulent l'empêcher d'user de sa raison pour juger et exprimer son jugement, qui réclament des inégalités sociales, des priviléges, une
infaillibilité quelconque, qui prétendent agir en vertu
d'un droit divin, et qui cherchent à maintenir les
nations sous une éternelle misère.

Méfiez-vous du soldat victorieux, malgré lui et
malgré vous il devient un oppresseur ; car chaque
victoire qu'il remporte est un acheminement qu'une
partie de la nation subit vers l'obéissance passive.

Que votre reconnaissance des services rendus à la
patrie, par la guerre surtout, ne soit pas trop grande,
car elle enfante les aristocraties et les royautés.

Les armées entre les mains des gouvernants furent
jusqu'à ce jour des instruments de tyrannie, rarement des instruments de défense nationale.

Ne déifiez jamais les hommes quels qu'ils soient. Confiez les fonctions à la capacité : sauf de rares exceptions, elles ne doivent être que temporaires. Lorsque la capacité s'abaisse, elles doivent être enlevées.

La dictature est ordinairement créée afin de combattre une tyrannie; or n'oubliez pas qu'elle se convertit souvent en tyrannie. Le propre du pouvoir, est de vouloir se perpétuer.

Si vous avez besoin d'une dictature, mieux vaut la dictature collective; car elle ne se détruit pas et ne se perpétue pas aussi facilement que la dictature d'un seul.

Pendant la paix, méditez les réformes sociales que vous avez à faire : puis appliquez-les intégralement, lorsque les temps de perturbation seront venus.

Le renversement de haut en bas et de bas en haut est légitime. Faites que toutes les classes élevées se refondent constamment parmi le peuple. Qu'il n'y ait pas de transmission héréditaire de bonheur pour les uns et de malheur pour les autres.

Que vos révolutions soient un progrès social et non une lutte de parti, encore moins une lutte d'ambition.

Point de mouvement de bascule dans le gouvernement.

Supprimez tous les corps intermédiaires entre vous et les gouvernants. Choisissez le gouvernement direct du peuple par le peuple : vous serez alors vos propres tribuns.

Ne tolérez point l'esclavage, car il rend le travail

déshonorant, et cependant le travail, rationnellement, relève l'homme.

Faites que le travail nourrisse le travailleur ; sans cela il devient une peine, une déchéance.

Méfiez-vous de l'influence des femmes sur l'opinion publique, car elles personnalisent leurs sentiments : elles s'attachent par prédilection innée aux aristocraties, à la royauté, à ce qui paraît brillant. Leur générosité, leur dévoûment, rarement s'appliquent aux masses. Leur patrie est trop souvent le boudoir.

N'ayez point de religion d'État, car c'est une oppression. Tout culte salarié par l'État est un aide compresseur. Maintenez des cultes rivaux par amour de la liberté et par mesure politique.

Protégez les religions qui s'occupent de morale universelle.

Extirpez l'indigence par l'éducation professionnelle, le nivellement des fortunes, la destruction de tout monopole. Ne donnez qu'à celui qui a besoin et qui a travaillé : le fainéant n'a pas le droit de vivre.

Les récompenses honorifiques sont un moyen d'excitation au bien : ne vous privez pas de cette monnaie. Ayez même une noblesse, mais personnelle seulement, jamais héréditaire.

Que tous vos principes soient d'une application facile, dégagez-les de toute forme spéculative.

Employez pour les appliquer plutôt la raison que la force : cependant la force vous sera quelquefois permise.

Ne tolérez jamais l'inamovibilité des places, car cela est un privilége ; or le privilége est un vol fait à la masse.

Ne laissez point les fonctions publiques à vos ennemis.

Cherchez comme alliés, non pas des amis de circonstance ou de sympathies, mais des nations qui auront un intérêt réel et durable à faire alliance avec vous.

Enployez l'impôt à augmenter le capital social, attachez-vous à la création et à la multiplication des objets d'utilité publique : routes, canaux, défrichements, colonisations, ports, de préférence à des églises ou à des théâtres.

Vous représenterez dignement, non pas par de hauts traitements donnés à des fonctionnaires, mais par le bien-être général, par l'enlèvement de la misère. Vous faire représenter par le luxe de vos délégués est une complète aberration.

Ne votez jamais par acclamations, car elles viennent alors de l'enthousiasme et l'enthousiasme dure pèu.

Dans les pays vaincus, imposez les contributions en argent, elles portent sur le riche ; n'imposez pas des contributions en nature, car elles vous font plus d'ennemis, attendu qu'elles sont souverainement vexatoires par elles-mêmes. Elles atteignent plus spécialement le pauvre.

Le droit de propriété historiquement et rationnellement varie selon le milieu ambiant; toutefois, il ne doit jamais être celui d'abuser. Maintenez la propriété personnelle et héréditaire du père aux enfants. Supprimez au profit de l'État les successions collatérales.

Quelquefois il est bon qu'elle soit remise entre les

mains du plus capable. Alors elle est conférée par droit supérieur de civilisation.

La terre, vu la loi harmonique, est donnée par Dieu à ceux qui peuvent le mieux l'utiliser. Ainsi ne craignez pas d'enlever la propriété du sol à ceux, peuples ou particuliers, qui voudraient le laisser inculte ou ne pourraient le cultiver.

Ne cherchez point à rendre l'État grand propriétaire, car s'il possède une trop forte partie du sol, cela augmente la servilité et diminue l'énergie personnelle d'un chacun; chacun alors compte trop sur l'État et pas assez sur soi, ou bien encore, chacun est découragé.

MAXIMES DE MORALE UNIVERSELLE

1. Considérez-vous comme l'usufruitier de votre personne et de vos biens, car Dieu vous les a donnés sans que vous ayez eu le mérite de les acquérir. L'homme n'est que l'usufruitier de son être et de tout ce qu'il possède.

2. Ne faites pas à autrui ce que vous ne voudriez pas qui vous fût fait.

3. Faites à autrui ce que vous voulez qu'on vous fasse.

4. Oubliez les services que vous rendez; souvenez-vous de ceux que vous recevez.

5. Soyez bienveillant envers toutes les créatures sensibles, car elles sont vos frères de la création. La vraie reconnaissance envers Dieu est la bienfaisance.

6. Agissez envers vos ennemis comme si vous étiez à l'heure de votre mort. Employez toute votre éner-

gie physique et morale à repousser une oppression systématique contre vous. Alors ayez moins de résignation et plus de courage défensif. Mieux vaut mourir martyr armé que martyr sans armes.

7. Faites le bien sans espérer de reconnaissance. Imitez Dieu qui répand ses bienfaits sans désirer être remercié.

8. L'indifférence des hommes vaut mieux que leur affection. Leurs sympathies ne valent pas mieux que leur antipathie. Tenez tout cela en indifférence.

9. Méfiez-vous de vous et des autres, car vos passions vous séduisent, et ceux qui vous environnent cherchent à vous tromper.

10. Considérez comme la plus dangereuse profession celle de moraliser le genre humain.

11. Employez vos richesses à subventionner le travail et à instruire les hommes. Le travail les rend libres et utiles. L'instruction les amende.

12. Écoutez, regardez, jugez avant de vous décider à une action.

13. Au milieu des malheurs ne comptez sur personne. Songez que si malheureux que vous soyez, il en est de plus malheureux que vous.

14. Par la pensée éprouvez tous les malheurs possibles. S'ils vous arrivent un jour, alors ils n'auront pas le caractère poignant de l'imprévu. Résignez-vous à tout événement au dessus de votre volonté, car Dieu a l'œil sur vous, il vous dirige à votre insu pour une fin mystérieuse que vous ignorez.

15. Conservez à l'égard des hommes un sentiment de pitié plutôt que de mépris. La pitié est le plus beau diamant de votre richesse morale.

16. Ne sollicitez jamais une faveur quelconque. Réclamez votre droit seulement.

17. Honorez le vivant plus que le mort.

18. Lorsque vous croirez une vérité utile, ne craignez jamais de la divulguer, peu importent les suites.

19. Soyez modéré dans la satisfaction de vos besoins physiques, intellectuels et moraux, car sans cela vous en deviendrez l'esclave.

20. Cherchez à posséder des connaissances positives plutôt que de l'or ou des honneurs.

21. Doutez des choses que vos sens n'auront pas contrôlées, mais croyez fermement aux choses qu'ils affirment.

22. N'ayez qu'un médiocre respect pour la tradition et l'autorité, car elles ont mal gouverné le genre humain. Méfiez-vous des opinions des anciens, car ils étaient plus éloignés de la vérité que vous. Le monde primitif est la barbarie.

23. Une fois convaincu d'une vérité, vulgarisez-la sans vous préoccuper du mérite ou du nombre des opposants.

24. Évitez de donner trop d'extension à votre sensibilité, car elle cause des faux jugements.

25. Ne considérez pas l'humilité comme une vertu, car il est à remarquer que sous le masque de l'humilité les hommes cachent l'orgueil et l'hypocrisie.

26. Ne méprisez personne, car celui que vous trouvez obscur, inconnu, est peut-être chargé par la Providence de régénérer une nation, une époque, l'humanité. Il est peut-être un porte-progrès.

27. Ne méprisez pas votre corps, au contraire,

soignez-le, car il est l'organe des facultés intellectuelles.

28. Considérez l'univers comme votre patrie et
l'humanité entière comme votre famille.

29. Chaque jour, recueillez-vous durant quelque
temps. Examinez si vous avez ajouté des connaissances du jour à celles de la veille, si vous progres-
sez ou si vous vous écartez de votre ligne morale.
La réflexion sur soi-même est un mode indispensable
de perfectionnement moral ou intellectuel.

30. N'abandonnez pas votre patrie malheureuse,
défendez-la ou périssez avec elle. Il n'y a jamais de
lauriers à cueillir contre vos concitoyens. Obligé de
les combattre, regardez-votre victoire comme une
dure nécessité.

31. N'injuriez pas ceux que vous remplacez au
pouvoir. Tâchez de faire mieux qu'eux. N'ayez point
de rancune contre ceux qui vous remplacent.

32. Cherchez à vous mettre en rapport avec vos
ennemis, c'est le moyen de ne point avoir de préven-
tions.

33. N'oubliez jamais que le poste le plus élevé
vous impose le plus de dévoûment.

34. Individuellement pardonnez les offenses, mais
constitués en société agissant en son nom, apprenez
à manier le châtiment. Le châtiment est un excel-
lent moralisateur. Sans lui, les méchants dominent.
Or ils n'ont que trop régné sur le monde. Il faut pour
refouler le mal détruire le méchant. La conscience
de son iniquité, le remords ne suffisent pas. Les moralistes ont eu tort de dire que le remords porte son
expiation en lui-même. Savoir châtier est une vertu.

35. Songez souvent à la mort. Ne la désirez point, ne la craignez point, attendez qu'elle vienne vous prendre; puis, recevez-la avec calme et résignation.

Que jamais la crainte de la mort ne vous empêche d'accomplir un devoir. L'homme est d'autant plus libre qu'il la redoute moins. En mourant vous allez où beaucoup d'autres se sont rendus, où d'innombrables générations viendront encore vous joindre; soyez sûrs que là-bas vous souffrirez moins que dans cette vie présente. Acquérez cette conviction, bien que votre raison ne vous démontre rien à cet égard. C'est le cas où il vaut mieux être un sophiste heureux qu'un philosophe malheureux.

Cherchez à mourir sans laisser de regrets parmi les hommes. Vouloir être entouré à son lit de mort d'amis et de parents est de la vanité et de l'égoïsme. Mieux vaut alors, autant que vous le pourrez, songer à Dieu, à la nature, à ces choses incompréhensibles auxquelles vous allez vous réunir.

D'après les harmonies universelles, la mort ne vous surprend pas, elle n'est jamais anticipée. Elle vous arrive lorsque vous avez accompli ce à quoi vous étiez destiné de toute éternité. L'idée que la mort vous est envoyée par *fiat* de la Providence, doit vous consoler de son apparition subite. Il était écrit que vous ne pouviez l'éviter, si vous avez fait tout votre possible pour la fuir.

DEVOIRS DES PROGRESSISTES DE PENSÉES ET DE FAITS

1. Ils doivent travailler au croisement des races humaines et implanter parmi elles une partie ali-

quote de l'élément germain. Il est le plus humanitaire et le régénérateur du monde.

2. Propager la science positive et la liberté ; car
la science révèle Dieu, les êtres, leurs rapports véritables, leurs devoirs mutuels. La liberté agrandit les
nobles facultés et corrige par l'expérience, les erreurs
de la nature humaine.

3. Développer l'agriculture ; car elle met l'homme
en contact rationnel avec toutes les créatures. Elle
le rend spécialement l'outil de la Divinité.

4. Refaire l'histoire ; car jusqu'à ce jour elle est à
la louange du soldat, du prêtre, du poëte. Elle a
négligé le travail utile, les masses, la progression
rationnelle de l'humanité.

5. Amener le rôle de gouvernants à celui de chiens
de garde.

6. Ne préconiser dans la religion que la morale, la
chrétienne spécialement ; car elle est la plus naturelle.

7. Consacrer le revenu public à l'utilité seule et
non à l'agréable.

8. En politique, suivre le droit supérieur de civilisation, puis en seconde ligne, suivre le droit géographique.

7. Propager la lecture de la Bible, ce livre des
âmes fortes.

10. Diminuer la population des villes. Forcer à
l'émigration les vagabonds, les mendiants, les oisifs
et tout ce qui est nuisible dans la métropole.

11. Envoyer la papauté à l'île d'Elbe ou à Jérusalem.

12. Créer une capitale du monde, laquelle réunira

toutes les races humaines et pratiquera toutes les religions, supprimera tout salaire clérical par l'État, pro-
hibera toute manifestation de culte et de costume religieux sur la voie publique, tout don permanent fait
aux églises, pour éviter l'accumulation des biens de
mainmorte et la richesse des clergés. Cette ville universelle, plus que Rome ou Londres et Paris, gouvernée par la liberté, dirigée par le positivisme
scientifique, doit être bâtie sur l'Isthme de Panama,
ayant pour artère principale un canal allant d'une
mer à l'autre.

13. Si, pour le progrès social, il faut préférer une
forme religieuse à une autre, que ce soit : 1° le protestantisme avec toutes ses divisions présentes ou
futures ; 2° l'Église grecque ; 3° l'Église catholique ;
4° le bouddhisme ; 5° l'islamisme ; 6° l'hébraïsme.
S'il faut préférer une forme politique : mettez au premier rang l'américanisme du nord, au second, le
germanisme, composé d'anglais et de scandinaves ;
au troisième, le panslavisme avec toutes ses variétés ; au quatrième, le celto-ibériénisme, composé des
nations ibério-celto-latines, au cinquième, les Chinois et les Japonais.

14. Il ne suffit pas d'abolir toute Église d'État. Il
est important d'empêcher le clergé de devenir propriétaire de mainmorte. S'il reste propriétaire, par exception, par pure tolérance, alors, qu'il paie à la nation
le droit de mutation, comme tout autre héritier, à
chaque nouvelle génération, soit tous les trente-sept
ans. Moins il y aura des gens vivant par la religion,
plus la richesse et la moralité publiques y gagne-
ront. Rationnellement, tout clergé devrait recevoir

la monnaie qu'il donne. Il offre des prières, des lustrations, des bénédictions. Il devrait être payé par
les fidèles, seulement, en contre-prières et contre-
bénédictions. Rationnellement, tout clérical doit
vivre par un autre métier que par la religion.

15. Progressistes, vos doctrines sont vraies, si
elles ne vous rapportent aucun avantage matériel ou
immatériel, si vous ne pouvez les rejeter sans vio-
lenter votre conscience, alors, elles sont vôtres, par
fiat du Créateur. Il vous a chargés de les progager.

16. Ne croyez pas que vos doctrines, votre état social, conviennent à tous les peuples. Dieu a créé des
variétés, des oppositions, des contrastes, pour un
but d'amélioration générale, par des procédés divergents.

17. Devenez combattants, la résignation n'avance
pas le progrès.

18. Communiquez avec le plus d'êtres possibles.
Échangez vos opinions, vos productions, les animaux et végétaux de votre pays, contre ceux des
autres pays.

19. N'employez pas votre philanthropie à retirer
les hommes des professions manuelles, pour leur donner des professions, dites libérales. Faites que tout
travailleur soit un ingénieur : ingénieur-menuisier,
maçon, etc. Il peut, quoique travaillant de ses mains
métaux, bois, pierres, devenir aussi bien un *mon-
sieur* que l'avocat, le prêtre, le magistrat, l'officier.

20. Ne remettez jamais à demain ce que vous
pouvez faire aujourd'hui.

21. Point de cléricaux, musulmans, bouddhistes,
juifs, brahmanes, chrétiens, dans le gouvernement et

l'éducation des enfants; car ils sont tous les gens du passé et non de l'avenir. Or l'amélioration humaine, le paradis terrestre est dans l'avenir.

22. N'abolissez pas la peine de mort. Car pendant longtemps elle sera la pierre angulaire de la société. Il y a des légions de malfaiteurs par race et profession que la crainte seule peut retenir. Le premier qui a dit : les sorciers sont les envoyés de l'enfer, il faut les supprimer, a commis un crime de lèse-humanité. Il a entraîné le genre humain dans une erreur qui a causé la mort et des tortures épouvantables à des centaines de mille innocents. Craignez donc qu'une fausse philanthropie ne vous entraîne dans une voie semblable. Les malfaiteurs ci-dessus désignés feront des milliers de victimes, avant que vous ayez reconnu votre erreur.

23. N'empêchez pas le suicide des individus, nations, races, parce que chacun a le droit d'abréger sa vie. Socialement les suicides sont d'espèce inférieure, qu'ils se nomment ivrognes, fous, débauchés. Moins il y en aura, plus les gens de bonne race se multiplieront.

24. Prévenez l'extension du paupérisme, car il est votre ennemi. Il vit à vos dépens, et il vous communique ses maladies, physiques, sociales et morales. Pour cela, supprimez le don gratuit, forcez au travail et à l'économie.

25. Absorbez les races inférieures telles que la noire de l'Afrique, la rouge brune de l'Amérique. Quelques-uns de leurs éléments peuvent sans inconvénient vivre dans la cité universelle (Panama).

26. Faites une Jérusalem nouvelle, composée de

races pures et supérieures, telles que blondes, mélange de brune en minorité. Cette Jérusalem sera la ville des prophètes, rédempteurs, savants, missionnaires, précepteurs et chefs.

Il faut châtier les assassins, meurtriers, incendiaires, escrocs, voleurs, débauchés; les supprimer, s'ils sont incorrigibles ou s'ils coûtent plus qu'ils ne rendent; moraliser par l'emploi combiné de la récompense et du châtiment.

Restez convaincus que le règne des méchants peut disparaître si les bons le veulent.

VILLE DES PRÉCEPTEURS

Où doit être la nouvelle ville des précepteurs? à Londres ou à Boston? Elle doit conserver la pureté de sa race. Car par des mésalliances, elle perdra ses attributs de ville des précepteurs. Elle doit se maintenir dans la certitude de sa supériorité, laquelle certitude donnera plus de forces à son amour humanitaire et à son apostolat, elle doit appeler chez elle indigènes, soit nègres, jaunes, rouges, pour les bien instruire et les envoyer améliorer leurs compatriotes. Par dessus tout, qu'elle évite de se croiser avec eux.

Une population de rédempteurs modernes, c'est à dire par la liberté et la science positive, est absolument nécessaire au progrès du genre humain. Or elle ne peut exister que parmi les races supérieures, pures de tout mélange consanguin avec les races inférieures.

Considérez qu'il y a des contrées, les unes amies

les autres ennemies de l'humanité : celles qui produisent, par exemple, la peste, le choléra, le murrain, le monachisme, la haine religieuse, et celles qui produisent la liberté publique, la science positive. Or il vous faut les traiter en amies et en ennemies ; récompenser et châtier.

L'Écosse, l'Espagne, Boukhara, Rïad, la Mecque, Bagdad sont le foyer du fanatisme religieux ; Portsmouth et Plymouth sont le foyer de la syphilis ; la Turquie celui de la peste ; l'Indoustan celui du choléra ; Rome celui de la haine contre la science positive et rationnelle.

CONSEILS A QUELQUES PEUPLES

Ceci est une répétition plus précise des principes exposés ci-dessus.

Autriche, prenez vos limites naturelles. Absorbez les nationalités du territoire germanique, rendez-les allemandes. Restituez l'Italie au royaume italien. Vendez-lui les forteresses que vous y avez construites. Achetez ou conquerez un territoire de l'Afrique septentrionale, pour le coloniser. Gardez toujours Trieste et autres ports sur l'Adriatique.

Angleterre, abolissez votre religion d'État et la dîme. Employez la taxe des pauvres à aider ou forcer les émigrations sur vos colonies. Mettez sur l'Indoustan trois millions d'Anglais comme colons. Faites une nouvelle Angleterre sur l'Australie. Maintenez votre aristocratie de naissance. Soyez les précepteurs des Chinois et des Japonais ; car ils forment presque la moitié du genre humain. Ils

doivent servir de contre-poids au monde européen et
occidental. L'Océanie leur est destinée. Absorbez
l'Irlande. Restez le réfuge des victimes révolutionnaires. Un jour les peuples viendront en pèlerinage
rendre hommage aux villes anglaises qui ont enfanté
la liberté parlementaire et autres libertés publiques.
Tenez-vous toujours sous les armes; car l'absolutisme, religieux ou politique, de l'Europe, vous considère comme un ennemi mortel. Vous avez contre
vous les rouges, les catholiques, les césaro-byzantins
de France, Autriche, Russie, Espagne, etc. Montrez
moins d'indulgence à l'égard de vos criminels. L'Europe tombe sous une sentimentalité dangereuse
envers les malfaiteurs. Maintenez la peine de mort
en matière criminelle quand il s'agira d'attentat
contre la vie d'autrui. Transférez le haut traitement
de vos gens d'Église à vos professeurs, généraux,
amiraux et autres laïques. Ils sont plus utiles.

Espagne, prenez le Portugal immédiatement, puis
le Maroc. Établissez la liberté religieuse. Vendez les
biens des églises et couvents. Abolisez vos couvents;
car ils vous ont fait trop de mal. Vous les autoriserez
en petit nombre, lorsque votre population se sera
rachetée de son barbare catholicisme. Couvrez vos
montagnes d'arbres à haute tige, vos plaines de canaux, de voies de communication et d'irrigation.
Ouvrez des mines, honorez le travail physique, pu-
nissez vos mendiants. Introduisez le rationalisme
dans vos croyances religieuses et politiques. Soyez
une nation de soldats et non de moines : alors vous
deviendrez le premier peuple du midi de l'Europe.
Vous êtes le premier fantassin du monde, si vous le

voulez. Votre mission, après vos réformes intérieures, est de conquérir et de civiliser le Maroc.
Une partie de la Méditerranée vous appartiendra et
vous pourrez la fermer à qui bon vous semble.

Italie, maintenez pendant plusieurs générations
le gouvernement constitutionnel. Si vous formez une
république unitaire ou fédérale, vous retombez sous
le joug de l'étranger. La république en Europe est
toujours trahie et les traîtres sont récompensés.
Expiez votre faute séculaire, d'avoir produit tant de
bandits, tant d'assassins, de flâneurs et filous religieux, tant d'hostilités de provinces les unes contre
les autres. Expiez-la en considérant votre catholicisme comme un ennemi, constituant une forte unité
nationale, détruisant vos bandits, devenant soldats
et non moines ou prêtres. Soyez moins païens. Vos
hommes de progrès doivent combattre votre imagination, votre ignorance, vos traditions religieuses,
politiques, et les remplacer par la raison, la science
positive, les tendances vers l'avenir. Le passé vous
écrase trop de ses débris. Ne pouvant plus être une
nation de premier ordre, devenez au moins une nation
distinguée, au second rang, par unité nationale,
science positive, éloignement du passé.

Prusse, prenez vos limites naturelles avec l'Elbe,
la Hollande, la rive droite du Rhin, vous deviendrez
une nation maritime. Les Hollandais et Saxons ont
la tête plus grosse que les autres Européens; de là
possibilité d'une plus complète intelligence. Ils vous
aideront à devenir le premier parmi les Teutons.
Affaiblissez votre noblesse sans bouleverser votre état
social. Il vous est donné, par droit supérieur de civi-

lisation, d'organiser l'unité germanique. Il vous faut,
dans ce but, des écrivains pour l'idée, des soldats
pour le fait, des Églises indépendantes sous la forme
protestante pour renforcer la raison humaine, des
savants, des déistes pour mieux vous diriger vers la
civilisation et vous faire triompher de l'Autriche catholique. Le roi de Prusse doit dire soir et matin, au
lieu de prières : « Mes descendants seront les empe-
« reurs de toute la Germanie! Leurs descendants
« seront les présidents élus de toute la Germanie,
« après quoi ils laisseront la présidence à l'élu du
« peuple, roi noble ou plébéien! »

Russie, laissez-vous diriger par la czarisme, toute
autre forme de gouvernement retardera votre mission progressiste. Étendez-vous vers la Chine, tout
le pays entre le Caucase et la Perse. Les populations du Turquestan vous sont données par Dieu,
pour être forcées dans la civilisation ou être détruites.
Absorbez tous les peuples de votre immense territoire. Russifiez la Pologne catholique, car elle est un
ennemi permanent; une fois absorbée traitez-la bien,
car les Polonais sont les précurseurs du panslavisme.
Ils procéderont par des utopies que vous appli-
querez, puisque vous êtes plus savants, plus positivistes. Vous convertirez leurs rêves en réalités. Ne
cherchez pas à empiéter sur le germanisme, car il
vaut mieux que vous. Tournez-vous sur l'Asie, vous
êtes l'anneau qui doit unir l'Orient à l'Occident. Vos
fleuves vous conduisent vers l'Asie, suivez-les, car ils
sont d'excellents professeurs de politique. Empruntez
à l'Occident ce qui vous est indispensable pour ne pas
être trop asiatiques : renoncez à le dominer ou même

l'influencer. Si votre main droite reçoit quelque
chose de l'Europe que votre main gauche le passe à
l'Asie.

France, méfiez-vous des idées napoléoniennes. Elles
vous font seïde, vous conduisent à l'état social de
Rome impériale et de l'empire byzantin. Point de
prospérité durable, point de nobles sentiments sans
la liberté de réunion, de parler, d'écrire. Ne redou-
tez pas les doctrines révolutionnaires, car elles sont
le salut du pays. Laissez-les se répandre par la discussion. Arrêtez-les quand elles se propageront par
la violence. Le plus rouge des socialistes est moins
dangereux que le plus bénin des bonapartistes. Ce
dernier vous rend un esclave moral en vous flattant,
vous empêchant d'examiner vos affaires politiques ;
l'autre vous laisse toute votre énergie morale, votre
libre examen, toute votre clairvoyance, parce qu'il
ne sait pas vous flatter, qu'il ne sait pas récompenser ses amis et qu'il est incapable de former des
seïdes. Rétablissez le gouvernement constitutionnel. Diminuez le pouvoir du chef de l'État. Depuis
Louis XIV jusqu'à nos jours, ce chef, qu'il soit roi,
convention, directoire, empereur, président élu de
république, a trop d'autorité. Il devient despote même
malgré lui. Il n'y a pas de guerre sociale à craindre
car il n'y a pas ici de classe privilégiée. Diminuez le
nombre de vos fonctionnaires. Par leur exemple et
leur conduite ils asservissent le caractère national.
Qu'ils soient, sans exception, soumis aux tribunaux
sans l'intervention du conseil d'État. Moins de
soldats, de prêtres et plus d'instituteurs. Colonisez
l'Afrique. Prenez toute la rive gauche du Rhin, vous

aurez, par quelques millions d'Allemands, un contre-
poids rationaliste contre votre imagination celtique.

Juifs, persévérez dans votre foi. Modifiée par la
morale de l'Évangile, elle deviendra la religion du
genre humain éclairé. Vous êtes les représentants
du déisme, la seule vérité religieuse qui existe : étant
cosmopolites, vous la transporterez avec vous par
l'univers. N'attendez pas le Messie. Vous êtes le
Messie. Ne rêvez pas une nationalité territoriale.
Étant apôtres, vous devez parcourir le globe. Il est
bon que vous ne possédiez pas de propriétés immo-
bilières; car elles vous attacheraient au sol. Vous
devez vous mêler à toutes les populations, civilisations, vivre dans tous les climats. Que votre Dieu ne
ne soit plus le Jéhovah, colère et terrible, qu'il soit
le Dieu indulgent et lent à punir.

États-Unis d'Amérique, vos guerres civiles et étrangères ne doivent être que des accidents dans votre
destinée. Tout en ayant des soldats égaux aux plus
célèbres et par centaines de mille. Votre mission est
de conquérir et territoires et races humaines, par la
paix, la science positive. Vous n'avez pas eu le malheur
de subir les légendes religieuses et monarchiques.
Votre histoire est la vérité. Restez donc positivistes.
Votre immense territoire, votre population composée de tant de races, peuvent laisser toutes les
nuances de la pensée s'organiser en gouvernements, libres chacun dans son administration intérieure, néanmoins soumis au gouvernement fédéral, tête et cœur
de tous. Vous pouvez avoir, là, un État mormon, ici,
un État monarchique : un empereur avec sa cour,

un État avec les plus rigides institutions démocratiques ; un État avec les plus rigides institutions aristocratiques, lesquels, tous formeront unité, sous l'autorité supérieure de votre *pape laïque*, président élu et à terme. Il sera le pape rationnel de l'Amérique. Ses décrets, sur paix, guerre, relations intérieures et extérieures, son autorité, seront plus chrétiens, plus évangéliques, plus utiles au genre humain que les prières, les bénédictions, les excommunications, les bulles diverses du pape clérical de Rome, du Japon, du Thibet.

Chaque État doit être une famille privée, laquelle s'administre à sa guise, restant soumise à la loi générale. Chaque État, quoique libre, doit être sous les lois de la confédération. S'il veut être souverain, brisez-le par la force. N'hésitez pas à employer la force des armes, pour réprimer vos émeutes. Là où la liberté est illimitée, la violation de la loi doit être punie sommairement.

Tenez les noirs comme vos disciples. Placez-les autour du golfe Mexicain et en Floride, sur les territoires produisant du riz, et par toute contrée humide où pendant quatre mois de l'année, le thermomètre centigrade a pour moyenne une température de vingt-cinq degrés. Là, les races blanches ne peuvent prospérer, Elles peuvent être l'esprit, sans pouvoir être le corps. Créez aussi une race mulâtre, le blanc qui aura procréé cent mulâtres aura bien mérité du progrès social.

Remettez à vingt ans d'ici, l'application de la doctrine Monroë. Quand vous aurez soixante et dix millions de blancs, alors vous placerez sous l'autorité de votre pape tous les peuples, depuis les lacs anglais jusqu'à Panama (1).

Précepteurs de l'Europe, France Angleterre, Autriche, Russie, Prusse, formez un État chrétien à Constantinople, avec ses limites naturelles de l'Europe, et partagez-vous le reste de l'empire ottoman.

Un Romanoff doit être le chef de ce nouvel État.

(1) La guerre du Nord contre le Sud est probablement la plus humanitaire de toutes celles qui ont eu lieu depuis la révolution française. Elle est sacrée parce qu'elle a supprimé l'esclavage. Elle est conforme au droit supérieur de civilisation, parce que le Nord vaut mieux que le Sud. Il est progressiste et améliorateur, le Sud est conservateur et oppresseur. Elle est conforme au droit géographique, parce que le territoire compris entre l'Atlantique, le golfe du Mexique, les lacs Canadiens et les montagnes Rocheuses n'admet qu'une seule unité nationale.

Elle prouve que les institutions républicaines peuvent triompher des grandes difficultés sociales. La république a jeté sur les champs de bataille plus de deux millions de soldats, lesquels ont retourné à leurs occupations civiles, même à celles qui sont considérées comme humbles sur le reste du monde, hors de la respectabilité. On a vu des généraux victorieux retourner à leur profession d'épicier, de professeurs de danse ou d'escrime, d'avocat, de fermier, etc. Les généralissimes, à la tête d'une armée de deux cent mille hommes, ont été révoqués par un président élu, sorti du peuple des travailleurs. Ils ont obéi sans murmure.

Tout ceci est un exemple offert aux autres peuples.

La guerre a eu aussi un avantage intérieur peu remarqué et cependant méritant de l'être. Elle a renforcé le principe de l'autorité, lequel était dominé par le principe de la souveraineté de chaque État et par suite par celui de la souveraineté individuelle. Elle a établi un équilibre rationnel entre l'autorité et la liberté. Or cela rendra la république américaine plus apte à accomplir ses destinées. Donc elle ne doit pas regretter ses sacrifices. Son triomphe est un progrès humanitaire des plus complets.

Grec de religion, il est juste qu'il gouverne les Grecs.
Il deviendra Grec, quoique Russe de naissance, à
l'instar des Bourbons de France qui sont devenus
Italiens et Espagnols. Il n'y aura pas de pacte de
famille entre le nouveau chef de Constantinople et la
maison de Russie. Sans cet État chrétien, nommé
par vous cinq, soyez sûrs que vous vous battrez
comme des boules-dogues, afin d'avoir un morceau
du Turc. Mieux vaut vous entendre à l'amiable. Par
droit supérieur de civilisation, partagez. Vous ne
serez pas les *partageux* du socialisme; mais les partageux pour le progrès universel. Ceux d'entre vous
qui sont les partageux de la Pologne ont bien mérité de l'humanité. La nationalité des peuples est et
sera toujours subordonnée au droit supérieur de civilisation. Une nationalité est aussi bien représentée
par une tribu de brigands que par une nation de cent
millions d'habitants. Donc ne considérez ni le
nombre, ni la race; seulement les œuvres vers le
progrès, puis la capacité progressiste.

Ne craignez jamais d'absorber les États secondaires ou même de quelques millions d'hommes. Les
grandes collections d'hommes font toujours plus de
progrès social que les petites.

Le but de l'humanité est un seul troupeau, un seul
pasteur. Or pasteur, ici, est plutôt un congrès, une
chambre universelle de représentants des peuples,
qu'un seul homme, pape, empereur ou roi.

Ce qui s'est vu dans le cours des siècles, peut se
voir encore. Or garantissez-vous contre les invasions du monde mongol, la race jaune sera un jour
animée de l'esprit militaire, parce qu'elle est à l'étroit

chez elle et mal sous beaucoup d'autres rapports. Alors elle recommencera les invasions d'Attila, de Gengis-Khan, de Tamerlan. Ils ont passé entre le Volga et la mer Noire. C'est une large porte ouverte à la destruction. C'est pourquoi fermez-la par l'implantation d'une population européenne.

Rendez la Germanie une nation impénétrable. Elle est le noyau de l'Europe et de la civilisation occidentale. Tant mieux si les Germains forment une masse de cent millions d'habitants. La Russie peut tourner à l'asiatisme, non pas d'une manière permanente, mais passagèrement, car elle peut être atteinte d'une maladie morale qui la ferait s'allier aux envahisseurs asiatiques contre l'Europe.

L'humanité n'acquerra pas son *maximum* de progrès sans qu'il y ait des fleuves de sang versés sur l'Europe. L'antagonisme de 1866 se renouvellera plus de dix fois avant que nous voyions une paix perpétuelle ou même une fraternité sincère entre les Européens. L'antagonisme est le sentiment le plus durable, le plus universel. Une différence d'habillement, de mœurs, de langage, d'institutions, le maintiendra encore parmi les hommes le plus avancés. Nous nous tournons facilement en loups contre notre prochain.

MAXIMES

Tu n'auras point d'autres dieux devant ma face.
Tu ne feras point d'images taillées.
Tu ne te prosterneras pas devant elles.
Tu ne prendras pas le nom de ton Dieu en vain.

Garde le jour du repos pour le sanctifier.

Tu travailleras six jours.

Honore ton père et ta mère.

Tu ne tueras point.

Tu ne diras point de faux témoignage.

Tu ne convoiteras aucune chose qui soit à ton prochain.

MOISE. — SINAI.

Ne fais pas à autrui ce que tu ne voudrais pas qui te fût fait.

Fais à autrui ce que tu veux qu'on te fasse.

JÉSUS-CHRIST.

La main de l'artisan est toujours pure pendant qu'il travaille.

Le châtiment gouverne le genre humain. Le châtiment protége. Le châtiment veille pendant que tout dort.

L'iniquité commise n'est jamais sans fruit pour son auteur.

MANOU.

L'homme a sa loi dans la terre.

La terre a sa loi dans le ciel.

Le ciel a sa loi dans Dieu.

Dieu, la raison universelle, a sa loi en lui-même.

Dieu a produit 1. Un a produit 2. Deux a produit 3. Trois a produit toute chose.

Chacun retourne à son principe primordial. Les êtres matériels ont sans cesse de nouvelles formes extérieures.

LAO-TSEU.

Fais le bien pour lui-même.

Sois sévère envers toi, indulgent envers autrui.

Reçois les louanges et le mépris avec une égale indifférence.

Adore le ciel, c'est à dire l'emblème de l'être invisible.

Honore les ancêtres.

Les grands, quand ils donnent de mauvais exemples, méritent une punition sévère. Use d'indulgence envers les classes inférieures.

Ce que le peuple juge digne de récompense et de punition est ce que le ciel veut punir et récompenser. Il y a communication intime entre le ciel et le peuple.

Paie par l'équité, la haine et les injures ; les bienfaits par des bienfaits.

KONG-FOU-TSEN (CONFUCIUS).

LIVRE CINQUIÈME

—

COUP D'ŒIL A TRAVERS L'HUMANITÉ

—

LA PLUPART DES ÉCRIVAINS COMIQUES OU SATIRIQUES N'APPARTIENNENT PAS AUX CLASSES SUPÉRIEURES DE LA SOCIÉTÉ. POURQUOI?

Aristophane était de médiocre naissance, on lui contestait son titre de citoyen d'Athènes. Plaute était garçon meunier, Térence affranchi. Ménandre citoyen d'Athènes, Horace affranchi, Martial un parasite, les auteurs de la satire Ménippée étaient quatre bourgeois de Paris. Rabelais, Séguier, Mathurin, Pascal, Boileau, Beaumarchais, Molière, Regnard, Gilbert, la plupart de nos poètes ou écrivains quelconques satiriques, comiques ou pamphlétaires sont d'origine plébéienne. Le même fait se remarque chez les autres nations, on peut dire, se remarque même universellement.

Ces écrivains ont plus d'indépendance et plus d'envie que ceux qui naissent parmi les classes élevées. Il y a aussi chez eux un fond de probité et de sévérité plébéiennes. Les habitudes du grand monde rendent les écrivains aristocrates, ou indulgents, ou de meilleur ton, ou indifférents aux vices de leur époque.

Les écrivains nés de familles aristocratiques sont ordinairement, retenus, calmes. Ils raillent plus qu'ils ne blâment. Ils conservent dans leurs jugements une retenue voisine de la faiblesse : ainsi, de Thou, Montesquieu, Saint-Simon.

UTILITÉ DE LA PRESSE LIBRE

La presse est la sauvegarde des libertés publiques, du progrès humanitaire. Elle empêche les concussions, l'immoralité des fonctionnaires. Les pays qui en sont privés sont ceux où les fonctionnaires deviennent le plus corrompus. La Turquie, la Russie, les États de l'Asie ; les époques où la presse fut supprimée en France, le Directoire, l'Empire, nous le démontrent. Par contre, les nations qui ont eu la sagesse de maintenir la liberté de la presse, ainsi l'Anglo-Amérique, l'Angleterre, la Belgique, la Hollande sont celles où les fonctionnaires ont le plus de probité, où les administrés sont le plus libres. Tout gouvernement d'Europe qui s'oppose à la liberté de la presse est l'ennemi de l'humanité. Il veut l'exploiter plus facilement.

DE LA VRAIE CIVILISATION

Elle n'est pas le brillant des arts et de la littérature. A ces époques où l'art et la littérature ont brillé, comme sous Périclès, Auguste, Louis XIV, les masses étaient courbées sous la misère, intellectuelle, physique et morale, l'hygiène publique n'existait pas ou peu. Point de liberté de la personne ou de la propriété ; disettes, famines, épidémies, furent les compagnes ordinaires des siècles de gloire. Peu de temps avant 89, les malades couchaient quatre à cinq sur chaque lit de l'Hôtel-Dieu à Paris : le moribond à côté du convalescent ; le galeux à côté du fiévreux. Alors c'étaient vols par bande à main armée, pillages, viols, et tout cela impuni.

La vraie civilisation n'est pas l'élégance d'un sentiment, d'une passion, d'une classe de citoyens : c'est l'aisance générale, à peu près égale ; c'est la viabilité multipliée, la sécurité pour tous ; le chou poussant plutôt que la rose ; c'est un million dépensé à faire construire mille maisons, plutôt qu'un seul palais, ou cent mille paletots de coton, plutôt que cent habits chamarrés d'or.

La vraie civilisation, c'est l'amélioration physique, morale et intellectuelle des masses. La vraie civilisation est dans l'avenir égalitaire.

LE VRAI PHILOSOPHE

Le vrai philosophe doit savoir se passer d'affections quelconques, amis, enfants, maîtresses, femme,

honneurs, fortune, protégés, protecteurs; tout cela
ne doit pas lui être nécessaire. Mourant injustement,
méprisé, calomnié, il ne doit point se décourager.
La nature et Dieu lui suffisent. Tout ce qui lui arrive ne survient-il pas par le fait ou pour une harmonie supérieure?

LES ÉCRIVAINS DES HAUTES CLASSES EXCELLENT A DÉPEINDRE LES RIDICULES, CEUX DES CLASSES MOYENNES, A DÉPEINDRE LES VICES DE LA SOCIÉTÉ

La Rochefoucauld, Saint-Simon, ducs et pairs,
ont merveilleusement décrit, censuré les ridicules de
leur siècle. Molière, Jean-Jacques, nés parmi les
classes moyennes, ont retracé les vices de leur temps
avec une éloquence et une vérité inimitables. La
Lettre à d'Alembert sur les spectacles, le Tartufe,
l'Ombre de Fabricius aux Romains, les Provinciales
de Pascal, né aussi lui de classe moyenne, prouvent
notre assertion. Pourquoi cette différence? C'est que
le grand seigneur n'est frappé que des inconvé-
nances contre les usages, qu'il est porté à la raillerie en raison de sa supériorité sociale; sa vie et sa
morale sont plutôt de convention que de toute autre
manière; de ce tout, aptitude, à saisir les ridicules.
Quant aux autres, ne vivant pas chez un monde
aussi conventionnel, ils aperçoivent plus facilement
les désordres de la société. Ils sont d'ailleurs moins
indulgents que les seigneurs : de là, ils sont portés
à l'indignation. Les ridicules excitent le rire; le vice
excite l'indignation. Les prédicateurs des classes
moyennes sont comme les écrivains de condition

bourgeoise : ils fulminent contre les vices. Pour stigmatiser les vices, il suffit de vivre dans son cabinet et d'avoir l'âme honnête; pour railler les ridicules, il faut vivre parmi les hommes. Montesquieu, grand seigneur peint admirablement, avec ses Lettres persanes, les ridicules du dix-huitième siècle. Le Sage, bourgeois, dans son Turcaret et son Gil Blas, peint adorablement les vices. Juvenal, bourgeois, c'est à dire de classe moyenne, puisqu'il était fils d'affranchi, fait honte aux Romains de leurs vices. Cervantes, gentilhomme, tombe à bras raccourcis sur les ridicules de la chevalerie.

LES PEUPLES ET LES ÉPOQUES OU IL Y A LE PLUS DE SAUVEURS DE LA SOCIÉTÉ, SONT PRÉCISÉMENT CEUX OU IL Y A AUSSI LE PLUS D'ABERRATION MENTALE

Le sénat, le peuple de Rome proclamaient *sauveur* le tyran, l'assassin qui s'emparait du pouvoir impérial. Les Grecs du Bas-Empire imitèrent les Romains. Les présidents vainqueurs dans les républiques de l'Amérique méridionale reçoivent les mêmes dénominations. Par tout l'univers il en est ainsi. Le vainqueur, quel qu'il soit, est toujours un *sauveur*. Chez les Français, il y a eu grand nombre de sauveurs, parce que cette nation est passionnée, mobile, plus aveuglée que toute autre par l'idée politique, par le parti, et que la raison, la justice lui font plus souvent défaut. Ainsi les Guise furent nommés Moïse, Gédéon, *sauveurs* de la patrie, à cause de leurs victoires sur les protestants. La Saint-Barthélemy fit appeler Charles IX l'*envoyé de Dieu*. Jacques Clément

fut déclaré *saint* pour avoir assassiné Henri III.
Henri IV fut proclamé *sauveur* de la nation après
avoir triomphé de la Ligue. Louis XIV fut un nouveau *Constantin*, *un sauveur*, par ses dragonnades, sa
révocation de l'édit de Nantes, ses massacres des
Cévennes. Robespierre devint *sauveur* lors de sa fête
à l'Être suprême ; Tallien, Fouché, Barras, *sauveurs*
au 9 thermidor ; Bonaparte deux fois *sauveur*, le 18
et 19 brumaire, puis au retour de l'île d'Elbe ;
Louis XIII deux fois *sauveur*, en 1814 et 1815 ; Louis-
Philippe, *sauveur* en 1830 ; le gouvernement provisoire, *sauveur* en 1848 ; M. Cavaignac, *sauveur* au mois
de juin 1848 ; Napoléon III, *sauveur*, *restaurateur* de
la société en 1851 et 1852. Bref, nous avons autant
de sauveurs que de triomphes. Or à toutes ces
époques il y a aberration mentale chez les peuples,
car ces *sauveurs*, rationnellement, ne sont que des
gens habiles et heureux, qui tondent le peuple autant les uns que les autres.

DÉVOUMENT DES GENS EN PLACE

Depuis le garde champêtre jusqu'au chef de l'État,
chaque employé du gouvernement prétend se dévouer au bien public. Ils reçoivent les uns un traitement de 30 millions, de 250,000, de 180,000 francs,
les autres un traitement qui leur assure une existence
facile. Ils disent tous que la nation doit leur savoir
gré de leur abnégation. Or ils doivent dire : « Nous
« sommes charmés de la position que nous avons
« conquise sur la nation. Nous avons le pouvoir, la
« richesse, avec cela tous les biens de ce monde,

« amours, vins, bonne chère, beaux habits, loge-
« ments commodes, courtisans, seïdes, historio-
« graphes : bon peuple, nous te remercions. »

Le véritable dévoûment consiste à donner plus
qu'on ne reçoit, à s'imposer de rudes privations, à
dédaigner les honneurs et les biens de ce monde.
Lorsqu'un individu nous dit qu'il se dévoue à être
chef de l'État, général, évêque, amiral, pape, cardinal, nous entendons là un mensonge.

FORCES DE LA CALOMNIE

Les conservateurs, à toutes les époques, ont répété contre les progressistes les mêmes calomnies.
Les premiers chrétiens, les albigeois, les vaudois,
les protestants, les socialistes furent accusés par leurs
adversaires de promiscuité, de viols, de meurtres
d'enfants, de pillages, de destruction de la propriété;
ces calomnies sont habiles. Elles insurgent toutes
les classes de la société. L'amant, l'époux, les parents, les propriétaires, les gens tranquilles, chacun
se voit menacé dans ce qu'il a de plus cher. Aussi
j'ai toujours considéré les calomniateurs comme les
gens connaissant le mieux le cœur humain. Ils
savent que l'humaine espèce accepte une croyance
parce qu'on lui dit : ceci est. Les jésuites, ces maîtres
dominateurs du troupeau chrétien, disaient pour
détruire tout l'effet des Lettres provinciales : Il suffit
de dire, à chaque lettre, *Montalte est un hérétique.*
Cette répétition l'entachera d'hérésie.

CE QUE MONTRE LA PASSION DE JÉSUS-CHRIST

Un roi, un prêtre, un magistrat, injustes, cruels, hypocrites; Pierre devenu lâche; un peuple injuriant son bienfaiteur; des disciples reniant leur maître; de pauvres femmes, seulement, sympathiques à la victime, et un aristocrate, Joseph d'Arimathie, seul, montrant du courage. La passion de Jésus est la plus vraie des tragédies humaines. Progressistes de tous les âges, ne l'oubliez pas.

DES CHOSES QUI FONT RIRE

Protestation de fidélité conjugale; promesse de fidélité politique; foi du peuple en ses gouvernants; dévoûment prétendu d'un chef de l'État qui a neuf, douze ou trente millions de francs de liste civile; sacrifice prétendu des hauts fonctionnaires; peuple qui se prosterne devant un homme pour en obtenir une bénédiction; gens quelconques qui donnent leur argent à des courtiers prétendus de la Divinité pour obtenir la remission de leurs péchés; un mari qui croit siens les enfants de race différente de la sienne; un capitaine de place se promenant à la brune, une lanterne à la main; un général qui passe une revue et qui se croit un personnage; un avocat qui parle de la vertu de son client; les dévots, les écrivains religieux, les théologiens de profession, tous ces gens faisant métier de morale, car leur vie est libertinage, cupidité, méchanceté, mystification, gourmandise; un vieux médecin qui croit à la bonté, à la beauté du caractère moral de l'humaine espèce; un vieux administrateur qui se prétend loyal en politique; un roi, un pape, un président qui se fie à la perpétuité des acclamations populaires; un parvenu qui se donne des airs de marquis; nos officiers de fortune qui parlent de leur noblesse; nos évêques, anciens garçons de ferme, ou ouvriers, ou fils d'ouvriers, qui se font appeler monseigneur comme s'ils étaient princes de sang, sont des choses qui font et feront souvent rire. Il y en a d'autres encore, telle que: *Amour divin*, lorsque, acète ou saint anachorète, on vit uniquement pour soi; *Attirer l'esprit saint, conjurer le diable*: ainsi se croire maître des êtres ou qui n'existent point et qui ne vivent pas de notre vie terrestre, croire à notre puissance évocatrice, lorsque nous ne sommes pas même les libres possesseurs de nos personnes. Les intérêts de Dieu, c'est à dire ceux du grand Être inconnu, les intérêts de Dieu sont les intérêts des sectaires, ils les nomment intérêts de Dieu.

COMME LES MOTS SONT VIDES DE SENS

Si l'on réfléchit un peu, on s'étonne de trouver partout, dans le langage, l'écriture, une multitude de mots vides de sens, une multitude de fausses notions. En voici quelques-uns: appeler *Sainteté*, *Majesté* des individus à cause de leur profession, lorsque cette sainteté tombe sur un individu comme Léon X, ou un criminel comme Borgia; lorsque majesté s'applique à un roi comme Charles II d'Espagne, lequel était plutôt un singe qu'un homme; *haut et puissant seigneur*, à un nouveau-né parce qu'il est fils de roi, lorsque réellement cet embryon humain, à six mois, est moins qu'un chien, chat, oiseau du même âge; *trahir son Dieu,* comme si Dieu infini pouvait être trahi, victime; *Dieu mort pour l'homme,* comme si le tout pouvait mourir pour la partie; *omnipotence de la prière, secrets de Dieu mis au jour,* devant l'immuabilité et l'incompréhensibilité divines; expier ses *torts par le remords et la pénitence,* comme si cela rendait la vie à celui qu'on a assassiné, ou rétablissait ce qu'on a brûlé, détruit d'une manière quelconque; *ne dépendre que de Dieu* comme si un pape, un roi, un évêque, ne dépendaient pas de tout agent physique qu'on peut mettre en contact avec leur corps; comme si ces gens-là ne vivaient pas de leur métier de roi, de pape, d'évêque; comme s'ils étaient autres que des hommes. Enfin si, usant de notre raison, nous examinions les mots, les idées dont on se sert journellement, nous reconnaîtrions qu'ils proviennent d'une aberration complète de notre intelligence et d'une habitude doublement moutonnière.

RÉSULTATS DE LA PERSPICACITÉ

Celui qui voit clairement à travers le cœur humain, découvre les vices, les passions basses, sous l'apparence des vertus et des nobles facultés. Il voit l'égoïsme sous le dévoûment; la jalousie, l'envie sous l'admiration prodiguée à un rival; la vanité, l'orgueil, sous le drapeau de l'humilité; l'hypocrisie, la réticence pour l'appareil de la franchise. Bref, celui

qui perce à fond l'espèce humaine, la méprise dans
ce qui fait l'admiration du vulgaire : elle contient
deux camps, celui des admirateurs, des dupes, des
exploités par la force et la ruse, puis celui des du-
peurs par la force et la ruse.

D'OU EST NÉE L'IDÉE UNIVERSELLE DES GÉANTS

La Bible, les livres sacrés de l'Inde, la mythologie
grecque et scandinave, la mythologie chrétienne
légendaire, celle des autres races quelles quelles
soient, admettent toutes l'existence des géants lors des
premiers âges nationaux, et leur destruction à cause
de leur méchanceté. Cette idée vient des ossements
des grands reptiles ou mammifères antédiluviens
trouvés sur la surface du globe; des combats de la
race existante contre une race d'hommes premiers
occupants du sol. Ainsi, les géants du nord sont
les traditions des luttes entre les Scandinaves et les
Finnois. Ceux de la Grèce sont les combats entre
les Hellènes et les Pélasges. La fable des géants
c'est donc le souvenir caché des convulsions du globe
ou des tendances de telle ou telle nation.

D'OU NAIT LA LIBERTÉ INDIVIDUELLE ET POLITIQUE

Les philosophes politiques français ont pensé que
la liberté provenait de l'unité gouvernementale. Ils
se sont trompés. Plus la centralisation est forte,
moins il y a de libertés individuelles et politiques.
L'unité, la centralisation, donnent l'égalité. Voilà le
fait historique de toutes les races humaines, surtout

des européennes. Les nations où la liberté existe sont soumises au régime provincial ou municipal. La tendance de l'Europe centrale est de marcher vers l'égalité, par l'absorption de tous les pouvoirs sociaux entre les mains des gouvernements. C'est la substitution de la bureaucratie à la féodalité, la substitution des forces individuelles aux forces collectives.

D'OU VIENT L'IDÉE DES DIEUX RÉGNANT AVANT LES HOMMES ET DE DEMI-DIEUX ENFANTS DES DIEUX, RÉGNANT AVANT LES HOMMES ACTUELS?

Les Égyptiens, les Indous, les Grecs, les Latins, les Germains, les Scandinaves, la plupart des peuples ont eu cette opinion. Elle vient de l'aptitude à voir en beau le passé. Puis du respect envers quelques bienfaiteurs qu'on a qualifiés de dieux et de demi-dieux. Chaque race, chaque nation a eu les siens, qui l'ont fait passer de la sauvagerie à un état social plus perfectionné. Respect du passé et reconnaissance envers les bienfaiteurs, voilà les auteurs des théogonies et souvent des cosmographies.

QUELLE EST LA PLUS RARE ESPÈCE DE DÉVOUMENT A AUTRUI?

Celle de se rendre esclave pour un autre? Partout on voit des individus se faire tuer, donner leur fortune, s'imposer des privations en faveur d'une personnalité quelconque. On n'en voit pas ou peu se rendre esclave en faveur d'une personne. Ce genre

de sacrifice est plus poignant. Il est fait par réflexion. Il est de longue durée : or exposer sa vie
pour quelqu'un est souvent un acte d'exaltation ; se
donner la mort pour quelqu'un, c'est encore souvent
un acte d'exaltation ; donner sa liberté est un souvenir de tous les instants.

LE CARACTÈRE RÉEL SE RECONNAIT SUR LE VISAGE DU MORT PLUS QUE SUR CELUI DU VIVANT

Grands ou petits, nous sommes souvent des gens
bariolés d'emprunts, tel personnage, vivant dans un
cercle donné, s'attribue les vertus d'un héros, d'un
saint, d'un cœur candide, lorsqu'il n'a aucune qualité. A la mort, les traits reprennent l'expression
réelle du caractère, notre manteau bariolé disparaît.
J'entends les morts seulement qui ne défigurent pas,
telles que les morts subites par accidents, et quelques
autres. Le sommeil est encore un mode où le vrai
caractère se manifeste : quand le sommeil est naturel. Voyez vingt fois le visage d'un individu endormi,
vous le connaitrez mieux que si vous aviez passé
vingt jours entiers à parler avec lui de toutes choses.

LES GRANDES FORTUNES S'ACQUIÈRENT PAR LA GUERRE ET L'AMOUR

Alexandre devint l'homme le plus riche de l'antiquité. Outre des richesses mobilières incalculables,
telles que myrrhe, encens, étoffes de pourpre,
pierreries, curiosités, il gagna en numéraire, à
Issus, 11 millions de francs, à Damas, une somme

beaucoup plus forte, à Persépolis 962 millions, à Pasargade 23 millions, à Suze 192 millions, un total de 2 milliards représentant en numéraire plus de 20 milliards de notre monnaie actuelle; car à cette époque l'or et l'argent avaient douze fois plus de valeur qu'à présent.

Mahmoud le Gaznévide, Tamerlan, Akbar-Khan, ont conquis des sommes énormes sur les villes et les pagodes de l'Indoustan; Nadir-Schah, y prit 4 milliards de francs, équivalant à 40 milliards actuels; Clive environ 150 millions, plus une pension viagère de 1,600,000; Warren Hasting, quelques autres généraux anglais, y ont fait des fortunes magnifiques.

Les sénateurs, les chevaliers romains, se sont enrichis du pillage de l'univers. La noblesse anglaise a fait fortune en s'emparant des biens des couvents et des catholiques : la noblesse française en dépouillant Jacques Bonhomme.

Mazarin gagna, par pot-de-vin, concussions, près de 100 millions de francs actuels. A une seule de ses nièces, il donna 28 millions et aux cinq autres des dots magnifiques. L'abbé Dubois s'était fait un revenu annuel de 2 millions. Wellingthon a reçu, pour sa part de prises de guerre en France et Espagne, 45 millions, 20 millions de donations faites par l'Angleterre, un traitement de roi : ce qui avec les intérêts des intérêts, porte les sommes perçues par lui depuis son entrée au service, à 110 millions environ.

Le regent a été volé par un ouvrier des mines du Mongol. Il valait, il y a cent cinquante ans, 4 millions. La montagne de lumière, qui vaut 50 millions, fut volée au roi de Golconde par l'empereur de Delhy; à celui-ci par Nadir-Schah; à ce dernier par Hamet, roi du Caboul; à Hamet, par Runjet-Sinn; puis aux successeurs de ce dernier par les Anglais. Voler c'est prendre le bien d'autrui, or qu'on empoigne un écu ou des milliards, c'est toujours un vol; on a beau masquer cette action sous le titre de conquêtes, de gloire militaire, de haute administration, etc.

L'homme est voleur par nature. La forme de sa main le prouve; car ayant plus de muscles fléchisseurs que d'extenseurs, elle est faite pour prendre et non pour rendre. Aussi nous usons largement de cette disposition native. Après nous, la gerboise, le singe, l'écureuil, sont les bêtes les plus voleuses; parce qu'elles ont à peu près la main de l'homme.

Le roi Chéops s'était ruiné à construire la grande pyramide. Il avait dépensé environ 300 millions de notre monnaie. Pour redevenir riche, il prostitua sa fille. Or celle-ci remonta le trésor paternel, du produit de sa profession et put économiser 30 millions qu'elle employa à bâtir la petite pyramide. Mythe ou histoire, c'est la plus belle fortune qu'une femme ait faite.

Les Corinthiennes gagnèrent des sommes énormes; Phrynée 2 millions; Servilie, maîtresse de César, 3,325,000; Gabrielle d'Estrée, quelques millions. La Montespan reçut pendant quinze ans un total de plus de 6 millions. Elle fit payer au banquier de la cour, 4 millions qu'elle avait perdus au jeu de biribi dans une nuit. La Fontange recevait pour un seul rendez-

vous d'amour 300,000 francs. Les amants de Cathé-
rine de Russie lui ont coûté 400 millions, et la France
a payé pour les amours de Louis XV plus de 500 millions.

Examinez les grandes fortunes du siècle ou des
siècles précédents ; vous constaterez, forcément, que
pour l'homme elles proviennent du vol, pour la
femme, de la prostitution. On cite quelques positions
opulentes dues au commerce, à l'industrie : Jacques
Cœur, Ango, quelques mineurs espagnols, quelques
banquiers ou industriels modernes ; mais ces positions sont bien minimes, bien rares, auprès de celles
gagnées par le vol et la prostitution. Notre conscience a beau s'insurger : il est fatalement, historiquement vrai que le vol et la prostitution sont l'huile
et les roues du char de la fortune. Ceux qui diraient
le contraire sont des optimistes aveugles, ou des
ignorants en matière d'histoire.

La guerre et l'amour ont anobli plus de familles
que toutes les autres industries ou métiers réunis.

D'ailleurs la fortune acquise honorablement est
autant la lutte contre la nature que contre l'homme.
Je m'enrichis par l'exploitation d'une mine, par un
labeur incessant, par la culture du sol ou de mes
facultés, mais bien plus sûrement encore, en écrasant mes rivaux. De telle sorte qu'il est vrai de dire,
que l'homme caressé par la fortune honnête est celui
qui a jeté à ses pieds, un plus grand nombre d'animaux de son espèce.

SON ANTAGONISME VIENT SOUVENT D'UNE DIFFÉRENCE DE FORME

Les blancs, les noirs, les jaunes, les rouges, les cuivrés, etc., se détestent instinctivement à la vue les uns des autres. Portez un costume différent, parlez une autre langue, l'inimitié de vos spectateurs et auditeurs s'élève contre vous. Qu'il pousse à une nation une queue comme celle des singes américains, toutes les autres nations se ligueront pour lui faire la guerre.

LA SOUFFRANCE D'AUTRUI DIMINUE LA SIENNE

Un malheur partagé est moins douloureux universellement que si nous l'éprouvions seuls. Nous nous consolons lors d'un commun naufrage. Pourquoi? Parce que nous aimons à voir souffrir autrui.

LA MORT LA PLUS PLEURÉE CAUSE DE LA JOIE A QUELQU'UN

Le plus regretté de l'univers, fait toujours quelques heureux qui espèrent son héritage, moral ou matériel. Un ministre, un pape, un roi, un fonctionnaire, passe de vie à trépas : vingt individus espèrent lui succéder. « Tant mieux, disent-ils, je vais avoir sa « position sociale. Voilà vingt ans qu'il me volait « ma place. J'étais le second, me voilà le premier. » La mort du savetier, du portier de la moindre échoppe fait toujours des heureux parmi ceux qui répandent le plus de larmes au sujet de cette mort.

LE DÉVOUMENT, L'AMITIÉ S'ACCORDENT PLUTOT A LA POSITION QU'A LA PERSONNE

Les grands ont beaucoup d'amis, parce qu'on espère qu'une partie des avantages qu'ils possèdent rejaillira sur nous. Nous négligeons celui dont nous n'espérons rien. Faites-vous des amis du produit de vos iniquités. Voler Pierre pour donner à Jacques. Piller le peuple pour enrichir vos historiographes et vos maîtresses. Si vous êtes puissant nous vous proclamerons un grand homme. Si vous êtes faible, et que vous commettiez une peccadile, nous crierons tous sur vous.

VERTUS ET MORALITÉ SONT DES MOTS QUELQUEFOIS

Homme de religion, de nation, de parti, fais le plus de mal possible à mes ennemis. Beaucoup de saints furent des monstres de cruauté. Ministre, prélat, grand seigneur, je me prosterne aux pieds de la maîtresse d'un roi et j'injurie celle du soldat. Prêtre de la pureté, je suis plein d'indulgence pour la pécheresse puissante, je fulmine contre la pauvre ouvrière qui a été séduite. Jeune magistrat, je vends la justice au prix de la possession d'une jolie femme; vieux et renfrogné, je la vend pour des honneurs, des places, de l'argent. Si j'ai des biographes, ils m'appelleront un d'Aguesseau. Militaire, je tue mes compatriotes égarés dans une émeute. Le vainqueur me distribue des récompenses. Écrivain, j'insulte tous ceux qui ne sont pas de ma coterie.

Regardez et jugez : parmi vos connaissances vous rencontrez chaque jour un des types ci-dessus décrits. Voilà la moralité, la vertu, de Paris à Macao, de Quito à Moscou.

PEU DE FORTUNES SONT FAITES SANS SOUILLURES

Cherchez autour de vous parmi vos contemporains ou vos dévanciers, vous reconnaîtrez que ministres, papes, préfets, généraux, ambassadeurs, etc., n'acquirent jamais, n'ont jamais acquis une position élevée sans s'être couverts d'hypocrisies, de flatteries, servilités, mensonges. Aretin, Dubois, Tencin, Laffiteau, des milliers d'autres, ont conquis fortune, honneurs, position sociale, croissant à mesure qu'ils devenaient de plus en plus vicieux. Du simple commis au ministre cela est encore la loi générale.

LA CONSCIENCE ET L'HONORABILITÉ EMPÊCHENT DE S'ÉLEVER

La conscience et l'honorabilité vous isolent, elles vous empêchent d'agir dans le sens du monde : alors vous n'avez pas de partisans, vous demeurez inconnu. Réclamer ses droits, en appeler à la justice absolue, refuser des protecteurs, c'est passer pour arrogant, orgueilleux.

QUELLE EST LA PROFESSION LA PLUS DANGEREUSE

Celle d'améliorer les hommes, parce que combattant leurs préjugés, leurs passions, leurs intérêts, on

multiplie ses ennemis, cette immense multitude intéressée au mal, à l'ignorance.

INANITÉ DES GÉNÉRATIONS VENANT ET DISPARAISSANT

Les hommes sur la terre ne sont pas, par rapport
à Dieu, plus que les feuilles, le flux et reflux de la mer,
ou que ces millions d'êtres anté ou postdiluviens.
Tous sont des formes qui viennent, disparaissent,
afin de mourir et de renaître encore, dans le but de
parcourir un cercle, ou une spirale inconnue, au gré
du grand Être. La mort est une fonction comme la
vie, quoique ses fins soient mystérieuses, il est
utile de s'en préoccuper.

LA FORCE, LA CRAINTE, LA CURIOSITÉ, LA RELIGION ET SURTOUT L'AMOUR PERMANENT FORMENT LES PRE-MIERS ÉLÉMENTS DES SOCIÉTÉS HUMAINES

L'amour fait en toute saison réunit la famille, la
force supérieure de l'un sur l'autre, réunit des
groupes de familles. La crainte des ennemis naturels engage les groupes à se rapprocher, l'idée religieuse, mise en commun, établit la sympathie entre
les différents groupes. Après ces causes de première
détermination, vient la curiosité, c'est à dire le désir
d'avoir de nouvelles impressions, puis un certain
consentement mutuel.

AUSSITOT QU'IL Y A SOCIÉTÉ, APPARAIT L'ANTAGONISME HUMAIN

L'histoire réelle ou le mythe nous montre assassinats, meurtres, viols, raps, incestes et violences de

toutes sortes, dès l'origine des sociétés. Caïn tue Abel, Romulus tue Rémus, Œdipe tue son père et épouse sa mère, Hercule est chassé par sa marâtre, Phèdre convoite Hyppolite, Pâris viole l'hospitalité et enlève Hélène. Ces anecdotes se rencontrent chez tous les peuples, quelle que soit leur race : aussitôt que deux hommes sont nés, ils ont été ennemis. Ils ont cherché à se nuire.

LE SPECTACLE DE LA DOULEUR A TOUJOURS ATTIRÉ PLUS DE SPECTATEURS QUE CELUI DE LA JOIE

Les sacrifices humains, les exécutions à mort universellement attirent et charment la foule. Les combats de gladiateurs ont réuni quelquefois deux cent mille individus sur le même lieu. Pour voir souffrir son semblable on affronte l'espace, le temps, la faim, le froid, la chaleur, la misère, on devient presque un héros. Publiez dans le pays le plus civilisé de la terre qu'un homme va être écorché tout vif, sur un immense autel au milieu du champs de Mars de Paris, vous verrez affluer les spectateurs de toutes les parties de l'Europe. Les souvenirs qui se gravent le plus longtemps dans notre esprit sont ceux qui se rattachent à une douleur excessive éprouvée par nos semblables.

IL EST PLUS FACILE DE RENDRE L'HOMME CRUEL, SUPERSTITIEUX, FANATIQUE, IGNORANT, QUE D'EN FAIRE UN SAVANT, UN CITOYEN UTILE, UN BIENFAITEUR.

L'homme naît méchant, ignorant : pour faire le mal il n'a qu'à suivre ses propensions naturelles et acquises : pour faire le bien, au contraire, pour remplir un rôle honorable et utile, il faut lutter contre lui-même. Aussi nous pouvons affirmer que la personnalité est plus développée que la sociabilité parmi nous. Nous sommes mus par des instincts d'appropriation égoïste, plus que par les instincts de justice, de probité, de sociabilité.

RELIGION ET PHILOSOPHIE RATIONALISTE

La philosophie, la science qui ont tant avancé l'humanité n'ont jamais ensanglanté le monde. La moindre discussion religieuse a fait verser des torrents de sang. La science est un fait, l'idée religieuse une idéalité. Celle-ci passionne les masses sans avoir de contrôle. La philosophie vous fait supporter les malédictions, la mort, de sang-froid, regardant cela comme une harmonie d'un grand tout. La religion vous les fait supporter avec joie, enthousiasme, vous persuadant que la Providence veut vous éprouver afin de vous récompenser. Dans le dévoûment religieux il y a une question personnelle.

LA SUPERSTITION ET LE MAINTIENT DES VICES SONT UN MOYEN DE GOUVERNEMENT

Quand il y a superstition le peuple croit à la parole de quelques individus, il les considère comme les intermédiaires entre lui et la Divinité. Il se soumet à leurs volontés. Les vices rendent l'homme esclave de lui-même. Ils l'empêchent de réfléchir, de vivre honorablement, de réclamer ses droits.

Voilà pourquoi les exploiteurs entretiennent la supperstition et les vices.

ON NE RECOMMENCERAIT PAS SA VIE SI ON LE POUVAIT

Les gens les plus heureux ne recommènceraient pas leur existence s'ils pouvaient choisir. Au sein du bonheur ils ont toujours eu quelques peines qu'ils chercheraient à éviter. La plupart changeraient de position sociale. Le savant se ferait ignorant, le conquérant berger, la reine couturière, etc. Or remarquons les inconséquences du moral humain, nous trouvons la vie amère, un pénible fardeau, nous la trouvons trop courte, nous ne la quittons pas sans regrets.

ROIS ET PEUPLES

Les rois font battre leurs peuples comme les bouchers leurs chiens. Ils s'attribuent le mérite d'avoir vaincu par eux. Les peuples s'honorent des blessures, douleurs qu'ils ont reçues pour le compte de leurs rois. Une caresse indemnise mon chien des morsures qu'il a gagnées lorsque je le fais se battre contre ses semblables.

INCONVÉNIENTS DE LA SUPÉRIORITÉ INTELLECTUELLE.

Elle isole l'homme de son semblable, car le supérieur par le cœur et l'intelligence ou par l'intelligence seulement, ne voit autour de lui que des choses ou des pensées vulgaires, misérables, mé-

chantes. Souvent encore il est atteint du rongement
d'esprit : ou il doute, ou il croit que notre espèce est
cousine germaine des singes.

LA MÊME FAMILLE PRODUIT RAREMENT TROIS HOMMES
DE GÉNIE

Chez les Juifs nous comptons David et Salomon;
chez les Macédoniens, Philippe et Alexandre; chez
les Ptolémées, Philadelphe et Cléopâtre; chez les
Césars, Jules et Octave; parmi les Mérovingiens,
Clovis et Clotaire II ; parmi les Carlovingiens,
Charles Martel et Charlemagne; parmi les Capétiens,
Philippe-Auguste et Louis XI; chez les Tudors,
Henri VIII et Élisabeth ; chez les Bourbons,
Henri IV. En Chine, cette proposition devient
presque une loi naturelle. Depuis quatre mille ans
aucune dynastie n'a fourni encore trois hommes de
génie. Même fait chez les dynasties musulmanes;
des trente-deux califes abbassides on ne remarque
que Haroun-al-Rahschid; des souverains de Constantinople, Mahomet II et Soliman le Magnifique, et de
tous les Ommyades andalous, Abd-der-Rhaman I et
Abd-der-Rhaman III. En dehors des familles princières la même remarque existe. Cela vient de là prédominence d'une aptitude dégénérant en excès à travers les gens qui n'ont pas de croisements multipliés.

IL NAIT PARMI LES HOMMES DE NOUVEAUX SENTIMENTS

Les philosophes anciens parcouraient l'univers
afin de s'instruire, non pour faire des conquêtes à

leurs doctrines. Ils s'inquiétaient peu du malheur des masses. N'avaient-ils pas des légions d'esclaves, et cette idée que les uns sont fatalement nés pour commander, les autres pour obéir? Depuis le christianisme, surtout depuis l'apparition sur l'univers de la race blonde, nous avons vu l'illuminisme, la fraternité, le commerce universel, l'amour platonique, l'hiérophantique, le respect de l'indépendance personnelle, l'honorabilité du travail physique, la compassion envers les malheureux, enfin des aptitudes, des sentiments constitutionnels, un véritable nouveau monde. Dans mille ans d'ici l'humanité aura encore à parcourir un nouveau monde physique et moral. Elle rira des choses qui nous passionnent actuellement, elle se passionnera pour les choses que nous méprisons. Bien certainement elle sera plus près de la vérité que nous.

SOMNOLENCE DU MORAL HUMAIN

Les nobles facultés de notre espèce, la bienveillance, la justice, l'amour de l'étude, la reconnaissance, etc., disparaissent momentanément. Sous les empereurs romains, la société fut livrée aux accès d'une monomanie satyriaque et homicide. A diverses époques du moyen âge, tuer, piller, torturer les juifs; ici leur arracher une dent, là leur crever un œil, fut réputée œuvre sanctifiante. Idem, quand il s'est agi de brûler les sorciers, les hérétiques, de tuer, de proscrire les démocrates. Jacques Clément fut regardé comme un saint par l'Italie, la France, l'Espagne. Par toute la terre on voit survenir des aberrations du moral humain. La justice, la raison et les autres nobles facultés sont donc soumises comme le corps aux exigences alternées du sommeil.

CHOSES DIFFICILES A L'HOMME

Penser par soi, ne point se contenter de mots, de formules, préférer l'indépendance indigente et laborieuse à l'oisiveté riche et servile, ne vouloir améliorer son sort que par le travail seul, refuser tout bienfait, tout cadeau comme asservissant l'homme, être juste envers tous les êtres, devenir vieux et rester riche sans mépriser l'humanité, être prêtre et avoir la bienveillance universelle sans esprit de domination, être femme jolie et adulée sans être infidèle, voir ses idées quelconques repoussées sans en éprouver du mécontentement, ne pas se croire au dessus des autres, reconnaître qu'on ne sait rien, avouer qu'on est incapable de gouverner dix individus, sont choses fort difficiles à l'humaine espèce.

MARIAGE

Bénédiction nuptiale, repas de noces, garçons et filles d'honneur, procession conduisant les mariés au lit, questions, plaisanteries sur leur première nuit, preuves de la consommation, éloges donnés à la virginité feminine, etc., font du mariage plutôt un accouplement, rappellent plutôt les attributions de Vénus et de Junon, qu'une union des esprits et des corps. Le mariage, pour être décent moralement, devrait être célébré devant quelques témoins seulement, à l'effet de constater son authenticité. Toute autre cérémonie doit être abandonnée comme sensuelle et immodeste.

PROBLÈME

Les êtres supérieurs qui font sortir l'humanité de ses conditions animales, ceux qui font le progrès et qui ont une plus forte quantité ou qualité du principe vital, sont-ils une quantité d'êtres limités subissant, depuis l'origine de l'homme, une série d'incarnations? Ainsi Moïse a-t-il été successivement Zoroastre, le Christ, Mahomet? Triptolème, a-t-il été successivement, Papin, Fulton ou Watt?

Ou bien, les êtres de nature intérieure, par la quantité ou qualité du principe vital, se sont-ils élevés au rang des rédempteurs?

Nous ne pouvons résoudre ces mystères ontologiques.

Je suis porté à croire, que les rédempteurs sont une espèce à part, plus fils de Dieu que les autres. Je crois aux Avatars et aux fils d'Ahriman; au bien et au mal provenant de deux sources opposées, ayant mission de laisser le genre humain s'améliorer, se sanctifier par le libre arbitre.

Si Abel avait assommé Caïn; Socrate, versé une cruche de ciguë dans le gosier des membres de l'aréopage; Jésus, crucifié ses bourreaux; Jean Huss, brûlé tout le concile de Constance; les sorciers, les victimes du saint-office, torturé leurs tourmenteurs; si enfin, les martyrs de la vérité et du droit avaient détruit leurs destructeurs, le droit rationnel n'aurait pas été violé.

Pourquoi le juste doit-il souffrir? La parabole suivante est d'une vérité absolue historiquement. Est-elle conforme à la volonté de Dieu?

« Le diable montrant à Jésus, dans un moment,
« tous les royaumes de ce monde, lui dit : Je te les
« donnerai tous, eux et leur gloire, car tout cela m'a
« été livré et je le donne à qui je veux. »

Pourquoi les animaux et végétaux nuisibles ou inutiles ont-ils une plus longue existence que les utiles? Pourquoi le crocodile vit-il cent ou deux cents ans? le bœuf et le cheval de quinze à vingt seulement? Pourquoi la fougère, l'ortie, se reproduisent-elles elles-mêmes chaque année, et les céréales seulement par le travail de l'homme?

ERREURS DE L'HISTOIRE

L'histoire a mal apprécié les indispositions physiques de quelques hommes, elle a dit que César, Mahomet, Pierre Ier, étaient épileptiques. Or, avec cette maladie, ils auraient été abrutis. Ils étaient atteints d'extases cataleptiques. Le métier de conquérant, de réformateur, de prophète, ébranle beaucoup le système nerveux. Il faut pour être historien, connaître la physiologie humaine.

LE PLUS ANCIEN LIVRE

C'est un contrat de vente daté de 1752 avant J.-C. C'est un rouleau égyptien du temps de Mœris déposé au musée de Turin.

PROBLÈME MORAL

Lors d'un moment d'effervescence il suffit d'un mot pour jeter une multitude à travers tous les excès possibles; lors d'une épidémie, de dire voici des empoisonneurs : à l'instant même ceux qu'on désigne ainsi sont massacrés; là de dire voici un espion : à l'instant le malheureux est mis en pièces. Par tout l'univers, ces choses-là se sont répétées. Pendant les temps de la plus grande effervescence bienfaisante, l'homme ne soulage pas celui qu'on lui montre, il ne le soulage pas spontanément. On lui dira, voilà un individu exténué de faim, il ne lui donnera pas des aliments, aussi subitement qu'il porte des coups à celui qu'on lui signale comme empoisonneur, espion, etc. Pourquoi la lenteur, la réflexion dans le bien, et l'impétuosité, l'irréflexion dans le mal? Crainte et férocité, voilà vos œuvres.

LA VÉRITABLE GRANDEUR

L'homme est grand réellement, non parce qu'il s'élève au dessus des autres, qu'il les gouverne, qu'il en dispose en maître. La grandeur des conquérants, des autres dominateurs n'est pas autre que celle des animaux qui sont maîtres par la ruse ou la force. La véritable grandeur consiste à améliorer les hommes, à les faire passer d'un état de civilisation imparfaite à un état plus parfait. Cette grandeur est celle de Jésus-Christ, de Wasingthon, de Confucius, de Moïse, des inventeurs, et non celle des Attila.

LIBERTÉS PUBLIQUES ET ARMÉES PERMANENTES

Il n'y a point de libertés publiques avec les armées permanentes nombreuses, car les soldats n'ayant d'avancement à attendre que du chef de l'armée, sont amenés à embrasser ses intérêts, ses passions. Celui-ci alors se sert d'eux pour dominer le pays. Voilà ce qui est arrivé partout. Rome n'eut plus de liberté lorsque les gardes prétoriennes furent logées auprès de la cité ; en France, sous Louis XIV, Napoléon et autres, plus l'armée fut nombreuse, moins il y eut de liberté. Le soldat fut entre les mains du prince un agent d'oppression et de ruine nationale. Les peuples libres, tels que l'Angleterre, l'Anglo-Amérique, la Suisse, la Hollande, ont pas ou peu d'armées permanentes.

A QUOI SERVENT LES PÉNITENCES

Il est évident que les pénitences, les mortifications ne sont pas l'expiation d'un crime et ne produisent rien sur la Divinité! Mais le pénitent, par elles, fortifie sa volonté, puis surtout il montre à l'humanité toute la puissance de la liberté humaine. Il sert à prouver qu'il vaut mieux se vouer à une pensée, à un système, qu'à une personne, aux plaisirs, aux voluptés. Il offre l'exemple du devoir moral, du courage. A tout prendre, ces gens-là, excentriques sur quelques points, sont utiles en ce qu'ils montrent ce que la volonté humaine peut exécuter.

IL EST AVANTAGEUX POUR SOI ET LES SIENS D'ÊTRE UN FLÉAU DE L'HUMANITÉ

Nous nous faisons honneur de descendre d'un conquérant cruel, d'un destructeur : nous voulons l'être nous mêmes. Nous ne tenons point à descendre d'un bienfaiteur public ou à l'être. Par tout l'univers les descendants d'Attila seraient préférés à ceux de Pythagore ; les descendants des deux plus grands bienfaiteurs modernes, Luther et Guttenberg sont inconnus ; des descendants des deux plus grands destructeurs modernes, Tamerlan et Bonaparte, les uns ont joui de toutes les richesses possibles de l'Indoustan, ont gouverné d'immenses territoires, attendu leur origine, les autres sont certains d'occuper toujours une splendide position. Les nombreux descendants de Mahomet estiment mieux Mahomet conquérant que Mahomet législateur. Tout ce qui, destruction d'hommes, emploi de la force, nous séduit, nous devient utile. Ce prestige que ce mal exerce, la gloire, les avantages que le *fléau de Dieu* et sa famille retirent du mal sont des preuves de la misère de l'homme.

QUELS SONT CEUX QUE LE SIÈCLE NOMME IMPIES, BLASPHÉMATEURS, ETC.

Ceux qui ont voulu le progrès humanitaire, la restitution à chacun de ses droits, ceux qui ont nié le passé en faveur de l'avenir. Ce furent Socrate, Jésus, Pélage, Jean Huss, Luther, Calvin, Guttenberg,

Jenner, les révolutionnaires humanitaires de tous les pays, les abolitionistes, les démocrates. Leurs opposants, leurs meurtriers étaient et sont les véritables blasphémateurs, impies ; car ils veulent maintenir le joug du passé et le malheur des masses. S'ils n'étaient pas aveuglés, ils sauraient que tout progrès est la négation des choses établies.

LES MOTS INJURIEUX DEVIENNENT DES MOTS HONORABLES ET VICE-VERSA

Aux premiers siècles de notre ère le mot chrétien était une insulte, pendant tout le moyen âge, les mots naturalistes, orientalistes, outre l'invective qu'ils contenaient, vous envoyaient au bûcher. Au dix-septième et au dix-huitième siècle, le mot philosophe, déiste, et au dix-neuvième, le mot socialiste eurent la même fortune. Maintenant quelques-uns de ces mots sont honorables : ils le deviendront de plus en plus. Conquérants, rois, poètes, soldats sont des qualifications honorables et avantageuses. Or comme elles représentent la force, l'oppression, l'oisiveté et la rapine, elles seront rejetées comme injurieuses, lorsque les hommes seront plus civilisés.

CHOSES DIFFICILES A TROUVER

Une vieille fille qui ne soit pas médisante, un dévot qui ne soit pas haineux, une femme qui fait une seule infidélité, un artiste qui ne se croit point le plus distingué des gens de sa profession, un politique qui soit demeuré infidèle à ses opinions, une conspira-

tion sans traître, un parvenu sans arrogance, sont
choses fort difficiles à trouver.

CONNEXITÉ DE CERTAINES CHOSES

Misère et crimes, couvents et mendiants, liberté
et prolétariat, prêtres et mystifiés, beaux-arts et
culte de la chair, païenneté, soldats et opprimés,
aristocratie et oisiveté, fortes impositions et servitude du peuple, miracles et stupidité des populations,
sont des choses connexes par tous pays.

FORCE ILLIMITÉE CAUSE D'ALIÉNATION MENTALE

Chez l'individu ou la nation, la force illimitée, le
pouvoir discrétionnaire, pervertissent les facultés
intellectuelles. La plupart des empereurs romains,
des rois despotiques de l'Asie, de l'Afrique, de l'Europe moderne, sont de véritables fous. Caligula,
Néron, Commode, Héliogabale, Iwan le Terrible,
Pierre III, Paul Ier, furent aliénés. La folie arrive
par l'excès de développement d'un penchant, lequel
n'étant point combattu, rompt l'harmonie des facultés intellectuelles et quelquefois des facultés sensoriales.

MÉTEMPSYCOSE, UTILE A L'AGRICULTURE

L'idée de la transmigration des âmes favorisa les
animaux domestiques et par suite l'agriculture. Les
Égyptiens, les Indous qui l'ont admise, furent d'habiles agriculteurs. Les Juifs, les Grecs, les Romains,

qui la rejetaient faisaient d'immenses hécatombes.
Salomon, à la dédicace du temple de Jérusalem, sa-
crifia 22,000 bœufs, 120,000 moutons. Les Grecs et
Romains les immolaient par centaines. L'outil de
l'agriculteur était gaspillé. La religion chrétienne,
par ses prescriptions d'abstinence garantit les animaux domestiques contre la voracité de nos aïeux.
La manière dont l'animal domestique est traité indique l'état de la civilisation d'un peuple. S'il est trop
honoré, protégé aux dépens de l'homme, la civilisation est fausse; s'il est maltraité, l'état social est
cruel, si on le considère comme une machine, la
civilisation est entachée de sophismes. Les lois
doivent défendre tout mauvais traitement envers
l'animal, afin d'empêcher que la brutalité des mœurs,
la cruauté, ne s'incarnent parmi les peuples. Elles
devraient régler les rapports, le mode d'opérations
entre les gens qui vivent du meurtre des animaux
et leurs victimes. Les chasseurs, les bouchers, les
vivisecteurs, ne doivent point être abandonnés à
leur caprice. L'animal est un être sensible; ména-
geons-lui la souffrance : il est l'outil de l'homme, ne
le brisons pas inutilement.

LIVRE SIXIÈME

—

CHAPITRE PREMIER

QUELLE EST L'ALLIANCE LA PLUS UTILE ENTRE LES PEUPLES PRÉCEPTEURS?

Celle entre l'Union américaine et l'Angleterre, en attendant que la Germanie se soit émancipée. L'Angleterre doit tout sacrifier afin de conserver son alliance avec l'Union américaine. Unies, elles dominent et civilisent l'univers par leurs colonisations et leur commerce universel. Elles représentent la liberté, la spontanéité humaines, le progrès par voie pacifique, les travaux utiles et la transformation de la terre. Tous les progressistes de l'univers doivent donc travailler à cimenter l'union entre elles.

Si la France s'unit à la Russie, c'est la prédominance de l'autorité. Si elle s'unit à l'Angleterre, c'est le désordre social par incompatibilité d'humeur et divergence de but. Avec l'Anglo-Amérique, c'est l'excès des tendances révolutionnaires. L'union entre l'Angleterre et la Russie fait prédominer l'élément aristocratique. L'union entre la Russie, l'Angleterre et la Germanie maintient le système féodal. L'union, même l'alliance offensive et défensive, entre l'Angleterre et l'Anglo-Amérique, est donc la préférable.

Les variétés normande et saxonne sont les plus élevées. Elles ont eu déjà un rôle immense. Elles ne l'ont pas encore fini. Elles sont supérieures à toutes les autres. A elles appartient la domination par droit supérieur de civilisation. Voilà ce qu'il faut répéter sans cesse.

Si on disait aux progressistes : il faut qu'un des cinq précepteurs disparaisse : laquelle de ces nations devraient-ils vouer à la destruction? l'Amérique est la collection des races supérieures. Son but est l'application de la liberté illimitée, de l'honorabilité du travail physique, la suppression du pouvoir des soldats, des prêtres, des artistes, des oisifs, des parasites.

L'Angleterre est l'affirmation de la liberté civile, des réformes pacifiques, de la colonisation du monde, de la production utile. Elle ouvre un asile à tous les proscrits. Elle est la pionnière de la civilisation appliquée.

La Germanie exprime parmi le genre humain l'audace et l'indépendance de la pensée. Elle a produit Luther et Guttenberg. Elle est sympathique aux malheureux. Elle est éminemment savante. Elle est la pépinière des peuples de l'Europe moderne.

La Russie est neuve. Elle marche dans la civilisation moderne à pas de géant. Elle civilise l'Asie

centrale. Elle occupe le cinquième du globe terrestre.

Ces quatre nations sont indispensables au progrès
humanitaire. Au nom du perfectionnement du globe,
elles doivent être conservées.

Si l'un de ces précepteurs doit disparaître : mieux
vaut que ce soit la France.

Voici les motifs :

La France est l'aînée des nations modernes. Or il
est de loi naturelle que les aînées meurent avant les
puînées.

Elle est l'initiatrice du monde par les arts, la littérature, le culte. Or cette initiation convenait à l'humanité enfant, mais ne convient plus à l'humanité
adulte : la science et la raison pouvant seules diriger
le genre humain adulte.

Elle est tumultueusement révolutionnaire, or les
réformes sociales, un jour, doivent se faire pacifiquement.

Agressive, batailleuse, elle menace la liberté du
monde lorsqu'elle est gouvernée par un conquérant. C'est ce qu'elle a fait sous Louis XIV et Bonaparte.

Catholique, elle exalte outre mesure le dogme de
l'autorité personnifiée dans un seul homme. Elle tend
au communisme. Or le genre humain ne peut marcher vers ses fins perfectionnées, que par l'individua-
lisme collectif, c'est à dire la réunion des efforts de
chaque individu associé, donnant à son être le plus
haut développement.

Elle représente le plus complétement l'élément
celtique. Or cet élément est inférieur à l'élément ger-

manique, scandinave et slave ; étant l'affirmation de l'imagination, c'est à dire du genre humain à l'état d'enfance. Elle est un laquais de bonne maison, impertinent quelquefois, mais toujours solliciteur. Quant à ses œuvres, elle a combattu les réformes religieuses. Elle fut cruelle sans nécessité envers les albigeois, les juifs, les vaudois, les protestants. Elle employa l'imprimerie, la science, les arts, la littérature, à augmenter l'autocratie du souverain, la servilité du peuple. Elle dédaigne la moralité chez ses souverains. Elle ne leur demande que le faste et la bravoure. Elle se prosterna aux pieds de Louis XIV, incestueux, adultère, corrupteur des mœurs publiques, hypocrite, persécuteur, égoïste au suprême degré. Elle appela *bien-aimé* Louis XV, le plus grand libertin des temps modernes. Elle a tué Louis XVI, qui était un bon roi. Elle a rampé aux pieds de Bonaparte et fut l'instrument de l'oppression européenne. Elle est envieuse de toutes les supériorités qui s'élèvent parmi elle et courbe le dos sous le despotisme du soldat ou du bureaucrate. Elle forme un peuple de solliciteurs, devenant séides, persécuteurs d'après les besoins de leur fortune. A-t-elle le pouvoir ? elle s'empresse de le remettre au soldat. Lorsqu'elle a la liberté, elle abuse, elle devient anarchiste. Lorsqu'elle se sent comprimée, elle rampe. Elle devient volontiers une nation de crabes. D'ailleurs elle n'a jamais su coloniser. Or les précepteurs doivent coloniser l'univers sous peine de perdre leurs priviléges de précepteurs.

Le progrès social est exposé quand la France a la

suprématie dans le monde ; étant servile, batailleuse, tumultueuse, sans conviction politique. Le
genre humain peut maintenant se passer d'elle. Il a
besoin de science, de raison et non d'imagination
et de moutonnerie, de liberté et non de servilité, du
penseur et non du prêtre, du travailleur et non du
soldat, de l'esprit de famille et non du communisme.
Une nation qui adore le vice ou le crime heureux,
Louis XIV, Mirabeau, Bonaparte, est frappée d'alié-
nation mentale. Elle ne doit plus prétendre à la
direction des hommes ; la moralité devant être leur
principale puissance ; devant suivre l'*enfant des dieux*
et non l'*enfant des démons*.

.

CHAPITRE II

BONAPARTE AU POINT DE VUE DE LA PHYSIOLOGIE ET DU POSITIVISME

L'histoire n'a pas représenté Bonaparte tel qu'il
fut. Les poètes, les chambellans, les secrétaires
particuliers, les ennemis, les enthousiastes, les mécontents, ont rétracé son portrait. Or la passion
administrative ou haineuse juge mal. Nous l'exa-
minerons ici à l'aide de la physiologie et du positivisme.

TEMPÉRAMENT

Bonaparte était de race brune avec quelques attributs de race blonde. Il avait les cheveux châtain-

foncé, les yeux gris, la peau d'une couleur brune,
pâle, sans coloration sanguine, presque entièrement
dépourvue de poils. L'encéphale était volumineuse.
Son crâne est un des plus développés que l'on con-
naisse. La circulation était lente. Le pouls donnait
40 pulsations par minute. Il ne transpirait pas, était
insensible au froid et à la chaleur. Poitrine bombée,
membres bien proportionnés, taille 5 pieds 2 pouces.
Tempérament lymphatique et peu accessible aux
réactions extérieures. Les agents de troubles organiques avaient peu de prise sur lui. Il supportait
faim, soif, excès de travail physique et intellectuel.
C'était une constitution de marbre. Énormément opiniâtre, il était alternativement calme et impatient.
Les bains chauds, les vins capiteux, le café, rani-
maient sa circulation.

INTELLIGENCE

Elle était variée, étendue, s'appliquait aux faits de
généralisation et aux détails. Prodigieuse mémoire,
connaissance des lieux, numération, causalité, coup
d'œil rapide, génie spécialement positif et pratique :
telles étaient les parties harmoniques de son être. La
dissimulation, l'acquisivité extrêmement développées,
ont formé la partie vicieuse et sont devenues les
facultés dominantes et directrices de l'individu.
Dissimulation, causalité, lenteur de la circulation,
voilà les trois facultés qui l'ont fait un homme extraordinaire. Voilà les véritables sources de sa
grandeur humaine.

MORALE

Il était fataliste, admettant que les événements sont produits par le fait d'une force supérieure à la volonté humaine. Il croyait qu'il n'y a ni bien ni mal, et point de principes supérieurs aux faits accomplis. Il pensait que la moralité d'une action provenait seulement de l'expérience, de l'observation des événements et de leur juste application.

Il regardait les religions comme une création humaine, les reconnaissait toutes également bonnes et servant d'espèce de vaccine contre notre disposition innée au merveilleux. Ils les protégeait, non dans un but de moralisation; mais avec l'intention de remplacer les charlatans par les prêtres.

Il fut élevé par les Bourbons et devint leur assassin : jacobin, terroriste, modéré, républicain, révolutionnaire, partisan de l'élection populaire, partisan du principe de l'hérédité, démocrate, aristocrate, Corse contre la France, Français contre la Corse, musulman, chrétien, l'épée de la démocratie contre l'aristocratie, puis celle des idées aristocratiques, contre les démocratiques. Il approuve l'assassinat d'un ennemi, donne une récompense à un homme qui avait cherché à assassiner Wellington, viole le secret des lettres, les territoires, le droit des gens : regarde le genre humain comme des chiffres. Se dit un fragment de rocher lancé dans l'espace, sans mérite ou démérite devant la Divinité, sans responsabilité. Il fut la plus haute expression du génie de l'égoïsme. Il a toujours sacrifié, hommes, principes, matière et esprit à ses passions personnelles, et cela avec une habileté prodigieuse. Cette habileté suffirait seule pour faire de Bonaparte l'une des plus étonnantes figures de l'humanité.

L'Orient fut toujours le pays de ses rêves. Là, les hommes ne sont rien. Ils sont soumis à l'arbitraire, au caprice d'un maître, là, comme il le disait « on peut travailler en grand. »

SA HAINE CONTRE LES PHILOSOPHES ET LES ÉCRIVAINS LIBRES

Fataliste, ne reconnaissant ni bien ni mal, il devait naturellement détester ceux qui croient aux principes supérieurs. Consul, empereur, prisonnier, il poursuivit de sa haine et de ses invectives, les philosophes et la philosophie. « Ils ne croient ni à « moi ni à mes prêtres. Ils sont là au Tribunat, « douze à quinze métaphysiciens, bons à jeter à l'eau. « Je les ai comme une vermine sur mes habits. » Il les accusa de tous les malheurs de la France : l'insuccès de l'expédition de Russie, l'invasion de la patrie, le mécontentement de la nation.

Mystificateur par excellence, il redoutait l'examen rationnel, le doute, l'indépendance. Il cherchait à éblouir, à frapper l'esprit du populaire, « des gros bons paysans, » sachant qu'avec des mots et des allures de charlatan, on dirige les masses lorsqu'elles sont tenues dans l'ignorance. Sa haine contre l'esprit d'examen s'étendait aux salons. Il appelait Tacite un faiseur de romans, Gibbon un clabaudeur; parce qu'ils ont stigmatisé les crimes des empereurs romains, et blâmé le pouvoir confié à un seul homme et la bassesse des masses. Il fut l'ennemi de Voltaire, de Rousseau, de Necker, de Staël, de J.-B. Say, de Gall, de Montlosier, de Raynouard, de Nepomucène Lemercier, enfin de tous les écrivains passés ou contemporains qui avaient un esprit indépendant. Il voulut refaire l'histoire romaine pour exalter le césarisme. Il entretint à gages une foule de littérateurs et de journalistes. Ainsi Barère, madame de Genlis, Fiévée, Montgaillard, Fontanes, Lacépède, Esmangard. Il tua le libraire Halm qui, dans un livre, appelait les peuples de l'Allemagne à l'indépendance. Il supprimait les pièces de théâtre, les ouvrages qui auraient pu faire naître l'esprit d'examen et de dignité humaine. Il empêchait la publication des mandements des évêques quand ces prélats n'étaient pas les adorateurs des principes bonapartistes. Les écrivains qui se permettaient une critique, étaient exilés ou jetés dans une prison d'État. Les livres et les journaux étrangers étaient prohibés. Aussi la nation ignora ce qui se passait. Un voile épais était placé sur les yeux. De sanglantes défaites eurent lieu, Trafalgar, Baylen, Esling : la France l'apprit vaguement. Elle ne sut point ce qu'elle perdit à Saint-Domingue, en Espagne, en Allemagne, en Russie.

La haine de Bonaparte contre la libre pensée était logique. La libre pensée abat le mensonge et la mystification. Or le prestige bonapartiste était le produit de la mystification et du mensonge.

FUT-IL L'ÉPÉE DE LA RÉVOLUTION ?

La foule le considère comme le défenseur des principes de 1789. Lui-même a cherché à le persuader. Il répétait à Sainte-Hélène qu'il avait infusé les principes de la révolution chez les nations étrangères. Jusqu'au 18 brumaire, étant simple général, il défendit la révolution. Elle était sa cause personnelle. Étranger et de petite maison, sous l'ancienne monarchie, il serait resté dans les rangs subalternes de la société. Sa famille n'aurait pas eu d'autres destinées que celles d'une petite famille corse. Parvenu au gouvernement, il devint conservateur et l'ennemi acharné, persévérant de la révolution. Il la persécuta par la parole et l'épée jusqu'en 1815. A Sainte-Hélène il espéra, jusqu'à sa mort, que les rois de l'Europe le rappelleraient pour le nommer leur généralissime contre la démocratie.

Quels sont les principes de la révolution française ? Liberté, égalité, souveraineté du peuple, formes républicaines, la nation se gouvernant elle-même, élection des prêtres par les fidèles, point de religion d'État, tolérance religieuse, respect des nationalités, les peuples défendus contre les rois, la démocratie protégée contre l'aristocratie, l'égalité remplaçant le caprice, fonctionnaires soumis à la loi commune, etc., etc.

Que fait Bonaparte ? Aussitôt qu'il s'est emparé du pouvoir, il attaque la liberté ; confisque les journaux. A chaque victoire remportée sur l'étranger, il abat un faisceau des institutions républicaines. Il crée un

corps législatif, muet et pantin sous sa main, un
sénat qui n'est qu'une machine à décrets, une armée
de fonctionnaires irresponsables. Il établit une religion d'État, reconstruit l'édifice féodal, fonde les
majorats et les substitutions, des titres de noblesse,
qui sont distribués à des renégats comme lui de la
révolution. Il enlève au peuple tout droit d'examen
sur les affaires publiques; se place au dessus de la
nation; crée une légion de parasites, des classes
différentes parmi les Français; constitue l'instruction
publique de manière à diriger l'esprit des générations vers un but napoléonien; néglige l'instruction
primaire accessible au peuple et qui pourrait le faire
progresser; livre les peuples et les pays aux membres
de sa famille; se ligue avec les rois contre les peuples
libres. Il abolit les taxes somptuaires pesant sur le
riche, rétablit les droits réunis pesant sur le pauvre
Il appelle les Français mes sujets, mes peuples. Il
parle de droits conférés par grâce spéciale de la Providence; devient l'homme du cérémonial byzantin;
écarte la nation de sa personne; se plaît à s'entourer de laquais glorifiés sous les noms pompeux de
princes, de maréchaux de l'empire, de chambellans,
de maîtres des cérémonies : tous pour la plupart de
parvenus, sans convictions religieuses ou politiques.
Le rétablissement d'une cour a été un fléau pour
l'esprit et la moralité des Français. Chacun veut en
faire partie. Pour des honneurs exaltant leur vanité
innée, il n'est pas de choses qu'ils ne consentent à
faire. Une cour est ici la destruction des bonnes
mœurs, du sens moral et de la probité.

La France, au 18 brumaire, était entourée des

républiques batave, helvétique, romaine, cisalpine, ligurienne. Il les détruisit. Il forma des royautés, y plaça ses frères et parents, chercha à établir une monarchie universelle de l'Europe et à comprimer toute velléité révolutionnaire. Le peuple est un tigre démuselé! disait-il. Il raillait Alexandre, qui trouvait mal le principe de l'hérédité. Quand il fut marié à une archiduchesse d'Autriche, il se crut entré dans la famille des rois, contre les peuples. On lui entendit plus d'une fois répéter : mon *oncle Louis XVI*.

Bonaparte dans ses écrits, depuis son consulat jusqu'à sa mort, ses actes, ses pensées, fut le plus grand ennemi de la liberté humaine, le partisan constant des priviléges sociaux, le destructeur de l'égalité, le restaurateur du passé, le compresseur de l'avenir, le plus redoutable ennemi de la révolution française et du progrès humanitaire.

En parvenant à persuader aux Français qu'il fut le boulevard des idées de 1789, il a fait preuve d'une aptitude mystificatrice extraordinaire. Il dépasse dans ce génie spécial tous les faiseurs de miracles. Faire une guerre viagère aux peuples libres et aux libres penseurs, hiérarchiser les hommes pour mieux les exploiter, tels furent ses intentions durables.

A-T-IL VOULU LA RÉGÉNÉRATION DE L'EUROPE?

Il l'a dit souvent. Ses flatteurs ou ses dupes l'ont souvent répété. Or il n'a jamais songé à moraliser le peuple, à augmenter son bien-être intellectuel et moral. Il n'a jamais cherché à relever les hommes de leur bassesse naturelle. Au contraire, toute sa

conduite tendit à les courber davantage sous son capricieux arbitraire. Il a séduit par l'argent et la
terreur. Il voulait que ses généraux jouassent gros
jeu, afin d'être maître plus absolu de leur âme et de
leur personne. Il donna quarante millions de francs à
Beauharnais, vingt-cinq millions à Berthier. Il
payait les extravagances des époux Junot, laissait
Masséna voler publiquement les pays conquis. Il
honorait les Seïdes, les courtisans, les gens remplis
de servilité et d'arrogance. Il proclamait l'honnête
homme un niais.

Il a gouverné la France pendant seize ans comme
un berger gouverne un troupeau. La moralité s'en
est-elle accrue? Non. A aucune époque de la nation,
on ne vit autant de turpitudes? La conduite du sénat,
des généraux, de tous les fonctionnaires, n'est qu'une
série de trahisons, de parjures. Ils furent infidèles à
la révolution, à Bonaparte, aux Bourbons des deux
monarchies. Le niveau moral de la nation a baissé
profondément. Les hauts traitements, les habitudes
serviles, la destruction de toute indépendance de la
pensée et du caractère, le prestige d'une fausse
gloire, le désir des places et des costumes, l'immoralité, la rudesse soldatesque, la haine internationale,
entachent encore la France d'une infériorité morale.
La France sous lui n'a eu qu'une qualité : le courage sur les champs de bataille. Elle ne pensa qu'à
plaire au maître, aux soldats : Tuez et allez vous faire
tuer, l'empereur vous regarde. Aux magistrats : Jugez
et condamnez cet innocent, l'empereur vous regarde.
Aux mères : Faites des enfants pour le service de l'empereur. Aux prêtres : Priez pour l'empereur. Aux

travailleur : Travaillez pour l'empereur. Aux oisifs :
Songez à l'empereur. La France était livrée à l'empereur, point de vie morale ou intellectuelle. Chaque
Français appartenait à l'empereur plus servilement
qu'un mouton ou un chien appartient à son maître,
car l'asservissement du Français était volontaire. Ces
mots « l'empereur est satisfait » provoquaient chaque
jour de nouveaux dévoûments.

Jamais fait semblable ne s'est vu dans une société civile. On le rencontre seulement dans la société
religieuse, lesquelles méprisent les droits et les devoirs de ce monde. En tuant 2,500,000 Français, il
laissa la reproduction de l'espèce, aux malingres,
aux invalides. Aussi l'état sanitaire et la taille des
Français, nés de 1804 à 1816, sont au dessous de
ceux des Français nés avant et après ces deux
époques.

Les mœurs de la cour et des hautes classes demeurèrent celles du Directoire. Il détruisit l'esprit
d'économie par le luxe, le rétablissement de la lote-
rie, employa les missionnaires comme espions à
l'étranger, les prêtres comme espions à l'intérieur,
les évêques, comme fabricants d'éloges napoléo-
niens.

La régénération d'un peuple se fait par la liberté,
la moralité, le travail, l'économie, la paix, l'examen.
Bonaparte fut l'ennemi déclaré de cet état de choses.
Dire qu'il voulut une régénération, est une sanglante
ironie. Il n'eut jamais qu'un but : exploiter la France
et l'humanité comme un troupeau. Son égoïsme
immuable, dirigé par de profondes combinaisons,
fut, en influence, désastreuse, bien au dessus de

celui de Louis XV, qui disait *après moi le déluge*. Sous Louis XV, la France marchait à la tête de l'humanité, par ses écrivains, ses savants. Le gouvernement était bas, la nation était grande. Sous Bonaparte, le gouvernement est resté puissant et la nation, une troupe de seïdes. Dans les sciences, les arts, la littérature, la morale, la philosophie, il n'est pas sorti un seul homme remarquable, pendant l'autocratie impériale. Le régime napoléonien a détérioré la nation française, voilà ce qu'il faut proclamer.

VOULUT-IL LA PAIX?

La guerre viagère contre l'Europe fut l'un de ses buts. Il la fit par passion, par politique.

Il aimait le bruit, le mouvement, les tambours, les clairons, les mœurs des soldats, le spectacle de la destruction en grand. Il a avoué que la vie des camps le charmait et, quoique circonspect au suprême degré, il a révélé sa passion du meurtre en grand, par son bulletin de la bataille d'Yélan. « Sur un espace d'une lieue carrée, 9,000 à 10,000 cadavres, 4,000 à 5,000 chevaux tués, etc., tout cela avait plus de *relief sur un fond de neige.* » La destruction des êtres lui révélait sa puissance.

La dictature impériale est la plus belle position qu'un ambitieux adroit et sans conscience puisse désirer. Elle est sans dangers réels et permet de satisfaire toutes les passions basses ou nobles. Bonaparte y tenait : or, pour conserver la dictature il lui fallait la guerre. Au milieu des combats un peuple n'examine pas, ne discute pas. Il étonnait la France par ses coups d'épée, il ne lui laissait pas le temps de respirer. Il l'avait dressée, comme une meute, toujours lancée contre le gibier, ou prête à être lancée.

Il faisait la guerre, pour améliorer ses finances. Il l'a déclaré à Mollien. Il l'a faisait pour placer sa famille, ses familiers, leur donner une partie du gibier humain, afin de les encourager.

Il a prélevé à peu près, 1,500,000,000 en contributions de guerre sur l'étranger. Par droit du glaive, il s'était formé un domaine extraordinaire de 38 millions de francs, de rentes annuelles : ceci joint à sa liste civile et aux revenus de la couronne, lui donnait un revenu annuel d'environ 70 millions.

Avec cette somme il achetait les âmes et les corps, dotait ses partisans, prêtait, et devenait le point aboutissant de toutes les espérances. « Les hommes sont des pourceaux, disait-il, je leur jette de l'or pour les conduire où je veux. »

Par la guerre il satisfaisait son *acquisivité*. Il se créait une caisse de réserve pour les mauvais jours. Son trésor particulier, déposé dans les caves des Tuileries, montait en 1814, à 330 millions. En 1815, il déposa 6 millions chez le banquier Lafitte. Fortune considérable, pour un homme, qui vingt ans auparavant, était entré en France avec 6 francs dans sa poche, d'après son aveu. Dès sa première campagne, en Italie, il travailla à se faire un trésor particulier. On croit, lorsqu'il partit pour l'Égypte, que sa fortune acquise par les armes, dépassait 3 millions de capital.

Il lui était donc impossible de vouloir la paix. En 1809, il déclara à sa garde, en Espagne, « Qu'il « fera la guerre tant qu'il vivra. Il la fera en voiture « quand il ne pourra plus monter à cheval, et en « litière quand il ne pourra plus aller en voiture. »

Cette déclaration est vraie. Les hommes fortement organisés comme lui ne changent pas. Leurs défauts ou qualités sont coulés en bronze. Il aimait la guerre par passion, par calcul de position impériale, par raison de santé; il l'aimait comme distraction : jamais il n'a songé à une paix solide. Il cherchait une trève, afin de prendre de nouvelles forces.

Sa prodigieuse subtilité lui a fourni les apparences d'agression de la part de ses ennemis. Réellement, la violation des traités de paix, doit lui être attribuée et à lui seul. Il ressemble à ces habiles duellistes, qui trouvent le moyen de se faire insulter, et se donnent les apparences du droit et de la modération.

Ses guerres n'ont jamais été faites dans un but de progrès humanitaire. Toujours un motif personnel, égoïste, purement napoléonien, les a produites et dirigées. « Guerre de la civilisation contre les bar- « bares du nord, de la révolution contre l'ancien « régime. » Ces mots que Bonaparte répétait, sont d'habiles subterfuges. Les principes devant lui étaient des rêves de métaphysiciens, d'idéalistes sans valeur. Amour du meurtre en grand, besoin de bruit, de mouvement, de parcourir un grand espace chaque jour, acquisivité, désir d'étonner, de mystifier les hommes, de garder la plus belle position sous le ciel, amour de la famille, sentiment de jalousie contre les anciennes familles royales, haine contre les peuples libres, amour de l'obéissance passive, tels sont, je le répéte, les seuls, les vrais motifs de la guerre viagère de Bonaparte.

SON ÉGOISME

Il ne voyait que lui dans l'univers, rapportait tout à lui. N'éprouvait pas de commisération, rarement la colère, de l'impatience seulement. Général, il abandonna son armée en Égypte, Russie, Leipzig, Soissons, Waterloo. Il immole des milliers d'hommes pour sa sûreté personnelle, sous le prétexte que la France a besoin de lui. Il méprise le premier devoir du général, savoir, de partager le sort de ses soldats. Louis IX en Égypte, François 1er en Italie, lui présentaient cependant l'exemple que doit suivre un souverain de la France et ces princes étaient légitimes : conséquemment pouvaient avec plus de raison qu'un capitaine parvenu, se considérer comme maître de leur armée.

SA JALOUSIE CONTRE LES SUPÉRIORITÉS

Tout ce qui s'élevait de la foule et attirait l'attention publique, l'offusquait, devenait son ennemi. Égoïste et voulant que toutes les pensées convergeassent vers lui, il devenait naturellement jaloux. Il réussit à perdre Moreau. Il fut injuste envers Bernadotte, Massena, Davoust, Kellerman, Jomini. Il fit la campagne de Russie, par jalousie contre Alexandre, qui, plus jeune et de plus ancienne famille, était considéré comme le médiateur de l'Europe. Il persécuta les supériorités de salon, mesdames de Staël et Récamier, ou les actrices qui attiraient l'attention publique. Sa haine contre voltaire, Rousseau, Necker, Tacite, Gibbon, et autres personnages célèbres, n'a pas d'autre cause. Bonaparte considérait comme un vol fait contre lui, toute pensée, toute espérance qu'un autre attirait.

SA MAUVAISE FOI

Général, il fut rusé. Chef du gouvernement, il fut d'une mauvaise foi insigne et souvent le mensonge incarné. Il accusa et supplicia les républicains innocents de la machine infernale. Il en fit périr à la Guyane et aux îles Seychelles deux cents, qui, pour la plupart, ne s'occupaient pas de politique. Il appelait cela « les juger par accumulation de crimes. » Il s'empara par guet-apens, du duc d'Enghien, de Toussaint L'Ouverture, des Bourbons d'Espagne, de Pampelune, de Barcelone. Constamment il exagéra ses succès et déguisa ses pertes. A propos de Trafalgar. il annonça « que le mauvais temps, nous avait fait perdre quelques vaisseaux. » Il mettait sur le compte des autres les fautes qu'il commettait, ou il accusa les éléments, quand il devait s'accuser lui-même.

En quittant l'armée de Russie, il dit « que les soldats avaient abandonné leur général. » Il accuse Bernadotte « d'avoir causé l'invasion de la France, « Murat, d'avoir deux fois causé la perte de la patrie. » Il attribue à la trahison, la non-réussite de sa monarchie universelle. A Sainte-Hélène, il continuait son système de mensonge et d'accusations. L'orgueil l'empêchait d'avouer ses torts. Son prodigieux génie de mystification l'engageait encore à duper les hommes. Tromper le genre humain fut certainement une de ses plus constantes et de ses plus complètes jouissances. Tout chez lui était calcul, combinaison mathématique. Colère, sensibilité, paroles, gestes, flatteries, menaces, faits de la vie privée, écrits, faits de la vie publique, étaient dictés par la réflexion et dirigés de manière à séduire, à dominer, à exploiter le genre humain. La lenteur de la circulation, le volume de l'encéphale, l'aptitude mathématique, l'habitude de penser et de se décider promptement, une faculté supérieure de dissimulation, lui facilitaient ce rôle. Depuis l'expédition d'Égypte, il s'efforça de persuader à la France, qu'il la défendait contre la haine des aristocraties et des royautés de l'Europe. Or il cherchait à gagner la bienveillance des rois et des aristocrates contre la démocratie européenne.

INSULTEUR

Après le 18 brumaire, l'ancien jacobin et terroriste, l'ami des Robespierre, injuria les républicains de conviction. Il les qualifiait de chiens enragés, de brigands, et les traita comme tels. Il dit de la reine de Prusse « qu'on a trouvé dans sa chambre à coucher « un portrait d'Alexandre; que sa beauté sera fatale « à la Prusse, comme celle d'Hélène le fut aux « Troyens; que la maison d'Autriche a égorgé ses « enfants, de sa propre main, à l'imitation de Mé-

« dée ; » de l'empereur François, « qu'il est difficile
« de trouver un ennemi plus débile et plus faux ; »
du roi de Prusse, « qu'il est le plus sot roi de la terre,
qu'il ne peut supporter une conversation pendant
cinq minutes. » Il appelle Pitt, « Érostrate, l'ennemi
du genre humain ; » les Bourbons d'Espagne, « un
troupeau de Mérinos ; » Broglie, évêque de Gand,
« reptile de la terre ; » Marmont, « un traître ; » Su-
chet, « un intrigant ; » Lainé, « un méchant homme ; »
les émigrés, fidèles à la monarchie, et les prélats
réfractaires au concordat, « vil rebut sans patrie et
souillés de tous les crimes. » Il calomnie le duc
d'Enghien, prétendant que ce prince lui a demandé
d'entrer à son service ; Bernadotte, en l'accusant de
ne pas être venu à son secours, au bruit du canon,
lors de la bataille d'Eylau ; Grouchy, en lui repro-
chant la défaite de Waterloo. Il se montra Corse
jusqu'à sa mort : homme d'inimitié personnelle, ténace dans ses haines, mentant avec un aplomb qu'on
ne trouve que chez les hommes du Midi.

La grandeur, la prospérité, lui ont enlevé souvent
le sens moral. Parvenu à la plus haute place de l'univers, il était insulteur, calomniateur, vindicatif, cal-
culant la portée de sa vengeance, souvent ridicule,
lorsque, par exemple, il tutoyait les généraux ou
leur pinçait l'oreille.

IL FUT PEU SOUCIEUX DE LA VIE DES HOMMES

Méprisant le genre humain, le considérant comme
des colonnes de chiffres, ne croyant pas à la responsabilité des actions, opiniâtre, aimant à emporter les

obstacles de front, impatient, il fut moralement et
politiquement conduit à sacrifier des millions d'existences quand c'était son intérêt ou sa passion, ou son
plaisir. Les soldats n'avaient point de tentes, parce
qu'il prétendait qu'elles indiquent à l'ennemi la position et le nombre. Aussi les maladies produites par
le bivouac ont fait périr quelques centaines de mille
Français ou alliés. Il s'exerça à la cruauté et à tuer
les hommes dans la campagne d'Egypte. Après la
révolte du Caire, et après avoir pardonné, il fit exécuter clandestinement des indigènes : chaque jour
un ou deux pendant quelque temps. Il fit fusiller
quatre mille prisonniers de guerre à la prise de Jaffa,
empoisonner soixante Français atteints de la peste.
Un pharmacien militaire, nommé Royer, fut chargé
de leur administrer l'opium sous la forme du lauda-
num. Cet homme est mort en Égypte. Il ne put obtenir l'autorisation de rentrer en France.

Pendant toutes ses campagnes faites comme empereur, alors que son égoïsme, son mépris de la vie des
hommes s'étaient plus développés, il se plut à lancer
les soldats contre les obstacles de front et à faire de
ses batailles une boucherie. Esling, Wagram, la
Moskowa, Waterloo furent des boucheries humaines,
comme celles que les poètes aiment à décrire. Bonaparte a dit qu'il n'avait jamais commis de crimes
privés : ceci est un audacieux mensonge. Il fit périr
par guet-apens ses ennemis personnels et Corses,
Aréna et Cerrachi; Pichegru fut étranglé; plusieurs
anciens jacobins, dont il redoutait l'énergie, furent
livrés aux conseils de guerre, avec l'injonction d'être
tués. L'assassinat du duc d'Enghien eut du retentis-

sement parce que c'était un Bourbon : l'histoire rela-
tera un jour plusieurs assassinats analogues commis
sur des personnes moins connues, mais ennemis personnels de Bonaparte.

Chacun de ses jours causait la mort de plus de
douze cents hommes à la fleur de l'âge.

Néron, Carrier, Torquemada ont moins détruit
pendant toute leur vie que Bonaparte pendant un
seul mois de son règne. S'il a fait périr deux millions
cinq cent mille Français, la perte des vaincus doit
être bien plus considérable. Je crois donc que depuis
1804 à 1815 il a fait six millions de victimes, tant
par les armes que par les maladies.

POURQUOI L'EXPÉDITION DE SAINT-DOMINGUE?

Il ne la fit pas avec l'intention de former un empire
colonial. Il voulut se débarrasser des soldats qui
avaient été commandés par ses rivaux, Moreau,
Hoche, et faisaient partie des armées de Sambre et
Meuse et du Rhin. Les officiers étaient des opposants.
Ils demandaient la conservation de la république :
Bonaparte les envoya périr de la fièvre, de la dyssenterie. La légion polonaise réclamait le rétablissement
de la Pologne : Bonaparte en fit embarquer quelques
mille à Gênes et à Livourne. Ils moururent presque
tous au delà des mers. Cinquante-huit mille hommes,
Français et Polonais, périrent à l'expédition de Saint-
Domingue.

SA CLÉMENCE

Sa clémence fut le résultat du calcul. Il pardonna aux nobles conspirateurs, parce qu'il cherchait à séduire la noblesse. En pardonnant, le prince se place au dessus de l'offense et la clameur s'élève contre l'offenseur.

HOMME POLITIQUE

Il ne doit point être considéré comme politique. Je ne crois pas qu'il ait songé sérieusement à une monarchie universelle de l'Europe. Il connaissait profondément l'histoire, en tirait des déductions logiques et savait donc qu'une monarchie universelle est impossible. Il était trop égoïste pour songer à fonder une dynastie. Sa politique fut de se maintenir à la dictature et d'y vivre aux dépens du genre humain. La solution des questions sociales l'effrayait. Il y remédiait en diminuant la population par des coupes réglées, chaque année.

Maintenir l'alliance avec l'Espagne, afin de faire contre-poids à l'Angleterre ; maintenir celle des petits États germaniques contre l'Autriche ; préférer la Prusse ; par l'Allemagne se garantir contre l'extension de la Russie ; élever la Suède et la Turquie ; de cette façon, l'empire français, avec ses limites naturelles, le Rhin, conservait la direction morale et matérielle de l'Europe. Bonaparte certainement comprenait cette mission et cette politique. Mais par goût personnel, ennuis, besoin de mouvement et de bruit, égoïsme, il préféra la guerre.

A-T-IL AIMÉ LA FRANCE ?

Oui, comme le berger aime le troupeau dont il tire vêtements, distractions, amusements et nourriture. Il n'a jamais aimé la France au point de faire le plus petit sacrifice pour elle. Cependant aucun pays au monde ne lui aurait donné une aussi splendide existence. La France, séduite, corrompue, lui a tout prodigué : obéissance, servilité orientales, mutisme, éloges, honneurs, trésors, deux millions cinq cent mille hommes (4), dix milliards de francs. Jamais un peuple ne fit tant pour un seul individu. Comment Bonaparte se montrait-il reconnaissant? « Le peuple « est un tigre démuselé. Il faut toujours parler au « Français de libertés : n'en accorder jamais, et avec « ces mots on obtiendra son dernier enfant et son « dernier écu. » Telles étaient ses pensées par rapport à la France, et c'est d'après elles qu'il s'est conduit. Sa devise dans son testament : *tout pour le peuple français*, est un acte de mystification. Devant la raison et la justice, la France n'a jamais eu de plus grand ennemi que Bonaparte. Si elle périt un jour, ce sera par l'application des doctrines bonapartistes, c'est à dire le mensonge, l'audace, la ruse, l'hypocrisie, la guerre, le luxe, l'immoralité. Bona-

---

(1) Il serait important de connaître combien de milliers de déserteurs ont été fusillés. Chaque ville, chef-lieu de département, avait sa place aux fusillades. Beaucoup d'autres villes de second ordre avaient la leur aussi. Probablement plusieurs milliers de Français ont été tués ainsi par les conseils de guerre pour simple désertion.

parte voulait réhabiliter Néron et l'époque impériale,
lorsque le peuple romain devint la plus infâme populace de l'univers. Si cette intention s'exécute, Paris
subira le sort de Rome césarienne, et la France
celui de l'Italie. Un peuple se meurt quand il méprise la liberté, quand il se jette à plat ventre devant
le pouvoir, quand il n'a aucune sympathie pour les
martyrs et lorsque quelques milliers de prétoriens le
font trembler.

A-T-IL FAIT PLUS DE BIEN QUE DE MAL ?

Le passage de Bonaparte fut une calamité universelle. Il fut un véritable fléau de Dieu. Il a tué six
millions d'Européens, dépensé trente milliards de
francs, jeté les germes de haines internationales
parmi les peuples européens, indiqué aux Catilina et
César modernes, comment on peut séduire, corrompre la France, l'armer et la lancer contre telle
ou telle nationalité. Il a fait rétrograder l'humanité.

Sa naissance est un jour néfaste pour le genre
humain.

PAR QUI EST-IL ADMIRÉ ?

Par les gens d'imagination, poètes ou écrivains
légers, par les adorateurs de la force brutale, depuis
le nègre ou le Nouveau-Zélandais jusqu'au cardinal
ou au maréchal des armées, par les gens qui veulent
vivre dans les emplois publics, au dépens des con-
tribùables ; par les gens de guerre, par les prêtres, et
enfin par les masses ignorantes, par tous ces êtres

humains qui adorent la force, la puissance destruc-
tive, qui vénèrent le diable plus que Dieu, et qui
sont incapables de se résigner, pour le progrès
humanitaire, à quelques inconvénients de la liberté.

POURQUOI EST-IL ENCORE POPULAIRE

Parce que les Français sont un peuple d'imagination plus que de raison. Ils croient que leur empereur a défendu la révolution et la France contre
l'Europe. Les écrivains, les artistes, les entretiennent dans cette opinion. En le poétisant dans
leurs ouvrages ils les vendent mieux. Ils font une
affaire commerciale à l'instar des artistes et écrivains
religieux, lesquels débitent si avantageusement la
vie écrite, peinte, gravée, photographiée, sculptée
des saints. Après l'histoire *religieuse*, l'histoire *bataille* est celle qui a le plus d'attraits sur les hommes,
Voilà une des causes naturelles de sa popularité.

QU'EST-IL EN RÉALITÉ

L'une des plus vastes intelligences connues ; devant sa supériorité à la lenteur de la circulation, au
volume de l'encéphale, au manque d'impressionabi-
lité, aux facultés de combinaison ; faisant de la
guerre un amusement, une politique personnelle,
sans croyance religieuse, morale et politique, méprisant profondément le genre humain, le plus grand
égoïste connu, homme d'un génie prodigieux en fourberies et mystifications, en capacités gouvernantes
et administratives, géant qui a fait rétrograder la

France et l'Europe, professeur indiquant comment il faut corrompre et gouverner les Français : par ses actes, son influence, il est :

Le fils aîné des enfants des démons, c'est à dire la plus intense, la plus puissante incarnation du principe du mal qui ait revêtu la forme humaine.

NOTE

Cet examen de Bonaparte a été écrit il y a douze ans. Je n'ai pas cherché à le publier en France : toute pensée qui ne reconnaît pas ce souverain comme une espèce de demi-dieu ne peut être imprimée. Le pouvoir actuel permet à chacun de discuter Dieu, la divinité du Christ, et ne veut pas qu'on discute Napoléon Ier. Il deviendra un être légendaire, un bienfaiteur de l'humanité, lorsque certainement personne ne lui a fait autant de mal.

Au point de vue de la vérité absolue il reste la plus vaste intelligence des temps modernes, peut-être de tous les temps et aussi le plus mauvais cœur du genre humain historique.

Les progressistes doivent aller une fois dans leur vie faire un pèlerinage à Waterloo, non à l'effet d'applaudir à la défaite de l'armée française : pour contempler le lieu où l'ennemi des hommes est tombé victime de ses propres excès.

D'ailleurs, ce n'est pas la nation française qui a succombé, c'est le séidisme. La France a grandi par le rétablissement de la liberté et de la paix.

Elle a conquis l'Algerie. Or cette conquête vaut

mieux que toutes les batailles et conquêtes de Napoléon empereur.

C'est le triomphe de la civilisation sur la barbarie.

La France s'est montrée souverainement ingrate envers la restauration. Elle a statues, éloges, légendes, dévoûment envers l'époque impériale et aucun souvenir de la restauration qui lui a remis, par l'Algérie inattaquable à tous égards et par la liberté politique, les droits d'un être pensant.

C'est une tache sur son caractère moral.

CHAPITRE III

ANTHROPOLOGIE ET POLITIQUE ALGÉRIENNES

Par droit supérieur de civilisation et droit géographique, l'Afrique, comprise entre le Sahara et la Méditerranée, appartient à l'Europe.

Ainsi, l'Algérie à la France, le Maroc à l'Espagne, Tunis à l'Italie, Tripoli à l'Autriche, la Cyrénaïque à la Grèce.

Vu ces droits; vu les droits de conquête, de primogéniture, la France doit être le dictateur de toutes ces régions, si les autres Européens se montrent incapables, ou refusent le rôle de colonisateurs.

Sur l'Afrique ci-saharienne, il faut créer une nation composée de tous les peuples du bassin de la Méditerranée, avec prédominence de l'élément latin.

Le Mexique ne peut convenir, parce que le sol y est trop élevé et parce qu'il doit être dirigé par l'Anglo-Amérique, laquelle est le précepteur naturel du continent américain. Puis le Mexique doit former un amalgame d'Aztèques, de nègres et de quelques Européens.

L'Algérie européisée et française devient le civilisateur de l'Afrique septentrionale.

Pour assurer la conquête, il faut deux millions d'Européens. Pour conquérir la barbarie africaine, il lui en faut dix millions.

Les immigrants doivent être les hommes chez lesquels croît l'olivier.

Les Européo-Africains ou ci-Sahariens ne pourront être indépendants sans le consentement de l'Europe, parce que leur territoire de Mogador en Égypte est trop long et pas assez large.

HABITANTS DE L'AFRIQUE

Deux races sont autochthones, les nègres et les berbers. Arabes, Syriens, Européens y furent immigrants. Les blonds ne peuvent s'y acclimater facilement : donc ils ne conviennent pas comme base de population.

Les berbères sont un des plus nobles rejetons du genre humain. Ils ont l'amour de la justice, de l'indépendance individuelle, le respect des droits d'autrui. Ils sont laborieux, économes, intelligents et jamais oppresseurs par prosélytisme religieux. Ils seront utiles à l'Afrique comme bras droit de la colonisation française, et à l'Europe, absorbée par le socialisme civilisateur, en lui infusant l'instinct de l'indépendance individuelle et gouvernementale. Bretons armoricains et berbers, dirigés par la science positive, seront les premiers peuples parmi tous ceux du type brun. Les berbers ont manqué d'unité nationale : voilà pourquoi ils sont effacés par les Arabes, qui leur sont de beaucoup inférieurs, comme outils du progrès.

Les *Arabes* avaient envahi l'Afrique quinze siècles avant Christ. Musulmans, ils y sont revenus au septième siècle après Christ. Ils avaient autrefois formé une partie des éléments des peuples numides et autres Africains possédant plus de cavalerie que d'infanterie ; depuis l'islamisme, ils ont dominé les berbers parce qu'ils avaient l'unité religieuse, parce qu'ils sont cavaliers, qu'ils ont une littérature, un code écrit, qu'ils sont meilleurs fusionistes, mettant plus de faits et d'idées en contact que les berbers. . Comprimés ou absorbés sur les plaines fertiles qu'ils détériorent, ils doivent sur les déserts être les dominateurs exclusifs. Là ils deviendront les colporteurs de la civilisation dans tout le Soudan.

Ils sont les précepteurs naturels du nègre, par l'islamisme. Car le nègre ici est fort mauvais chrétien, mais devient un bon musulman. Les apôtres musulmans conviennent beaucoup mieux à l'organisation physique et morale des nègres, que les apôtres chrétiens. On civilisera le Soudan et même toute race nègre, par le Coran plutôt que par la Bible et l'Évangile.

ICI LA CIVILISATION N'A EU QU'UNE DURÉE PASSAGÈRE.
ELLE FUT TOUJOURS DÉTRUITE PAR LA BARBARIE
AFRICAINE

Les Phéniciens ont employé le commerce, l'occu‑
pation restreinte ; les Carthaginois, le commerce ,
l'agriculture, l'occupation étendue, les subsides aux
indigènes ; les Romains, les armes, l'agriculture, les
subsides, l'occupation étendue ; les Vandales, l'agri‑
culture et la piraterie ; les Espagnols et Portugais,
la guerre, l'occupation restreinte. Toutes ces civili‑
sations différentes par l'origine et le temps, celles
qui avaient des villes d'un million d'habitants ou qui
ont couvert le pays de forteresses, de ponts, d'aque‑
ducs et autres monuments d'utilité publique , toutes,
polythéistes, chrétiennes, musulmanes, furent absor‑
bées par le Sahara humain et sablonneux.

Or le même fait se reproduira, si la science posi‑
tive ne triomphe pas de ce destructeur.

Il faut le convertir en prairies par le puits arté‑
sien et semis de plantes qui fixent le sable. Créer
des oasis et une population fixe. Couvrir les mon‑
tagnes d'arbres à haute tige, afin de combattre le
vent du sud, et les plaines de canaux d'irrigation,
de barrage, de rivières, etc.

Tant que cette transformation n'aura pas été réa‑
lisée, il adviendra fatalement ce qui suit :

1° Le barbare africain, attaquera les civilisés.

2° Les attaques physiques et intellectuelles vien‑
dront principalement du sud-ouest.

3° L'Africain, attendu la configuration de son sol,

est instinctivement mobile, hostile. L'islamisme lui a inculqué plus de haines, plus de combativité, plus de réaction contre l'idée et le fait européen.

4° Plus la civilisation grandira, moins elle se tiendra sur ses gardes, plus elle sera exposée aux invasions des barbares qui convoiteront ses richesses.

5° Si l'Africain n'est pas européisé, il devient forcément le dévorant de la civilisation.

Les musulmans seront bien longtemps les ennemis des chrétiens. Ils seront conspirateurs, prêcheront la guerre sainte, prépareront l'agression à l'aide de leurs confréries religieuses.

De race jaune ou brune, Arabes, Circassiens, Caucasiens, de race mixte quelconque, le musulman disparaît comme peuple lorsqu'il est soumis aux chrétiens.

Il peut être aussi bon soldat, commerçant, agriculteur que le chrétien. Il est son inférieur par l'industrie; car il n'emploie pas ou peu le travail des femmes, il n'a pas de grands ateliers, conséquemment il doit succomber dans la concurrence industrielle.

Il faut laisser musulmanes, les contrées où l'Européen ne peut pas peupler, telles que l'Égypte, une partie de l'Asie, toute l'Afrique intérieure, et les diriger seulement avec l'esprit européen. Respect à toute civilisation indoue, bouddhiste, chinoise, à l'indigénat, si l'Européen ne peut pas s'y multiplier.

Une nationalité arabe ne peut moralement exister en Afrique ci-saharienne, parce qu'elle est patriarcale, pastorale, et qu'elle est antieuropéenne.

Les nationalités mixtes, telles que les monarchies

aghlabite, édrissite, almoravide, almohade, qui ont maintenu l'ordre social, ont dû leur existence à l'énergie personnelle d'un souverain ou de son successeur immédiat. Les populations avaient été comprimées par la terreur. C'est la crainte du bourreau et pas autre motif, qui permettait à un enfant de porter une couronne d'or sur la tête, par tout le territoire, sans crainte d'être volé! (Légende.)

L'expansion des pasteurs fut toujours un malheur humanitaire. Mongols, Arabes, ont dévasté l'Afrique, l'Asie et l'Europe.

Le pasteur est nécessairement l'ennemi des populations fixes. Ils ont tous les deux un état social antagoniste. Cela fut dès les premiers âges de l'humanité : cela sera toujours. Il faut pour un pasteur de vingt à quarante hectares, pour un agriculteur il en faut d'un à deux. Donc les progressistes doivent préférer l'état social qui peut multiplier l'espèce humaine et améliorer le sol.

Les fondateurs des colonies européennes ont été persécutés ou négligés par leurs métropolitains, les Pizarre, Cortez, Dupleix, la Bourdonnais, Lally, Clive, Waren, Hastings, etc., le prouvent.

Les partisans de l'indigénat sont dirigés, moins par l'amour de la justice que par la jalousie contre les immigrants. Un colon qui réussit est considéré par le métropolitain, comme l'oppresseur des indigènes.

GOUVERNEUR DE L'ALGÉRIE

Tant que l'Algérie n'aura pas deux millions d'Européens : le gouverneur, le sauveur, l'indispensable est l'épée de *Mars et de Némésis*. Son premier lieutenant est *la pioche*, son deuxième, *l'arbre*, son troisième, *le ballot de marchandise*.

PRÉCEPTEURS PERPÉTUELS DE L'AFRIQUE CI-SAHARIENNE

Châtiment et instruction pour la période de transformation. Instruction et châtiment pour la période de conservation.

Alors les Européo-ci-Sahariens deviendront un grand peuple.

CHAPITRE IV

Constitution organique de l'Algérie

ARTICLE PREMIER.

L'Algérie avec ses limites naturelles est et sera à jamais partie indivisible du territoire français.

ART. 2.

La nationalité française y est et y sera seule reconnue.

ART. 3.

Pendant une période de trente ans, le chef de l'État en France, quels que soient ses titres et attributions, est déclaré dictateur de l'Algérie. Son mandat est obligatoire. La dictature le suit partout. Il ne peut ni l'amoindrir, ni la déléguer.

Il gouverne, administre, légifère sans l'intermédiaire des corps de l'État, ministères, chambres législatives, etc.

Sa volonté promulguée fait loi en Algérie; pourvu qu'elle ne soit pas essentiellement contraire à l'esprit des codes français.

ART. 4.

Il nomme, gouverneur de l'Algerie, un pro-dicta-

CHAPITRE IV

Motifs du plébiscite

ART. 1 ET 2.

Pour inspirer confiance aux immigrants et affirmer l'inébranlable volonté de la France envers les indigènes.

ART. 3.

Pour avoir une autorité immuable, énergique, rapide, d'exécution, dont la mission est de détruire et de créer sans entraves légales, conventionnelles ou traditionnelles.

ART. 4.

Parce que le dictateur ne pouvant pas être sur les

teur, à qui il confère la totalité ou une partie de ses
pouvoirs. Les pouvoirs du pro-dictateur cessent aussitôt qu'il a quitté les mers de l'Afrique septentrionale.

ART. 5.

Tous les fonctionnaires quelconques, civils, religieux, militaires, sont nommés et révoqués par le
dictateur. Poursuivis par lui sans autorisation. Ils
les prend où bon lui semble. Ils deviennent ses
hommes.

ART. 6.

La justice est rendue au nom du dictateur sans
autre désignation.

ART. 7.

La cour de cassation reste chargée des appels.

ART. 8.

Le peuple français, le dictateur pour lui et ses
successeurs, chefs de l'État en France, s'engagent
sur l'honneur à ne rien changer, à ne pas proposer
de changement, concernant la constitution algé-
rienne, avant trente ans ou avant que le chiffre des
Européens soit de deux millions d'individus.

lieux, doit y être nécessairement représenté, et que
le pro-dictateur ne doit avoir aucune autorité hors
de son gouvernement.

ART. 5.

Il est rationnel que le dictateur, vu son immense
responsabilité, soit le maître absolu de tous les agents
qu'il emploie.

ART. 6.

Une génération a le droit inaliénable de stipuler
pour elle toute convention quelconque. Elle peut se
vendre comme esclave, pourvu qu'elle n'engage pas
l'avenir de ses enfants. Le terme moyen d'une génération, en France, est trente-sept ans.

Plébiscite additionnel à la Constitution organique de l'Algérie

Le peuple français, laissant au dictateur toute son initiative, lui indique, dans les projets de lois suivants, ce qu'il y aura à faire pour se conformer à la volonté nationale.

Le dictateur s'en inspirera et les fera lois lorsqu'il le jugera convenable.

ARTICLE PREMIER.

L'européiement de l'Algérie est le but; deux millions d'Européens en sont le moyen.

ART. 2.

La multiplicité des propriétaires du sol est la base de la nation européo-algérienne.

ART. 3.

Les tribus insurgées seront punies comme traîtres et assassins, et jamais comme rebelles ou belligérants.

Motifs du plébiscite additionnel

ART. 1 ET 2.

Il faut deux millions d'Européens pour assurer la transformation de l'Algérie. Sans ce nombre elle sera nécessairement absorbée par la réaction de l'africanisme.

La démocratie territoriale est la force des nations attaquées. Témoin Suisse, Cabylie, France.

ART. 3.

Les tribus insurgées sont à la solde de la France, elles passent à l'ennemi avec armes et bagages, elles sont un régiment qui trahit son drapeau et assassine ses officiers. C'est une révolte militaire, d'autant plus grave qu'elle a été pardonnée plusieurs fois et qu'elle s'est répétée. Les tribus sont assassins : elles tuent pour piller, sans déclaration préalable, par conspiration et guet-apens. La France a commis une faute grave contre l'humanité, en ne les pu-

ART. 4.

Aucun obstacle ne sera mis aux tribus qui voudront quitter le territoire algérien.

ART. 5.

Les Cabyles conservent leur organisation sociale.
La propriété collective des tribus arabes dans le Tell est supprimée.

ART. 6.

Les agas, bache-agas, califats sur tout le Tell, sont remplacés par des cheiks, administrant une ou quelques tribus.

nissant pas. Elle a maintenu les habitudes de révoltes et d'assassinats sur la personne des colons, et des soldats isolés.

La mort des insurgés sur le champ de bataille n'atteint qu'un petit nombre de coupables. Il faut une exécution sommaire des chefs, la suppression du nom de la tribu. Les femmes, les enfants, remis à la disposition de l'autorité et traités comme mineurs : tous les biens confisqués, les hommes transportés.

ART. 4.

Car toute tribu, aussi bien qu'un particulier ou une famille, a le droit inaliénable d'émigrer où bon lui semble.

ART. 5.

Les Cabyles ont la propriété individuelle. La propriété collective est une nuisance sociale et politique. Elle produit la misère, le prolétariat et les concussions aristocratiques.

ART. 6.

Presque tous les chefs veulent l'arrêt de la colonisation. Ils sont par intérêt et passion, les ennemis de la transformation européenne, les rendre puissants, c'est leur fournir des armes contre la civilisation.

ART. 7.

Autant que possible, l'administration des tribus sera confiée à des Européens, qui commanderont la force armée, dirigeront la justice, l'instruction des indigènes.

ART. 8.

Sur les hauts plateaux, les tribus arabes conserveront leur organisation sociale, la propriété indivise et collective. Ils restent sujets ou alliés selon la volonté du dictateur.

ART. 9.

Le dictateur ne reconnaît aucune supériorité de culte.

Il n'assistera à aucune cérémonie religieuse.

ART. 10.

Toute censure, excommunication cléricale quelconque, rendue publique, entraîne une pénalité de deux ans à cinq ans d'emprisonnement contre son auteur quel qu'il soit.

ART. 7.

Les Européens, même les plus pillards ou concussionnaires, pressurent moins les indigènes que le plus vertueux des chefs arabes. Il y a chez l'Européen la crainte d'une condamnation, à défaut du sentiment du devoir ou de l'honneur. Il y a honneur du nom et de la position à sauvegarder. Chez l'Arabe, ces sentiments n'existent pas. Le pouvoir est, par la grâce de Dieu et du prophète, le droit de tondre les administrés. Vous livrez les Arabes à des animaux de proie en les faisant gouverner par les indigènes.

ART. 8.

Parce que sur les hauts plateaux, la terre ne peut être divisée. La propriété collective a sa raison d'être, et la tribu est une vaste famille. Sur les terres sablonneuses, les Arabes sont les ayants droit. Là, ils valent mieux que les Européens.

ART. 9.

Parce qu'il y a des cultes rivaux et que le chef suprême d'une nation, sabéenne, israélite, musulmane, chrétienne ou d'indifférents, doit être impartial entre tous les sectaires.

ART. 10.

Parce que toutes ces choses rendues publiques sont une diffamation. L'individu doit être protégé contre la passion cléricale.

ART. 11.

Aucune société religieuse ne sera tolérée sans le consentement du dictateur. L'emprisonnement, l'expulsion seront les peines appliquées aux sociétaires.

ART. 12.

Le mot infidèle est considéré comme injure et puni.

ART. 13.

La tolérance universelle est la base de la morale.

ART. 14.

Tout individu condamné pour vol en récidive à une peine infamante par les tribunaux français ou étrangers, sera ou expulsé ou soumis à la surveillance spéciale du dictateur.

S'il retourne en Algérie, il sera transporté pour cinq ans.

ART. 15.

Tout capitaine ou chef de bâtiment quelconque qui aura transporté un ou des individus condamnés ou légalement accusés pour vols, incendies, meurtres, trahison, assassinat, fabrication de fausse monnaie, banqueroute frauduleuse, sera condamné à

ART. 11.

Toutes les sociétés religieuses musulmanes sont organisées avec l'intention de détruire les chrétiens. Celles des autres religions sont quelquefois un obstacle ou un ennemi contre le pouvoir séculier.

ART. 12 ET 13.

La tolérance religieuse est essentiellement ici d'une nécessité absolue. Sans elle les haines éclateront et entraveront la civilisation. Il faut éviter toute parole qui peut les raviver.

ART. 14.

Il est indispensable, et c'est un devoir social, de prendre des garanties contre cette multitude de malfaiteurs qui naissent ou viennent en Algérie. Ils sont incorrigibles et détruisent la sécurité des personnes et des propriétés.

ART. 15.

Nombre de criminels sont impunis, parce qu'ils s'embarquent secrètement, par connivence de capitaines de bâtiments. Donc il importe de rendre ceux-ci responsables.

trois ans d'emprisonnement et son bâtiment confisqué au profit de l'État.

ART. 16.

Chaque année, il y aura une somme d'argent spécialement consacrée à la saisie des malfaiteurs. Chaque crime ou grave délit spécial sera coté spécialement, comme pour la destruction des animaux malfaisants.

Il sera fait chaque année une statistique criminelle et correctionnelle. Elle sera publiée et un exemplaire sera remis dans chaque greffe des tribunaux civils et militaires, dans les archives des préfectures et sous-préfectures.

ART. 17.

Une statistique générale et détaillée de tous les crimes et délits graves, punis par les tribunaux militaires, civils ou commission mixte, depuis 1830 jusqu'à nos jours, sera publiée et déposée comme il l'est indiqué ci-dessus.

ART. 18.

Le dictateur, en cas d'incendies allumées par conspiration ou réunion, établira une cour prévôtale qui condamnera et exécutera à mort les coupables dans les vingt-quatre heures au plus tard après le jugement, ou séance tenante, si la cour le trouve préférable.

ART 16 ET 17.

Il est moral d'encourager la société à la punition
des crimes, et de faire connaître au public les individus et familles de malfaiteurs et dangereux.

ART. 18.

Les incendies, depuis quelques années, deviennent
une machine de guerre de la part des indigènes :
aux grands maux, les grands remèdes.

ART. 19.

Tout immigrant condamné par les tribunaux étrangers fera connaître son jugement au chef de l'autorité civile ou militaire près de laquelle il demeure. S'il ne le fait pas un mois au plus tard après son arrivée, il sera condamné à trois mois d'emprisonnement, puis expulsé à ses frais de l'Algérie.

ART. 20.

La mendicité de profession sera réputée grave délit.

ART. 21.

Il organisera des caravanes vers l'intérieur de l'Afrique.

ART. 22.

L'épée, l'arbre, la pioche, le ballot de marchandises seront le sceau du dictateur.

ART. 19.

Il faut que chacun soit connu dans ses antécédents.

ART. 20.

La mendicité n'a aucune raison d'être : tout le monde peut ici facilement gagner sa vie.

ART. 21.

Le commerce est la civilisation de l'Afrique centrale. Il le fut et le sera.

ART. 22.

Ils sont les emblèmes de sa mission et indispensables.

NOTE

Avec le régime parlementaire et la liberté de la presse, le meilleur gouvernement pour l'Algérie serait, de la placer sous la direction d'un ministère, comprenant toutes les colonies, et que j'ai proposé, il y a vingt et un ans, de nommer ministère des possessions d'outre-France.

Sous le régime actuel, le mieux est une dictature, durable, inébranlable, afin d'éviter toute mutation de système politique ou administratif : le changement des pouvoirs algériens détruit la confiance. Il est donc indispensable de l'inspirer par l'établissement d'un système permanent.

La dictature étant irrévocable pendant trente ans, elle pourra laisser la plus complète liberté en Algérie, agir avec rapidité, sans crainte de désapprobation, sans désir d'approbation.

L'Algérie ne peut encore être entièrement assimilée à la France. Il suffit qu'elle soit française irrévocablement, mais soumise à un régime exceptionnel transitoire.

Le chef de l'État en France fait un traité entre le peuple et lui, pour européiser l'Algérie. Chaque partie contractante tiendra à honneur de remplir ses obligations.

CHAPITRE V

COMMENT FINIRA LE GENRE HUMAIN

L'expérience nous force à reconnaître que tout ce qui a eu commencement meurt. Animaux, végétaux, minéraux subissent cette loi commune. Or le genre humain n'a pas toujours existé : donc il doit finir. Croire qu'il est un être collectif toujours jeune, toujours progressant, immortel, est une opinion repoussée par les données de la science et de l'analogie.

L'origine de l'espèce humaine est inconnue. Elle peut être comprise entre une vingtaine de mille ans et une dixaine de mille; mais quel que soit l'intervalle écoulé entre sa venue et les temps actuels, cela n'est rien par rapport aux siècles que les hommes ont encore à parcourir sur la terre (1).

Nous avons tous les caractères physiques et moraux de l'enfance : ignorance touchant notre milieu ambiant, irréflexion, superstition, caprice, antipathies multipliées, nombreux ennemis parmi les êtres qui nous entourent, soumission presque fatale à notre berceau d'origine. Nous tenons encore à notre placenta qui est notre milieu ambiant. Nous aurons

(1) Quelques personnes pensent que l'homme fit son apparition sur la terre, il y a quelques millions d'années. Sans rejeter ce fait, j'adopte plutôt son origine récente en tant qu'être collectif, soit comme nation, soit comme tribu. Les données scientifiques actuelles ne prouvent pas que le genre humain, qui fut notre ancêtre, remonte à une époque bien éloignée.

donc des millions d'années à vivre pour arriver à notre fin finale, pour accomplir notre mission, savoir : l'application de la fraternité universelle, la conquête et la transformation du globe, la suppression de tout mal physique et moral.

Le globe fut d'abord fluide, puis il s'est solidifié. Alors, vers ses premiers jours, aucune créature animée ne pouvait vivre au milieu de l'incandescence des éléments. Donc, tout genre de vie connu a dû être refondu dans le creuset igné, a dû disparaître, à supposer que notre terre eût eu avant nous des habitants différents de ceux qui l'habitent ou semblables à ceux dont nous trouvons les débris.

Donc, le Créateur, jetant les germes de vie actuelle sur notre planète, a travaillé sur table rase.

Il y a eu d'énormes bouleversements pour préparer la terre à recevoir l'homme, dernier enfant de Dieu ici-bas. Depuis l'apparition des premiers végétaux, jusqu'à la venue des grands mammifères, la force perturbatrice a remué la terre en tous sens.

Depuis la naissance de l'homme les cataclysmes par l'eau et le feu sont devenus moins fréquents et moins intenses. A mesure que nous nous éloignons de l'origine humaine, nous constatons que notre globe se solidifie de plus en plus. Il arrivera une époque où les cataclysmes même partiels ne se feront plus sentir, afin que l'humanité jouisse de son paradis terrestre.

Des cataclysmes généraux n'ont point détruit le genre humain, ne l'ont point réduit à quelques couples, comme le prétendent les théologies. Si un déluge universel avait eu lieu, nous trouverions épars les ossements des générations humaines : puisque nous trouvons les restes des oiseaux, des reptiles, des poissons qui ont péri lors des dernières transformations générales de la terre.

Lorsque les richesses de la matière et de l'intelligence auront été découvertes et employées, que le genre humain sera parvenu à l'ultimatum de sa perfection, alors après un intervalle indéterminé qui peut être de quelques millions d'années, Dieu prononcera notre arrêt de mort.

Nous disparaîtrons par un cataclysme semblable à ceux qui ont supprimé les mastodontes, les rhinocéros et autres colossales créatures, qui nous ont précédés. Alors l'âme humaine soit personnelle, soit collective, rentrera par absorption au sein de la Divinité : ou suivant une série ascendante, revêtira d'autres formes et ira habiter d'autres lieux plus parfaits : laissant notre globe à d'autres créatures dont Dieu depuis toute éternité a arrêté le type. Notre vie actuelle est l'expiation d'une vie antécédente.

Peut-être la terre et ses satellites, replongés dans la chaudière de l'Éternel, ira-t-elle, sous forme de nébuleuse, s'agglomérer et se purifier au sein de la voie lactée : puis de là serait-elle lancée à travers les espaces de l'infini, à des milliards de lieues de la position qu'elle occupe actuellement. Car n'en doutons pas, l'univers connu et inconnu, aussi immense que nous pouvons le concevoir, est un immense cercle palingénésique. Le Grand Être qui le dirige est l'éternel créateur, destructeur et régénérateur.

Il est probable que le genre humain n'aura point de vieillesse et qu'il périra à son âge adulte. Je le pense, parce que je reconnais que l'immense majorité des créatures animales, appartenant aux ordres supérieurs, meurt de mort violente et accidentelle, soit par meurtre ou maladie. Le petit nombre meurt de vieillesse. Donc, par analogie, il faut croire que l'humanité subira cette loi commune de destruction avant la vieillesse.

Un tel cataclysme peut arriver par extinction de la chaleur solaire, car le soleil doit nécessairement périr un jour, attendu qu'il a eu un commencement ; par une suspension de mouvement rotatoire de la terre ; par d'autres causes tenant intimement aux matières qui forment le centre du globe, soit un soulèvement du fond des mers. Comme elles occupent les trois quarts du globe il suffirait d'un soulèvement partiel, pour balayer sous une inondation générale les créatures qui vivent sur la terre. Qu'à chaque extrémité des pôles les eaux soient soulevées ; retombant par vastes torrents sur les régions centrales, elles produiront un déluge universel. Même accident si l'océan Pacifique s'élevait au niveau des terres.

La profondeur de la mer, dans certaines localités, dépasse quatorze mille mètres.

Toutefois, la destruction la plus probable est celle qui doit avoir lieu par le choc d'une comète sur la terre. — En 1832, si la terre avait été avancée d'un mois de plus dans son orbite, elle aurait rencontré une comète. Or une telle rencontre peut avoir lieu. — Ce ne sera point par une perturbation des lois de la nature, mais par une harmonie décidée de toute éternité : l'harmonie dont nous ne connaissons pas la loi ni les époques, ni le lieu. Nous ne devons pas connaître l'époque de cette fin du monde, pas plus que nous ne savons l'heure précise de notre mort.

Dieu a voulu, nous laissant ignorer et l'heure de notre mort et l'heure de la fin de l'espèce humaine, nous éviter une peine. Car si nous étions sûrs de l'heure et du genre de notre mort, nous serions découragés. C'est pour un motif analogue que l'humanité succombera comme les individus, sans voir longtemps d'avance l'heure fixée par le destin.

Cinq cents comètes ont apparu dans notre système planétaire. Quelques-unes ont une vitesse de vingt-deux millions par jour.

Il y a des comètes qui surpassent en grosseur tous les corps réunis de notre système solaire. Newton en a reconnu une dont la queue a cent soixante-cinq millions de kilomètres de longueur, il en est d'autres qu'on a reconnues avoir une queue de deux cent quatre-vingt millions de kilomètres de longueur. Qu'un corps aussi immense vienne à s'approcher du globe, il l'entraînera à sa suite. Et comme ces comètes sont mues par une vitesse incroyable, la terre recevant une impulsion à laquelle elle n'est point destinée normalement, se disloque par cette impulsion, il y a désagrégation de ses molécules, ou, soustraite aux lois de gravitation, elle est jetée hors de l'attraction du soleil et va se perdre dans d'autre régions immenses et inconnues. Alors il est probable qu'elle périra par le feu, allant se refondre au sein de quelque astre en conflagration.

On sait que des étoiles ont disparu par incendie (1).
Herschell l'a constaté de 1781 à 1791. D'autres se
sont éteintes et se sont rallumées depuis quelques
mille ans. Elles étaient peut-être une terre habitée
comme la nôtre. Quoi qu'il en soit, les corps qui paraissent immortels n'auront qu'une durée passagère.
Le soleil finira à son tour. Il deviendra corps obscur
empruntant sa lumière à un nouveau soleil. Enfin,
l'analogie et la science expérimentale nous prouvent
que tout ce qui a vie doit mourir. L'immortalité du
genre humain est donc une hypothèse antiscientifique et inadmissible.

Notre univers est emporté vers la constellation
d'Hercule. Il peut rencontrer sa mort sur ce trajet :
mort que la science ne peut pas prévoir.

L'espace sidéral est à quarante degrés au dessous
de zéro. Sur plus de neuf cents tremblements de terre
observés au Pérou, le *maximum* de fréquence et
d'intensité a eu lieu entre dix et onze heures du soir,

(1) Sirius, dans l'antiquité, était rouge, maintenant il est blanc.
On constate des étoiles dont la lumière s'est accrue au centuple. Que
deviendraient la terre et ses habitants si notre soleil acquérait cet
accroissement de lumière, peut-être l'a-t-il éprouvé? On croit qu'il
se dirige vers la constellation d'Hercule avec une vitesse de trente-
huit mille lieues par jour. Avant d'y arriver, il s'écoulera, pense-t-on,
trente millions d'années. Dans ce long parcours ne rencontrera-t-il
pas la mort, soit une comète inconnue et à noyau solide, soit d'autres
soleils, ses frères qui l'arrêteront au passage ou qui le laissant passer,
lui enverront leur chaleur, de manière à l'incendier?

Toutes ces prévisions sont insolubles : cependant la concentration de l'esprit humain sur elles est de nature à nous améliorer et
nous faire prosterner devant l'immensité du pouvoir créateur et ordon-
nateur.

parcourant quelquefois un espace de dix mille mètres par minute.

Il y a des périodes astronomiques qui se renouvellent tous les huit mille ans. Alors il survient dans le globe terrestre des alternatives de repos et de perturbations.

Le globe, à de grandes profondeurs, est couvert de ruines. Des milliards d'êtres ont vécu. Leurs ossements forment d'immenses terrains. Nous ferons comme eux.

Tant éloigné qu'il soit, un jour viendra où toutes les grandes lois de notre monde seront bouleversées. Le genre humain, la terre, les planètes, leurs satellites, le soleil lui-même, tout ce qui compose notre système seront, ou partiellement ou en bloc, replongés à travers le chaos des éléments d'où ils sont sortis, pour renaître et périr encore, et cela indéfiniment.

Cette destruction universelle, loin de nous décourager, doit au contraire nous donner un océan d'espérances. Nous devons croire que toutes les causes de souffrances qui nous affligent disparaîtront et que nous pouvons avoir une existence à l'abri des douleurs.

Le feu sera le maître régénérateur de la terre, du genre humain et des astres attachés au sort de la terre. Les conditions de la vie seront changées suivant une série aussi variée que la puissance du Créateur.

La terre fut un soleil : le soleil deviendra une terre.

Qu'est donc cette prétendue immortalité du genre humain, quand toutes les données scientifiques, nous présentent l'image de la destruction autour de nous?

Ne peut-on pas redire alors : Tout est vanité et rien
que vanité. Les bonheurs de ce monde ne sont que
rongement d'esprit!

Rien de tout ce qui est créé n'est éternel. Les bases
des sociétés humaines, les religions, la conscience,
les droits, les rapports quelconques des êtres entre
eux : tout cela change et changera encore. Dieu seul
est immuable.

NOTES ET APPENDICES

Étoiles filantes. Je prends ces mots dans le sens ordinaire. Bolides et autres substances solides ne proviennent pas d'un autre soleil. Il est plus rationnel de croire que tout ce qui se passe sur le diamètre de notre système solaire, est indigène. Ces millions probables de soleils, que nous concevons ou voyons, doivent avoir chacun une existence spéciale bornée par leur diamètre. Hors de ce diamètre commence l'existence indépendante d'un autre.

Principe vital. La quantité et l'intensité du principe vital varient sur la terre. Elles s'accroissent ou diminuent. Aux premiers âges il y avait moins d'êtres vivants que postérieurement, parce qu'ils ne s'étaient pas multipliés. Les races supérieures n'avaient pas été créées : de là moins d'intensité du principe vital. Plus tard, quand la terre et ses habitants seront caducs, nécessairement la quantité et l'intensité des existences auront diminué.

Races. Si le Thibet, l'Himalaya, l'Asie centrale avaient autrefois produit les blonds, ils les produiraient encore. Les Européens ont cru à leur origine asiatique, par respect pour quelques-uns de leurs législateurs, qui effectivement provenaient de l'Asie.

L'introduction des blonds en Asie remonte à l'invasion des Goths appelés mal à propos Scythes, par Hérodote. Elle s'étendit en Bactriane et en Perse, dix-huit à dix-neuf siècles avant Jésus-Christ. Ce sont eux qui, sous le nom de Scythes, de Massagètes, de Gètes, résistèrent aux armées de Sémiramis, de Cyrus, d'Alexandre, sur les bords de l'Oxus, et du Tanaïs. Quelques-unes de leurs tribus ont pu se mêler aux Arabes pasteurs conquérants de l'Égypte avant le règne de Mœris; mais les envahisseurs de l'Égypte n'étaient pas des blonds : car ils dominèrent l'Égypte pendant trois siècles; or il est reconnu que les races européennes, les blondes surtout, ne se propagent pas généralement dans la vallée du Nil. Cette seule considération me ferait admettre que les pasteurs conquérants de l'Égypte étaient asiatiques et bruns. Les Massagètes furent de grands buveurs.

Les peuples les mieux proportionnés, comme modèle de la statuaire, sont ceux dont le territoire produit l'olivier. Car, vu la contexture territoriale (petites vallées et montagnes), ils sont obligés de donner un développement bien équilibré à tous leurs muscles et à leur poitrine. Les peuples des plaines ne sont jamais aussi bien faits. Les montagnards n'ont pas une intelligence aussi vive que les hommes des villes ou des plaines. Ils ont beaucoup plus de jugement.

Fixité et densité des populations, sont indispensables au progrès, pourvu qu'elles ne soient pas trop extrêmes.

Animaux. Il y a cent quatre-vingt-dix mille espèces animales, quarante-trois seulement sont domestifiées. Les insectes sont un agent de fécondation, ils portent le pollen sur le pistil des plantes.

Les carnassiers américains sont moins aggressifs que ceux des autres continents; parce qu'ils sont soumis à une influence fébricitante, spéciale au sol et climat de l'Amérique. De là, diminution d'énergie.

Nord et sud. Sur notre hémisphère septentrional, toujours les peuples du nord ont vaincu leurs rivaux du sud. Ainsi la Grèce conquit la Perse; Rome, Carthage; la Germanie barbare, Rome impériale; l'Angleterre, la France; la France, l'Espagne, l'Italie et l'Afrique; l'Autriche, l'Italie; la Prusse, l'Autriche; la Russie, la Turquie et les nations tartares; les États du nord de l'Union anglo-américaine, ceux du sud. Cela fut depuis des siècles. Cela se verra encore; parce que le nord, relativement aux contrées situées à son midi, est sinon plus courageux, du moins beaucoup plus discipliné, persévérant et, à tout prendre, possède plus que son rival le droit supérieur de civilisation.

Annexions, les provinces, les petits peuples an-
nexés aux grands, aux forts, sont plus heureux. La
Provence, la Bretagne, l'Alsace, la Lorraine sont
plus heureuses, moins tourmentées, mieux garanties
contre elles-mêmes et contre les autres depuis qu'elles
ont été absorbées dans l'unité française. Il en sera
ainsi de tous les États indépendants de la Germanie
quand ils seront partagés entre la Prusse et l'Autriche.

Les gouvernants des petites nationalités deviennent nonchalants, stationnaires ou persécuteurs;
parce qu'ils ne trouvent pas l'occasion de développer
leurs facultés.

La France a trop de l'élément celto-ibérien. Qu'elle
s'annexe l'élément germanique. Les Génois voulurent
se donner à Louis XI. Ce roi, le plus grand politique
de la France, répondit : Les Génois se donnent à
moi. Moi, je les donne au diable! Faites la même
réponse quand un peuple quelconque du sud voudra
s'annexer à la France.

L'*Autriche*, depuis deux cents ans, si souvent vaincue sur les champs de bataille, toujours a recon-
quis une forte position physique et morale à la fin
de chaque guerre. Est-ce par son habileté diploma-
tique seulement? Non. Elle est une espèce de république aristocratique et militaire, formée par un
faisceau de plusieurs races guerrières. Avec un chef
héréditaire, elle peut confier le commandement de
ses armées à un généralissime, lui remettre le sort
de l'État entre les mains sans craindre qu'il usurpera
le pouvoir. Avec une république militaire, démocra-

tique et à chef élu, comme le fut Rome, sous les empereurs, l'Autriche aurait été démembrée. Chaque généralissime heureux se serait emparé du pouvoir, puis aurait été remplacé par un autre. De là, dislocation par variété de vue et de systèmes politiques et administratifs. La fixité du pouvoir dans une famille, quoique défectueuse au point de vue du droit absolu, est quelquefois bonne pratiquement.

Oppresseurs. J'ai entendu chanter la légende suivante en Bretagne il y a bientôt cinquante ans, elle en vaut bien toute autre, et pour cela je la publie.

Un cheval entre de force dans une écurie : le maître de l'écurie lui dit : Ceci n'est pas à toi, veux-tu sortir ? — Non.

Alors il dit au bâton : Veux-tu battre le cheval, ce brigand, cet oppresseur ? — Non.

Au feu : Veux-tu brûler le bâton ? — Non.

A l'eau : Veux-tu éteindre le feu ? — Non.

Au bœuf : Veux-tu boire l'eau ? — Non.

Au boucher : Veux-tu tuer le bœuf ? — Non.

Au bourreau : Veux-tu tuer le boucher ? — Oui.

Alors le boucher veut tuer le bœuf, le bœuf veut boire l'eau, l'eau éteindre le feu, le feu brûler le bâton, le bâton battre le cheval, et celui-ci, l'oppresseur, sortir de l'écurie.

Le refrain était : Par la sembleu ! coquin de bidet, tu sortiras de mon toit.

FIN

ERRATA.

Page 40, ligne 13, t. I. *Lisez :* il y a six mille ans, *au lieu de* il y a bien mille ans.

Page 130, t. I, dans la note, *lisez :* par exemple, *au lieu de* leur exemple.

TABLE DES MATIÈRES

LIVRE TROISIÈME

CHAPITRE PREMIER

CHAPITRE II

CHAPITRE III

CHAPITRE IV

CHAPITRE V

CHAPITRE VI

CHAPITRE VII

CHAPITRE VIII

CHAPITRE IX

LIVRE QUATRIÈME

—

CHAPITRE PREMIER

CHAPITRE II

LIVRE CINQUIÈME

—

COUP D'ŒIL A TRAVERS L'HUMANITÉ

LIVRE SIXIÈME

—

CHAPITRE PREMIER

CHAPITRE II

CHAPITRE III

CHAPITRE IV

CHAPITRE V

ŒUVRES DES GRANDS AUTEURS FRANÇAIS CONTEMPORAINS

Éditions in-8° cavalier.

	Fr. c.
VICTOR HUGO. — Les Misérables. 10 vol. in-8°	60 »
— William Shakespeare. 1 vol. in-8°	7 50
— Les Chansons des rues et des bois. 1 vol. in-8°	7 50
ALPH. DE LAMARTINE. — La France parlementaire (1834-1851). Discours, écrits politiques. 6 beaux et forts vol. in-8°	36 »
— Shakspeare et son œuvre. 1 vol. in-8°	5 »
— Portraits et Biographies (William Pitt, lord Chatham, Madame Roland, Charlotte Corday). 1 vol. in-8°	5 »
— Les Hommes de la Révolution (Mirabeau, Vergniaud, Danton). 1 vol. in-8°	5 »
— Les Grands Hommes de l'Orient (Mahomet, Tamerlan, Zizim). 1 vol. in-8°	5 »
— Civilisateurs et Conquérants (Solon, Périclès, Michel-Ange, Fables de l'Inde, Pierre le Grand, Catherine II, Murat). 2 vol. in-8°	10 »
JULES SIMON. — L'Ecole. 1 vol. in-8°	6 »
— Le Travail. 1 vol. in-8°	6 »
EUGÈNE PELLETAN. — La Famille. — I. La Mère. 1 vol. in-8°	5 »
— II. Le Père. 1 vol. in-8°	5 »
— III. L'Enfant. 1 vol. in-8°	5 »
EDGAR QUINET. — La Révolution. 2 vol. in-8°	15 »
LOUIS BLANC. — Lettres sur l'Angleterre. 2 vol. in-8°	12 »
— Les Salons du XVIIIe siècle. 2 vol. in-8°	12 »
VICTOR HUGO RACONTÉ PAR UN TÉMOIN DE SA VIE. 2 vol. in-8°, 6e édition	15 »
LAMENNAIS (Œuvres de). 2 vol. gr. in-8° à 2 colonnes	32 »

Éditions in-18 jésus.

VICTOR HUGO. — Les Misérables. 10 vol. in-18	35	»
JULES MICHELET. — La Sorcière. 1 vol. in-18	3	50
— La Pologne martyr (Russie-Danube). 1 vol. in-18.	3	50
GEORGE SAND (Œuvres de). — Flavie. 1 vol.	3	»
— Les Amours de l'âge d'or. 1 vol.	3	»
— Les Dames vertes. 1 vol.	3	»
— Les Beaux Messieurs de Bois-Doré. 2 vol.	6	»
— Promenade autour du Village. 1 vol.	3	»
— Souvenirs et Impressions littéraires. 1 vol.	3	»
— Autour de la table. 1 vol.	3	»
— Théâtre complet. 3 vol.	9	»
EUGÈNE SUE (Œuvres de). 37 vol. gr. in-18, à 1 fr.		
— Œuvres diverses. 49 vol. petit in-18, à 50 centimes le vol.		
FRÉDÉRIC SOULIÉ. — Œuvres diverses. Romans. 66 vol. petit in-18, à 50 centimes le volume.		
ALEXANDRE DUMAS. — Les Crimes célèbres. 4 vol. gr. in-18, à 2 fr. le volume.		
JULES SIMON. — L'Ecole. 1 vol. in-18 jésus	3	50

Bruxelles. — Typ. A. LACROIX, VERBOECKHOVEN et Cⁱᵉ, rue Royale, 3, impasse du Parc.

Lightning Source UK Ltd.
Milton Keynes UK
UKOW04f0628130317
296494UK00009B/411/P